뼈로 읽는
과거 사회

서울대학교 비교문화연구소 한국인류학총서 2

뼈로 읽는 과거 사회

옛사람 뼈를 이용한 과거 생활상 복원 방법

초판 1쇄 발행 2020년 12월 30일

편저자 박순영
펴낸이 오세정
편집 박희자
디자인 장혜원
인쇄 상지사

펴낸곳 서울대학교출판문화원
주소 08826 서울 관악구 관악로 1
도서주문 02-889-4424, 02-880-7995
홈페이지 www.snupress.com
페이스북 @snupress1947
인스타그램 @snupress
출판등록 제15-3호

ISBN 978-89-521-2954-3 94380
978-89-521-2872-0 (세트)

서울대학교 비교문화연구소
한국인류학총서 2

빼로 읽는 과거 사회

옛사람 뼈를 이용한 과거 생활상 복원 방법

박순영 편저

서울대학교출판문화원

Past Society Read Through Bones

Edited by
Sunyoung Pak

Seoul National University Press

머리말

박순영

1. 한반도 과거사 연구에서 사람 뼈 자료의 가치와 사람 뼈 분석의 효용

현재 여러 학문 분야에서 한반도 거주민의 과거 생활상을 복원하려는 노력이 진행되고 있다. 이러한 연구에는 다양한 역사 기록, 구술 자료, 그리고 고고학 자료가 활용된다. 그러나 한반도 거주민 생활상의 통시적 변화와 동시대 내 집단 간 차이를 이해하려면 기존의 역사학이나 고고학 자료만으로는 부족한 점이 있다. 비교 연구에 사용할 수 있는 계량화된 지표가 잘 없기 때문이다.

이러한 문제에 돌파구가 될 수 있는 것이 사람 뼈에 대한 여러 생물고고학적 연구 방법이다. 뼈 연구의 결과는 비교에 활용할 수 있는 계량화 가능한 정보라는 점 이외에도, 당시 살았던 사람들의 신체 일부를 직접 연구해서 얻는 정보라는 점에서도 그 가치가 크다. 그러나 그 중요성에 비하면 국내의 옛사람 뼈 연구는 거의 걸음마 수준이라고 할 수 있다.

현재 세계 학계에서는 다양한 분석 기법을 적용하여 집단의 인구구조, 영양 및 건강 상태 등의 복지 수준, 생계 경제 양식의 변화, 집단의 유전학적 특성 등 중요한 질문들에 대한 답변을 내놓고 있다. 먼저 가장 기본적으로, 발굴된 옛사람 뼈의 성별과 연령 추정 자료는 당시 집단의 인구학적 구성, 연령별 사망률, 그리고 생식력 등을 파악할 수 있는 기초가 된다. 또한 뼈대들의 계측치와 비계측적인 변이의 분포를 조사하여 집단의 고유한 생물적 특징을 알아내어 이웃 집단과 비교할 수 있다.

역사학적 인체계측학에서 이용하여 온 것처럼 뼈를 이용하여 집단의 평균 신장을 추정함으로써 특정 과거 집단의 총체적 복지 수준을 파악할 수 있다. 골격이나 치아에 남겨진 질병 및 외상의 흔적을 분석하여 과거 사람들의 영양 및 건강 상태를 알아낼 수 있다. 노동을 비롯한 일상적으로 반복되는 행위에 의한 역학적 스트레스의 양상을 통해 행위의 수준을 유추할 수도 있다. 또한 각 개체가 섭취하였던 식량원의 상대적 중요도를 알아낼 수 있는 골화학적 분석을 통해 생계 경제 양식의 변화 과정을 복원하는 연구는 선사시대 농경의 도입과 정착 과정을 포함한 통시적인 생활사의 복원에 중요한 자료를 제공한다.

뼈를 이용한 유전체 분석으로 작게는 특정 분묘군에서 발견된 사람뼈 개체 간의 친연 관계를 알 수 있고, 더 나아가 지역 거주민의 이주 경로와 유전적 구성에 대한 정보를 얻을 수 있다. 이렇듯 옛사람 뼈 자료를 이용해 과거 사회에 대한 다각적이고 체계적인 연구가 이루어지고 있다.

세계 학계의 발전상에서 나타나듯이, 고고유적에서 출토되는 사람뼈 자료는 선사시대부터 근대에 이르기까지 한반도 거주민의 생활사를 복원하는 데 중요한 정보를 제공할 가능성이 크다. 그럼에도 불구하고 국내의 경우 아직은 사람 뼈 자료가 체계적으로 수집되어 분석되지 않고 있는 실정이다.

2000년대 들어 국내 고고유적에 대한 발굴이 대규모로 이루어지는 사례가 증가함에 따라 여러 유적에서 선사시대부터 근대에 이르는 다양한 시기의 사람 뼈 자료가 다량으로 출토되고 있다. 동시에 유적에서 출토되는 자연 유물의 자료적 가치에 대한 인식도 개선되면서 상당수의 옛사람 뼈 자료가 체계적으로 조사되기도 하였다. 그런데 선사시대나 고대의 사람 뼈는 그나마 가치 있는 자료로서 인식되어 연구 조사와 보관이 이루어지고 있으나, 고려나 조선 시대의 분묘에서 출토되는 사람 뼈는 대부분 그대로 화장 또는 이장되고 있다. 간혹 연구가 이루어지는 경우라 할지라도 대개는 개체의 성, 연령, 형태적 특성을 기술·보고하는 수준에 그치고 있을 뿐, 집단 차원의 특성을 분석하여 당시에 생존했던 인구집단에 대한 유용한 해석을 내놓을 수 있는 집단생물학 수준으로 나아가고 있지 못하는 안타까운 실정이다.

다행히도 2010년 이후부터는 집단의 질병 수준이나 영양 상태 등에 대한 분석이 일부 시도되고 있지만, 자료의 부족으로 한계에 부딪치고 있다. 따라서 현재 이렇게 망실 내지 방치되고 있는 옛사람 뼈를 체계적으로 수집, 분류, 자료화하고 통계적인 분석을 하여 한반도 과거사 연구의 핵심 자료로 활용할 수 있도록 제공하는 일이 시급하다.

이러한 맥락에서 국내 고고유적에서 출토된 옛사람 뼈 자료를 대상으로 최근까지 이루어진 연구들을 총정리하면서 동시에 세계 학계의 연구 동향과 분석 방법을 검토하여, 향후 한반도 거주민의 생활사를 복원하는 데 적용 가능한 옛사람 뼈 연구의 절차와 분석 기법을 정리하고자 이 책을 기획하게 되었다. 이 책의 출판이 생활사 복원을 목적으로 하는 옛사람 뼈 연구가 보다 심화되고 활발해질 수 있는 계기가 되리라 기대한다.

세계 학계에는 이 분야의 전문가가 다수 있지만, 이들 중에서 한반도 출토 자료에 특별한 관심을 기울이는 사람은 찾아보기 어렵다. 따라서 한국인이거나 한국계 미국인으로서 한국 자료에 특별한 관심을 가지고 분석을 한 경험이 있는 전문학자들로 각 장의 집필진을 구성하였다. 10년 전이었다면 필자를 찾을 수 없어 이 책을 구성하기가 불가능했을 것이나, 다행히도 그 사이 유능한 전문학자들이 다수 성장하여 이 책의 10개 장을 각기 책임 집필하게 되었다.

2. 책의 구성과 내용

이 책은 총 5부로 구성되어 있다. 제1부에서는 개체 식별에 가장 중심이 되는 성과 연령을 추정하는 형태학적 방법과 조직학적 방법을 정리하였다. 제2부에서는 신체 크기와 형태학을 다루었다. 구체적으로는 개체의 가장 기본적인 속성 중 하나인 키를 추정하는 방법과 전통적으로 집단 비교에 많이 쓰이던 머리뼈의 형태적 변이를 이용하는 법을 정리하였다. 제3부에서는 과거 집단의 질병 수준과 생계 경제의 변화를 연구하는 방법을 다루었다. 제4부에서는 유전자 자료와 화석 자료를 이용한 인류 역사 연구를 다루었다. 제5부에서는 사람뼈대학의 응용을 다루었다. 법의학에서 발전된 얼굴복원 기법의 인류학적 활용 사례와 전사자 및 민간인 희생자 유해 발굴에서의 사람뼈대학 적용 사례를 정리하였다.

먼저 김지은(제1장)이 고고유적에서 출토된 사람 뼈의 성과 연령을 추정하는 방법을 정리하였다. 인골의 성과 연령에 대한 정보는 개체 차원에서 가장 기본적으로 파악해야 할 생물학적 속성이기 때문에 뼈대와 치아의 형태적 특징을 바탕으로 한 추정법이 일찌감치 등장하였다. 발굴된 뼈 개체들의 성과 연령은 집단의 인구학적 양상을 복원하기 위한 기초 자료로도 필수적이다. 이 장에서는 성과 연령을 추정하는 방법이 최근까지 어떻게 발전되어 왔는지를 살펴보고, 각 방법의 장단점과 더불어 사용상의 주의사항을 정리하였다. 또한 한국인 뼈를 가지고 성과 연령을 추정한 연구들을 정리하면서 향후 발전 방안을 제안하였다.

다음으로 조혜란(제2장)이 뼈조직학을 이용한 뼈의 연령 추정법을 정리하였다. 조직학은 뼈 조직상의 특성을 현미경으로 분석하여 형태적 변이와 병리적 상태를 포함한 개체의 생물학적 특성을 복원하는 데 이용된다. 이 장에서는 먼저 뼈조직학의 기본 원리를 요약 정리한 후, 조직형태학과 조직형태계측학을 이용한 연령 추정법을 소개하였다. 더불어 사람과 다른 동물의 뼈를 구분하는 법을 정리하였다. 뼈조직학이 형태적 변이를 검토할 수 있는 뼈가 남아 있지 않은 경우의 연령 추정이나 사람과 동물 구분에 유용한 점이 있음을 잘 보여주고 있다. 추가로 골다공증의 집단 간 변이 연구도 소개하였다.

정양승(제3장)은 개체 차원에서 가장 기본적으로 파악해야 할 생물학적 속성인 신장을 추정하는 방법들을 검토하고, 각 방법들이 갖고 있는 장점과 단점을 바탕으로 옛사람 뼈 집단을 대상으로 연구할 때 어떤 방법을 어떻게 사용하는 것이 좋을지 제시하였다. 더불어 한국 표본을 대상으로 개발된 키 추정 방법들을 검토하여 정리하였다.

정현우(제4장)는 머리뼈의 형태적 변이를 정리하였다. 뼈의 형태적 변이는 집단의 생물학적 특성을 규명하는 데 가장 많이 이용되어 왔는데, 모든 뼈대 변이 중에서도 특히 두개골의 형태 변이는 계측과 비계측적 분석을 통해 해당 집단의 형태적 특성을 파악하고 주변 지역민과의 연관성을 연구하는 데 주로 이용되어 왔다. 이 장에서는 두개골을 중심으로 집단 내·집단 간 나타나는 형태 변이의 원인과 양상을 살펴보고, 그러한 변이를 연구할 때 반드시 고려해야 할 두개골 형태의 통합성과 모듈성에 대한 최근 연구 성과를 정리하였다. 마지막으로 최근까지 이루어진 한반도 고고유적 출토 옛사람 뼈의 형태 연구에 대해서 검토하고, 향후 어떻게 연구가 이루어지는 것이 바람직할지 제언하였다.

최경철(제5장)은 생전에 섭취한 음식에 대한 골화학적 분석법을 소개하였다. 과거 사회의 집단이 무엇을 주로 먹었는지에 대한 정보는 당시의 식생활뿐 아니라 영양 상태, 생계 경제, 환경, 계층, 사회 조직 등 당시 사회의 다양한 측면을 보여준다. 옛사람 뼈에 기록된 안정동위원소 비율을 분석하면 과거 특정 지역에 거주했던 사람들이 어떤 종류의 식료를 어떤 비중으로 섭취하였는지 식이 패턴을 복원할 수 있다. 이 장에서는 사람 뼈의 안정동위원소를 분석하는 기본 원리와 방법을 요약 정리하고, 국내 고고유적에서 출토된 옛사람 뼈 집단에 대한 연구 사례들을 소개하였다. 더불어 안정동위원소 분석을 이용한 연구들이 식생활과 농경의 확산, 사회 계층의 분화를 어떤 방식으로 해석하고 있는지 이 분야의 연구 성과와 의미에 대해서도 평가하였다.

우은진(제6장)은 뼈에 남겨진 질병의 흔적을 분석하여 과거의 생활 수준을 복원하는 연구 방법과 사례를 소개하였다. 뼈에 남겨진 영양 상태, 질병의 흔적, 노동에 의한 생물학적 스트레스의 양상은 과거 집단의 일반적인 건강 상태와 삶의 모습을 복원하는 데 필수적인 자료이다. 이 장에서는 뼈에 흔적을 남기는 대표적인 병리 범주를 살펴보고, 그러한 상태를 진단하기 위해 최근 어떤 기법들이 적용되고 있는지 구체적인 연구 사례를 검토하였다. 나아가 과거 사회의 질병을 진단하고 해석할 때 발생하는 문제점과 반드시 고려해야 할 사항들에 대해서 살펴보았다. 또한 최근까지 국내 옛사람 뼈 집단들을 대상으로 고병리학적 연구가 어떻게 이루어져 왔는지 검토하여 향후의 연구 방향에 대해 제언하였다.

정충원(제7장)은 뼈에서 추출한 고DNA 자료를 이용한 집단유전학적 연구 방법을 정리하였다. 특히 유전자 변이를 이용해 집단의 진화사를 추론하는 기본적인 원리와 기법들을 소개하고, 이를 이용한 연구들 중에 인류문화사에서 큰 의미를 갖는 연구 사례 두 가지를 정리하였다. 마지막으로 한반도 옛사람 뼈를 통한 동아시아인 진화사 연구의 가능성을 검토하였다. 특히 한반도 고유전학 연구에서 가장 중요한 주제로 다루어져 온 문제, 즉 현대 동아시아인 집단에서 한국인이 차지하는 위치와 더불어 과거 한반도 거주민의 유전적 다양성에 대한 연구가 어떻게 이루어져야 할지, 그리고 한반도에 이주한 최초의 수렵채집인이 누구였는지, 또 농경의 전파는 어떻게 이루어졌는지에 대한 문제를 집단유전학의 측면에서 어떻게 해석하고 접근할 수 있을지에 초점을 맞추어 집필하였다.

이상희(제8장)는 동북아시아와 한반도 출토 화석 인류의 현재에 대해 다루었다. 인류진화사에서 동북아시아 집단이 차지하는 비중과 현재까지 발견된 한반도의 화석 인류의 현황을 정리하고, 최근 연구 성과가 보여주고 있는 동북아시아의 현생 인류 기원에 대해서 검토하였다. 후기 플라이스토세의 화석과 고고학 자료는 현생 인류의 기원과 연결되어 많은 주목을 받고 있으며, 특히 데니소바인의 발견과 21세기 들어 이루어진 화석의 발견으로 동북아시아의 현생 인류 논의가 새로운 국면을 맞고 있다. 이러한 맥락에서 후기 플라이스토세 동북아시아의 현생 인류가 신석기 시대 이후 현생 인류와 어떤 관계를 가지고 있었는지 집중적으로 검토하고, 한반도 고인류학의 한계와 미래에 대해서도 전망하였다.

이원준(제9장)은 얼굴복원 기법의 인류학 적용 사례를 소개하였다. 얼굴복원은 이미 사망한 사람의 머리뼈를 이용하여 살아 있을 당시의 얼굴 모습을 예측하여 재구성해 내는 방법을 말하는데, 법의인류학에서부터 시작되었으나 오늘날 고고유적에서 출토된 옛사람 뼈에도 적용되고 있다. 이 장에서는 얼굴복원의 역사와 머리뼈로 얼굴을 복원하는 기본 원리와 방법을 소개하고, 복원한 얼굴이 생전 얼굴과 얼마나 가까운지 그 정확성을 검증한 연구 사례를 검토하여, 향후 한반도 고대인의 얼굴을 복원하는 데 이 방법이 어떻게 적용되는 것이 바람직할지 제언하였다.

진주현(제10장)은 사람뼈대학의 전사자 또는 민간인 희생자 유해 발굴에서의 응용을 검토하였다. 고고유적에서 출토된 사람 뼈는 아니지만 근현대사에 발생한 전쟁 혹은 민간인 희생 사건의 피해자 유해 찾기와 그에 대한 진상규명은 기본적으로 옛사람 뼈 연구에 사용되는 방법이 그대로 적용된 사례라 하겠다. 이 장에서는 유해 발굴의 역사적·사회적 배경을 알아보고 전사자 유해 발굴의 체계와 방법, 과정을 미국과 한국으로 나누어 비교·검토하였다. 더불어 정부 차원에서 이루어지고 있지는 않지만 과거에 일어났던 민간인 희생자 유해 발굴에 대해서도 그 과정과 의미, 성과를 다루었다.

3. 옛사람 뼈 자료의 활용도를 높이기 위해 필요한 조치

사람 뼈 자료가 의미 있는 방식으로 활용되기 위해서는 우선 해결되어야 할 과제가 몇 가지 있다. 사람 뼈 연구의 어려운 점은 출토된 뼈를 다수 확보하여 성별, 연령별, 각 시대별, 사회 계층별, 지역별로 충분한 개체 자료를 축적해야 집단의 생물학적 특성에 대한 비교 연구가 가능하다는 것이다. 충분한 수의 표본이 확보되었을 때 뼈대의 개체 특성에만 주목하는 기존 연구들의 한계를 극복하고 집단 내 변이를 고려하는 집단생물학적 연구가 가능해지기 때문이다. 따라서 다년간의 노력을 통해서 통계적 분석이 가능한 정도의 충분한 자료를 축적하는 것이 필수적이다.

이를 위해서 이미 발굴되어 보관되고 있는 선사시대, 고대의 사람 뼈에 대한 계측과 시료 채집을 꾸준히 하면서, 향후 고고유적에서 출토되는 사람 뼈에 대한 체계적인 수집과 분석을 할 수 있는 기초를 마련해야 한다. 이미 발굴되어 보고된 사람 뼈에 대한 여러 보고서에서 자주 발견되는 문제 중의 하나는 성별, 연령, 신장 등 추정의 근거를 제시하지 않는 사례가 흔해서 다른 연구자가 그 결과를 자료로 사용할 수 없는 경우가 많다는 것이다. 따라서 개별 보고서 자료를 이용한 메타 연구가 가능해지도록 기존의 사람 뼈 연구 및 보고의 관행이 개선되어야 할 필요가 있다.

나아가 이미 발굴되었거나 현재 발굴되고 있는 사람 뼈 자료는 물론 장차 발굴될 자료를 체계적으로 수집하여 데이터베이스화하는 시스템을 만드는 것이 필요하다. 이러한 데이터베이스가 구축되면 사람 뼈 자료가 표준화된 방식으로 저장되어 각자의 연구 질문을 가진 많은 연구자들이 공유할 수 있는 기초 자료가 될 수 있다.

현재 전국 각지에서 발굴되고 있는 사람 뼈 자료가 연구 자료로서의 가치를 지니기 위해서는 사람 뼈의 자료적 가치를 제고할 수 있는 방식으로 발굴, 보고, 보관, 관리되어야 한다. 현재 고고발굴 사업을 통해 수많은 분묘들이 발굴되고 있으며, 이에 따라 사람 뼈의 출토 건수도 상당한 것으로 알려져 있다. 이 가운데 근대의 뼈는 기본적인 정보에 대한 관찰이나 측정이 이루어지지 않은 채 그대로 방치되거나 화장 또는 이장되는 경우가 대부분이고, 선사 및 고대의 분묘에서 출토된 뼈의 경우에도 현장 발굴 담당자들이 뼈 발굴에 필요한 지식과 기술을 갖추고 있지 않아 적절치 못한 방법으로 수습되거나 수습 후 그대로 방치되는 예가 많다.

우선은 뼈 전문가들이 발굴 전문 기관과 현장 발굴 담당자와 연락망을 구축하여 뼈 자료를 체계적으로 수집하는 일이 급선무이다. 그러나 각 발굴 현장에서 출토되는 사람 뼈의 수가 증가하면서 소수의 전문가들이 각 현장을 직접 방문하는 것이 사실상 불가능해지고 있다. 따라서 현장 발굴 담당자들이 뼈를 일차적으로 처리하여 자료화하는 작업을 수행해야 할 필요가 있다. 먼저, 현장 발굴 담당자들이 뼈 자료들을 자료적 가치를 가질 수 있는 방식으로 발굴, 보관, 관리, 보고할 수 있도록 사용하기 간편한 표준화된 지침과 자료 보고 양식을 제공하는 것이 중요하다. 더불어 지침서를 잘 활용할 수 있도록 현장 발굴자를 교육하는 일도 병행해야 한다. 일단 자료가 표준화된 형태로 보고되면 연구자들이 그러한 자료를 이용하여 메타분석을 하는 것이 가능해지기 때문이다. 장기적으로는 고고학 교육 과정에 사람뼈대학이 포함되는 것이 가장 바람직할 것이다.

차례

| 제2부 | 신체 크기와 형태학

| 제3부 | 생계 경제와 질병

| 제5부 | 사람뼈대학의 응용

표 차례

그림 차례

| 제1부 |

성과 연령

제1장 고고유적 출토 사람 뼈의 성과 연령 추정
제2장 뼈조직학의 인류학적 적용

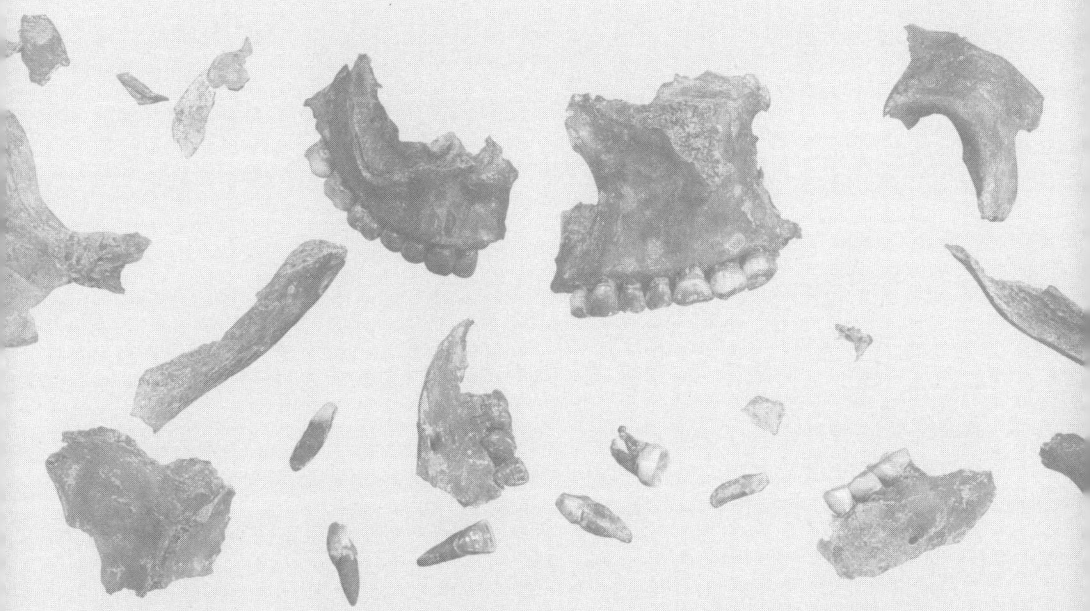

제1장

고고유적 출토 사람 뼈의 성과 연령 추정

김지은

성과 연령은 사람 뼈를 이용하여 개체의 생물학적 특성을 분석할 때 가장 기본이 되는 정보로서 키, 인구집단, 병리적 특성 등과 함께 법의인류학적 신원 확인에 크게 기여하는 지표이다. 뿐만 아니라 성과 연령 추정 결과를 바탕으로 과거 집단의 사망률mortality과 출생률fertility rate을 재구성할 수 있으며, 과거 집단의 삶의 질 또한 간접적으로 추정해 볼 수 있다(Larsen, 2015a; 2015b; Milner 등, 2008). 따라서 과거 집단의 생활상과 건강을 재구성하는 연구에서 성과 연령을 정확하게 추정하는 작업은 매우 중요하다.

지금까지 인류학계에서 개발한 성과 연령 추정 방법은 매우 다양하지만, 실제 연구에 자주 쓰이는 방법은 그 수가 손꼽을 만큼 제한되어 있다. 또 연구자가 추정 지표를 선택할 때에는 연령을 추정하는 지표가 얼마나 깊이 있게 연구되었는지, 방법은 얼마나 편리하고 익숙한지를 고려하는데, 이 과정에서 연구자 본인의 학문적 배경도 선택에 영향을 미친다(Falys와 Lewis, 2011; Garvin과 Passalacqua, 2012; Milner와 Boldsen, 2012a).

이 장에서는 첫째, 연구에 자주 사용되는 성과 연령 추정 방법을 소개하고, 둘째, 이 두 가지 지표의 정확도에 직접적인 영향을 끼치는 생물학적·방법적 오류의 근원을 고찰하며, 마지막으로 연구를 계획할 때 성과 연령 추정의 실행 과정에 있어서 고려해야 할 요소들은 무엇인지 정리하고자 한다. 여기에서는 현존하는 성, 연령 추정 이론과 방법을 총망라하기보다는 실례를 설명하기 위해 주목할 만한 자료를 선별적으로 인용하였다.

1. 옛사람 뼈 시료의 속성과 연구를 위한 기본 가정

생활 인구living population에서 고고학 시료(법의인류학적·해부학적 시료 포함)가 되기까지는 여러 가지 복잡한 단계별 여과 과정sampling hierarchy for paleodemography(Hoppa, 1996)을 거치게 되는데, 이 여과 과정에는 생물학적 편향bias, 문화적 편향, 환경과 화석 생성에 의한 편향, 방법적 편향의 네 가지 편향이 영향을 미친다(Hoppa, 1996).

이 중 첫 번째 여과는 생물학적 편향에 의해 발생하는데, 이는 개개인이 타고난 사망률이나 질병 취약률이 다르기 때문에 고고유적에서 출토된 뼈 시료가 한 인구집단의 각 연령대에서 죽음 혹은 질병에 가장 취약한 사람들로 이루어지는 현상을 가리킨다. 이러한 편향이 나타나는 이유는 앞서 언급한 바대로 개개인마다 사망 혹은 질병 발현의 가능성이 다르기 때문이다. 특히 생물고고학, 고대 인구학, 그리고 고대 역학paleoepidemiology의 연구자라면 발굴된 뼈 시료가 과거 인구의 어떤 집단을 대표하는지 진지하게 고민해 볼 필요가 있다.

지금까지 학계에서는 뼈에 많은 병변이 관찰되는 사람일수록 그 사람이 집단 내에서 가장 쇠약한 사람이라고 여겨 왔다(Armelagos와 Cohen, 1984). 하지만 뼈에 나타나는 병변이나 생물학적 스트레스 지표들이 항상

이처럼 명료하게 해석되는 것은 아니다. 뼈에 병변이 많다는 것은 죽음이나 질병의 상황을 잘 견뎌냈으며, 취약한 집단에 비해 더 오래 생존했다는 것을 의미할 수도 있기 때문이다. 마찬가지로 뼈에 병변이 거의 없는 사람은 건강한 사람일 수도 있지만, 반대로 병변이 뼈에 나타나기 전에 질병을 견디지 못하고 사망한 사람일 수도 있다(Wood 등, 1992). 후자의 해석은 '뼈대학의 역설osteological paradox'이라는 이름으로 우드 등(Wood 등, 1992)에 의해 처음 주장되었으며, 주로 농경 사회로의 전환 이후 삶의 질과 건강이 어떻게 변했는지에 대한 연구에서 자주 다루어지는 내용이다(DeWitte와 Stojanowski, 2015; Wood 등, 1992; Wright와 Yoder, 2003).

비슷한 맥락에서 고고유적에서 출토된 어린이 뼈의 해석에 관한 의견도 분분한데, 일찍 사망한 어린이들은 유독 병약했거나 여러 결핍증으로 고통받았을 가능성이 높기 때문에 이들을 과거 사회의 건강한 어린이 집단이라고 가정하기에는 무리가 따른다(Johnston, 1962; Lampl과 Johnston, 1996). 하지만 이러한 우려는 어린이가 장기간 병을 앓았거나 영양실조인 경우에는 해당되지만, 감염성 질병으로 인해 뼈에 병변이 나타나기도 전에 죽은 경우에는 해당되지 않는다(Cunningham 등, 2016). 다만 이러한 뼈 시료의 생물학적 편향에서 비롯되는 오류는 집단 수준에서 시료를 분석할 때에는 걱정하지 않아도 될 정도로 미미한 수준인 것으로 알려져 있으며, 이보다는 오히려 잘못된 방법으로 시료를 분석했을 때 발생하는 오류가 더 심각할 수 있다(Saunders와 Hoppa, 1993).

두 번째 여과는 무덤에 매장될 때 거치게 되는 문화적인 편향cultural bias에 의해 발생한다. 예를 들어 어린이와 어른을 다르게 매장하는 문화권에서는 어린이의 시신을 얕은 곳에 묻거나 어른들의 묘지로부터 멀리 떨어진 곳에 매장하는데, 이로 인해 훗날 집단 매장지가 발견되어도 그곳에서 어린이의 뼈가 전혀 발굴되지 않을 수 있다(Bello 등, 2006; Larsen, 2015a; 2015b; Pinhasi와 Bourbou, 2007).

앞서 두 종류의 여과를 거친 뼈 시료는, 세 번째로 화석 생성 과정에서 환경적 요인에 의한 편향taphonomic bias에 한 번 더 노출된다. 어린이 뼈는 섬유주 골형trabecular bone의 함량이 높고 고령 노인의 뼈는 골다공증에 취약하기 때문에 매장 후 흙 속에서 빠르게 분해되며, 이로 인해 고고학 시료에서 해당 연령층이 잘 발견되지 않을 수 있다(Meindl과 Russell, 1998; Bello 등, 2006; Jackes, 2011). 이처럼 영유아를 비롯한 어린이 개체의 비중이 지나치게 낮게 계산되면 인구집단의 사망률을 분석하고 복원하는 데 큰 영향을 미치기 때문에 이러한 문제를 어떻게 해결할 것인지에 대해서도 고민해 볼 필요가 있다.

마지막으로 방법적 편향도 여과에 영향을 미치는데, 이러한 편향은 연구자가 최종적으로 접하게 되는 고고학적인 뼈 시료가 다양한 발굴 방법과 발굴자의 기술 수준에 의해 수습된 결과물이기 때문에 나타난다.

생활 인구에서 뼈 시료가 되기까지 나타나는 복잡한 여과 과정을 보여줄 수 있는 예로 2005년부터 2009년까지 발굴 작업이 이루어진 서울 은평구의 조선시대 분묘 유적을 들 수 있다. 은평 유적에는 조선시대에서 근대까지 긴 시대를 아우르는 무덤과 함께 통일신라시대의 가마터까지 포함되어 있다. 이 매장지에서는 5,000기 이상의 무덤이 발견되었는데, 이 무덤 중 진관동 분묘군에서 665개체의 뼈가 출토되었다. 현장에서 이 개체들을 대상으로 임시 분석을 거친 끝에 665개체 가운데 196개체가 현재 서울대학교 인류학과 발굴인골 종합분석실에 보관되어 있다(강홍빈, 2009; 박순영 등, 2009). 은평 유적에서 발굴된 뼈들 중 회곽묘에서 나온 뼈는 비교적 상태가 좋은 편이었으나, 토광묘에서 출토된 뼈는 손상이 심했다. 이처럼 다양한 요인의 영향을 받고서 현재 남아 있는 한정된 시료에 연구자들은 가능한 여러 방법들을 동원하여 과거의 생활상을 최대한 신뢰할 수 있는 수준으로 복원하고자 한다.

이렇듯 편향적인 고고학 시료를 바탕으로 과거 집단의 생활사가 재구성되긴 하지만, 그렇다고 해서 과거 집단의 생활사가 모두 부정확하다는 의미는 아니다. 고고학 시료로 과거 집단의 미세한 부분까지 해석하기는 어렵지만 큰 경향성을 파악하는 데에는 무리가 없다(DeWitte, 2018; Milner와 Boldsen, 2012b; Milner 등, 2008).

고고유적 출토 뼈 시료를 연구 대상으로 할 때에는 보통 현대인 뼈 시료reference collection를 이용해 만들어진 방법을 사용하는데, 여기에는 몇 가지 중요한 가정이 전제된다. 첫 번째는 고대 인구통계학과 생물고고학에서 가장 기본적인 가정으로 삼는 생물학적 균일설biological uniformitarianism(Howell, 1976)에 바탕을 두는데, 인간의 생물적 작용은 시간과 장소를 불문하고 일정하게 유지된다는 가정이 그것이다. 예를 들어 인간의 출생률과 사망률의 변화는 예측할 수 있는 패턴을 보이기 때문에 고고학적 집단의 인구구성 패턴 역시 현대 집단과 크게 다르지 않다고 생각할 수 있다(Chamberlain, 2000; Howell, 1976). 물론 인구학적 과정이 언제나 변치 않는다고 할 수 없지만, 이러한 가정 덕분에 우리는 현대의 인구통계학적 모델을 과거 집단에 적용할 수 있으며, 현대인의 시료로 만들어진 성과 연령 추정 방법으로 고고학적 인구집단을 연구할 수 있다(Milner 등, 2008).

두 번째 가정은 연구하고자 하는 고고학적 뼈 시료가 하나의 특정 인구집단을 대표한다는 것이다. 실제로 이 가정은 많은 경우 정당화될 수 없는데, 그 이유는 우리가 연구하는 뼈 시료와 실제 생활 인구는 집단의 성격이 엄연히 다르기 때문이다. 물론 폼페이의 베수비오 화산폭발이나 전쟁, 혹은 유럽의 흑사병과 같이 대재앙으로 인해 한 집단이 단기간에 매장되는 특수 상황이라면 특정 연대의 인구를 대표한다고 할 수 있겠지만, 발굴되는 고고학 뼈 시료는 대부분 여러 인구집단이 장기간에 걸쳐 매장된 결과물이다(DeWitte, 2018; Margerison과 Knüsel, 2002; Milner 등, 2008). 게다가 최종적으로 연구 가능한 고고학적 뼈 시료는 수적으로도

100에서 200개체 정도로 적기 때문에 이 정도 규모의 시료가 한 집단을 대표한다고 보기에는 상당한 무리가 따른다.

마지막 가정은 연구자가 선택한 방법이 오류와 편향의 영향으로부터 비교적 자유롭고, 그 방법으로 산출한 성과 연령 추정치가 정확하다는 가정이다. 성별 추정을 잘못하여 여성을 남성으로 잘못 분류할 수 있으며(Walker, 1995; Weiss, 1972), 연령 추정을 잘못하여 많은 개체를 중년으로 분류하거나 '50세 이상'과 같은 넓은 연령 범주에 포함시키게 되면 연구 결과에도 심각한 오류를 초래할 수 있다.

앞서 말한 두 가지 가정은 우리가 조정할 수 있는 범위를 넘어서지만, 방법론적인 오류의 근원은 연구자에 의해 최소화될 수 있으므로 연구자는 가급적 추정 방법의 장단점과 각 방법의 성격을 충분히 알고 있어야 한다.

2. 성 추정 방법

고고학적 집단의 성별 정보를 통해서 우리는 성별에 따라 다를 수 있는 과거 사람들의 식단, 질병, 활동 패턴, 매장 풍습을 추정하고 복원해 볼 수 있다(Buikstra와 Ubelaker, 1994). 성별 추정은 보통 사춘기를 기점으로 이차 성징이 이루어진 이후의 뼈에 시도된다. 여성과 비교했을 때 일반적으로 남성은 근육 부착 지점이 거칠고 뼈의 크기와 형태도 전반적으로 더 크고 강건하다. 반면 여성의 뼈는 크기가 비교적 작고 형태가 섬세한 편이지만, 임신과 출산의 기능을 담당하는 골반의 폭은 남성보다 더 넓다. 물론 어느 한쪽으로 분류될 수 없는 모호한 형태도 있다.

성별 추정 방법은 크게 두 종류로 나누어지는데, 하나는 뼈 크기와 형태의 이형성sexual dimorphism을 계측하는 방법이고, 다른 하나는 맨눈으로 이형성을 판단하는 비계측 방법이다. 어떤 방법을 사용하더라도 하나의 특징trait보다는 다양한 특징을 토대로 하는 분석을 지향하는데, 그렇다고 해서 모든 특징이 성별에 관한 정보를 일관성 있게 제공해 주는 것은 아니다. 즉 성별 추정에 사용하는 모든 변수를 한꺼번에 종합한다고 해서 더 정확한 성별 추정이 가능한 것이 아니므로, 성별 추정 능력이 특별히 뛰어난 변수를 추려내는 것이 중요하다. 그러나 고고학 뼈 시료처럼 보전 상태가 온전하지 않다면 주어진 범위 내에서 가능한 많은 성별 추정 지표를 사용해야 할 수도 있다.

여기에서 소개하는 성별 및 연령 추정 방법 중에는 과학수사를 위해 현대 집단을 바탕으로 개발된 것도 있으나, 이러한 방법은 고고학 집단의 성별을 추정하는 데에도 사용할 수 있다. 한 가지 강조하고 싶은 것은 앞에서 나열한 기본 가정을 유념해야 한다는 것이다. 또한 특정 추정 방법이 개발될 당시 사용된 표준 시료의 성격을 충분히 숙지한 상태에서 적용해야 한다.

1) 비계측적non-metric 방법

맨눈으로 뼈의 형태를 평가하여 성별을 추정하는 방법은 뼈의 강건함robusticity과 연약함gracility의 정도를 기준으로 한다. 머리뼈와 골반에 나타나는 여러 가지 형태적 특징들이 이 방법에서 주로 사용되는데, 특히 골반을 이용한 성별 추정이 가장 정확하다고 알려져 있다.

골반을 이용할 때 가장 많이 사용하는 방법은 피니스T. W. Phenice의 기준인데, 이 방법은 정중궁둥두덩가지the median aspect of the ischiopubic ramus, 두덩밑각subpubic angle, 두덩결합배쪽활the ventral arc of the pubic symphysis에서 나타나는 형태적 특징을 기준으로 한다(Phenice, 1969). 이들 뼈대 부위의 특징에 대하여 연구자는 세 가지 범주(1=여성, 2=불분명, 3=남성)로 점수를 부여한다.

그다음으로 성별 추정에 많이 사용되는 특징은 큰궁둥패임greater sciatic notch, 귓바퀴앞고랑preauricular sulcus, 두덩뼈넓이pubic bone width와 폐쇄구멍obturator foramen의 모양이다. 이러한 특징에는 피니스의 방법보다는 좀 더 세분된 다섯 가지 범주로 점수를 부여한다(Buikstra와 Ubelaker, 1994).

과거에는 여성의 두덩결합의 등쪽dorsal 부분에 나타나는 함요pitting 현상이 여성의 임신 및 출산 여부를 나타내므로 성별 추정에 유의미한 지표가 될 수 있다고 보았으나(Suchey, 1979), 최근 연구에 따르면 함요 현상이 반드시 임신흔을 나타내는 것은 아니며, 과격한 운동을 하는 사람, 체조 선수, 또는 남성에게도 관찰되는 경우가 종종 있다고 보고되었다(Bongiovanni, 2016). 비슷한 맥락에서 귓바퀴앞고랑도 성 추정 지표로 독자적으로 사용하기에는 무리가 있다고 평가된다(Karsten, 2018).

한편 머리뼈로 성별 추정을 할 경우에는 미간glabella, 눈확위모서리supraorbital margin, 꼭지옆돌기mastoid process, 목덜미능선nuchal crest, 턱뼈각gonial angle, 턱뼈융기mental eminence의 강건함 정도나 근육 부착 지점의 거친 정도를 다섯 가지 범주로 나누어 점수를 부여한다(Buikstra와 Ubelaker, 1994). 하지만 머리뼈는 골반에 비해서 성 추정 지표로서 정확도가 떨어진다고 알려져 있다.

기본적으로 성별 추정 방법은 적어도 50%, 되도록이면 75% 이상의 정확도를 보여야 한다(De Vito와 Saunders, 1990). 하지만 위와 같이 맨눈으로 형태를 평가하여 성별을 추정하는 전통적인 방법으로는 성별 추정 결과의 신뢰도reliability를 양적으로 수치화하는 것이 매우 어렵다.

성적이형성은 원래 연속변수continuous variable이지만, 성별을 추정할 때는 편의상 순위범주형 변수ordinal categorical variable로 취급하여 평가한다. 그러나 연속변수인 성적이형성을 세 단계 혹은 다섯 단계의 순위범주형 변수로 분류하는 방법은 타당하지 않다. 또한 앞서 말한 방법은 통계적 분석의 단계를 거치지 않고 성별 추정을 하기 때문에 각 특징의 상대적 중요성이 성별 추정에 반영되지 않으며, 성별 추정값의 불확실성(성별 추정값이 얼마나 확실한가?)을 수치화하기 힘들다는 단점이 있다. 이러한 통계적 약점은 성과 연령 정보가 주어지지 않는 과거 집단의 뼈를 사용하는 연구에서는 치명적인 한계로 작용한다.

미국은 법의학자들이 올바른 과학good science을 실천하도록 장려하고 그들의 증언이 법원에서 신뢰할 만한 전문가의 증언expert witness testimony으로 채택되기 위해서 어떠한 조건을 충족해야 하는지를 연방법으로 만든 바 있다. 이 도버트 규범Daubert standard은 다음과 같은 네 가지 사항을 담고 있다. 첫째, 과학수사 사례forensic case의 분석 결과는 확립된 이론과 충분히 입증된 기술, 방법에 의거해야 한다. 둘째, 과학수사를 위한 테스트와 방법은 동료 평가peer review의 단계를 거쳐야 한다. 셋째, 각 방법의 유효함을 입증하기 위해 오류가 수치화되어 있어야 한다. 넷째, 분석에 쓰이는 과학적인 방법은 동료 집단peer community의 동의와 인정을 받은 것이어야 한다(Daubert v. Merrell Dow Pharmaceuticals, 1993).

액면 그대로 생각하면 과학수사 사건에 적용되는 도버트 규범과 고고학적 뼈 시료를 분석하는 일이 무관하게 보일지 모른다. 하지만 앞서 나열한 네 가지 사항은 올바른 과학을 추구하는 모든 연구자들에게 동일하게 적용되는 기준이기 때문에 생물인류학 연구에서도 결코 간과되어서는 안 된다.

종합해 보면, 전통적인 성별 추정 방법은 위의 네 가지 조건을 완벽하게 충족시키지 못한다. 따라서 점수를 부여하는 체계를 세분화하고 양적 관찰이 가능하도록 형태의 특징을 재정의한 후 신뢰할 수 있는 통계 방법을 적용함으로써 성별 추정 방법을 개선할 수 있다.

현존하는 비계측 방법 중 이러한 개선 방안을 채택해 개발된 방법으로는 클레일스 등(Klales 등, 2012)의 방법과 워커(Walker, 2008)의 방법이 있다. 이 두 가지 방법은 순위범주형 변수에 의존하지만 로지스틱 회귀분석logistic regression analysis의 다변수 방정식을 기반으로 하고 있다. 로지스틱 회귀분석은 성별 추정 결과를 확률적 가능성으로 표현하기 때문에 유용하다. 특히 클레일스 등(Klales 등, 2017)의 방법은 컴퓨터 프로그램 형태로 온라인에서 제공되고 있는데, 그 덕분에 이 방법을 사용하는 연구자는 직접 복잡한 계산을 하는 수고를 덜 수 있다.

2) 계측적metric 방법

성적이형성을 양적으로 평가하는 방법은 머리뼈나 머리 이외post-cranial 뼈의 계측 수치를 사용한다. 계측을 할 때는 뼈를 재는 전문 기구나 디지타이저digitizer를 이용하여 마른 뼈를 측정한다. 최초로 개발된 계측적 방법은 위팔뼈머리humeral head와 넙다리뼈머리femoral head의 둘레를 계측하여 표준 차트와 대조해 보는 방법이었다(Dwight, 1905; Pearson과 Bell, 1919). 특히 바스(Bass, 2005)의 방법은 대표적인 고전적 계측 방법으로 널리 쓰여왔다.

이 밖에도 골반을 이용해 지수index를 계산하거나(Brothwell, 1981; Stewart와 Kerley, 1979) 각도를 계측하는 방법(Stewart와 Kerley, 1979) 등이 있으나, 이러한 초창기의 방법들은 통계적으로 미흡하거나 성별 분류의 정확도가 떨어진다고 알려져 있다. 특히 과학적 방법에 대한 기준이 더 엄격해진 최근에는 과학통계적으로 입증validation과 재현reproducibility이 가능하고 오류를 수치화할 수 있는 방법이 더 선호되는 추세이다.

이에 따라 전통적인 방법에서 주로 사용되었던 표준 차트와의 단순 대조에 의한 성별 추정은 지양되고 있다. 현재 성별 추정에서 가장 많이 쓰이는 통계적 접근 방법은 계측한 치수의 판별 함수 분석discriminant function analysis, DFA이다. 머리뼈 계측값과 DFA를 기반으로 한 성별 추정 방법의 정확도는 사용된 뼈, 인구집단, 연구에 사용된 변수의 종류와 개수에 따라 78%에서부터 90%까지 다양하다(Giles, 1970; Hanihara, 1959; Saini

등, 2011; Spradley와 Jantz, 2011).

최근 들어서는 머리뼈 계측 수치를 사용한 다변분석적 접근 방법 대신 형태 분석shape-based analysis에 기반을 둔 기하 형태 계측적 분석geometric morphometric으로 중심이 옮겨가는 추세이다(Gonzalez 등, 2009; Gonzalez 등, 2007; Green과 Curnoe, 2009; Velemínská 등, 2013). 특히 머리뼈의 계측과 DFA를 기반으로 하는 성별 추정에서 가장 주목할 만한 방법은 잰츠와 아우즐리(Jantz와 Ousley, 2005)의 포디스크 프로그램FORDISC 3.1을 바탕으로 한 방법이다. 이 프로그램에 입력된 자료는 미국 테네시 대학의 법의학 데이터뱅크Forensic Databank에 기록된 현대 미국인들의 머리뼈와 팔다리뼈의 계측값이며, 이 프로그램은 다변분석적 DFA를 바탕으로 하고 있다. 포디스크 프로그램은 현대인의 과학수사를 위해 만들어졌지만, 필요에 따라서 고고학적 시료 분석에도 사용된다.

팔다리뼈는 거의 모든 부위가 성별 추정에 사용될 수 있다고 해도 과언이 아닌데, 예를 들면 위팔뼈humerus, 빗장뼈clavicle, 어깨뼈scapula, 노뼈radius, 손허리뼈metacarpals, 손목뼈carpals 등의 위사지뼈(Albanese 등, 2008; Barrio 등, 2006; Berrizbeitia, 1989; Frutos, 2002; 2005; Spradley와 Jantz, 2011)와, 넓다리뼈femur, 무릎뼈patella, 발꿈치뼈calcaneus, 목말뼈talus 등의 아래사지뼈(Bidmos 등, 2005; Bidmos와 Asala, 2004; Brown 등, 2007; Purkait, 2005)를 사용한 성별 추정 방법이 개발되어 있다.

머리뼈, 팔다리뼈 등에 나타나는 성적이형성과 그것을 기반으로 한 성별 추정 방법은 유럽계 혹은 아프리카계 집단을 대상으로 가장 많이 연구되었지만, 현재까지 남아메리카, 남아프리카 외에 일본, 과테말라, 태국, 한국, 인도 등의 다양한 지역 집단을 대상으로 한 연구도 보고되었다(Choi와 Chung, 1999; Hanihara, 1959; Khanpetch 등, 2012; Kim 등, 2013; Mahakkanukrauh 등, 2013; Patriquin 등, 2003; 2005; Purkait, 2005; Saini 등, 2011; Spradley와 Jantz, 2011; Tise 등, 2013).

한 가지 흥미로운 것은 비계측 방법을 사용할 경우에는 골반이 가장 정확한 성별 추정값을 도출하는 반면, 계측 방법에서는 그렇지 않다는 것이다(Patriquin 등, 2005; Spradley와 Jantz, 2011). 계측 방법에서는 위팔뼈humerus, 빗장뼈clavicle, 어깨뼈scapula 같은 어깨 관절과 팔 부위의 성적이형성이 가장 뚜렷하기 때문에 이 뼈대 부위를 이용한 성 추정이 가장 높은 정확도를 보인다(Frutos, 2002; 2005; Spradley와 Jantz, 2011). 계량적 성별 추정 방법들은 무어(Moore, 2013)의 연구에 잘 정리되어 있다.

최근 밀너와 볼슨(Milner와 Boldsen, 2012c), 볼슨 등(Boldsen 등, 2015)의 연구에 의하면, 앞서 언급한 위팔뼈머리humeral head와 넙다리뼈머리femoral head 둘레를 사용한 성별 추정 방법은 표준 시료의 남녀 성비에 따라 성별 추정값이 달라질 수 있으므로 주의가 필요하다고 한다. 하지만 한두 개의 특징만으로(특히 위팔뼈머리) 빠르고 비교적 정확하게 성별 추정이 가능하다는 편리함 때문에 여전히 사용할 가치가 있는 지표이기도 하다. 이와 관련해 최근에 연구자가 성별 추정값의 신뢰도를 확률적 수치로 표현할 수 있도록 무료 컴퓨터 프로그램도 개발되었다(Boldsen 등, 2015; Milner와 Boldsen, 2012c).

3. 성별 추정 시 고려할 사항

1) 남성/여성 구분이 불분명한 경우

앞서 비계측 성별 추정 방법에서도 설명했듯이, 성별 추정에 사용되는 형태적 특징은 단절적 순위범주형 척도categorical scale가 아니라 연속적 지표이자 척도continuous scale이다. 우리가 정의하는 '남성성' 혹은 '여성성'은 이처럼 연속적 척도를 따르는 형태 중에서도 극과 극을 대표하는 특징들을 말한다. 달리 말하면 이 극과 극의 특징들 사이에는 여성성과 남성성의 중간에 놓인 불확실한 형태의 뼈도 있다는 뜻이다.

성인뿐만 아니라 10대 청소년기의 뼈도 형태적 특징이 애매할 수 있다. 예를 들어 10대 청소년기 여성의 뼈에 여성성이 빨리 나타날 수도 있지만, 그렇지 않고 여성성이 더디게 발현된다면 뼈의 형태는 여성보다 남성에 가까울 수도 있다. 따라서 남성성을 띠는 10대의 뼈를 확실히 남성이라고 추정하기보다는 성별 불확정의 범주로 분류할 것을 추천한다. 반면 사춘기 이전 청소년기 남성의 머리뼈는 남성성이 뚜렷하지 않아 여성의 머리뼈 형태와 비슷할 수도 있다. 하지만 남성성이 뚜렷해지는 사춘기 이후라면 남성이라고 분류할 수 있다(Buikstra와 Ubelaker, 1994). 또한 나이가 많은 여성의 경우 머리뼈의 형태가 남성화되는 경향이 있다(Meindl 등, 1985).

사실 성별 추정이 가장 어려운 대상은 아직 이차 성징이 시작되지 않은 영유아와 어린이의 뼈이다. 몇몇 연구자들이 영유아의 머리뼈 혹은 골반을 이용하여 성별을 추정하는 것이 완전히 불가능하지는 않다고 발표한 바 있으나(Gonzalez, 2011; Luna 등, 2017), 현재 다수의 의견은 어린이 뼈를 대상으로 개발된 성적이형성, 성별 추정 방법은 정확도가 아직 높지 않다는 것이다(Cardoso와 Saunders, 2008; Estévez Campo 등, 2018; Klales와 Burns, 2017). 그러한 이유로 영유아 및 어린이 뼈를 대상으로 가장 정확하게 성별 추정을 추정하는 방법은 유전자 분석으로 알려져 있다(Álvarez-Sandoval 등, 2014; Daskalaki 등, 2011; Götherström 등, 2018).

2) 시대별·지역별 집단 간 성적이형성 변이

뼈에 나타나는 성적이형성sexual dimorphism의 강도가 시대와 지역에 따라 다르다는 가설은 현재 연구가 활발히 이루어지고 있는 주제이다. 시대별·지역별 집단 간의 성적이형성이 차이를 보인다고 주장하는 학자들은 특정 시대와 지역을 대표하는 집단의 시료를 이용해 개발된 성별 추정 방법을 다른 집단에 적용하는 것이 적절하지 않다고 지적한다(Milner 등, 2008). 예를 들어 워커(Walker, 2008)의 점수 부여 체계를 유럽계 미국인, 아프리카계 미국인, 중세시대 누비아 집단, 미국의 옛 인디언 집단에 적용하였더니, 머리뼈의 성적이형성은 연령이나 몸집 크기에 따라 차이가 크게 나타나지 않았지만 인구집단에 따라서는 유의미한 차이가 확인되었다(Garvin 등, 2014).

성적이형성의 정도가 시대에 따라 다른지에 대해서도 연구가 이루어졌는데, 특히 클레일스(Klales, 2016)는 골반에서 관찰되는 성적이형성의 정도가 시대에 따라 차이가 있다고 보고하였다.

생물고고학과 고인류학 연구자들은 성적이형성과 뼈에 나타나는 생물역학적 스트레스biomechanical stress 표지를 남성과 여성의 성 역할gender role에 따른 노동 분업을 뒷받침하는 증거로 해석하기도 한다. 수렵과 채집hunting-gathering이 주를 이루었던 과거 집단에서 성적이형성의 정도가 더 강하게 나타났다는 연구가 그 예이다.

러프(Ruff, 2008)에 의하면 넙다리뼈의 중간몸통midshaft 부분에 나타나는 성적이형성의 강도는 수렵채집 사회, 농경 사회, 산업 사회의 순으로 약하게 나타났다. 이는 사회가 개인에게 요구하는 이동성에서의 성별 차이가 시대에 따라 변화했음을 보여준다. 수렵채집 사회는 여성보다 남성에게 더 큰 이동성이 요구하였으며, 넙다리뼈 중간몸통 부분에서 관찰되는 성적이형성의 감소는 산업 사회로 넘어올수록 그러한 성 역할의 구분이 줄어들었음을 보여주는 증거로 해석된다(Ruff, 1987).

성적이형성은 기능적 스트레스와 신체활동과 매우 밀접한 관련이 있는데, 특정 집단의 기능적 스트레스와 신체활동은 동시에 그 집단의 문화와도 관련이 깊다. 바로 이러한 이유 때문에 개별 집단의 특징이 잘 반영된 성별 추정 방법을 써야 한다는 것이다(Albanese 등, 2008; Barrio 등, 2006; Gonzalez 등, 2007).

계측 방법이든 비계측 방법이든 사용된 방법이 무엇인지에 따라서 집단 간 성적이형성의 정도를 평가한 결과는 다르게 나타날 수 있다. 또 앞서 나열한 비계측 방법에 쓰이는 뼈의 특징들은 종 전체species-wide에서 확인 가능한 보편적인 패턴인 반면, 계측적 방법에서 쓰이는 뼈의 특징에는 각 집단의 개별적 특징population-specificity이 보다 잘 나타날 수 있다. 이러한 이유로 몇몇 연구자들은 계측적 방법을 쓸 때에는 각 집단에 특화된 방정식을 사용해야 한다고 주장한다. 골반을 사용한 계측에 대해서는 성적이형성의 정도가 집단별로 다르다는 연구(Iscan, 1983; Patriquin 등, 2003; Patriquin 등, 2005)가 있지만, 동시에 골반의 성적이형성이 인구집단과 지역적 위치 등과 같은 집단의 특수성과는 무관하다는 연구(Steyn과 Patriquin, 2009)도 있다.

3) 연구자 간 오류

맨눈으로 뼈의 특징을 확인하는 성별 추정 방법은 연구자 간 오류가 존재한다는 이유로 많은 공격을 받아 왔다. 이 방법은 연구자의 경험치에 의해 영향을 받고, 아무리 경험이 많다고 해도 개인의 주관적인 견해 때문에 동일한 방식으로 추정이 이루어지기 어렵다는 단점이 있다. 이런 연구자 간 오류는 부정확한 성별 추정으로 이어질 수 있기 때문에 간과되어서는 안 된다(Milner 등, 2008).

하지만 최근 발표된 연구에 따르면, 머리뼈를 사용한 성별 추정 과정에서 발생한 연구자 간의 오류는 전반적으로 적은 편이다. 또한 오류의 정도도 사용하는 뼈의 특징에 따라 다르다는 연구가 발표되었다(Lewis와 Garvin, 2016).

한편 비계측 방법과는 반대로 계측 방법은 비교적 주관성이 개입할 여지가 적기 때문에 연구자 오류로부터 좀 더 자유롭다고 알려져 있다(Adams와 Byrd, 2002; Langley 등, 2018; Spradley와 Jantz, 2011).

4. 영유아, 어린이, 청소년의 고전적 연령 추정 방법

정확하게 연령을 추정하는 일은 인구통계학 연구뿐만 아니라 성장과 성숙을 방해하는 영양 상태와 건강상의 문제를 다루는 연구를 진행할 때도 중요하다(Buikstra와 Ubelaker, 1994). 연령 추정을 할 때에는 아직 성장기에 있는 뼈인지, 아니면 성장이 끝난 후 노화 단계의 뼈인지에 따라 다른 방법을 사용한다. 성장기 어린이의 경우 성장에 따른 뼈의 변화로 연령을 추정하며, 어른의 뼈는 노화의 패턴과 속도를 분석하여 연령을 추정한다.

밀너와 볼슨(Milner와 Boldsen, 2012d)에 따르면, 이상적인 연령 추정 방법은 정확도accuracy, 정밀도precision, 신뢰도reliability가 높고 제한된 시간 내에 빠르게 적용할 수 있어야 한다. 여기서 정확도, 정밀도, 신뢰도와 같은 용어를 정확하게 숙지하는 것이 중요한데, 그 이유는 이와 같은 용어들이 연령 추정 방법을 평가하는 양적 척도로 사용되기 때문이다.

먼저 정확도는 연령 추정값이 실제 나이와 근접한 정도, 혹은 추정된 연령 범위가 실제 나이를 포함하는지 아닌지를 의미한다. 정밀도는 같은 연령 추정 방법을 반복해서 같은 뼈에 적용했을 때 그 방법이 (실제 나이와의 차이와는 무관하게) 얼마나 지속해서 일관된 추정값을 도출하는지, 그리고 추정된 연령 범위가 신원 확인에 유용한 정보를 줄 수 있을 만큼 좁으면서도 실제 연령을 추정 범위 밖으로 놓치지 않을 만큼 합리적인지를 평가하는 지표이다. 한편 신뢰도는 같은 방법을 다른 연구자가 혹은 한 연구자가 여러 번 적용했을 때 일정하게 같은 값을 도출하는지를 말한다. 정밀도는 신뢰도와도 밀접하게 연결되어 있어 경우에 따라서는 두 용어가 혼용되기도 한다.

고전적인 방법을 이용하여 영유아, 어린이, 청소년의 연령을 추정할 때에는 발달 단계를 맨눈으로 판단한다. 대표적으로 여기에는 치아의 성장 속도와 발달 패턴, 뼈의 크기, 신체에 골고루 분포된 뼈끝epiphysis의 출현 시기, 뼈몸통끝metaphysis과의 결합fusion 정도를 평가하는 방법, 그리고 긴뼈long bones의 길이를 계측하는 방법이 있다. 영유아, 어린이, 청소년의 뼈를 이용한 연령 추정값은 범위가 몇 주에서 몇 달 사이로 어른 뼈를 이용한 연령 추정값에 비하여 그 폭이 좁고 오류도 적은 편인데, 그 이유는 뼈의 성장은 유전적으로 엄격하게 통제되기 때문이다.

성장이 유전적으로 엄격하게 통제되는 대표적인 예로 치아의 발달을 들 수 있다. 치아에 비하면 뼈끝과 뼈몸통끝의 결합, 뼈 길이의 성장은 외부 자극 및 전체적인 건강에 의한 영향을 많이 받는 편이다. 이러한 이유로 긴뼈만 이용하기보다는 가급적 긴뼈와 치아를 함께 이용하여 어린이의 연령을 추정하는 방법이 권장된다.

생후 2세 미만 유아의 길이 성장linear growth은 매우 빠른 속도로 일어나기 때문에 환경적인 요소의 영향을 적게 받는다. 하지만 생후 2세 이상이 되면 성장 속도는 급격하게 떨어지고 이런 경향은 사춘기까지 지속된다(Humphrey, 2003). 따라서 통계 분석을 할 때에도 생후 2세까지는 선형 회귀 모형을 적용할 수 있으나, 그 이후로는 비선형적인 성장 패턴을 반영할 수 있는 통계 모형을 적용해야 한다는 의견이 있다(Cardoso 등, 2014). 영유아, 어린이, 청소년의 뼈 발달 단계를 분석할 때는 베이커 등(Baker 등, 2005)과 셰퍼 등(Schaefer 등, 2009)의 연구가 많이 사용된다.

인류 사회가 본격적인 농경 사회로 전환되면서 나타난 건강상의 변화, 생물학적 변화, 인구집단의 사망력 패턴을 보면 어린이 뼈가 고고학 집단에서 높은 비중으로 나타나야 하는데 실제로는 그렇지 않다. 그 이유는 나이에 따라 매장 풍습이 다르고 어린이 뼈가 어른 뼈에 비해 더 쉽게 부식되어 없어진다는 점 외에도, 발굴 방법과 보존 방법에 따라서도 어린이 뼈의 잔존 여부가 영향을 받기 때문이다. 이러한 여러 요인들로 인해 고고학 집단에서 확인되는 어린이 뼈는 치아처럼 무기질 함량이 높아 보존이 잘 되는 부위를 중심으로 남아 있다(Buikstra와 Ubelaker, 1994).

1) 치아의 발달 패턴과 속도

영유아, 어린이의 치아 발달은 현재 연구가 가장 활발하게 이루어지고 있는 분야이며, 비교적 다양한 집단을 대상으로 연구가 진행된 바 있다. 또 치아는 다른 부위의 뼈대에 비해 보존율이 높기 때문에 치아를 사용한 연령 추정은 고고학적 시료를 다루는 연구에서도 매우 중요하다.

치아를 이용한 연령 추정은 크게 두 가지로 나눌 수 있는데, 치아 전체에서 이틀뼈alveolar bone 내의 발달 패턴을 보는 방법(AlQahtani 등, 2010; Ubelaker, 1989)과 개별적 치아머리dental crown와 치아뿌리dental root의 성장 단계를 보는 방법(Liversidge, 2008; Moorrees 등, 1963a; 1963b; Shackelford 등, 2012)이 그것이다. 이러한 방법들에서는 보통 각 치아의 발단 단계와 관련된 연령 범위를 보여주는 삽화 차트가 이용된다.

이 밖에도 발달 중인 치아의 길이를 재는 방법(Liversidge와 Molleson, 1999; Liversidge 등, 1993)과 치아의 맹출eruption과 흡수resorption에서 나타나는 패턴을 사용하는 방법이 있다(Townsend와 Hammel, 1990). 타운센드와 하멜의 방법(Townsend와 Hammel, 1990)은 표준 시료의 규모가 크고 다양한 집단을 포함하고 있기 때문에 다양한 지리적 집단에 적용될 수 있다는 장점이 있다.

2) 뼈의 길이와 지수

치아나 뼈끝이 없는 어린이 뼈의 경우에는 긴뼈의 길이나 크기를 재서 연령을 추정한다. 치아가 많이 발달하지 않은 태아나 영유아는 뼈의 길이를 이용하여 비교적 정확하게 연령을 추정할 수 있지만, 조금 나이가 든 어린이는 성장과 발달 속도가 개인마다 다르기 때문에 긴뼈 길이로 연령 추정을 하면 오류가 더 커질 수 있다.

태아의 뼈를 이용해 연령 추정을 할 때에는 파제카스 등(Fazekas 등, 1978)의 방법이 가장 많이 이용되고, 어린이와 청소년의 뼈로 연령 추정을 할 때에는 셰퍼 등(Schaefer 등, 2009), 블랙과 쇼어(Black와 Scheuer, 1996), 커닝햄 등(Cunningham 등, 2016), 카도소 등(Cardoso 등, 2014), 리섹 등(Rissech 등, 2008), 선더스 등(Saunders 등, 1993), 유블레커(Ubelaker, 1989)의 연구 자료가 이용된다.

3) 뼈끝과 뼈몸통끝과의 결합

뼈끝은 어느 정도 자라기 전까지는 잘 관찰되지 않고, 또 고고학 유적의 퇴적 환경에서는 잘 보존되지 않는다. 따라서 뼈끝 출현 시기를 이용해 연령을 추정하기 어렵기 때문에 뼈끝과 뼈몸통끝과의 결합 정도를 사용하는 방법이 더 선호된다.

뼈끝의 결합 정도는 유아기부터 청소년기의 연령을 추정할 때 주로 사용된다(Cardoso, 2008a; 2008b; Coqueugniot와 Weaver, 2007; Schaefer 등, 2009). 뼈끝의 결합이 대부분 끝난 청소년부터 젊은 성년까지는 우리 몸에서 가장 늦게 결합이 완료되는 빗장뼈의 뼈끝과 뼈몸통끝을 이용하여 사망 연령을 추정할 수 있다(Cardoso, 2008b; Coqueugniot와 Weaver, 2007; Langley-Shirley와 Jantz, 2010; Meijerman 등, 2007; Schaefer 등, 2009; Webb와 Suchey, 1985).

또한 머리뼈의 발달 정도를 보고도 연령 추정을 할 수 있다. 주로 머리뼈의 형태와 크기, 머리뼈를 구성하는 각 부위의 결합 정도를 보고 연령 추정을 한다(Fazekas 등, 1978; Madeline과 Elster, 1995; Nagaoka 등, 2012; Redfield, 1970; Scheuer와 MacLaughlin-Black, 1994).

4) 어린이 사망 연령 추정의 한계

앞서 언급한 방법들은 미흡한 점들이 있지만 현재까지 개발된 어린이 연령 추정 방법이 부족하므로 여전히 자주 쓰이고 있다. 문제는 어린이 뼈를 사용해 사망 당시 연령을 추정할 때에는 영유아, 어린이, 청소년 뼈의 길이와 치수, 뼈끝-뼈몸통끝 생성과 결합이 정리되어 있는 아틀라스 및 표준 차트들(Acheson, 1954; Greulich와 Pyle, 1959; Hodges, 1933; Pyle과 Hoerr, 1955; Tanner 등, 1975)이 주로 이용되는데, 이것이 본래 의료 목적으로 개발되었기 때문에 사망 연령 추정을 위해 사용하는 데에 부적절할 수도 있다는 점이다(Cardoso, 2008a; Cardoso 등, 2016).

한 예로, 뼈의 길이와 치수를 사용해 나이를 추정하는 방법(Maresh, 1970)은 임상적으로 어린이의 성장에 문제가 없는지 평가하기 위해 뼈 크기의 평균적 나이를 알아보고, 성장이 더딜 경우 호르몬이나 약물 등의 치료를 받을 수 있게 하기 위해 만들어진 방법이다. 그리고 어린이의 연령 추정에 대한 연구는 대부분 죽은 어린이의 마른 뼈보다는 살아 있는 어린이의 엑스레이나 컴퓨터 단층촬영 자료 같은 의료 영상 자료에 기반하고 있다. 이러한 의료 영상 자료에서 관찰되는 어린이의 성장 속도와 패턴은 임상적인 변이variation만을 대표하므로 고고학 시료에서 관찰할 수 있는 어린이 뼈와 다른 성격을 갖는다.

실제로 신선한 뼈fresh bone와 마른 뼈dry bone는 크기가 다르고(Huxley, 1998), 엑스레이 관찰에 의존할 경우 연구자의 경험과 교육에 따라 결과를 다르게 해석할 수 있기 때문에 연구자 오류의 가능성이 크다(Iscan과 Steyn, 2013). 또한 마른 뼈를 사용한 연구와 영상처리 과정을 거친 연구 결과를 비교 분석했을 때 두 연구의 결과에서 유의미한 차이가 관찰되었다(Meijerman 등, 2007). 이러한 이유로 마른 뼈와 고고학 뼈 시료에 적합한 연령 추정 방법이 지속적으로 개발되고 있다(Cardoso 등, 2014).

또 다른 단점은 뼈끝의 결합 정도에 따른 연령 차트와 연구에 이용된 원본 자료를 비롯한 참고문헌을 추적하는 것이 어렵다는 점을 들 수 있다. 하지만 다행히도 사용된 시료가 어떤 인구집단에 속하며 시료의 크기와 신원 확인 여부 정도는 정확한 편이다.

마지막으로 치아를 사용하여 연령을 추정할 때 백골화된 어린이의 치아에는 잇몸이 없기 때문에 치아의 발달이 잇몸 밖으로 진행되었는지,

아니면 이틀뼈alveolar bone까지만 발달했는지 정확히 확인할 수 없다. 따라서 이로 인한 연령 추정값에 오류가 있을 수 있다는 점을 알아야 한다.

과거 어린이의 성장 속도와 패턴은 인구집단별로 다르다는 의견이 많았으며, 그렇기 때문에 특정 집단의 어린이 뼈를 사용해 개발된 방법을 다른 인구집단의 어린이 뼈에 적용하는 것은 오류를 초래할 수 있다고 알려져 있었다. 하지만 최근 들어 집단에 따른 성장 속도의 차이는 방법적인 오류에 의한 결과일 수 있고, 성장과 성숙은 삶의 질과 가장 깊게 연관되어 있을 뿐 인구집단과는 큰 연관이 없다는 데에 학계의 견해가 모아지고 있다. 즉 성장 속도는 영양 상태, 질병의 유무 등 환경적 요인의 영향을 받으며, 지금까지 집단 간 다른 점이라고 알려졌던 것은 실제로 사회경제적 지위의 차이에서 기인한 결과라는 것이다(Langley-Shirley와 Jantz, 2010; Malina, 1979; Meijerman 등, 2007; Schmeling 등, 2000).

5) 어린이 뼈를 이용한 최신 연령 추정 방법

어린이 뼈가 잘 남지 않아 어린이 뼈로 구성된 사람 뼈 집단이 많지 않기 때문에 최근에는 의료 영상 자료를 이용한 연구들이 많이 이루어지고 있다. 하지만 고고학 집단과 마른 뼈를 이용한 연령 추정 방법에 대한 연구가 전혀 이루어지지 않은 것은 아니다(Cardoso 등, 2014; Cardoso, 2008a; Cardoso 등, 2010; Cardoso 등, 2016; Heuzé와 Cardoso, 2008). 그중 스캔 자료를 사용하지만 고급 통계분석 방법을 적용하여 어린이의 사망 연령을 추정하는 스털 등(Stull 등, 2014)의 방법을 눈여겨 볼 필요가 있다.

이 방법은 전신 엑스레이인 로독스 스탯스캔Lodox Statscan 자료를 사용하여 생후 12세까지의 남아프리카 어린이 1,310명을 대상으로 팔뼈와 다리뼈에서 18종류의 계측값을 사용해 다변수 분석을 시행한 것이었다. 현재 원개발자들이 전 세계적인 표준 시료를 구축하고 있으며, 함께 사용할 수 있는 프로그램도 개발 중이다.

5. 성인 뼈의 전통적 연령 추정 방법

맨눈을 이용한 해부학적인 연령 추정 방법 중 생물인류학뿐 아니라 법의인류학 분야에서 가장 많이 사용되는 연령 지표age indicator 부위로 두덩결합pubic symphysis, 엉덩뼈귓바퀴면the auricular surface of the ilium 등 엉덩관절 표면, 그리고 머리봉합cranial sutures과 네 번째 갈비뼈의 복장끝the sternal end of the 4th rib end을 들 수 있다. 이러한 부위의 변화는 보통 10단계 미만의 등급scale으로 나누어 단계별로 관찰되는 특징들을 정의하거나(Iscan과 Wright, 1984; Iscan 등, 1984; 1985; Katz와 Suchey, 1986; Lovejoy 등, 1985; Todd, 1921), 각 지표를 여러 가지 요소들로 나누어 개별적으로 점수를 주는 방법(Buckberry와 Chamberlain, 2002; Igarashi 등, 2005; McKern과 Stewart, 1957; Meindl과 Lovejoy, 1985)으로 평가된다(그림 1-1). 갈비뼈나 두덩결합은 고고학 유적에 잘 남는 뼈는 아니지만 연령을 추정할 수 있는 뼈대 부위로 매우 선호된다(Falys와 Lewis, 2011; Garvin과 Passalacqua, 2012).

전통적으로 연령을 추정할 때 많이 사용되는 지표는 아니지만 절구acetabulum, 엉치뼈귓바퀴면the auricular surface of the sacrum, 척추의 골증식체osteophytes 등을 사용한 연령 추정 방법(Passalacqua, 2009; Rissech 등, 2006; 2007; San-Millán 등, 2017)과 조직학적인 연령 추정 방법도 있다(Cho 등, 2006; Stout, 1992; Stout 등, 1996). 또한 치아의 마모도를 단계별로 관찰하여 연령을 추정하는 방법(Brothwell, 1981; Gustafson, 1950; Kim 등, 2000; Mays 등, 1995; Miles, 1963; 2001; Prince 등, 2008; Yun 등, 2007), 치아뿌리의 투명도root translucency를 관찰하는 방법(Lamendin 등, 1992; Prince와 Konigsberg, 2008; Prince와 Ubelaker 2002), 치아시멘트질의 고리형성tooth cementum annulation 혹은 시멘트질연대학cementochronology을 사용하는 방법(Charles 등, 1986; Condon 등, 1986; Naji 등, 2016; Obertová와 Francken, 2009; Wittwer-Backofen과 Buba, 2002; Wittwer-Backofen, 2012; Wittwer-Backofen 등, 2004)도 있다.

어린이와 청소년의 연령 추정과 비교하면 성장이 완료된 성인의 뼈 연령 추정이 훨씬 더 어렵고 오류의 폭도 크다. 이렇게 어른의 연령 추정에서 큰 오류가 생기는 원인은 두 가지로 구분된다. 첫째는 생물학적 요인으로 인해 뼈의 변이variation가 발생하기 때문이며, 둘째는 방법상의 한계가 있기 때문이다. 생물학적 오류의 원인으로는 유전적·비유전적 요인들의 영향을 들 수 있다.

뼈에 변이를 일으키는 생활 방식, 유전적 성향, 영양학적 요인은 개체에 따라 뼈의 노화 과정과 그 속도를 다르게 한다. 또 동일 개체 내에서도 뼈 부위에 따라 생물학적 나이가 다르게 나타날 수 있다. 일반적으로 연령 추정의 지표를 선택할 때는 가급적 이러한 요인들의 영향을 적게 받으며, 시간에 따른 자연적 노화만 반영하였다고 판단되는 뼈를 사용한다.

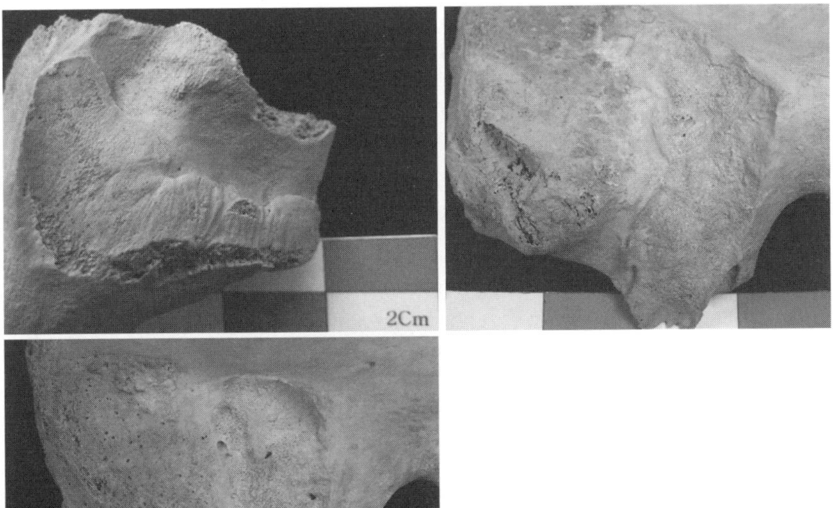

그림 1-1.
엉덩뼈귓바퀴면 노화에 따른 형태 변화
위 왼쪽: 청년, 위 오른쪽: 중년, 아래: 노년

1) 생물학적인 문제: 내부적 요인과 외부적 요인

뼈는 노화를 겪으며 내부적 요인intrinsic factor과 외부적 요인extrinsic factor에 의한 영향을 끊임없이 받게 되는데, 그 결과 각 개체의 뼈는 서로 다른 형태를 띠게 된다.

뼈의 노화에 영향을 미치는 내부적인 요인으로는 유전적 구성과 유전적으로 이미 결정된 성향 등이 있는데, 더 정확히 말하면 타고난 신진대사나 뼈의 감소 경향 등을 들을 수 있다(Kemkes-Grottenthaler, 2002; Mays, 2015). 반면에 외부적인 요인으로는 개인에게 주어진 환경이나 임신과 출산에 관계된 호르몬, 영양 상태, 질병 여부, 생물 역학적 스트레스biomechanical stress 등을 들 수 있다(Kemkes-Grottenthaler, 2002; Kobyliansky 등, 2000).

더 나아가 이러한 요인들은 문화적인 영향, 개인의 생활 습관, 직업, 반복적이거나 강도가 높은 운동, 외상 등과도 아주 밀접하게 관련되어 있다. 특히 임신 중 분비되는 호르몬인 릴랙신relaxin은 자라나는 태아와 출산에 적합하도록 골반 관절을 유연하게 만드는데, 이 과정에서 두덩결합과 엉덩뼈귓바퀴면에 가해지는 역학적 스트레스가 뼈의 형태까지 변형시킬 수 있다.

앞서 열거한 모든 내·외부적인 요인은 복잡하게 상호작용하여 뼈의 노화 속도를 낮추거나 높일 수 있으며, 이러한 요인들은 개개인만의 독특한 경험이므로 두 사람의 연령이 같다 하더라도 그들 각각의 뼈에 나타나는 생물학적 노화는 다를 수 있다. 이렇듯 노화와 관련된 뼈의 변이로 인해 연령 추정 지표로 분석된 뼈의 생물학적 나이biological age와 실제 나이chronological age 사이의 상관관계가 낮아지기 때문에 정확한 연령 추정이 어려워지는 것이다(Katz와 Suchey, 1986; Lovejoy 등, 1985; Mays, 2015).

실제로 최근 뼈의 노화에 직접적인 영향을 끼칠 수 있는 비타민 D의 혈중 레벨이나 호르몬 및 임신·출산과 관련된 몸 상태, 에너지 균형,

유전적인 요인이 많게는 60%까지 우리 뼈에 나타나는 변이를 설명한다는 연구가 있다(Mays, 2015). 이는 달리 말하면 우리가 뼈에서 관찰할 수 있는 노화의 흔적이 지나간 시간에 대한 반응의 결과일 뿐 아니라, 내·외부적인 요인에 끊임없이 노출된 결과이기도 하다는 의미이다(Mays, 2015; Arking, 2006).

뼈의 노화와 관련된 여러 변수를 조사하는 연구들은 최근 늘어나는 추세를 보이고 있다. 그 예로, 신체의 크기나 비만 정도 역시 뼈의 재형성 속도와 뼈 밀도에 직접적으로 영향을 미치므로 노화에 따라 뼈의 형태가 변화하는 속도에도 유의미한 영향을 미친다는 보고가 있다(Merritt, 2015; 2017; Wescott과 Drew, 2015). 더 나아가 임신과 출산, 과격한 운동을 비롯한 지속적인 역학 스트레스가 뼈에 가해졌을 때 뼈의 노화가 빠르게 진행될 수 있다는 가설에 대한 임상 연구와 고고학적인 연구도 현재 진행 중이다(Campanacho와 Santos, 2013; Campanacho 등, 2012; Cunningham 등, 2007).

이렇게 복잡하게 얽혀 있는 생물학적 오류를 근원적으로 차단하는 것은 매우 어려운 일이지만, 앞에서 언급한 내·외부적인 요인이 시간의 흐름과 더불어 뼈의 노화 속도를 낮추거나 높일 수 있는 주요 공변량covariate이 된다는 것을 숙지하는 것만으로도 연령 추정값의 오류를 더 잘 이해할 수 있을 것이다.

2) 방법론적인 문제

생물학적인 요인은 양적 측정이 어려울 뿐만 아니라 연구자가 완벽히 제어할 수도 없지만, 방법론적 문제는 충분히 개선할 수 있는 부분이다. 그러나 이에 앞서 간과되어서는 안 될 현실적인 문제 하나는 연령 추정 방법을 개발할 때 사용되는 표준 뼈의 시료가 특정 모집단을 대표하지 않는 경우가 많다는 것이다.

예를 들어 테네시 대학의 윌리엄 배스 컬렉션은 주로 기증자의 뼈로 구성되어 있는데, 나이가 많은 남성의 뼈로 편향되어 있으며 지리적 특성 때문에 유럽계 미국인들이 많이 포함되어 있다(Forensic Anthropology Center, 2019). 반면 맥컨과 스튜어트(McKern과 Stewart, 1957)가 사용한 한국전쟁에 참여했던 미군 희생자 집단은 주로 20~30세의 젊은 남성이 대부분이다.

이처럼 표준 뼈 시료가 특정 연령층에 편향되어 모든 연령층을 포괄하지 못하거나 인구집단의 기원과 분포 지역, 시대적인 다양성diversity과 변이를 아우르지 못한다면 정확한 연령 추정값을 도출하지 못할 가능성이 높다(Usher, 2002). 요즘 학계에서는 가능한 많은 인구집단과 지리적·시간적 다양성을 반영하는 뼈 시료를 사용하도록 추천하고 있다(Milner와 Boldsen, 2012a; 2012d).

다시 본론으로 돌아와서, 먼저 고전적인 연령 추정 방법은 뼈를 평가하는 테크닉에 있어서 방법론적으로 문제가 있다. 특히 육안으로 뼈의 형태를 확인해서 발달 단계phase/stage를 기록하는 고전적인 연령 추정 방법을 사용하면 복합적인 뼈의 형태를 종합적으로 평가해 단일 단계에 무리해서 맞춰 넣게 된다. 이러한 이유로 특정 단계를 대표하는 성격에서 조금 벗어나거나 두 단계에 걸쳐 나타나는 복합적인 형태를 보이는 뼈라 하더라도 연구자는 단 하나의 단계만을 선택한다. 즉 뼈의 형태에서 보이는 다양성을 고려하여 유연하게 판단할 수 없다는 점이 전통적인 단계 기반phase-based 추정 방법이 갖는 가장 큰 한계이다. 더욱이 고전적인 방법은 수치화하기 힘든 질적qualitative 특성으로 뼈의 형태를 정의하기 때문에 연구자의 주관적인 관점이 반영될 확률이 높고, 그 때문에 연구자 오류에 취약할 수밖에 없다(Jackes, 2000; Kimmerle 등, 2008; Milner와 Boldsen, 2012a; Shirley와 Ramirez Montes, 2015).

또한 고전적 연령 추정 방법은 한 가지 뼈 지표만을 사용해 추정값을 도출하기 때문에, 같은 사람의 다른 뼈 지표가 다른 속도로 노화가 진행되었다 하더라도 그 다양성을 포함시킬 방법이 없다. 물론 여러 가지 연령 추정 방법을 적용해 최종 사망 당시 연령 추정값을 도출할 수도 있다. 하지만 한 가지 이상의 연령 추정값을 통합하여 적용할 수 있는 방법이 아직 과학적으로 검증되지 않았고, 이에 대해 학계의 견해가 모아지지도 않았다(Garvin과 Passalacqua, 2012). 현재 다양한 연구들에서 다양한 연령 추정 방법을 통해 얻은 연령 추정값들이 일관되게 통합되어 있지 않기 때문에 연구 결과를 평준화하고 표준화하는 것이 어려운 상황이다.

다음으로는 고전적인 연령 추정 방법에서 사용되는 통계적 방법이 문제가 된다. 고전적인 연령 추정 방법에서 쓰이는 통계적 방법은 연령 분포의 모방 현상phenomenon of age mimicry(Bocquet-Appel과 Masset, 1982; Konigsberg와 Frankenberg, 1992)과 연령 추정값이 평균값으로 편향되는 현상attraction to the middle/regression to the mean(Masset, 1989)으로 인해 부정확한 연령 추정값을 도출한다. 여기서 연령 분포의 모방 현상이란 실제 나이를 알고 있는 뼈age indicator/skeletal trait에 역으로 보정된inverse calibration 회귀 방법을 사용할 때 나타나는 현상이다.

이러한 통계적 방법은 뼈와 연령과의 상관관계가 1에 가까운 경우, 혹은 방법 개발을 위해 사용된 뼈의 시료가 모집단의 연령 분포를 대표한다는 가정이 정당화될 수 있는 경우에는 큰 문제가 되지 않는다(Konigsberg 등, 1997). 하지만 앞에서 말한 여러 가지 내·외부적 요인으로 인해 실제 연령과 뼈의 상관관계는 낮은 편이고, 우리에게 주어지는 뼈 시료도 대부분 편향된 성격을 갖는 경우가 많다. 이렇게 이상적이지 않은 조건 속에서 역보정 회귀 방법을 사용해 개발된 연령 추정 방법을 다른 타깃 집단의 연령을 추정할 때 사용할 경우 표준 시료의 연령 분포를 모방하는 연령 추정값이 나오게 된다.

이러한 모방 현상을 보여주기 위해 주로 사용되는 예가, 앞서 언급한 한국전쟁 시 사망한 미군 전사자 집단이다. 전쟁이라는 특수한 상황 속에서 만들어진 이 집단은 젊은 남성의 뼈가 대부분이기 때문에 이 집단으로 만들어진 연령 추정 방법이 아우를 수 있는 노화의 패턴은 20~30대로 한정된다. 따라서 이러한 뼈 집단으로 개발된 연령 추정 방법을 60대 중년의 남성 뼈에 적용하면 아주 어린 연령 추정값밖에 얻지 못한다.

추정값이 평균으로 끌리는 현상도 이와 같은 회귀 방법에서 오는 달갑지 않은 산물인데, 이로 인해 젊은 사람은 좀 더 나이가 많게 추산되고, 반대로 나이가 많은 사람은 좀 더 나이가 적게 추정되는 오류가 나타난다. 그렇다고 해서 역보정이 반드시 지양해야 할 통계적 접근 방법은 아니다. 다만 이에 기반을 두고 연령 추정 방법을 사용하고자 할 때에는 본인이 연구하고자 하는 집단의 사망 나이 분포가 그 방법이 개발된 시료 집단의 사망 나이 분포와 같거나 비슷하다는 전제 조건을 충족시키는지를 반드시 검토해야 한다.

3) 집단 간 뼈 노화 차이

집단은 분류하는 기준에 따라 다양하게 정의될 수 있다. 예를 들어 성별에 따라 구분하면 여성/남성 집단으로, 사회경제적 위치를 기준으로 한다면 취약/비취약 집단으로, 지역적 혹은 정치적 경계에 따라서는 한국인/일본인 집단 또는 아시아/유럽 집단 등으로 구분할 수 있다. 이렇게 다양한 분류는 집단 차원의 뼈대학 연구에도 충분히 고려되어야 한다.

집단 간 뼈 노화의 형태와 속도는 주로 성별과 인구집단이라는 두 변수를 중심으로 연구가 진행되어 왔다. 이와 같은 분류에서 제기될 수 있는 질문은 첫째, 20세기 미국인의 뼈 시료로 개발된 연령 추정 방법이 비슷한 시기의 한국인의 뼈에 적용될 수 있는가 하는 것이며, 둘째, 21세기 현대인의 뼈 시료로 개발된 연령 추정 방법이 17세기 조선인의 뼈에 적용될 수 있는가 하는 것이다.

조상 집단 분류에 흔히 쓰이는 세 집단(European, African, Asian ancestry) 변수가 뼈 노화에 미치는 영향에 대해서는 아직 확실한 결론이 나오지 않은 상태이며, 이에 대한 연구가 여전히 활발히 진행되고 있다. 연구자들의 입장은 두 부류로 나눌 수 있는데, 하나는 노화의 패턴과 속도가 집단에 따라 유의미한 차이를 보이지 않는다(Konigsberg 등, 2008; Langley-Shirley와 Jantz, 2010; Murray와 Murray, 1991)는 의견이고, 다른 하나는 집단에 따라 노화의 속도도 다르다는 입장(Katz와 Suchey, 1989; Lottering 등, 2013)이다.

예로, 같은 미국에 사는 유럽계, 아프리카계, 히스패닉계 미국인의 뼈 노화 속도를 비교했을 때, 아프리카와 히스패닉계 미국인의 뼈 노화 속도가 좀 더 빨랐다는 보고가 있지만(Katz와 Suchey, 1989), 미국인, 동유럽인, 태국인의 노화 속도는 다르지 않았다고 보고된 경우도 있다(Konigsberg 등, 2008).

이처럼 아직도 의견이 분분한 이유는, 앞서 말했듯이 뼈의 시료가 특정 모집단을 대표하지 않고 작은 규모의 편향된 집단을 대표하는 경우가 많기 때문이다. 따라서 이렇게 편향된 시료에서 집단이라는 큰 변수가 노화에 어떤 영향을 미치는지를 파악하기는 쉽지 않다. 이처럼 특정 시대의 과거 집단을 대표하는 표준 시료를 구하는 것이 어렵기 때문에, 과거와 현대 집단의 뼈 노화 속도와 그 양상은 같거나 적어도 비슷하다는 전제를 바탕으로 현대인에게 개발된 추정 방법을 고고학 뼈 시료에 적용하게 된다.

6. 최근의 연령 추정 연구

지난 30년 동안 연령 추정 방법의 한계를 극복하고자 많은 노력을 기울여 온 결과, 다음과 같은 네 가지 해결 방법이 제시되었다.

첫째, 뼈의 형태를 육안으로 감정하는 연령 추정 지표의 변화가 가능하다면 양적으로 정의되어야 한다.

둘째, 단계phase-based에 기반을 둔 방법이 아니라 구성 요소component-based에 기반을 둔 점수 체계scoring system여야 한다.

셋째, 개인의 해부적 특징으로 인해 차이가 있을 수 있는 노화의 속도를 고려해서 한 가지 지표가 아닌, 몸 전체에 분포된 다양한 뼈 부위를 지표로 사용해야 한다.

넷째, 연구에 특화된 표준 시료와 목표 집단target population의 사망 나이 분포에 최적화된 통계 모델을 쓰도록 하고, 그 통계 모델은 확률적인 추정값을 낼 수 있어야 하며, 다양한 연령 추정 지표들과 연령 추정 방법들을 효과적으로 통합할 수 있어야 한다(Hoppa와 Vaupel, 2002; Konigsberg와 Frankenberg, 1994; Konigsberg 등, 2008; Konigsberg, 2015; Konigsberg 등, 2016; Milner와 Boldsen, 2012a; 2012b; 2016; Milner 등, 2008).

1) Transition Analysis

최근의 연령 추정 연구 중 가장 주목할 만한 방법은 볼슨 등(Boldsen 등, 2002a)의 Transition Analysis이다. 이 방법은 지금까지 연령 추정을 위해 가장 많이 이용된 뼈대 부위인 두덩결합, 엉덩뼈귓바퀴면, 그리고 머리봉합 부위를 사용한다. 단계 기반의 방법이 갖는 단점을 보완하기 위해 이 세 가지 뼈를 더 세분화된 구성 요소로 나누었는데, 예를 들면 두덩결합을 질감texture, 지형topography, 두덩결합 가장자리의 상태symphysial rim formation로 구분해서 각 요소에 점수를 부여하게끔 되어 있다(Milner와 Boldsen, 2016).

이 방법을 사용하면 각 뼈 지표(예: 오른쪽 두덩결합, 엉덩뼈귓바퀴면, 그리고 머리봉합)에서 총 19개 요소에 대한 점수를 수집하여 연령을 추정할 수 있다. 통계적 오류를 최소화하기 위해서 연령 추정 지표를 나이에 회귀

하는 방법을 이용하고 있으며, 여기에서 얻어진 예측값에 베이즈 이론 Bayesian theorem을 적용하여 전환시킨 다음 최종적으로 연령 추정값을 얻을 수 있다.

Transition Analysis는 이처럼 복잡한 계산 과정을 필요로 하지만, 이와 함께 개발된 ADBOU Age Estimation이라는 컴퓨터 프로그램을 사용하면 비교적 간단하게 연령 추정값을 얻을 수 있다(Boldsen 등, 2002b). 표준 시료로는 20세기 말 미국인과 현대 포르투갈인의 뼈가 사용되었다. 매겨진 점수와 함께 사용되는 사망률 분석표는 고고인류학 연구와 법의 인류학 연구를 수용할 수 있도록 두 가지 형태로 제공된다. 하나는 1996년 미국의 강력범죄(즉 살인사건 피해자의 연령 분포) 자료이고, 다른 하나는 17세기 산업혁명 전의 덴마크 교구회의 사망 나이 기록표parish counsel death records인데, 두 자료 모두 ADBOU 프로그램에 포함되어 있다.

개발자들은 산업혁명 이전의 사망률 분석표는 지역을 막론하고 전반적으로 비슷한 패턴을 보이므로 덴마크 교구회의 사망 나이 기록표의 사전 분포prior distribution를 사용해 연령 추정을 해도 무방하다고 주장한다. 하지만 집단의 정체가 불분명한 경우에는 균일 사전 분포uniform prior를 사용해도 되는데, 이는 모든 연령층이 사망할 확률이 동일하다는 현실적이지 않은 가정하에 연령 추정을 하는 것임을 알아야 한다.

Transition Analysis가 연구자 간의 오류에 취약하지 않다는 사실이 개발자들과 무관한 제3의 연구자들에 의해 최근 발표되었다(Fojas 등, 2018). 현재 이 방법의 원개발자들은 보다 다양한 연령 추정 지표와 집단을 표준 시료에 포함시키고자 노력하고 있으며(Milner 등, 2019; Ousley 등, 2019), 조만간 조상, 성별, 신장 추정 소프트웨어 프로그램인 포디스크와 통합될 예정이다.

2) Multivariate Cumulative Probit Regression Analysis & Bayesian Framework

앞서 말한 볼슨 등(Boldsen 등, 2002a)의 Transition Analysis는 기존의 성인 뼈 연령 추정 방법과는 확실히 차별화되고 전통적 방법들의 단점을 개선하였지만, 함께 제공되는 소프트웨어를 사용할 경우 연령 추정에 기준이 되는 표준 변수parameter를 연구자의 기호와 사례에 맞게끔 개별화할 수 없다는 단점이 있다. 그렇기 때문에 연구자의 시료와 순위범주형 자료를 통해 새로운 연령 추정 모델을 만들고 연구집단의 특정 기준 변수를 계산하고자 한다면 누적 프로빗 (혹은 로짓logit) 회귀 방법cumulative probit regression model을 사용할 수 있다.

특히 참고할 만한 연구는 일리노이 대학의 인류학자인 커닉스버그L. W. Konigsberg의 베이즈 이론에 기반을 둔 다변 분석 방법이다. 커닉스버그가 제안한 통계적 접근 방법은 Transition Analysis의 통계 방법과 상통하는 방법이라고 할 수 있는데(Kim 등, 2019; Konigsberg 등, 2008; 2016; Konigsberg, 2015), 개인 홈페이지에서 이를 연습해 볼 수 있는 코딩 스크립트와 연습 데이터가 제공되고 있다(Konigsberg, 2018).

3) 고차원 이미지 데이터를 사용한 연령 추정 방법

최근 많이 주목받고 있는 연령 추정법은 고차원적 이미지 데이터high dimensional image data를 이용하는 방법이다(Boyd 등, 2015; Chiba 등, 2014; Lottering 등, 2013; 2014; Slice와 Algee-Hewitt, 2015; Stoyanova 등, 2015; 2017; Villa 등, 2015; 2016). 이 방법이 주목받는 것처럼 오늘날 인류학계의 연구는 자료 수집과 분석을 평준화하고 디지털 표준 시료를 만들어 영구적인 연구를 가능하게 만들고자 한다.

이러한 연구 중에서도 특히 3차원 두덩결합의 표면 레이저 스캔을 사용한 형태 분석 방법은 자료 수집부터 정리와 분석까지 반자동화되어 있어 더욱 많은 주목을 받고 있다(Slice와 Algee-Hewitt, 2015; Stoyanova 등, 2015; 2017). 기본 원리는 레이저 스캔으로 수집한 뼈의 3차원 좌표 데이터가 연구자가 육안으로 판단한 점수를 대체한다는 것이다. 이렇게 레이저 스캔으로 얻어진 좌표 데이터는 두덩결합에서 관찰할 수 있는 다음 두 가지 종류의 노화 패턴을 수치화한다. 하나는 노화에 따라 점점 편평해지는 두덩뼈 결합의 표면 지형이며, 다른 하나는 노화에 따라 타원형에서 원형으로 변하는 두덩결합의 복부 곡률ventral curvature이다.

전자를 대표하는 값으로는 제3 주성분의 고유치eigenvalue of the 3rd-principal component, 혹은 슬라이스-알지휴잇 점수, 굽힘에너지/박판 스플라인 기법bending energy/thin plate splines 알고리즘의 계산값이 있다. 후자는 정규 방정식ordinary least squares 방법을 사용해 배쪽두덩결합의 모서리에 가장 적합하게 들어맞는 원의 곡률로 표현된다. 이렇게 얻어진 세 종류의 형태 기반 값shape-based values은 단일/다중 회귀분석을 사용해 최종 연령 추정을 하는 데 이용된다.

현재 이 방법은 간단히 사용할수 있는 자바 소프트웨어가 개발되어 있어 무료로 다운로드받아 사용할 수 있다(Stoyanova, 2018). 이 방법의 경우 연구자 에러가 적고(Kim 등, 2018), 두덩결합의 상호 비대칭에 큰 영향을 받지 않는다(Stoyanova 등, 2018)고 알려져 있다. 원개발자들은 두덩결합 외에도 더 다양한 연령 추정 지표에 형태학적 분석 방법과 컴퓨터 계산 체제computational framework를 적용할 수 있도록 연구 중이다. 더욱이 이 방법은 연령 지표의 노화를 연속변수로 표현하므로, 전통적인 연령 추정 방법에서 얻는 순위범주형 자료보다 훨씬 더 다양한 분석 기법을 도입할 수 있다는 장점이 있다.

7. 맺음말: 한국인 뼈를 사용한 연구들

오늘날 한국에는 고고학 뼈 시료가 기관별로 많이 확보되어 있다 그러나 문화재 관리를 위해 작성된 서술적인 분석이나 사례 연구를 제외하면 집단 수준에서의 종합적 연구 분석은 저조한 편이다. 또한 뼈 분석 방법을 개발하기 위해 기초가 되는 표준 시료의 부재로 인해 한국인에게 부합하는 성별 및 연령 추정 방법의 개발도 어려운 실정이다.

따라서 비록 다른 집단의 시료로 개발된 방법일지라도 이를 사용하되, 앞서 설명한 방법론적 오류를 최소화하는 것이 매우 중요하다. 또한 고차원 이미지를 사용해 표준 시료의 부재라는 단점을 극복하고 한국인을 대표하는 성별 및 연령 추정 방법을 개발할 가능성도 열려 있다. 이를 위해서는 앞으로 병원, 의과대학, 법의학 검시사무소medical examiner's office 등과 인류학과의 학제 간 연구가 중요하다.

마지막으로 현존하는 한국인 뼈 시료를 이용한 성별과 연령 연구 사례를 정리하면 다음과 같다.

성별 연구

Choi, B. Y., & Chung, I. H. (1999). Sex Discrimination with the Metric Measurements of the Korean Dried Pelvic Bones by Discriminant Function Analysis. *Korean Journal of Physical Anthropology* 12: 151-157.

Kim, D.-I., Kim, Y.-S., Lee, U.-Y., & Han, S.-H. (2013). Sex determination from calcaneus in Korean using discriminant analysis. *Forensic Science International* 228: 177-e1.

Kim, D., Lee, U., Park, D., Kim, Y., Han, K., Kim, K., & Han, S. (2006). Morphometrics of the hyoid bone for human sex determination from digital photographs. *Journal of Forensic Sciences* 51: 979-984.

Lee, U. Y., Han, S. H., Park, D. K., Kim, Y. S., Kim, D. I., Chung, I. H., & Chun, M. H. (2012). Sex Determination from the Talus of Koreans by Discriminant Function Analysis. *Journal of Forensic Sciences* 57: 166-171.

연령 연구

Han, S., Kim, S., Ahn, Y., Huh, G., Kwak, D., Park, D., Lee, U., & Kim, Y. (2009). Microscopic Age Estimation from the Anterior Cortex of the Femur in Korean Adults. *Journal of Forensic Sciences* 54: 519-522.

Kim, J. (2011). An application of Transition Analysis to Korean skeletal samples from the Joseon Dynasty. Department of Anthropology M. A.

Kim, Y., Kho, H., & Lee, K. (2000). Age estimation by occlusal tooth wear. *Journal of Forensic Sciences* 45: 303-309.

Kim, Y., Kim, D., Park, D., Lee, J., Chung, N., Lee, W., & Han, S. (2007). Assessment of Histomorphological Features of the Sternal End of the Fourth Rib for Age Estimation in Koreans. *Journal of Forensic Sciences* 52: 1237-1242.

Lee, U.-Y., Jung, G.-U., Choi, S.-G., & Kim, Y-S. (2014). Anthropological age estimation with bone histomorphometry from the human clavicle. *The Anthropologist* 17: 929-936.

Yun, J., Lee, J., Chung, J., Kho, H., & Kim, Y. (2007). Age estimation of Korean adults by occlusal tooth wear. *Journal of Forensic Sciences* 52: 678-683.

전반적인 동아시아 인구 역사 책

Pechenkina, K., Oxenham, M., & Larsen, C. S. (2013). *Bioarchaeology of East Asia: Movement, contact, health. Bioarchaeological interpretations of the human past: Local, regional, and global perspectives.* Florida: University of Florida Press.

참고 문헌

강홍빈 (2009). 『서울발굴유물특별전 V: 은평발굴 그 특별한 이야기』. 서울: 예맥.

박순영, 우은진, 정양승 (2009). 『서울 은평구 진관동 분묘군 출토 인골에 대한 체질인류학적 분석 보고』.

Acheson, R. M. (1954). A method of assessing skeletal maturity from radiographs: A report from the Oxford Child Health Survey. *Journal of Anatomy* 88(4): 498.

Adams, B. J., & Byrd, J. E. (2002). Interobserver variation of selected postcranial skeletal measurements. *Journal of Forensic Science* 47(6): 1193–1202.

Albanese, J., Eklics, G., & Tuck, A. (2008). A metric method for sex determination using the proximal femur and fragmentary hipbone. *Journal of Forensic Sciences* 53(6): 1283–1288.

AlQahtani, S. J., Hector, M. P., & Liversidge, H. M. (2010). Brief communication: The London atlas of human tooth development and eruption. *American Journal of Physical Anthropology* 142(3): 481–490. https://doi.org/10.1002/ajpa.21258

Álvarez-Sandoval, B. A., Manzanilla, L. R., & Montiel, R. (2014). Sex Determination in Highly Fragmented Human DNA by High-Resolution Melting (HRM) Analysis. *PLOS ONE* 9(8): e104629. https://doi.org/10.1371/journal.pone.0104629

Arking, R. (2006). *Biology of Aging: Observations and Principles* (3rd ed.). Oxford: Oxford University Press. https://search.ebscohost.com/login.aspx?direct=true&db=nlebk&AN=169109&site=eds-live

Armelagos, G. J., & Cohen, M. N. (1984). *Paleopathology at the Origins of Agriculture*. Florida: Academic Press Orlando.

Baker, B. J., Tocheri, M. W., & Dupras, T. L. (2005). *The Osteology of Infants and Children. Texas A&M University Anthropology Series* (1st ed.). College Station: Texas A&M University Press. https://search.ebscohost.com/login.aspx?direct=true&db=nlebk&AN=430276&site=ehost-live

Barrio, P. A., Trancho, G. J., & Sánchez, J. A. (2006). Metacarpal sexual determination in a Spanish population. *Journal of Forensic Sciences* 51(5): 990–995.

Bass, W. M. (2005). *Human osteology: A laboratory and field manual* (5th ed.). Missouri Archaeological Society.

Bello, S. M., Thomann, A., Signoli, M., Dutour, O., & Andrews, P. (2006). Age and sex bias in the reconstruction of past population structures. *American Journal of Physical Anthropology* 129(1): 24-38.

Berrizbeitia, E. L. (1989). Sex determination with the head of the radius. *Journal of Forensic Science* 34(5): 1206-1213.

Bidmos, M. A., & Asala, S. A. (2004). Sexual dimorphism of the calcaneus of South African blacks. *Journal of Forensic Science* 49(3): JFS2003254-5.

Bidmos, M. A., Steinberg, N., & Kuykendall, K. L. (2005). Patella measurements of South African whites as sex assessors. *HOMO — Journal of Comparative Human Biology* 56(1): 69-74.

Black, S., & Scheuer, L. (1996). Age changes in the clavicle: From the early neonatal period to skeletal maturity. *International Journal of Osteoarchaeology* 6: 425-434.

Bocquet-Appel, J.-P., & Masset, C. (1982). Farewell to Paleodemography. *Journal of Human Evolution* 11: 321-333.

Boldsen, J. L., Milner, G. R., Konigsberg, L. W., & Wood, J. W. (2002a). Transition Analysis: A new method for estimating age from skeletons. In R. D. Hoppa, & J. W. Vaupel (Eds.), *Paleodemography: Age Distributions from Seletal Samples* (pp. 73-106). Cambridge, UK: Cambridge University Press.

Boldsen, J. L., Milner, G. R., & Hylleberg, R. (2002b). *ADBOU Age Estimator*. Odense, Denmark: The Anthropological Database Odense University, University of Southern Denmark.

Boldsen, J. L., Milner, G. R., & Boldsen, S. K. (2015). Brief communication: Sex estimation from modern American humeri and femora, accounting for sample variance structure. *American Journal of Physical Anthropology* 158(4): 745-750. https://doi.org/10.1002/ajpa.22812

Bongiovanni, R. (2016). Effects of parturition on pelvic age indicators. *Journal of Forensic Sciences* 61(4): 1034-1040.

Boyd, K. L., Villa, C., & Lynnerup, N. (2015). The use of CT scans in estimating age at death by examining the extent of ectocranial suture closure. *Journal of Forensic Sciences* 60(2): 363-369.

Brothwell, D. R. (1981). *Digging up bones: The excavation, treatment, and study of human skeletal remains*. Cornell University Press.

Brown, R. P., Ubelaker, D. H., & Schanfield, M. S. (2007). Evaluation of Purkait's Triangle method for determining sexual dimorphism. *Journal of Forensic Sciences* 52(3): 553-556.

Buckberry, J. L., & Chamberlain, A. T. (2002). Age Estimation From the Auricular Surface of the Ilium: A Revised Method. *American Journal of Physical Anthropology* 119: 231-239.

Buikstra, J. E., & Ubelaker, D. H. (1994). Standards for data collection from human skeletal remains. *Arkansas Archaeological Survey Research Series* 44.

Campanacho, V., & Santos, A. L. (2013). Comparison of the Entheseal Changes of the os coxae of Portuguese Males (19th-20th centuries) with Known Occupation. *International Journal of Osteoarchaeology* 23(2): 229-236.

Campanacho, V., Santos, A. L., & Cardoso, H. F. V. (2012). Assessing the influence of occupational and physical activity on the rate of degenerative change of the pubic symphysis in Portuguese males from the 19th to 20th century. *American Journal of Physical Anthropology* 148(3): 371-378.

Cardoso, H. F. V. (2008a). Epiphyseal union at the innominate and lower limb in a modern Portuguese skeletal sample, and age estimation in adolescent and young adult male and female skeletons. *American Journal of Physical Anthropology* 135 (2): 161-170.

Cardoso, H. F. V. (2008b). Age estimation of adolescent and young adult male and female skeletons II, epiphyseal union at the upper limb and scapular girdle in a modern Portuguese skeletal sample. *American Journal of Physical Anthropology* 137: 97-105.

Cardoso, H. F. V., & Saunders, S. R. (2008). Two arch criteria of the ilium for sex determination of immature skeletal remains: a test of their accuracy and an assessment of intra-and inter-observer error. *Forensic Science International* 178(1): 24-29.

Cardoso, H. F. V., Abrantes, J., & Humphrey, L. T. (2014). Age estimation of immature human skeletal remains from the diaphyseal length of the long bones in the postnatal period. *International Journal of Legal Medicine* 128: 809-824.

Cardoso, H. F. V, Heuzé, Y., & Júlio, P. (2010). Secular change in the timing of dental root maturation in Portuguese boys and girls. *American Journal of Human Biology*

22(6): 791-800.

Cardoso, H. F. V, Vandergugten, J. M., & Humphrey, L. T. (2016). Age estimation of immature human skeletal remains from the metaphyseal and epiphyseal widths of the long bones in the post-natal period. *American Journal of Physical Anthropology* 162(1): 19-35. https://doi.org/10.1002/ajpa.23081

Chamberlain, A. (2000). Problems and prospects in palaeodemography. In M. Cox, & S. Mays (Eds.), *Human osteology in archaeology and forensic science*. Greenwich Medical Media London.

Charles, D. K., Condon, K., Cheverud, J. M., & Buikstra, J. E. (1986). Cementum annulation and age determination in Homo sapiens. I. Tooth variability and observer error. *American Journal of Physical Anthropology* 71(3): 311-320. https://doi.org/10.1002/ajpa.1330710306

Chiba, F., Makino, Y., Motomura, A., Inokuchi, G., Torimitsu, S., Ishii, N., … & Nagasawa, S. (2014). Age estimation by quantitative features of pubic symphysis using multidetector computed tomography. *International Journal of Legal Medicine* 128(4): 667-673.

Cho, H., Stout, S. D., & Bishop, T. A. (2006). Cortical bone remodeling rates in a sample of African American and European American descent groups from the American Midwest: comparisons of age and sex in ribs. *American Journal of Physical Anthropology* 130(2): 214-226.

Choi, B. Y., & Chung, I. H. (1999). Sex Discrimination with the Metric Measurements of the Korean Dried Pelvic Bones by Discriminant Function Analysis. *Korean Journal of Physical Anthropology* 12(1): 151-157.

Coqueugniot, H., & Weaver, T. D. (2007). Brief communication: Infracranial maturation in the skeletal collection from Coimbra, Portugal: New aging standards for epiphyseal union. *American Journal of Physical Anthropology* 134: 424-437.

Condon, K., Charles, D. K., Cheverud, J. M., & Buikstra, J. E. (1986). Cementum annulation and age determination in Homo sapiens. II. Estimates and accuracy. *American Journal of Physical Anthropology* 71(3): 321-330. https://doi.org/10.1002/ajpa.1330710307

Cunningham, C., Scheuer, L., & Black, S. (2016). *Developmental juvenile osteology*. Academic Press.

Cunningham, P. M., Brennan, D., O'Connell, M., MacMahon, P., O'Neill, P., &

Eustace, S. (2007). Patterns of bone and soft-tissue injury at the symphysis pubis in soccer players: Observations at MRI. *American Journal of Roentgenology* 188 (3): W291-W296.

Daskalaki, E., Anderung, C., Humphrey, L., & Götherström, A. (2011). Further developments in molecular sex assignment: A blind test of 18th and 19th century human skeletons. *Journal of Archaeological Science* 38(6): 1326-1330. https://doi.org/10.1016/j.jas.2011.01.009

Daubert v. Merrell Dow Pharmaceuticals (92-102), 509 U.S. 579. § (1993). USA.

De Vito, C., & Saunders, S. R. (1990). A discriminant function analysis of deciduous teeth to determine sex. *Journal of Forensic Science* 35(4): 845-858.

DeWitte, S. N. (2018). Demographic anthropology. *American Journal of Physical Anthropology*. https://doi.org/10.1002/ajpa.23317

DeWitte, S. N., & Stojanowski, C. M. (2015). The Osteological Paradox 20 Years Later: Past Perspectives, Future Directions. *Journal of Archaeological Research* 23(4). https://doi.org/10.1007/s10814-015-9084-1

Dwight, T. (1905). The size of the articular surfaces of the long bones as characteristic of sex: An anthropological study. *American Journal of Anatomy* 4(1): 19-31.

Estévez Campo, E. J., López-Lázaro, S., López-Morago Rodríguez, C., Alemán Aguilera, I., & Botella López, M. C. (2018). Specific-age group sex estimation of infants through geometric morphometrics analysis of pubis and ischium. *Forensic Science International* 286: 185-192. https://doi.org/10.1016/j.forsciint.2018.03.012

Falys, C. G., & Lewis, M. E. (2011). Proposing a way forward: A review of standardisation in the use of age categories and ageing techniques in osteological analysis (2004-2009). *International Journal of Osteoarchaeology* 21(6): 704-716. https://doi.org/10.1002/oa.1179

Fazekas, I. G., Kósa, F., Kerner, E., & Kerner, E. (1978). *Forensic Fetal Osteology*. Budapest: Akadémiai Kiadó.

Fojas, C. L., Kim, J., Minsky-Rowland, J. D., & Algee-Hewitt, B. F. B. (2018). Testing inter-observer reliability of the Transition Analysis aging method on the William M. Bass forensic skeletal collection. *American Journal of Physical Anthropology* 65(1): 183-193. https://doi.org/10.1002/ajpa.23342

Forensic Anthropology Center, Department of Anthropology, University of Tennessee at Knoxville, W. M. (2019). Bass Collection. http://fac.utk.edu/age-sex-andancestry-distribution/

Frutos, L. R. (2002). Determination of sex from the clavicle and scapula in a Guatemalan contemporary rural indigenous population. *The American Journal of Forensic Medicine and Pathology* 23(3): 284-288.

Frutos, L. R. (2005). Metric determination of sex from the humerus in a Guatemalan forensic sample. *Forensic Science International* 147(2-3): 153-157.

Garvin, H. M., & Passalacqua, N. V. (2012). Current Practices by Forensic Anthropologists in Adult Skeletal Age Estimation. *Journal of Forensic Sciences* 57(2): 427-433.

Garvin, H. M., Sholts, S. B., & Mosca, L. A. (2014). Sexual dimorphism in human cranial trait scores: Effects of population, age, and body size. *American Journal of Physical Anthropology* 154(2): 259-269. https://doi.org/10.1002/ajpa.22502

Giles, E. (1970). Discriminant functions sexing of the human skeleton. *Personal Identification in Mass Disasters* (pp. 99-107).

Gonzalez, P. N., Bernal, V., & Perez, S. I. (2009). Geometric morphometric approach to sex estimation of human pelvis. *Forensic Science International* 189(1-3): 68-74.

Gonzalez, P. N., Bernal, V., Perez, S. I., & Barrientos, G. (2007). Analysis of dimorphic structures of the human pelvis: Its implications for sex estimation in samples without reference collections. *Journal of Archaeological Science* 34(10): 1720-1730.

Gonzalez, R. A. (2011). Determination of Sex from Juvenile Crania by Means of Discriminant Function Analysis. *Journal of Forensic Sciences* 57(1): 24-34. https://doi.org/10.1111/j.1556-4029.2011.01920.x

Götherström, A., Lidén, K., Ahlström, T., Källersjö, M., & Brown, T. A. (2018). Osteology, DNA and Sex Identification: Morphological and Molecular Sex Identifications of Five Neolithic Individuals from Ajvide, Gotland. *International Journal of Osteoarchaeology* 7(1): 71-81. https://doi.org/10.1002/(SICI)1099-1212(199701)7:1〈71::AID-OA321〉3.0.CO;2-K

Green, H., & Curnoe, D. (2009). Sexual dimorphism in Southeast Asian crania: A geometric morphometric approach. *HOMO — Journal of Comparative Human Biology* 60(6): 517-534. https://doi.org/https://doi.org/10.1016/j.jchb.2009.09.001

Greulich, W. W., & Pyle, S. I. (1959). *Radiographic atlas of skeletal development of the hand and wrist* (2nd ed.). Stanford, California: Stanford University Press.

Gustafson, G. (1950). Age determination on teeth. *Journal of the American Dental As-*

sociation 41: 45-54.

Hanihara, K. (1959). Sex Diagnosis of Japanese Skulls and Scapulae by Means of Discriminant Function. *Journal of the Anthropological Society of Nippon* 67(4): 191-197.

Heuzé, Y., & Cardoso, H. F. V. (2008). Testing the quality of nonadult Bayesian dental age assessment methods to juvenile skeletal remains: The Lisbon collection children and secular trend effects. *American Journal of Physical Anthropology* 135 (3): 275-283. https://doi.org/10.1002/ajpa.20741

Hodges, P. C. (1933). An epiphyseal chart. *American Journal of Roentgenology* 30(6): 809.

Hoppa, R. D. (1996). *Representativeness and bias in cemetery samples: Implications for palaeodemographic reconstructions of past populations. Department of Anthropology.* Hamilton, Ontario, Canada: McMaster University.

Hoppa, R. D., & Vaupel, J. W. (2002). Paleodemography: Age distribution from skeletal samples. *Cambridge Studies in Biological and Evolutionary Anthropology* 31. Cambridge, New York: Cambridge University Press.

Howell, N. (1976). Toward uniformitarian theory of human paelodemography. *Journal of Human Evolution* 5: 25-40.

Humphrey, L. T. (2003). Linear growth variation in the archaeological record. *Cambridge Studies in Biological and Evolutionary Anthropology*, 144-169.

Huxley, A. K. (1998). Analysis of Shrinkage in Human Fetal Diaphyseal Lengths from Fresh to Dry Bone Using Petersohn and Köhler's Data. *Journal of Forensic Sciences* 43(2): 16161J. https://doi.org/10.1520/JFS16161J

Igarashi, Y., Uesu, K., Wakebe, T., & Kanazawa, E. (2005). New method for estimation of adult skeletal age at death from the morphology of the auricular surface of the ilium. *American Journal of Physical Anthropology* 128: 324-339.

Iscan, M. Y. (1983). Assessment of race from the pelvis. *American Journal of Physical Anthropology* 62(2): 205-208. https://doi.org/10.1002/ajpa.1330620210

Iscan, M. Y., Loth, S. R., & Wright, R. K. (1984). Age estimation from the ribs by phase analysis: White males. *Journal of Forensic Sciences* 29(3): 1094-1104.

Iscan, M. Y., Loth, S. R., & Wright, R. K. (1985). Age estimation from the ribs by phase analysis: White females. *Journal of Forensic Sciences* 29(4): 853.

Iscan, M. Y., & Steyn, M. (2013). *The human skeleton in forensic medicine*. Charles C.

Thomas Publisher.

Jackes, M. (2000). Building the Bases for paleodemographic Analysis: Adult Age Determination. In M. A. Katzenber (Ed.), *Biological Anthropology of the Human Skeleton* (pp. 417-466). New York: John Wiley and Sons, Inc.

Jackes, M. (2011). Representativeness and bias in archaeological skeletal samples. *Social Bioarchaeology* 14: 107-146.

Jantz, R. L., & Ousley, S. D. (2005). *FORDISC 3.0: Personal computer forensic discriminant functions*. Knoxville, Tennessee: University of Tennessee.

Johnston, F. E. (1962). Growth of the long bones of infants and young children at Indian Knoll. *American Journal of Physical Anthropology* 20(3): 249-254.

Karsten, J. K. (2018). A test of the preauricular sulcus as an indicator of sex. *American Journal of Physical Anthropology* 165(3): 604-608. https://doi.org/10.1002/ajpa.23372

Katz, D., & Suchey, J. M. (1986). Age determination of the male os pubis. American *Journal of Physical Anthropology* 69(4): 427-435. https://doi.org/10.1002/ajpa.1330690402

Katz, D., & Suchey, J. M. (1989). Race differences in pubic symphyseal aging patterns in the male. *American Journal of Physical Anthropology* 80(2): 167-172. https://doi.org/10.1002/ajpa.1330800204

Kemkes-Grottenthaler, A. (2002). Aging through the ages: Historical perspectives on age indicator methods. In R. D. Hoppa, & J. W. Vaupel (Eds.), *Paleodemography: Age distributions from skeletal samples* (pp. 48-72). Cambridge, UK: Cambridge University Publishing.

Khanpetch, P., Prasitwattanseree, S., Case, D. T., & Mahakkanukrauh, P. (2012). Determination of sex from the metacarpals in a Thai population. *Forensic Science International* 217(1): 229.e1-229.e8.

Kim, D.-I., Kim, Y.-S., Lee, U.-Y., & Han, S.-H. (2013). Sex determination from calcaneus in Korean using discriminant analysis. *Forensic Science International* 228(1-3): 177-e1.

Kim, J., Algee-Hewitt, B. F. B., & Konigsberg, L. W. (2019). Inferring Age-at-Death for Japanese and Thai Skeletal Samples under a Bayesian Framework of Analysis: A test of priors and their effects on estimation. *Forensic Anthropology* 2(4). https://doi.org/10.5744/fa.2019.1024

Kim J, Algee-Hewitt, B. F. B., Stoyanova, D., Figueroa-Soto, C., & Slice, D. E. (2018). An Analysis of Intra- and Inter-Observer Error Associated with the Use of 3D Laser Scan Data of the Pubic Symphysis. Under revision at the *Journal of Forensic Sciences*.

Kim, Y., Kho, H., & Lee, K. (2000). Age estimation by occlusal tooth wear. *Journal of Forensic Sciences* 45: 303-309.

Kimmerle, E. H., Prince, D. A., & Berg, G. E. (2008). Inter-Observer Variation in Methodologies Involving the Pubic Symphysis, Sternal Ribs, and Teeth. *Journal of Forensic Sciences* 53(3): 594-600. https://doi.org/10.1111/j.1556-4029.2008.00715.x

Klales, A. R. (2016). Secular change in morphological pelvic traits used for sex estimation. *Journal of Forensic Sciences* 61(2): 295-301.

Klales, A. R., & Burns, T. L. (2017). Adapting and applying the Phenice (1969) adult morphological sex estimation technique to subadults. *Journal of Forensic Sciences* 62(3): 747-752.

Klales, A. R., Ousley, S. D., & Vollner, J. M. (2012). A revised method of sexing the human innominate using Phenice's nonmetric traits and statistical methods. *American Journal of Physical Anthropology* 149(1): 104-114. https://doi.org/10.1002/ajpa.22102

Klales, A. R., Ousley, S. D., & Vollner, J. M. (2017). *Nonmetric Pelvis Sexing*. https://nonmetricpelvissexing.weebly.com/

Kobyliansky, E., Karasik, D., Belkin, V., & Livshits, G. (2000). Bone ageing: Genetics versus environment. *Annals of Human Biology* 27(5): 433-451.

Konigsberg, L. W. (2015). Multivariate cumulative probit for age estimation using ordinal categorical data. *Annals of Human Biology* 42(4): 368-378.

Konigsberg, L. W. (2018). *Lyle W. Konigsberg*. http://faculty.las.illinois.edu/lylek/

Konigsberg, L. W., & Frankenberg, S. R. (1992). Estimation of age structure in anthropological demography. *American Journal of Physical Anthropology* 89(2): 235-256. https://doi.org/10.1002/ajpa.1330890208

Konigsberg, L. W., & Frankenberg, S. R. (1994). Paleodemography: "Not Quite Dead." *Evolutionary Anthropology* 3: 92-105.

Konigsberg, L. W., Frankenberg, S. R., & Liversidge, H. M. (2016). Optimal trait scoring for age estimation. *American Journal of Physical Anthropology* 159(4):

557-576. https://doi.org/10.1002/ajpa.22914

Konigsberg, L. W., Frankenberg, S. R., & Walker, R. B. (1997). Regress what on what? Paleodemographic age estimation as a calibration problem. In R. R. Paine (Ed.), *Integrating archaeological demography: Multidisciplinary approaches to prehistoric population* (Vol. 24, pp. 64-88). Carbondale, Illinois: Southern Illinois University Press.

Konigsberg, L. W., Herrmann, N. P., Wescott, D. J., & Kimmerle, E. H. (2008). Estimation and evidence in forensic anthropology: Age-at-death. *Journal of Forensic Science* 53(3): 541-557. https://doi.org/10.1111/j.1556-4029.2008.00710.x

Lamendin, H., Baccino, E., Humbert, J. F., Tavernier, J. C., Nossintchouk, R. M., & Zerilli, A. (1992). A simple technique for age estimation in adult corpses: The two criteria dental method. *Journal of Forensic Sciences* 37(5): 1373-1379.

Lampl, M., & Johnston, F. E. (1996). Problems in the aging of skeletal juveniles: Perspectives from maturation assessments of living children. *American Journal of Physical Anthropology: The Official Publication of the American Association of Physical Anthropologists* 101(3): 345-355.

Langley-Shirley, N., & Jantz, R. L. (2010). A Bayseian Approach to Age Estimation in Modern Americans from the Clavicle. *Journal of Forensic Sciences* 55: 571-583.

Langley, N. R., Jantz, L. M., McNulty, S., Maijanen, H., Ousley, S. D., & Jantz, R. L. (2018). Data for validation of osteometric methods in forensic anthropology. *Data in Brief* 19: 21-28.

Larsen, C. S. (2015a). Bioarchaeological paleodemography: interpreting age-at-death structures. *Bioarchaeology* (pp. 402-421). Cambridge: Cambridge University Press. https://doi.org/10.1017/CBO9781139020398.012

Larsen, C. S. (2015b). *Bioarchaeology: Interpreting behavior from the human skeleton* (Vol. 69). Cambridge: Cambridge University Press.

Lewis, C. J., & Garvin, H. M. (2016). Reliability of the Walker Cranial Nonmetric Method and Implications for Sex Estimation. *Journal of Forensic Sciences* 61(3): 743-751. https://doi.org/10.1111/1556-4029.13013

Liversidge, H. M. (2008). Timing of human mandibular third molar formation. *Annals of Human Biology* 35(3): 294-321. https://doi.org/10.1080/03014460801971445

Liversidge, H. M., Dean, M. C., & Molleson, T. I. (1993). Increasing human tooth length between birth and 5.4 years. *American Journal of Physical Anthropology* 90:

307-313.

Liversidge, H. M., & Molleson, T. I. (1999). Developing Permanent Tooth Length as an Estimate of Age. *Journal of Forensic Sciences* 44(5): 12016J. https://doi.org/10.1520/JFS12016J

Lottering, N., Macgregor, D. M., Meredith, M., Alston, C. L., & Gregory, L. S. (2013). Evaluation of the Suchey-Brooks method of age estimation in an Australian subpopulation using computed tomography of the pubic symphyseal surface. *American Journal of Physical Anthropology* 150(3): 386-399. https://doi.org/10.1002/ajpa.22213

Lottering, N., Reynolds, M. S., MacGregor, D. M., Meredith, M., & Gregory, L. S. (2014). Morphometric modelling of ageing in the human pubic symphysis: Sexual dimorphism in an Australian population. *Forensic Science International* 236: 195.e1-195.e11.

Lovejoy, C. O., Meindl, R. S., Pryzbeck, T. R., & Mensforth, R. P. (1985). Chronological metamorphosis of the auricular surface of the ilium: A new method for the determination of adult skeletal age at death. *American Journal of Physical Anthropology* 68: 15-28.

Luna, L. H., Aranda, C. M., & Santos, A. L. (2017). New Method for Sex Prediction Using the Human Non-Adult Auricular Surface of the Ilium in the Collection of Identified Skeletons of the University of Coimbra. *International Journal of Osteoarchaeology* 27(5): 898-911.

Madeline, L. A., & Elster, A. D. (1995). Suture closure in the human chondrocranium: CT assessment. *Radiology* 196: 747-756.

Mahakkanukrauh, P., Khanpetch, P., Prasitwattanseree, S., & Case, D. T. (2013). Determination of sex from the proximal hand phalanges in a Thai population. *Forensic Science International*.

Malina, R. M. (1979). Secular changes in size and maturity: Causes and effects. *Monographs of the Society for Research in Child Development*, 59-102.

Maresh, M. M. (1970). Measurements from roentgenograms. In R. W. McCammon (Ed.), *Human Growth and Development* (pp. 157-200). Springfield, Illinois: C. C. Thomas.

Margerison, B. J., & Knüsel, C. J. (2002). Paleodemographic comparison of a catastrophic and an attritional death assemblage. *American Journal of Physical An-*

thropology. https://doi.org/10.1002/ajpa.10082

Masset, C. (1989). Age estimation based on cranial sutures. In M. S. Iscan (Ed.), *Age Markers in the Human Skeleton* (pp. 71-103). Springfield, Illinois: C. C. Thomas.

Mays, S., de la Rue, C., & Molleson, T. (1995). Molar crown height as a means of evaluating existing dental wear scales for estimating age at death in human skeletal remains. *Journal of Archaeological Science* 22: 659-670.

Mays, S. (2015). The effect of factors other than age upon skeletal age indicators in the adult. *Annals of Human Biology* 42(4): 332-341.

McKern, T. W., & Stewart, T. D. (1957). Skeletal Age Changes in Young American Males: Analyzed from the Standpoint of Age Identification. *Quartermaster Research and Development Command Technical Report EP-45*. Natick, Messachussets: US Army Quartermaster Research and Development Center.

Meijerman, L., Maat, G. J. R., Schulz, R., & Schmeling, A. (2007). Variables affecting the probability of complete fusion of the medial clavicular epiphysis. *International Journal of Legal Medicine* 121(6): 463-468.

Meindl, R. S., & Lovejoy, C. O. (1985). Ectocranial Suture Closure: A Revised Method for the Determination of Skeletal Age at Death Based on the Lateral-Anterior Sutures. *American Journal of Physical Anthropology* 68: 57-66.

Meindl, R. S., & Russell, K. F. (1998). Recent advances in method and theory in paleodemography. *Annual Review of Anthropology* 27(1): 375-399.

Meindl, R. S., Lovejoy, C. O., Mensforth, R. P., & Carlos, L. D. (1985). Accuracy and direction of error in the sexing of the skeleton: Implications for paleodemography. *American Journal of Physical Anthropology* 68(1): 79-85.

Merritt, C. E. (2015). The influence of body size on adult skeletal age estimation methods. *American Journal of Physical Anthropology* 156(1): 35-57.

Merritt, C. E. (2017). Inaccuracy and bias in adult skeletal age estimation: Assessing the reliability of eight methods on individuals of varying body sizes. *Forensic Science International* 275: 315.e1-315.e11.

Miles, A. E. W. (1963). The dentition in the assessment of individual age in skeletal material. In D. R. Brothwell (Eds.), *Dental Anthropology* (pp. 191-209). Oxford: Pergamon Press.

Miles, A. E. W. (2001). The Miles method of assessing age from tooth wear revisited. *Journal of Archaeological Sciences* 28: 973-982.

Milner, G. R., & Boldsen, J. L. (2012a). Estimating age and sex from the skeleton, a paleopathological perspective. *A Companion to Paleopathology*, 268-284.

Milner, G. R., & Boldsen, J. L. (2012b). Transition analysis: A validation study with known-age modern American skeletons. *American Journal of Physical Anthropology* 148: 98-110.

Milner, G. R., & Boldsen, J. L. (2012c). Humeral and femoral head diameters in recent white american skeletons. *Journal of Forensic Sciences*. https://doi.org/10.1111/j.1556-4029.2011.01953.x

Milner, G. R., & Boldsen, J. L. (2012d). Skeletal age estimation: Where we are and where we should go. In D. C. Dirkmaat (Ed.), *A Companion to Forensic Anthropology* (pp. 224-238). West Sussex, UK: Blackwell Publishing.

Milner, G. R., & Boldsen, J. L. (2016). *Transition Analysis Age Estimation: Skeletal Scoring Manual-Fordisc Version 1.02*. University Park, PA USA, Odense, DK: The Pennsylvania State University, Syddansk Universitet.

Milner, G. R., Wood, J. W., & Boldsen, J. L. (2008). Advances in Paelodemography. In M. A. Katzenberg, & S. R. Saunders (Eds.), *Biological Anthropology of Human Skeleton* (2nd ed., pp. 561-600). New York, NY: John Wiley and Sons, Inc.

Milner, G. R., Boldsen, J. L., Ousley, S. D., Getz, S., Weise, S., & Gampe, J. (2019). An Integrated Approach to Adult Skeletal Age Estimation and Paleodemographic Reconstruction: Going From Bones to Individual Ages and Mortality Patterns. In 88th Annual Meeting of the American Association of Physical Anthropologists.

Moore, M. K. (2013). Sex estimation and assessment. *Research methods in human skeletal biology* (pp. 91-116). Elsevier.

Moorrees, C. F. A., Fanning, E. A., & Hunt, E. E. (1963a). Age variation of formation stages for ten permanent teeth. *Journal of Dental Research* 42: 1490-1502.

Moorrees, C. F. A., Fanning, E. A., & Hunt, E. E. (1963b). Formation and resorption of three deciduous teeth in children. *American Journal of Physical Anthropology* 21: 205-213.

Murray, K. A., & Murray, T. (1991). A Test of the Auricular Surface Aging Technique. *Journal of Forensic Sciences* 36: 1162-1169.

Nagaoka, T., Kawakubo, Y., & Hirata, K. (2012). Estimation of fetal age at death from the basilar part of the occipital bone. *International Journal of Legal Medicine* 126: 703-711.

Naji, S., Colard, T., Blondiaux, J., Bertrand, B., d'Incau, E., & Bocquet-Appel, J.-P. (2016). Cementochronology, to cut or not to cut? *International Journal of Paleopathology* 15: 113-119.

Obertová, Z., & Francken, M. (2009). Tooth cementum annulation method: Accuracy and applicability. *Frontiers of Oral Biology* 13: 184-189. https://doi.org/10.1159/000242415

Ousley, S. D., Milner, G. R., Boldsen, J. L., Weise, S., & Getz, S. (2019). Adult Skeletal Age Estimation: Transition Analysis Using the Entire Skeleton. *Proceedings of the American Academy of Forensic Sciences 71st Annual Scientific Meeting* (p. 40).

Passalacqua, N. V. (2009). Forensic Age-at-Death Estimation from the Human Sacrum. *Journal of Forensic Sciences* 54(2): 255-262.

Patriquin, M. L., Loth, S. R., & Steyn, M. (2003). Sexually dimorphic pelvic morphology in South African whites and blacks. *HOMO — Journal of Comparative Human Biology* 53(3): 255-262.

Patriquin, M. L., Steyn, M., & Loth, S. R. (2005). Metric analysis of sex differences in South African black and white pelves. *Forensic Science International* 147(2): 119-127.

Pearson, K., & Bell, J. (1919). *A study of the long bones of the English skeleton* (Vol. 10). Cambridge University Press.

Phenice, T. W. (1969). A newly developed visual method of sexing the os pubis. *American Journal of Physical Anthropology* 30(2): 297-301.

Pinhasi, R., & Bourbou, C. (2007). How representative are human skeletal assemblages for population analysis? *Advances in Human Palaeopathology*, 31-44.

Prince, D. A., Kimmerle, E. H., & Konigsberg, L. W. (2008). A Bayesian approach to estimate skeletal age-at-death utilizing dental wear. *Journal of Forensic Sciences* 53(3): 588-593. https://doi.org/10.1111/j.1556-4029.2008.00714.x

Prince, D. A., & Konigsberg, L. W. (2008). New formulae for estimating age at death in the Balkans utilizing Lamendin's dental technique and Bayesian analysis. *Journal of Forensic Sciences* 53(3): 578-587.

Prince, D. A., & Ubelaker, D. H. (2002). Application of Lamendin's adult dental aging technique to a diverse skeletal sample. *Journal of Forensic Sciences* 47(1): 107-116.

Purkait, R. (2005). Triangle identified at the proximal end of femur: A new sex determinant. *Forensic Science International* 147(2-3): 135-139.

Pyle, S. I., & Hoerr, N. L. (1955). *Radiographic atlas of skeletal development of the knee: A standard of reference*. Thomas.

Redfield, A. (1970). A new aid to aging immature skeletons: Development of the occipital bone. *American Journal of Physical Anthropology* 33: 207-220.

Rissech, C., Estabrook, G. F., Cunha, E., & Malgosa, A. (2006). Using the acetabulum to estimate age at death of adult males. *Journal of Forensic Science* 51(2): 213-229. https://doi.org/10.1111/j.1556-4029.2006.00060.x

Rissech, C., Estabrook, G. F., Cunha, E., & Malgosa, A. (2007). Estimation of age-at-death for adult males using the acetabulum, applied to four Western European populations. *Journal of Forensic Science* 52(4): 774-778. https://doi.org/10.1111/j.1556-4029.2007.00486.x

Rissech, C., Schaefer, M., & Malgosa, A. (2008). Development of the femur-Implications for age and sex determination. *Forensic Science International* 180(1): 1-9. https://doi.org/10.1016/j.forsciint.2008.06.006

Ruff, C. (1987). Sexual dimorphism in human lower limb bone structure: Relationship to subsistence strategy and sexual division of labor. *Journal of Human Evolution* 16(5): 391-416. https://doi.org/10.1016/0047-2484(87)90069-8

Ruff, C. B. (2008). Biomechanical analyses of archaeological human skeletons. In M. A. Katzenberg, & S. R. Saunders (Eds.), *Biological Anthropology of the Human Skeleton* (Second Edition, pp. 183-206).

Saini, V., Srivastava, R., Rai, R. K., Shamal, S. N., Singh, T. B., & Tripathi, S. K. (2011). An osteometric study of northern Indian populations for sexual dimorphism in craniofacial region. *Journal of Forensic Sciences* 56(3): 700-705.

San-Millán, M., Rissech, C., & Turbón, D. (2017). New approach to age estimation of male and female adult skeletons based on the morphological characteristics of the acetabulum. *International Journal of Legal Medicine* 131(2): 501-525.

Saunders, S. R., & Hoppa, R. D. (1993). Growth deficit in survivors and non-survivors: Biological mortality bias in subadult skeletal samples. *American Journal of Physical Anthropology* 36: 127-151.

Saunders, S. R., Hoppa, R. D., & Southern, R. (1993). Diaphyseal growth in a nineteenth century skeletal sample of subadults from St. Thomas' Church, Belleville, Ontario. *International Journal of Osteoarchaeology* 3: 265-281.

Schaefer, M., Black, S., & Scheuer, L. (2009). Juvenile osteology: A laboratory and field manual. *Journal of Chemical Information and Modeling* (Vol. 53). https://doi.org/10.1017/CBO9781107415324.004

Scheuer, L., & MacLaughlin-Black, S. (1994). Age estimation from the pars basilaris of the fetal and juvenile occipital bone. *International Journal of Osteoarchaeology* 4: 377-380.

Schmeling, A., Reisinger, W., Loreck, D., Vendura, K., Markus, W., & Geserick, G. (2000). Effects of ethnicity on skeletal maturation: consequences for forensic age estimations. *International Journal of Legal Medicine* 113(5): 253-258. https://doi.org/10.1007/s004149900102

Shackelford, L. L., Harris, S., Ashley, E., Konigsberg, L. W., Stinespring Harris, A. E., & Konigsberg, L. W. (2012). Estimating the distribution of probable age-at-death from dental remains of immature human fossils. *American Journal of Physical Anthropology* 147(2): 227-253.

Shirley, N. R., & Ramirez Montes, P. A. (2015). Age Estimation in Forensic Anthropology: Quantification of Observer Error in Phase Versus Component-Based Methods. *Journal of Forensic Sciences* 60(1): 107-111.

Slice, D. E., & Algee-Hewitt, B. F. B. (2015). Modeling Bone Surface Morphology: A Fully Quantitative Method for Age-at-Death Estimation Using the Pubic Symphysis. *Journal of Forensic Sciences* 60(4): 835-843.

Spradley, M. K., & Jantz, R. L. (2011). Sex estimation in forensic anthropology: Skull versus postcranial elements. *Journal of Forensic Sciences* 56(2): 289-296.

Stewart, T. D., & Kerley, E. R. (1979). *Essentials of forensic anthropology: Especially as developed in the United States*. Springfield, Illinois: Charles C. Thomas.

Steyn, M., & Patriquin, M. L. (2009). Osteometric sex determination from the pelvis-Does population specificity matter? *Forensic Science International* 191(1-3): 113.e1-113.e5. https://doi.org/10.1016/j.forsciint.2009.07.009

Stout, S. D. (1992). Methods of determining age at death using bone microstructure. *Skeletal Biology of Past Peoples: Research Methods* (pp. 21-35). New York: Wiley-Liss.

Stout, S. D., Porro, M. A., & Perotti, B. (1996). Brief communication: A test and correction of the clavicle method of Stout and Paine for histological age estimation of skeletal remains. *American Journal of Physical Anthropology* 100(1): 139-142.

Stoyanova, D. K. (2018). *ForAge*. https://morphlab.sc.fsu.edu/software/forAge/index.

html

Stoyanova, D. K., Algee-Hewitt, B. F. B., & Slice, D. E. (2015). An enhanced computational method for age-at-death estimation based on the pubic symphysis using 3D laser scans and thin plate splines. *American Journal of Physical Anthropology* 158(3): 431-440.

Stoyanova, D. K., Algee-Hewitt, B. F. B., Kim, J., & Slice, D. E. (2017). A Computational Framework for Age-at-Death Estimation from the Skeleton: Surface and Outline Analysis of 3D Laser Scans of the Adult Pubic Symphysis. *Journal of Forensic Sciences* 62(6): 1434-1444. https://doi.org/10.1111/1556-4029.13439

Stoyanova D. K., Algee-Hewitt, B. F. B, Kim, J., Figueroa-Soto, C, & DE, S. (2018). A Study on the Asymmetry between the Left and Right Human Pubic Symphysis for Age-at-Death Estimation Based on 3D Laser Scans and Computational Methods. *70th Annual Scientific Meeting of American Academy of Forensic Sciences*. Seattle, WA.

Stull, K. E., L'Abbé, E. N., & Ousley, S. D. (2014). Using multivariate adaptive regression splines to estimate subadult age from diaphyseal dimensions. *American Journal of Physical Anthropology* 154(3): 376-386. https://doi.org/10.1002/ajpa.22522

Suchey, J. M. (1979). Problems in the aging of females using the Os pubis. *American Journal of Physical Anthropology* 51(3): 467-470. https://doi.org/10.1002/ajpa.1330510319

Tanner, J. M., Whitehouse, R. H., Cameron, N., Marshall, W. A., Healy, M. J. R., & Goldstein, H. (1975). *Assessment of skeletal maturity and prediction of adult height* (TW2 method) (Vol. 16). Academic Press London.

Tise, M. L., Spradley, M. K., & Anderson, B. E. (2013). Postcranial Sex Estimation of Individuals Considered Hispanic. *Journal of Forensic Sciences* 58: S9-S14. https://doi.org/10.1111/1556-4029.12006

Todd, T. W. (1921). Age changes in the pubic bone. *American Journal of Physical Anthropology* 4(1): 1-70. https://doi.org/10.1002/ajpa.1330040102

Townsend, N., & Hammel, E. a. (1990). Age estimation from the number of teeth erupted in young children: An aid to demographic surveys. *Demography* 27(1): 165-174. https://doi.org/10.2307/2061560

Ubelaker, D. H. (1989). *Human skeletal remains: Eexcavation, analysis, interpretation*.

Manuals on archeology (2nd ed., Vol. 2). Washington: Taraxacum.

Usher, B. M. (2002). Reference Samples: The first step in linking biology and age in the human skeleton. In R. D. Hoppa, & J. W. Vaupel (Eds.), *Paleodemography: Age distributions from skeletal samples* (pp. 29-47). Cambridge: Cambridge University Press.

Velemínská, J., Krajíček, V., Dupej, J., Goméz-Valdés, J. A., Velemínský, P., Šefčáková, A., ⋯ & Brůžek, J. (2013). Technical Note: Geometric morphometrics and sexual dimorphism of the greater sciatic notch in adults from two skeletal collections: The accuracy and reliability of sex classification. *American Journal of Physical Anthropology* 152(4): 558-565. https://doi.org/10.1002/ajpa.22373

Villa, C., Buckberry, J., Cattaneo, C., Frohlich, B., & Lynnerup, N. (2015). Quantitative analysis of the morphological changes of the pubic symphyseal face and the auricular surface and implications for age at death estimation. *Journal of Forensic Sciences* 60(3): 556-565.

Villa, C., Buckberry, J., & Lynnerup, N. (2016). Evaluating osteological ageing from digital data. *Journal of Anatomy*. https://doi.org/10.1111/joa.12544

Walker, P. L. (1995). Problems of preservation and sexism in sexing: Some lessons from historical collections for palaeodemographers. In S. Saunders & A. Herring (Eds.), *Grave Reflections: Portraying the Past Through Cemetery Studies* (pp. 31-47).

Walker, P. L. (2008). Sexing skulls using discriminant function analysis of visually assessed traits. *American Journal of Physical Anthropology* 136(1): 39-50.

Webb, P. A. O., & Suchey, J. M. (1985). Epiphyseal union of the anterior iliac crest and medial clavicle in a modern multiracial sample of american males and females. *American Journal of Physical Anthropology* 68(4): 457-466. https://doi.org/10.1002/ajpa.1330680402

Weiss, K. M. (1972). On the systematic bias in skeletal sexing. *American Journal of Physical Anthropology*. https://doi.org/10.1002/ajpa.1330370208

Wescott, D. J., & Drew, J. L. (2015). Effect of obesity on the reliability of age-at-death indicators of the pelvis. *American Journal of Physical Anthropology* 156(4): 595-605.

Wittwer-Backofen, U. (2012). Age estimation using tooth cementum annulation. *Methods in Molecular Biology*. https://doi.org/10.1007/978-1-61779-977-8_8

Wittwer-Backofen, U., & Buba, H. (2002). Age estimation by tooth cementum annulation: Perspectives of a new validation study. In R. D. Hoppa, & J. W. Vaupel (Eds.), *Paleodemography: Age distributions from skeletal samples* (pp. 107-128). https://doi.org/10.1016/S0047-2484(03)00046-0

Wittwer-Backofen, U., Gampe, J., & Vaupel, J. W. (2004). Tooth Cementum Annulation for Age Estimation: Results from a Large Known-Age Validation Study. *American Journal of Physical Anthropology* 123(2): 119-129. https://doi.org/10.1002/ajpa.10303

Wood, J. W., Milner, G. R., Harpending, H. C., & Weiss, K. M. (1992). The Osteological Paradox. *Anthropology* 33(4): 343-370. https://doi.org/papers2://publication/uuid/3AD1960D-AE51-4550-BE94-EBED5FB00559

Wright, L. E., & Yoder, C. J. (2003). Recent progress in Bioarchaeology: Approaches to the Osteological Paradox. *Journal of Archaeological Research*. https://doi.org/10.1023/A:1021200925063

Yun, J., Lee, J., Chung, J., Kho, H., & Kim, Y. (2007). Age estimation of Korean adults by occlusal tooth wear. *Journal of Forensic Sciences* 52: 678-683.

제2장

뼈조직학의 인류학적 적용

조혜란

뼈조직학bone histology은 현미경을 이용하여 뼈 조직의 미세구조와 특성을 규명하는 학문으로 생물인류학, 법의학, 생물의학biomedicine과 생물공학biomechanics 등 다양한 연구 분야에 적용된다. 뼈조직학 연구를 통해 우리는 과거와 현대의 뼈대에서 양적·질적 자료를 수집할 수 있을 뿐만 아니라, 인간의 생물적 변이를 설명하거나 인류학적 질문을 해결하는 일에 좀 더 쉽게 접근할 수 있다.

과거 미국의 체질인류학은 형태적 특징을 측정하여 기술하고 분류하는 데만 집중해 왔으나, 1950년대 패러다임의 전환을 거쳐 오늘날에는 진화적·생태적 틀 안에서 인간의 생리와 구조를 연구하는 생물인류학으로 발전하였다. 이러한 패러다임의 변화 속에서 생물인류학은 단순히 해부학적 특성을 분류하고 계량하는 것을 넘어 인간 집단이 물리적·사회적 환경에 어떻게 적응했고, 어떠한 생물적 변이를 거쳤으며, 사회적 제도와 생활 방식은 인간의 신체 구조와 질병 패턴에 어떠한 영향을 미쳤는지 등을 이해하고자 한다.

따라서 체질인류학에서 생물인류학으로의 명칭 변경은 인류학의 학제적·통합적·역동적 속성을 반영한다고 할 수 있다. 조직학적 기술을 이용하면 사람의 뼈를 조직 수준에서 분석하거나 뼈의 미세구조를 마이크로미터(μm) 단위에서 계량하는 것이 가능하지만, 무엇보다도 생물인류학의 연구 범위와 이론적 틀을 확장시킬 수 있게 한다.

이번 장에서는 조직 분석을 활용하는 인류학 연구 분야에 대해 살펴보고자 한다.

1. 뼈 조직을 연구하는 방법으로서의 뼈조직학

뼈조직학 실험실에서 쓰이는 도구는 사람의 생체 조직을 다루는 기초의학자들이 임상 연구를 위해 석회질이 제거된 뼈의 얇은 조각을 자르거나 포매embedding할 때 쓰는 도구이기도 하다. 뼈조직학 실험에 대한 자세한 정보는 현미경 검사의 도구와 원리를 다룬 조(Cho, 2012)의 연구에서 찾아볼 수 있다.

세계 곳곳의 고고학 발굴 현장에서 나온 다양한 시간대의 뼈와 사체, 법의학 사례forensic cases가 잘 보존되어 있기만 하다면 조직학적으로 연구될 수 있다. 그러나 해부학 조직이 많이 남아 있어도 뼈 조직까지 잘 보존되어 있다고 단언할 수는 없다. 뼈 조직이 잘 보존되어 미세구조를 수집할 수 있는지를 판단하기 위해서는 뼈에서 얇은 조직 조각을 추출하고 현미경을 통해 검사해야 한다. 보통 산소가 차단되고 건조한 환경에 있어 미생물 피해가 적은 사체 혹은 뼈대일수록 조직이 잘 보존되는 편이다.

1) 뼈조직학의 원리

뼈는 물, 유기물organic matrix, 무기물inorganic mineral로 구성된다. 유기물 성

분의 95%는 1형 콜라겐type I collagen이고, 나머지 4~5%는 젤라틴질 프로테오글리칸gelatinous proteoglycans 또는 기질ground substance로 구성된다.

1형 콜라겐은 사람 몸에서 가장 흔하게 발견되는 콜라겐으로, 주로 세로로 배열된 섬유로 이루어져 있다. 1형 콜라겐을 구성하는 섬유는 뼈에 힘이 작용하는 방식에 따라 다른 방향으로 배열되기도 한다. 기질은 젤라틴 성질을 가지고 단백질의 다당류로 구성되어 있어 석회화된 콜라겐 섬유를 더 강하게 만든다.

뼈의 무기물 부분에 해당되는 히드록실아파타이트hydroxylapatite, $Ca_{10}(PO_4)_6(OH)_2$는 대부분 칼슘과 인산염으로 구성되어 있고, 마른 뼈 무게의 대부분을 차지한다(그림 2-1). 살아 있는 뼈에는 많은 물이 포함되어 있는데, 뼈의 다공성 구조 내에 서로 다른 양의 물이 들어 있다. 하지만 대부분의 물은 유기물이 석회화되는 과정에서 빠져나가게 된다.

조직 차원에서 뼈는 격자뼈woven bone와 층판뼈lamellar bone 두 종류로 분류된다. 격자뼈는 생성되는 속도가 하루에 4~5μm 정도로 빠르고, 콜라겐 섬유가 불규칙하게 조직되어 있으며, 층판뼈보다 더 많이 석회화된다. 격자뼈는 골절로 발생한 가골callus과 아주 어린 포유류에게서 발견되는데, 이 격자뼈는 곧 뼈의 재형성 과정에 의해 층판뼈로 대체된다. 재형성 과정에 대해서는 뒤에서 더 자세하게 설명한다. 격자뼈와 달리 층판뼈는 느리게 형성되며, 고도로 조직되어 있고, 성숙한 뼈에서 주로 발견된다(그림 2-2).

하지만 맨눈으로 봤을 때 성인 뼈의 구조는 조직의 밀도와 다공성의 수준에서 크게 두 종류, 즉 겉질뼈cortical bone와 해면뼈trabecular bone로 나누어진다. 밀도가 높은 겉질뼈는 긴뼈의 축과 해면뼈의 뼈면 부분, 뼈몸통끝metaphysis과 뼈끝epiphysis의 표면에 분포한다. 겉질뼈는 뼈대에 단단함과 안정감을 주며, 근육이 붙는 자리이기도 하다. 이러한 겉질뼈는 다시 일차뼈primary bone와 이차뼈secondary bone로 분류된다.

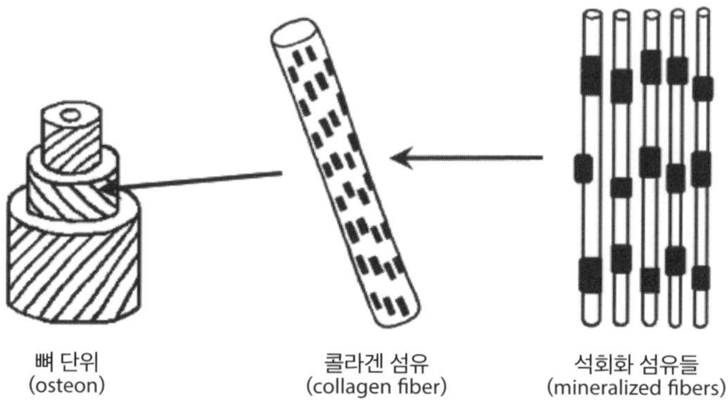

그림 2-1. 뼈 조직의 구성

출처: http://www.knowtex.com/nav/computation-3d-printing-and-testing-of-bone-inspired-composites_40836; https://www.researchgate.net/figure/The-hierarchical-structure-of-typical-bone-at-various-length-scales-The-microstructure_fig8_283775409

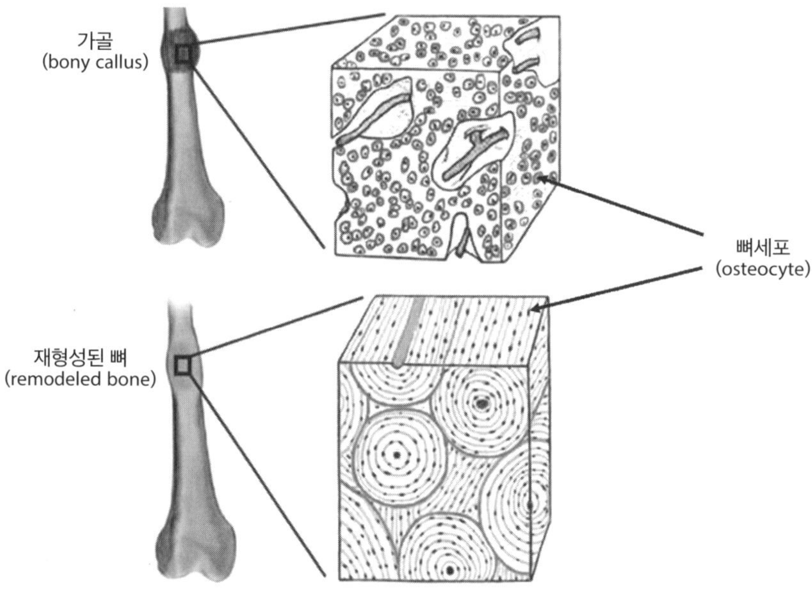

그림 2-2. 격자뼈와 층판뼈

일차뼈는 기존의 뼈 표면에 새롭게 형성되는 뼈 조직으로 둘레층판과 일차뼈 단위(층판뼈에 의해 둘러싸인 혈관들)가 일차뼈에 해당된다(그림 2-3). 일차뼈 단위는 재형성을 통해 이차뼈 단위로 대체된다. 한편 해면뼈는 척추, 넙다리뼈와 발목뼈의 몸쪽끝과 먼쪽끝과 같이 뼈대에서 무게를 지탱하는 뼈대 부위를 주로 차지한다. 해면뼈에는 200μm 두께의 판들이 서로 연결된 채 배열되어 있어 다공성 구조를 갖는다. 이처럼 그물 또는 스펀지와 유사한 구조를 갖는 해면뼈에는 골수가 채워져 있다.

2) 뼈의 미세구조

50~100μm 두께로 잘라 갈아놓은 겉질뼈를 현미경으로 관찰하면 뼈의 미세구조를 확인할 수 있다. 겉질뼈의 기본 구조 단위basic structural unit, BSU는 지름이 약 200μm인 이차뼈 단위secondary osteon이다. 서로 연결되어 동심층을 이루는 대여섯 개의 석회화된 층판뼈가 뼈 단위를 이룬다.

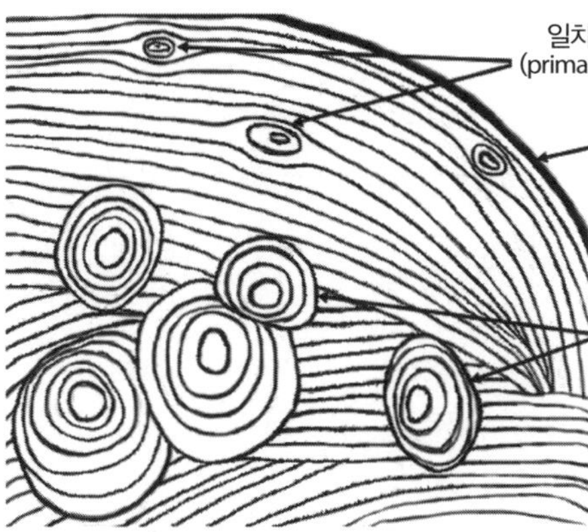

그림 2-3. 일차뼈 단위와 이차뼈 단위

출처: https://www.slideshare.net/AnaRitaRamos1/human-bone-tissue; http://www.sketchite.com/bone-osteon-structure-diagram/MipicCpibG9nc3BvdCpjb218LUt1bjZqVGpULXEwfFVrakI1eEVCQVVJfEFBQUFBQUFBQXhVfHF5N1RTeC1fRnNnfHMxNjAwfDUtX2RpYWdyYW1fZm9ybWluZ19hbl9vc3Rlb24xMzE4NzAzNjQ0MDExlCgxKSpqcGc_aW1nYXJjYWRlKmNvbXwxfGJvbmUtbWF0cml4LWRpYWdyYW18/

뼈 단위의 중심에는 지름이 40~50μm인 하버스관Haversian canal이 있다. 하나의 뼈 단위와 여기에 붙어 있는 또 다른 뼈 단위는 뼈 단위 주변의 미네랄화가 거의 일어나지 않은 시멘트선hypomineralizedcement line으로 구분할 수 있다. 시멘트선은 뼈 단위 분리debonding가 일어날 정도로 약한 부분이지만, 그럼에도 불구하고 미세손상microdamage의 확산을 막고 뼈에 가해진 힘을 소실시키는 역할을 한다.

겉질뼈는 살아 있는 조직이기 때문에 모두 관으로 연결되어 있으며, 이곳을 통해 혈액을 공급받는다. 먼저 관통관Volkmann's canal은 뼈막과 골수 공간, 하버스관에 혈관을 가로로 연결해 준다. 각각의 하버스관은 뼈 단위 속 층판뼈에 소관을 통해서 연결되어 있다. 이 소관은 동심층 안에서 영양분을 공급받아 밖으로 전달하는 역할을 한다(그림 2-4).

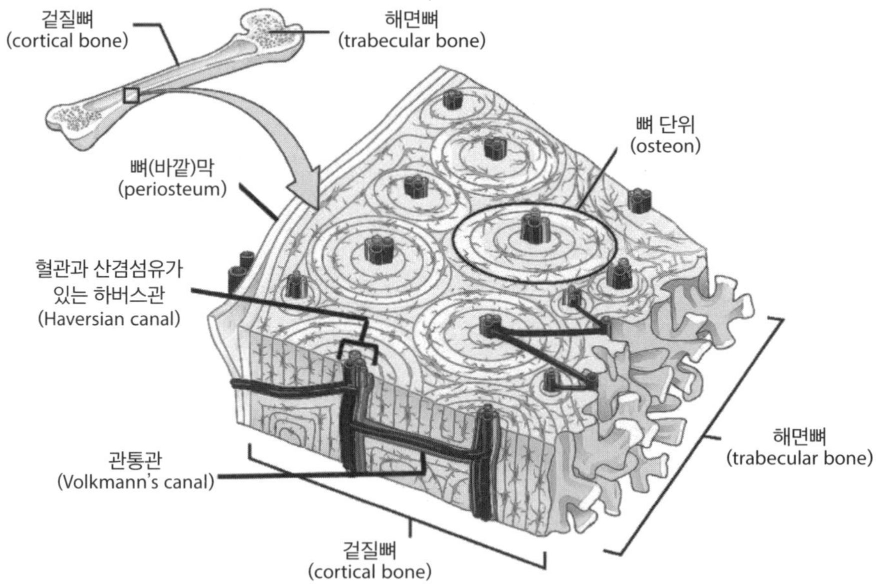

그림 2-4. 겉질뼈와 해면뼈, 겉질뼈의 미세구조

출처: https://commons.wikimedia.org/wiki/File:Figure_33_02_09.jpg

해면뼈의 미세구조는 겉질뼈와 유사하다. 다만 기본 구조 단위에 하버스관이 없고, 해면trabeculae의 폭이 좁아 뼈 단위가 평평하며, 골수의 혈관으로부터 영양분을 공급받는다는 점에서 차이를 보인다.

뼈세포는 조직을 형성하고 유지하는 일을 한다. 또한 뼈대가 성장하는 데 핵심적인 역할을 하고, 칼슘의 항상성을 유지하며, 미세하게 발생한 피로 골절 부위의 조직을 회복하는 역할을 한다. 뼈파괴세포osteoclast는 큰 다핵세포로, 골수의 혈구 생성 부분에서 생성된 단핵세포들이 결합하여 만들어진다. 뼈파괴세포의 주요 기능은 뼈를 흡수resorption하는 것이다. 그 과정에서 뼈 조직에 저장되어 있던 칼슘이 순환계로 방출된다.

단핵세포인 뼈모세포는 골수와 뼈바깥막periosteal membrane의 기질에 위치한 중간엽세포mesenchymal cell에서 생성된다. 반대로 뼈모세포osteoblast의 주요 기능은 뼈를 형성하는 것이다. 더 자세히 말하자면, 뼈모세포는 콜라겐과 기질ground substance을 합성하여 풋뼈osteoid를 형성한다. 풋뼈는 흡수된 부위에 분비되어 수개월에 걸쳐 석회화된다.

뼈모세포가 뼈 형성을 위해 풋뼈를 분비하는 과정에서 일부 뼈모세포는 뼈질bony matrix에 갇혀 뼈세포osteocyte가 된다. 뼈세포는 뼈세포방osteocytic lacunae이라고 불리는 작은 공간에 존재하며, 소관을 통해 다른 뼈세포와 연결된다. 여기서 소관은 뼈세포방을 근접한 판층과 이어주고, 더 나아가 혈관계vascular system로 이어주는 일을 한다(그림 2-5).

뼈세포가 하는 일 중 하나는 방과 소관을 이용하여 혈액과 뼈 사이에서 미네랄 이온mineral ions과 영양분을 교환하고, 그것들이 더 큰 하버스관과 관통관으로 들어가게 하는 것이다. 두께 0.1~1μm, 지름 50μm로 평평한 뼈면세포bone lining cells는 얇은 층을 이루어 뼈 표면에 막을 형성한다. 이 세포들은 뼈세포와 교류하며 석회를 뼈 안팎으로 전달한다는 점에서 뼈세포와 비슷한 일을 한다. 뼈가 침식되기 시작할 때 뼈면세포는 수축하여 흡수될 뼈 표면이 노출되도록 한다. 뼈세포는 뼈대의 성장

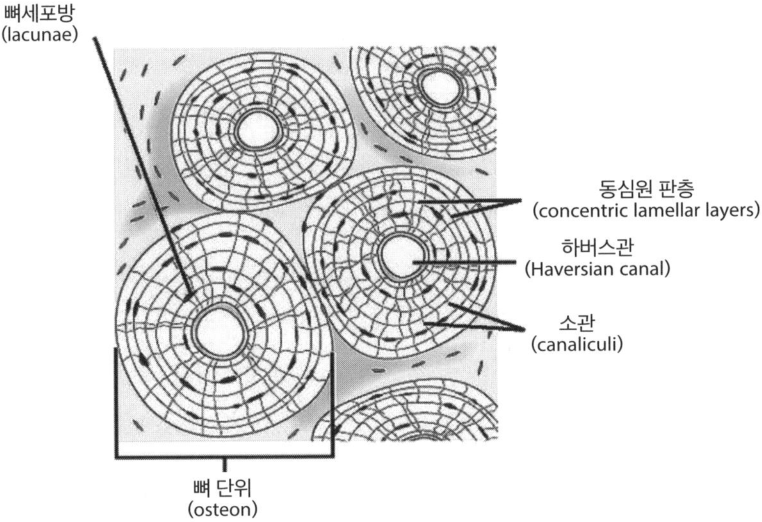

그림 2-5. 뼈세포방과 소관, 판층의 구조

출처: https://commons.wikimedia.org/wiki/File:Figure_33_02_09.jpg

과 발달뿐 아니라, 조직을 손상으로부터 다시 회복하고 유지시키는 일도 담당한다. 이러한 뼈세포의 활동은 서로 다른 두 가지 대사 과정, 형성과 재형성에 의하여 이루어지게 된다.

3) 뼈의 형성modeling과 재형성remodeling

뼈대가 발달하는 과정에서 뼈는 길어지고 넓어질 뿐만 아니라, 성인의 비율에 맞게끔 크기와 형태도 변한다. 성장기에 뼈파괴세포는 뼛속 표면과 뼈몸통끝metaphysis의 바깥 표면에서 뼈를 흡수한다. 성장이 이루어지는 동안 뼈파괴세포는 뼛속 표면의 뼈를 흡수하여 골수 공간의 지름을 늘리고 뼈몸통끝 바깥 표면의 뼈를 흡수하여 길이가 길어져도 뼈의 형태가 유지되도록 한다.

한편 뼈모세포는 바깥 표면에 뼈를 붙여 뼈의 지름과 길이를 키운

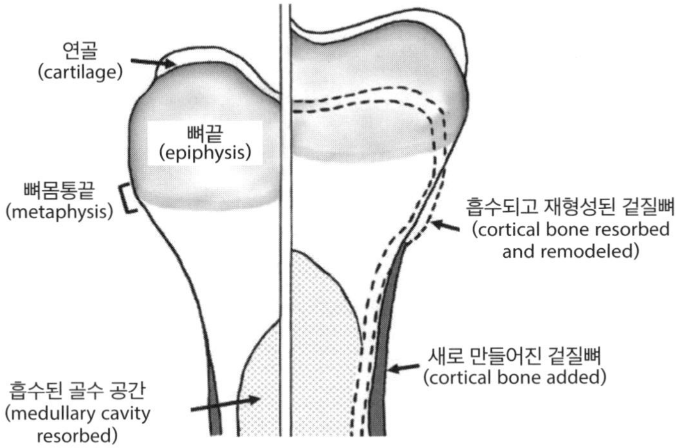

그림 2-6. 뼈의 형성

출처: https://socratic.org/questions/how-do-osteoblasts-and-osteoclasts-assist-with-bone-remodeling

다. 뼈파괴세포와 뼈모세포의 활동은 서로 독립적이며 뼈의 형성 과정에서 서로에 의해 제약을 받지 않는다(그림 2-6).

뼈의 형성은 미성년 뼈대에서 가장 활발하며, 성장이 멈춘 후에는 거의 일어나지 않는다. 다만 성인의 뼈대에서도 약간의 부가적 성장이 뼈막 밑에서 지속된다. 또한 성년에 도달했다고 해도 활발한 운동을 통해 근육이 발달하거나 반대로 나이가 들어 근육이 위축되는 등, 신체가 기능적인 변화를 겪을 때에는 뼈가 새로 형성될 수 있다.

뼈가 형성될 때와는 달리, 뼈가 재형성될 때에는 뼈파괴세포와 뼈모세포의 활동이 서로 연결된다. 즉 동일한 공간에서 뼈모세포에 의해 뼈가 만들어지려면 반드시 그보다 먼저 뼈파괴세포에 의한 조직의 흡수가 이루어져야 한다. 뼈가 흡수되는 동안 뼈대의 성장을 돕는 물질들이 방출되어 뼈모세포와 함께 뼈가 만들어진다. 뼈의 형성은 개체의 뼈대가 성인의 뼈대 크기와 형태에 도달할 때까지만 이루어지지만, 재형성은 전 생애에 걸쳐 일어난다. 뼈 조직은 이러한 재형성 과정을 통하여 지속적으로 치유되고, 피로로 입은 손상으로부터 회복할 수 있게 된다.

뼈의 재형성은 독립적인 여러 지점에서 일어나는데, 기본 다세포 단위basic multicellular units, BMU라 알려진 세포 단위가 여기에 관여한다. 하나의 BMU에는 열 개 정도 되는 뼈파괴세포와 수백 개의 뼈모세포가 포함되어 있다.

뼈가 재형성될 때에는 활성화, 흡수, 형성으로 이어지는 일련의 세포 활동이 일어나게 된다. 먼저 겉질뼈에서는 재형성이 일어날 때 이차뼈 단위가 만들어진다. 다음으로 흡수가 일어나는데, 뼈파괴세포는 하루에 최대 40μm까지 뼈를 흡수하며 깊은 터널 모양의 자국을 겉질뼈에 남긴다. 긴뼈의 축에 세로 방향으로 폭 200μm, 길이 300μm로 터널 모양의 자국cutting cone이 남는다. 새로운 뼈가 생성되는 과정은 보통 흡수보다 느리게 일어난다. 뼈가 생성될 때에는 뼈모세포가 먼저 터널 표면에 막을 형성한다. 이 막은 뼈파괴세포가 만들어낸 자국을 따라 터널의 중심부부터 채워 나간다(그림 2-7).

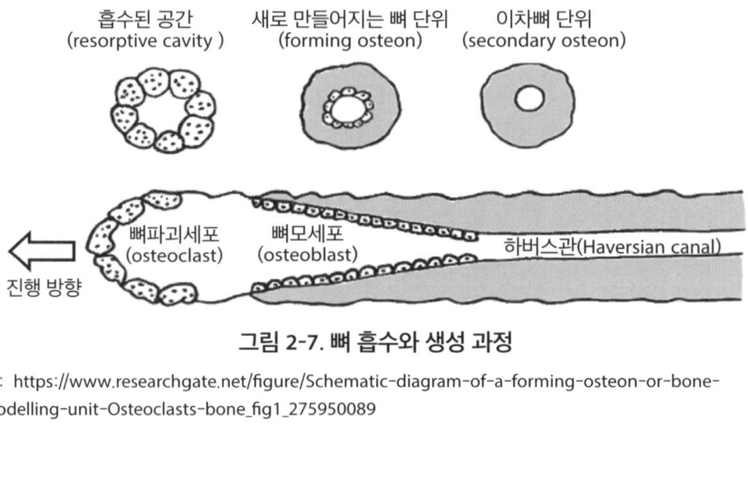

그림 2-7. 뼈 흡수와 생성 과정

출처: https://www.researchgate.net/figure/Schematic-diagram-of-a-forming-osteon-or-bone-remodelling-unit-Osteoclasts-bone_fig1_275950089

콜라겐 섬유의 방향은 동심원 판층별로 서로 다른데, 그 이유는 역학적 스트레스 때문일 가능성이 있다. 며칠 내로 석회가 풋뼈의 콜라겐 섬유들 사이와 그 내부에 축적되면서 새로 만들어진 풋뼈는 60% 정도 석회화된다. 추가적인 석회화 과정은 그 후로 몇 달에 걸쳐 진행된다.

완성된 뼈 단위에서 관찰할 수 있는 시멘트선은 흡수가 끝나고 생성이 시작되는 단계에 생겨난다. 뼈 단위는 이러한 시멘트선에 의하여 다른 뼈 단위와 사이층판interstitial lamellae으로부터 분리된다. 이때 뼈 단위의 층판과 소관에 있는 콜라겐 섬유는 시멘트선을 교차하지 않는다(그림 2-8).

겉질뼈의 재형성은 95~125일 주기를 따르며 이 주기를 '시그마(σ)'라고 한다. 이 주기는 활성화activation 5일, 흡수resorption 15일, 전환 단계reversal phase 0~20일, 생성formation 90일로 구성된다. 시그마는 개인의 연령과 건강 상태에 따라 달라질 수 있다.

다음으로, 해면뼈의 재형성은 이와는 다른 과정을 거쳐서 일어난다. 해면trabeculae은 기본 다세포 단위와 유사한 지름을 갖는 200μm 두께의 판이다. 해면뼈에서는 기본 다세포 단위가 겉질뼈에서처럼 터널을 만들

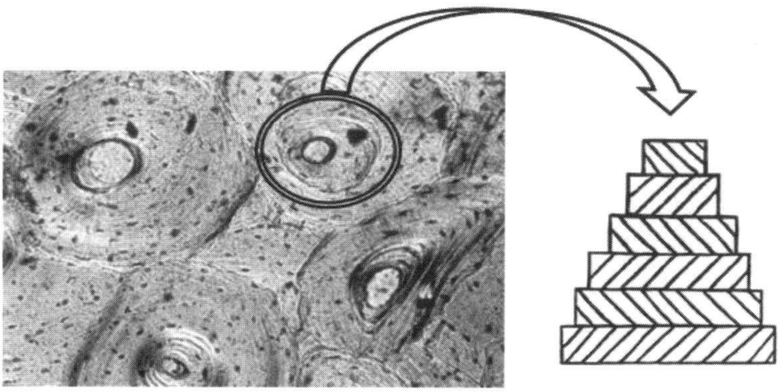

그림 2-8. 동심원 판층과 시멘트선, 콜라겐 섬유의 방향

지 못하고, 대신 뼈파괴세포가 해면의 표면에서 미끄러지듯이 뼈를 흡수하여 부채꼴 모양의 자국을 남긴다. 그 후에 뼈모세포가 초승달 혹은 접시 모양으로 불규칙하게 정렬된 뼈 단위를 생성한다. 해면뼈의 기본 구조 단위는 해면뼈 단위로 불리기도 한다(그림 2-9).

해면뼈의 표면 대 부피의 비율은 겉질뼈보다 훨씬 높아서 매년 25% 가량의 해면이 교체된다. 치밀뼈가 매년 5% 교체되는 것과 비교하면 교체율이 상당히 높은 편이다.

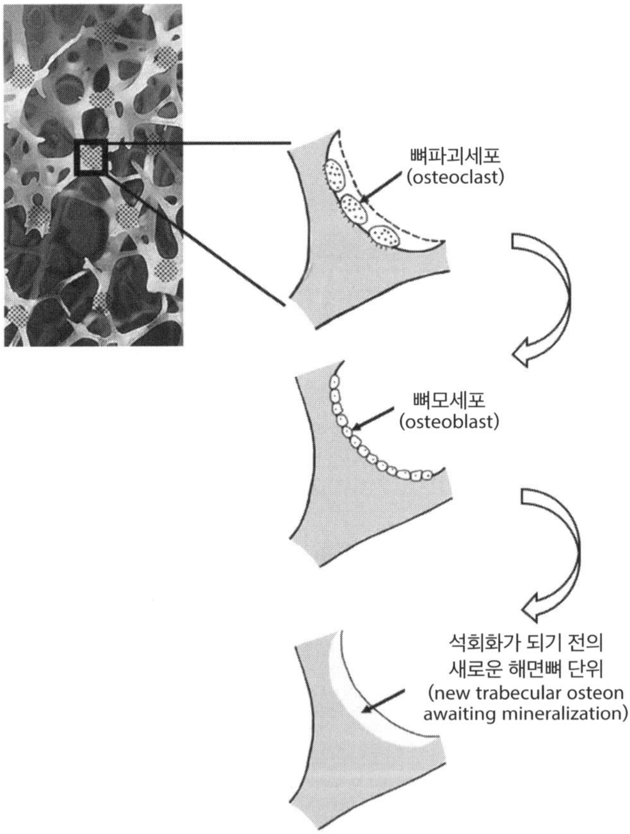

그림 2-9. 해면뼈의 재형성과 뼈 단위

뼈의 재형성은 역학적 스트레스로 인한 미세한 피로 손상을 치유하고 칼슘의 항상성을 유지하는 역할을 한다. 뼈의 피로 손상 부위를 탐지한 뼈파괴세포는 해당 부위를 흡수하여 풋뼈가 그 부위를 대체할 수 있도록 한다. 이러한 재형성 과정을 통하여 뼈대는 끊임없이 변화하는 하중과 스트레스를 견딜 수 있게 된다. 또한 체내 칼슘의 95~98%가 뼈에 저장되어 있기 때문에 뼈가 흡수되면 뼈에 저장되어 있던 칼슘이 순환계로 방출된다.

칼슘은 뼈에 있어서 필수적인 구성 요소일 뿐만 아니라, 몸이 기본적인 생물 기능을 수행하는 데 있어서도 반드시 필요한 요소이다. 따라서 체내에서의 칼슘 조절은 뼈 질량이 얼마나 유지되고 손실되는지와도 밀접한 관련이 있다.

2. 조직형태학과 조직형태계측학을 이용한 연령 추정

뼈의 재형성은 평생에 걸쳐 이루어지고 그에 따라 뼈 단위도 지속적으로 생산된다. 이로 인해 개체의 실제 연령chronological age과 뼈 횡단면의 단위 면적당 뼈 단위의 수 사이에는 양의 상관관계가 성립하게 된다. 이러한 상관관계와 더불어, 재형성되지 않은 층판뼈의 수처럼 나이가 들면서 나타나는 과도기적인 변화들을 추가적으로 분석하면 조직학적 변화를 바탕으로 연령을 추정할 수 있다.

조직형태계측학histomorphometry은 계측과 계산을 통하여 미세구조의 특성과 생리 과정을 계량적으로 연구하는 학문이다. 뼈의 미세구조가 온전하게 보존되어 있으면 조직형태학histomorphology적 기법을 현재와 과거의 표본에 적용할 수 있다.

조직형태계측학적 분석에서 전제하는 가정은 뼈의 재형성이 정상 상태에서 발생한다는 것과 기본 다세포 단위의 활성과 재형성이 속도와 시공간의 차이에 영향을 받지 않고 일정하게 일어난다는 것이다. 또 2차원의 횡단면상에서 계측된 뼈의 재형성 결과는 3차원 영역에도 적용될 수 있다(Martin 등, 1998).

1) 조직형태학적 방법을 이용한 미성년 개체의 연령 추정

뼈대가 자라고 뼈가 형성될 때 단단한 조직은 몸의 3차원적 해부 공간 속에서 이동하거나 표류한다. 미성년자의 겉질뼈는 재형성이 거의 일어나지 않아 성인 뼈대 조직에서 일반적으로 나타나는 미세구조가 관찰되지 않기 때문에 뼈 조직의 나이도 실제 연령보다 더 어리게 나타난다. 성인의 뼈는 재형성 과정만 지속되지만, 미성년자의 뼈는 해부적 수준에서는 성장과 발달을, 조직 수준에서는 형성과 재형성을 거치게 된다.

성인과 미성년자 사이에는 이처럼 다양한 미세-해부적 차이들이 있기 때문에 계량적 방법을 적용하는 것이 불가능하다. 대신 스트리터(Streeter, 2005)는 현대의 겉질 갈비뼈 표본을 이용하여 미성년자의 사망 연령을 추정할 수 있는 질적 방법을 개발해 냈다.

이 조직형태학적 기법은 가슴막의 미세구조와 갈비뼈의 표면에 다음과 같은 요소들이 존재하는지를 시각적으로 평가하여 점수를 매기는 방법이다. 이 방법에 따르면 재형성되지 않은 일차 층판뼈, 격자뼈, 뼈 재형성을 보여주는 이차뼈 단위와 형성을 보여주는 부동drifting뼈 단위, 가슴막과 갈비뼈 겉질 표면의 두께를 비교하여 네 가지 발달 단계가 구분되는데, 각 단계에 따라 연령에 따른 조직형태학적 양상이 확인된다(그림 2-10).

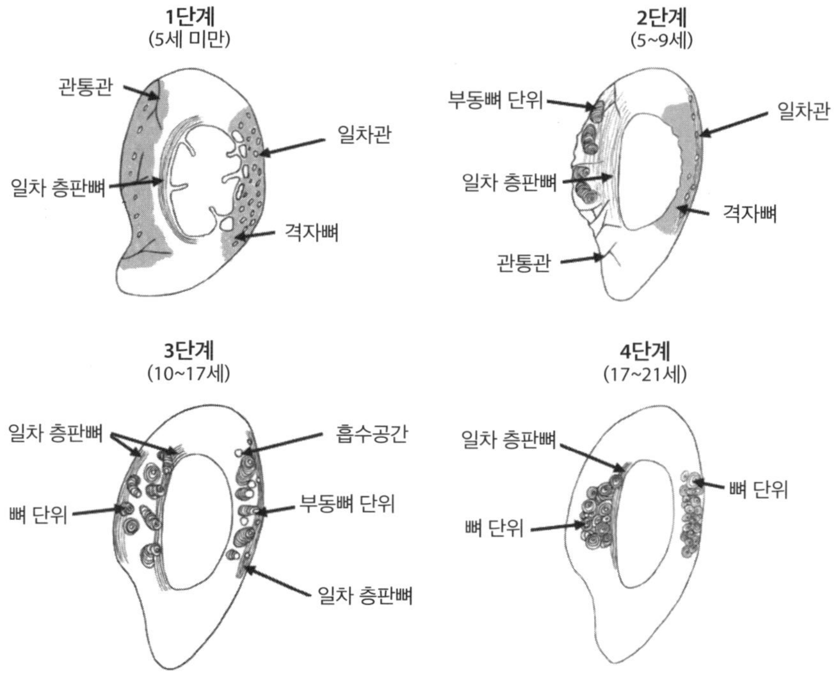

그림 2-10. 미성년자 연령 추정 단계

2) 조직형태계측학적 방법을 이용한 성인 개체의 연령 추정

뼈의 재형성은 한정된 겉질뼈 공간에서 평생에 걸쳐 일어난다. 이때 만들어지는 뼈 단위는 재형성의 핵심적인 증거라고 할 수 있다. 새로운 기본 구조 단위가 생성될 때, 뼈 재형성 활동의 흔적 중 오래된 것과 현존 뼈 단위는 사라지고 뼈 단위 조각이라고 불리는 뼈 단위의 일부만이 남는다. 다만 뼈가 형성될 때 겉질은 부동drift하기 때문에 뼈 단위와 뼈 단위 조각의 수가 출생에서부터 누적된 총 기본 구조 단위를 나타낸다고 보기 어렵다.

각 뼈대 요소의 성장이 멈추면 그때부터 겉질은 부동하기 시작하는

데, 이 시기에 성인 치밀대가 출현birth of adult compacta한다. 이러한 체내의 변화를 통해 우리는 뼈 조직 구조의 과도기적 단계를 관찰할 수 있다. 예를 들어 갈비뼈 중간축에서 성인 치밀대가 출현하는 데에는 12.5년이 걸린다. 따라서 개인의 실제 연령에서 12.5년을 빼면 중간축 뼈 조직의 나이를 구할 수 있는 것이다.

앞에서 언급했듯이, 한정된 겉질 공간에서 새로운 뼈 단위가 지속적으로 만들어지다 보면 기존에 존재하던 뼈 단위와 뼈 단위 조각의 흔적이 사라지기 때문에 뼈 단위와 뼈 단위 조각이 축적될 수 있는 양에는 한계asymptote가 있다. 뼈대 요소의 크기, 뼈의 교체율, 뼈 단위의 크기 등에 따라 그 한계에 도달하기까지 걸리는 시간은 상이하다. 그러나 일단 한계에 도달하게 되면 50세든 80세든 관계없이 개체의 조직 연령은 동일한 값으로 측정되기 때문에 이 점은 조직학적 연령 추정의 한계라고 할 수 있다.

각각의 뼈에 특화된 회귀 추정식 개발에 힘입어, 겉질뼈 미세구조의 계량화를 통해 사망 연령을 추정하는 것이 가능해졌다. 특정한 연령 추정식을 사용하기 위해서 어떤 부위를 어떤 방법으로 시료로 이용해야 하는지, 계량해야 하는 미세구조는 무엇이고, 어떻게 계량해야 하는지는 각 추정식별로 다양하다(Robling과 Stout, 2008).

조직학적 연령 추정은 크게 두 가지로 나눠지는데, 하나는 무게를 지탱하는 팔다리의 긴뼈를 쓰는 방법이고, 다른 하나는 무게를 지탱하지 않는 몸통뼈를 이용하는 방법이다. 전자를 위해서는 보통 중간축 단면 전체가 필요한데, 마모되거나 제한된 부분만 남아 있는 경우가 많은 고고학 표본에서 그 전체를 구하는 것은 사실상 불가능하다. 대신 갈비뼈와 같이 몸통뼈의 일부만 사용하는 방법이 개발되었다. 팔다리와 몸통에 작용하는 생체역학은 뼈의 생리와 겉질뼈의 미세구조에 서로 다른 영향을 미치기 때문에, 이 방법을 사용하기 위해서 연구자는 움직임이나 호흡과 같은 외부 변수도 고려해야 한다.

무게를 지탱하는 팔다리뼈를 이용하는 컬리(Kerley, 1965)의 방법은 넙다리뼈와 정강뼈, 종아리뼈 중간축의 완전한 절단면이 남아 있을 때 사용된다. 연구자는 현미경의 원형 접안렌즈를 통해서 앞, 뒤, 안과 바깥 각각의 사분면에서 뼈 바깥막을 근접 관찰한 후, 뼈 단위와 뼈 단위 조각, 주요 혈관의 수와 재형성되지 않은 층판뼈의 비율을 계산한다(그림 2-11).

여기서 측정된 값은 각 뼈에 맞는 연령 추정식에 변수로 투입된다. 중심 추출 기법(Thompson, 1979; Narasaki, 1990; Ericksen, 1991)이나 쐐기 추출 기법(Samson과 Branigan, 1987)과 같이 더 작은 팔다리뼈 표본을 사용하는 방법이나, 뼈대의 온전함을 해치지 않으면서 몸통뼈의 작은 부분을 이용하는 방법도 개발되었다.

몸통뼈를 이용하는 방법(Stout와 Paine, 1992; Stout 등, 1994; 1996; Cho 등, 2002)은 계측용 격자를 겹친 접안렌즈를 통하여 갈비뼈와 빗장뼈의 중간축 절단면을 관찰하는 방법이다(그림 2-12). 그렇게 계산된 격자 안의 뼈

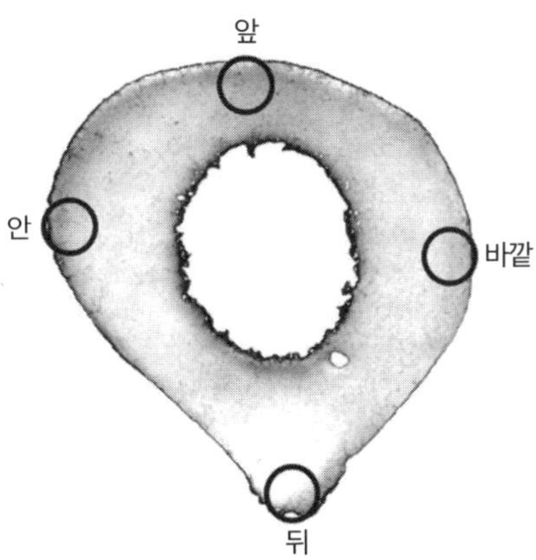

그림 2-11. 컬리의 연령 추정 방법

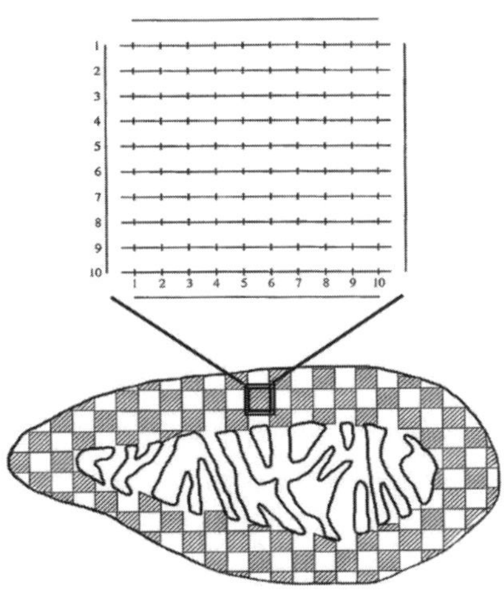

그림 2-12. 몸통뼈를 이용하는 방법

단위와 뼈 단위 조각, 뼈 단위 영역은 적절한 연령 추정 회귀식에 변수로 투입된다.

3) 한계

현재까지 개발된 조직학적 연령 추정 방법은 대부분 유전적 성격이 같은 인구집단을 대상으로 한다는 점에서 한계를 갖는다. 뼈의 재형성에 있어서 인구집단 간 차이에 대해서는 거의 알려진 바가 없지만, 몇몇 연구들은 뼈의 질량(Ericksen, 1979; Pollitzer와 Anderson, 1989), 미세구조(Richman 등, 1979; Thompson과 Gunness-Hey, 1981; Stout와 Lueck, 1995; Pratte와 Pfeiffer, 1999), 연약성(Schnitzler, 1993)이 집단마다 차이가 있음을 밝혀내기도 했다.

특정한 집단에 맞게끔 수정된 조직학적 연령 추정 기법(Narasaki, 1990; Cho 등, 2002)이 존재하기는 하지만, 아직까지는 이용된 표본 집단의 다양성이 부족한 상태이다. 따라서 이러한 연령 추정식이 다른 집단의 개인에게도 적용될 수 있는지는 아직 밝혀지지 않았다(Stout, 1998; Crowder, 2005).

또한 노화가 뼈대에 미치는 영향은 표현형적으로 다양한데, 대부분의 뼈 해부학적 연령 추정 방법으로는 60세 이후의 연령 추정 결과는 신뢰하기 어렵다는 점도 한계라고 할 수 있다. 이러한 한계로 인해 50세 이상의 개체는 '50세 이상'이라는 큰 단일 집단cohort으로 묶이고 만다.

마지막으로, 실험 기기들이 특화되어 있어 가격이 비쌀 뿐 아니라, 뼈 생리학에 대한 지식과 실험 과정의 숙련도가 충분히 뒷받침되지 않으면 이 방법을 제대로 사용할 수 없다는 점 역시 조직학적 기법을 통한 사망 연령 추정의 한계로 지적할 수 있다.

3. 노화에 따른 뼈 감소 현상과 골다공증

노화에 따른 뼈의 감소는 이르면 30대부터 시작되는데, 이는 성별이나 생물학적 혈통, 사회경제적 계층과 무관하게 찾아오는 보편적인 현상이기도 하다. 골다공증osteoporosis은 뼈의 미세구조microarchitecture를 약화시키는 뼈질bony substance의 양적 결핍 현상이다. 골다공증 발병률은 개인이나 집단에 따라 차이를 보이는데, 그 차이는 연령, 성별, 영양, 신체활동 수준, 출산 경험과 같은 골다공증 위험 인자들의 조합, 연령에 따른 생리적·병리적 변이(Brant와 Pearson, 1994; Kulminski 등, 2007), 특수한 노화 과정과 같이 다양한 원인을 갖는다.

노화에 따른 뼈 감소 현상을 주도하는 기제로는 조직 수준에서 관찰되는 뼛속막의 확장과 다공성의 증가를 들 수 있다(그림 2-13). 뼈가 형성되고 재형성되는 표면은 총 네 곳으로 뼈의 바깥periosteal막, 하버스Haversian/뼈겉질 속intracortical 표면, 뼛속막endosteal 표면, 해면뼈막이다. 이 중 골수 옆에 있는 조직에서 노화에 따른 감소가 가장 심각한데, 그 이유는 교체율이 높기 때문이다.

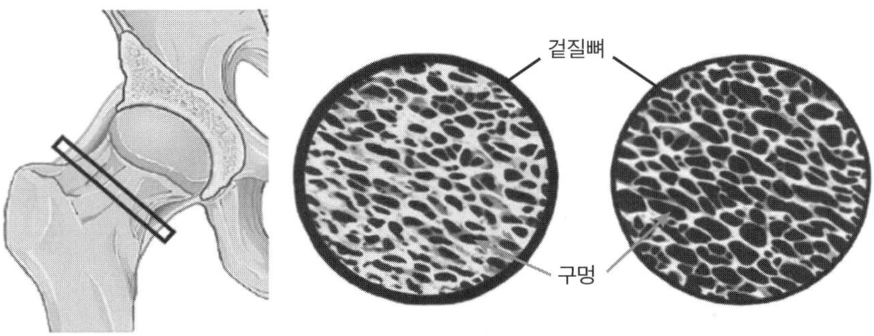

그림 2-13. 뼛속막 확장(왼쪽)과 다공성 증가(오른쪽)

출처: https://commons.wikimedia.org/wiki/File:Osteoporosis_Locations.png; https://commons.wikimedia.org/wiki/File:0910_Oateoarthritis_Hip.jpg

지속적으로 뼈가 재형성됨에 따라 하버스 표면에서도 뼈의 순 감소가 발생한다. 하버스관이 많을수록, 뼈모세포가 새로운 뼈를 만들어줘야 할 흡수 공간이 많을수록, 연령대 중 특히 40대에서 60대 사이에 생성기formation period가 길수록(Martin 등, 1998) 겉질 속 다공성은 증가하게 된다.

조직형태계측학 분석을 이용하면 조직 수준에서 뼈가 얼마나 감소되었는지 바로 계산할 수 있다. 또한 이 방법을 통해서 뼈의 생성과 흡수가 얼마나 불안정(Meunier, 1988; Plato 등, 1994)한지, 신진대사 장애로 인한 불균형은 얼마나 심각한지도 알아낼 수 있다. 뼈 미세구조를 계량하면 재형성의 고정static 지표를 구할 수 있는데, 이를 분석하여 뼈 감소 현상을 일으키는 병리생리학적 기제가 무엇인지 알아낼 수 있다(Stout, 1978; Frost, 1987; Boivin과 Meunier, 1993; Stout와 Paine, 1994; Cho, 2002; Cho 등, 2006).

일반적으로 재형성 속도는 나이가 들수록 감소하는 것으로 알려져 있다. 폐경기에 접어들고 나이가 들면 재형성이 일어나는 자리의 수는 증가(Frost, 1963; 1999)하지만, 흡수와 생성의 속도가 그에 맞춰 더 빨라지지 않는다. 또한 폐경이 지난 여성은 에스트로겐이 감소하여 뼈 흡수가 더욱 활발해진다(Frost, 1999).

이러한 불균형은 뼈가 생성되고 흡수되는 속도를 더 빠르게 만들 수도 있고, 반대로 느리게 만들 수도 있다. 그렇기 때문에 노화에 따른 재형성의 속성을 간단하고 명쾌하게 설명하기는 어렵다. 즉 뼈의 감소는 다양한 기제에 의하여 일어날 수 있다. 예를 들어 흡수와 생성의 속도가 모두 감소해서 뼈가 감소할 수도 있고, 새로 생겨나는 뼈모세포의 수는 줄어들어 생성은 잘 일어나지 않는데 흡수는 종전과 같이 혹은 그보다 더 많이 일어나서 감소할 수도 있다(Horowitz와 Raisz, 1999).

또한 흡수와 생성 단계 사이에서 지체되는 시간이 늘어나거나 석회화가 너무 오래 진행되어 구멍이 많고 약한 뼈질이 만들어질 수도 있다. 재형성 속도가 빨라져서 기본 구조 단위가 더 많아지면 뼈가 덜 석회화되고 역학적으로도 탄성이 높아서 더 큰 스트레스를 견딜 수 있지만, 동시에 구멍이 많고 그 강도가 약할 수도 있다. 반대로 재형성 속도가 느려지면 구멍의 수는 줄어들지만, 대신 부러지기 쉽고 성능이 떨어지는 뼈가 만들어지거나(Frost, 1963; 1969), 정상적으로 뼈가 생성되는 상황에서도 다 채워질 수 없을 만큼 깊은 흡수 공간이 만들어지기도 한다.

해면뼈에서 구멍tunneling이 너무 깊게 뚫리면 해면을 관통하여 뼈가 생성될 표면이 사라지기 때문에 뼈가 구조적으로 약해진다(Parfitt, 1984). 해면뼈가 감소되는 속도는 겉질뼈가 감소되는 속도와 일치하지 않으며, 뼈가 재형성되고 감소되는 속도는 같은 뼈 안에서도 차이를 보인다(Frisch와 Eventov, 1986; Charnley 등, 1989; Plato 등, 1994; Nordin 등, 1996; Compston, 1999). 특히 해면뼈가 겉질뼈보다 교체되는 속도가 더 빠르기 때문에 뼈의 감소는 해면뼈에서 먼저 일어나고 감소가 일어나는 정도도 더 크다(Ortner와 Putschar, 1981).

겉질뼈의 조직형태계측 방법은 해면뼈에서 재형성과 관련된 지표를 도출하는 데 이용될 수 없긴 하지만, 다른 현미경 기술들을 통해서 해면뼈의 감소를 조사할 수 있다.

1) 현대인과 고고학 집단 간 비교

노화에 따른 뼈 감소의 흔적은 고고학 집단에서도 발견되지만, 골다공증의 병리적 특징이라고 할 수 있는 취약성 골절의 발병률은 상당히 낮은 것으로 보고된다(Agarwal, 2008; Mays 등, 1998; 2006; Nelson과 Weiss, 1999; Agarwal과 Grynpas, 1996).

고대와 현대 인구집단에서 이러한 차이가 나타나는 이유는 고대인의 수명이 더 짧은데 신체활동은 더 많기 때문이다. 몸에 병이 있거나 총체적인 이상이 있으면 뼈 조직은 비정상적으로 재형성된다(Ortner와 Putschar, 1981). 감소 증상을 보이는 뼈는 조직 차원에서도 구멍이 유독 크거나 겉질이 얇은 등 양적으로나 질적으로나 식별될 수 있는 차이가 발견된다.

뼈를 분류하거나 재형성을 측정하는 데 쓰이는 테트라시클린tetracycline과 같은 생체 내 조직 시간 표기in vivo tissue time marker는 고고학 표본에는 쓰일 수 없다. 따라서 고고학 표본에 대한 조직형태학은 재형성을 나타내는 정적 지수static index를 이용하여 간접적으로 재형성 속도를 구할 수밖에 없다. 재형성과 관련된 지수들은 3차원의 미세구조를 2차원으로 재현하여 측정한 결과를 이용하여 얻는다.

우 등(Wu 등, 1970)과 프로스트(Frost, 1987)가 개발한 알고리즘을 이용하면 재형성과 관련된 변수들을 구할 수 있고, 이러한 방법은 고고학과 고생물학 표본에도 쓸 수 있다. 이 알고리즘은 하나의 뼈 단위가 하나의 기본 다세포 단위 생성을 보여준다는 원리에 기반을 두고 있다. 예를 들어, 현미경을 통해 하나의 뼈 단위가 관찰된다면 우리는 그 잔여물을 통해서 그곳에서 재형성 자리가 활성화되었고, 뼈파괴세포에 의한 흡수와 뼈모세포에 의한 풋뼈의 생성이 일어났으며, 그 후에 풋뼈가 석회화되는 생리 작용이 이루어졌음을 알 수 있다.

따라서 뼈의 단면에서 관찰되는 단위 면적(mm^2)당 뼈 단위의 수는 그 자리에서 발생한 재형성 활동에 대한 가시적 증거가 된다. 또한 이후의 재형성 활동에 의해 일부가 소실된 뼈 단위 조각도 가시적 증거가 된다. 이 두 가지 증거, 단위 면적당 뼈 단위와 뼈 단위 조각의 수를 합쳐 뼈 단위 밀도osteon population density, OPD라고 한다.

지속적인 재형성으로 인해 뼈 단위 밀도는 뼈 단위가 겉질 전체를 차지하게 되면 한계점에 도달하게 되고, 그 이후로 새로운 생성은 그 이전 생성의 흔적을 지우는 식으로 일어난다. 과거에 재형성되어 사라진 뼈 단위의 수는 한계점에 도달할 때까지 기하급수적으로 증가한다. 앞서 언급한 알고리즘을 이용하면 이후에 일어난 재형성으로 인해 완전히

'사라진' 뼈 단위들의 수를 추정할 수 있다.

뼈 단위 밀도와 완전히 사라진 뼈 단위를 합쳐 총 누적 뼈 단위accumulated osteons, AOC를 구할 수 있으며, 이를 통해 한 뼈에서 겉질뼈 재형성 활동이 얼마나 활발했는지 알아낼 수 있다. 뼈 단위 밀도에서 총 누적 뼈 단위를 도출하고 한계점을 추정하는 방법에 대해서도 여러 연구들이 진행된 바 있다(Frost, 1987; Stout와 Paine, 1994; Stout와 Lueck, 1995; Abbott 등, 1996). 활성화 빈도, 혹은 단위 면적당 생성된 뼈 단위의 수는 총 누적 뼈 단위와 개인의 실제 연령으로부터 추정 가능하다.

성장기에는 뼈 크기가 증가하고 겉질이 가로로 이동하면서 뼈가 추가·교체되거나 재분배되는데, 그로 인해 미성년자의 겉질뼈가 재형성되었음을 알 수 있는 조직형태학적 증거가 사라진다. 이로 인해 성인 치밀대의 평균 조직 연령이 그 사람의 실제 연령보다 어리게 나타나는 것이다. 여섯 번째 갈비뼈의 중앙 삼분점에서 성인의 뼈 단위 축적이 실질적으로 시작되는 나이, 다시 말해 성인 치밀대가 실질적으로 '출현birth'하게 되는 나이는 약 12.5세이다(Wu 등, 1970).

활성화 빈도는 [총 누적 뼈 단위(AOC)÷(개인의 실제 연령 - 12.5년 또는 성인 치밀대의 실질 연령)]으로 구할 수 있다. 연간 평균 겉질뼈 생성률, 또는 뼈의 평방 밀리미터에서 1년간 생성되는 하버스 뼈의 양은 [활성화 빈도×평균 뼈 단위 면적]으로 구할 수 있다. 이를 통해서 1년간 평균적으로 생성된 뼈의 양을 알 수 있다. 다만, 오래된 뼈 표본에서는 실제 연령을 알아내는 것이 불가능하기 때문에 연간 뼈 생성률 대신 뼈의 순 재형성률을 이용한다.

연간 평균 활성화율과 뼈 생성률은 뼈 건강의 보편적 지표가 된다. 이러한 지표들을 서로 다른 시대에 살았고 유전적 배경도 다른 집단들끼리 비교하면 다양한 인구집단의 뼈대가 생물학적으로 어떻게 다르고 대사성 뼈 질환은 어떠한 변이를 보이는지 연구할 수 있다. 그러나 비교 연구를 수행하기 위해서는 먼저 현대의 뼈 표본 데이터를 고고학 표본의 연령집단에 맞도록 수정해야 한다. 이때 여성은 폐경기 전후, 남성은 그보다 더 늦은 나이에 이르러 노화에 따른 뼈 감소와 골다공증이 두드러지게 나타나기 때문에 고고학적 자료와 현대인 자료를 그대로 비교하는 데에는 한계가 있다.

활성화 빈도와 연간 뼈 재형성률을 구하기 위해서는 조직학적 추정과는 구별되는 뼈대적osteological 방법을 통해 사망 연령을 추정할 수 있어야 한다. 뼈대적 방법으로 연령을 잘못 추정하면 그 오차의 수준에 따라서 두 변수를 부정확하게 추정하게 된다.

고고학 집단의 연령은 주로 10년 혹은 그보다 더 넓은 범위의 범주로 추정되는데, 알고리즘을 이용하여 재형성 변수를 도출하기 위해서는 그보다 더 정확한 실제 연령을 알아야만 한다. 그러한 이유에서 뼈대적 방법으로 고고학 표본 개체의 연령을 알아내기 위해서는 연령 범위를 단일한 추정치로 변환해야 한다. 예를 들어 뼈 연령이 20~29세라면 실제 연령을 25세로 정한다. 이 경우 성인은 네 종류의 연령, 즉 25세, 35세, 45세, 50세만 있게 되며, 50세 이상을 전부 모은 집단의 분산은 다른 젊은 집단에 비해 훨씬 더 클 수밖에 없게 된다.

이러한 한계와 더불어 과거 집단의 뼈 감소에 대한 대부분의 연구가 비서구 수렵채집 혹은 농경 인구집단을 대상으로 한다는 점(Pfeiffer와 Lazenby, 1994; Agarwal과 Grynpas, 1996) 역시 이 분야 연구의 한계로 지적될 수 있다. 뼈에 영향을 미칠 수 있는 생물문화적 요인들을 밝히고 과거와 현대 집단 사이에서 나타나는 뼈 감소와 골다공증 발생률의 차이를 연구하기 위해서는, 살았던 지역과 시간대가 서로 다르고 다양한 생존 수단과 생활 양식을 가진 표본들이 반드시 필요하다.

2) 집단 간 변이

뼈대의 집단 간 차이는 거의 모든 생애 단계에서 관찰된다. 먼저 아프리카계 미국인의 뼈는 유럽계 미국인의 뼈에 비해 다음과 같은 특성이 있는 것으로 알려져 있다. 아프리카계 미국인의 뼈대는 더 빨리 발달하고(Russell 등, 2001; Hui 등, 2003; Wetzsteon 등, 2009), 뼈 질량이 더 클 뿐만 아니라 밀도도 더 높다(Gilsanz 등, 1998; Araujo 등, 2007; Aloia, 2008). 그리고 아프리카계 미국인은 다른 집단에 비해 뼈 밀도가 최고치에 도달하는 연령이 더 늦으며(Luckey 등, 1989), 뼈막 밑에서의 부가적 성장이 더 빠르게 일어난다(Solomon, 1979; Kleerekoper 등, 1994; Bell 등, 1995; Luckey 등, 1989). 또한 이들 집단의 뼈는 다양한 부위에서 더 천천히 재형성되고 감소된다(Weinstein과 Bell, 1988; Meier 등, 1992; Luckey 등, 1996; Han 등, 1997; Aloia 등, 1998; Cho 등, 2002; Tracy 등, 2005).

아프리카계 미국인 여성의 경우 폐경 전에 겉질뼈와 해면뼈의 질량이 더 크고 노화에 따른 뼈 감소가 더 천천히 일어난다(Aloia 등, 1999). 아프리카계 미국인은 먹어서 섭취하는 칼슘의 양이 더 적지만(Looker 등, 1993), 그럼에도 불구하고 이들 뼈 내의 칼슘 신진대사는 더 효율적으로 이루어진다(Luckey 등, 1989; Anderson과 Pollitzer, 1994; Abrams 등, 1995; Bell 등, 1995; Bryant 등, 2003; Opotowsky와 Bilezikian, 2003).

유럽계 미국인과 아프리카계 미국인 두 집단의 차이는 재형성과 관련된 변수에서도 두드러진다. 유럽계 미국인에 비해 아프리카계 미국인은 뼈의 형성과 흡수 속도가 더 느리다(Aloia 등, 1998). 또 아프리카계 미국인 여성은 폐경 전, 폐경기, 폐경 후 뼈가 교체되고 흡수되는 속도가 유럽계 미국인 여성에 비해 느리지만, 생성되는 속도는 두 집단이 비슷하다(Meier 등, 1992). 뿐만 아니라 아프리카계 미국인 여성의 경우 뼈의 생성과 풋뼈의 석회화도 더 느리게 진행되며(Parisien 등. 1997), 폐경 초기에 뼈의 질량이 더 높고 뼈의 감소도 더 느리게 진행되기 때문에 노년기의 뼈 밀도가 더 높다(Luckey 등, 1996).

이 외에도 두 집단의 칼슘 섭취(Eck과 Hackett-Renner, 1992; Looker 등, 1993; McCabe 등, 2004), 칼슘 공급원(Mojtahedi 등, 2006), 칼슘 흡수 효율(Aloia 등, 1998)의 차이에 대해서도 많은 연구가 진행된 바 있다.

남아프리카 공화국에서도 뼈대 건강을 다룬 비교 연구들이 많이 진행되었다. 남아프리카 공화국 내 흑인 어린이와 백인 어린이, 흑인 성인과 백인 성인의 뼈 질량과 밀도를 비교한 연구들은 상반된 결과를 내놓고 있는데, 이는 각 실험에 참여한 사람들이 사회경제적 지위나 영양 상태에 있어 천차만별이었기 때문이다(Walker 등, 1971; Solomon, 1979; Wagener와 Hough, 1987; Schnitzler 등, 1990; Patel 등, 1992; 1993; Daniels 등, 1995; 1997; McVeigh 등, 2004).

예를 들어 남아프리카 공화국의 흑인 여성은 백인 여성에 비해 뼈의 질bone quality이 더 좋기 때문에(Schnitzler 등, 1990; Patel 등, 1993; Schnitzler, 1993) 백인 여성보다 골절에 취약하지 않다고 보고되었다(Nelson 등, 2004). 그러나 이러한 차이의 근본적인 원인이 흑인 여성의 뼈 질량이 백인 여성보다 더 높기 때문이라고 볼 수는 없다. 왜냐하면 남아프리카 백인 여성에 비해 흑인 여성이 임신을 더 많이 하고(Solomon, 1968; Walker 등, 1971; Patel 등, 1992), 임신 후기에는 칼슘이 더 많이 축적(Iwaniec, 1997)되어 이와 같은 결과가 나타날 수도 있기 때문이다. 한편 흑인 여성은 백인 여성에 비해 모유수유 기간이 더 길기 때문에 이 기간 동안 칼슘 소모가 더 많지만, 섭취하는 단백질과 칼슘의 양은 더 적다(Walker 등, 1971; Anderson과 Pollitzer, 1994).

이렇듯 뼈 밀도 유지에 방해가 되는 요인들 때문에 실제 아프리카계 흑인 여성의 뼈 밀도가 유전적 소인에서 비롯되는 것만큼 높지는 않다(Patel 등, 1992; Schnitzler, 1993). 아프리카계 미국인 집단과 달리 남아프리카 공화국의 흑인 집단은 백인보다 뼈 교체율이 더 높고, 뼈의 질이 더 좋으며, 골절률도 낮다. 이러한 결과는 사회경제적 지위가 더 낮은 남아프리카 공화국에 거주하는 흑인 집단이 무거운 것을 나르는 육체노동을 더 많이 하는 것과 관련있을지 모른다(Schnitzler와 Mesquita, 2006). 재형성이 빠르게 일어나면 뼈의 순 감소는 증가하지만, 이러한 교체율이 미세한 손상을 치유하고 뼈의 질을 더 좋게 하는 데 유리하게 작용할 수 있다(Walker 등, 1971; Schnitzler, 1993; Schnitzler와 Mesquita, 1998).

요약하자면, 백인에 비해 흑인 집단 뼈대의 칼슘 신진대사가 더 우수하고(Daniels 등, 1997), 백인 집단보다 더 늦은 나이에 뼈 밀도가 최고치에 도달하며(Solomon, 1979; Daniels 등, 1995; 1997), 여러 지점에서 뼈의 감소율이 더 낮고(Daniels 등, 1995), 나이가 들어도 해면 구조trabecular architecture가 쉽게 붕괴되지 않는다(Schnitzler 등, 1990; Schnitzler, 1993; Schnitzler와 Mesquita, 1998).

미국과 남아프리카 공화국의 아프리카계 후손들은 골다공증으로부터 비교적 자유로운 편인데, 이에 기여하는 생물적·행동적 요인들은 아주 다양하다. 그러나 뼈 생리학에서 집단 간 변이를 연구할 때 반드시 고려해야 하는 문제(Cho, 2016)가 있는데, 이는 뼈의 재형성에 영향을 주는 내재적 변수(예를 들어 성별, 인구집단의 기원)와 외재적 변수(예를 들어 식이, 신체활동)는 이미 그 자체만으로도 충분히 집단 내에서, 또 집단 사이에서 변이를 일으킬 수 있다는 것이다.

꼭 골다공증이 아니더라도 뼈 조직에서 일어나는 다양한 생리 작용과 사회문화적 요인들은 다른 경로를 통해 뼈 감소를 야기하고 역학적 기능에 영향을 미칠 수 있다. 따라서 연구자들은 집단 간 비교 연구를 할 때 통제가 불가능할 뿐만 아니라 중첩적이고 교차적으로 작용하는 사회적·생물적·역사적 요인의 영향에 주의해야 하며, 특히 대륙 전체를 포괄하는 일반화는 피하는 것이 좋다.

인류의 요람으로서 아프리카는 다른 대륙보다 역사가 깊고 유전적으로 다양한 인구집단을 보유하고 있다. 따라서 아프리카 출신 현대인들이 뼈의 생리, 질량 재형성 면에 있어서 다른 집단과 차별되는 특성을 갖고 내부적으로 더 많은 변이를 보이는 것은 그리 놀라운 일이 아니다.

한편 아프리카계 집단의 뼈대 건강이 다른 집단보다 더 좋다는 기존 주장과 상반되는 연구 결과도 여럿 존재한다. 예를 들어, 방사선 연구 결과 아프리카계와 유럽계 미국인 어린이에 비해 아시아와 라틴아메리카 어린이의 뼈대가 더 빨리 성숙하며(Zhang 등, 2009), 남아프리카 공화국의 백인 어린이가 흑인 어린이보다 신체활동 수준과 뼈 석회의 밀도와 함량이 더 높은 것으로 나타났다(McVeigh 등, 2004).

또한 아프리카계 미국인 여성의 넙다리뼈는 75세 이후 유럽계 미국인 여성에 비해 감소되는 속도가 더 빨랐다(Aloia, 2008). 뿐만 아니라 비타민 D가 부족하고 골다공증 위험에 대하여 잘못된 상식을 가진 아프리카계 미국인 여성들이 유럽계 미국인에 비해 뼈 질량 감소와 골다공증을 더 이른 나이에 많이 겪는 것으로 드러났다(Kidambi 등, 2005). 또한 아프리카계 미국인 남성은 유럽계 미국인에 비해 피로 골절의 발병률이 더 높았다(Thomas-John 등, 2009).

아프리카계 환자들의 질병은 과소 진단되거나 불충분하게 치료되는 경우가 많고(Alam 등, 2004; Miller 등, 2005) 유럽계 집단에 비해 질병률과 사망률이 더 높기 때문에(Wilkins와 Goldfeder, 2004), 생물의학계 종사자들은 이들에게 위험 인자를 알리고 이들이 뼈 밀도 검사를 받을 수 있도록 노력해야 한다. 고령화되어 가는 인구집단에 대처할 수 있는 가장 실용적인 해결책은 환자의 혈통이나 소속 집단을 따지는 것이 아니라 교육을 통하여 질병을 예방하는 것이며, 이는 보건의료 종사자들의 의무이기도 하다(Acheson, 2005).

통상적으로 사용되는 아시아인, 흑인, 백인 등과 같은 집단의 범주는 골다공증 연구에서 자주 오용되어 왔으며, 실제로 생물적 변이를 파악하는 데 있어서도 많은 결함을 보여준다. 더 나아가 인종 분류에 집착하고 인구집단 간 뼈대의 차이를 과도하게 단순화하면 골다공증과 뼈 질량 감소로 고통받는 환자들의 환경적 맥락을 간과할 수 있다(Acheson, 2005).

예를 들어 아프리카계 집단의 골다공증 발병률이 낮은 원인을 이들의 유전적 속성으로만 설명하면 안 된다. 우간다, 수단, 케냐, 소말리아에서 미국으로 이주한 동아프리카 흑인을 유럽계 미국인과 비교한 연구들은 아프리카계 집단의 골다공증 발병률이 단순히 아프리카계 집단의 평균 수명이 더 짧기 때문일 수 있다고 주장한다. 따라서 개발도상국 인구집단에서 노화로 인한 취약성 골절의 발생률이 낮은 이유를 연구할 때에는 이들 집단의 평균 수명이 더 짧다는 현실을 반드시 고려해야 한다(Noreh 등, 1997; Zebaze와 Seeman, 2003).

사하라 이남 아프리카 국가들의 여성들이 폐경 후 10년 이내에 사망한다는 사실을 고려하면, 아프리카계 사람들이 노화로 인한 취약성 골절을 잘 겪지 않는다는 주장의 주요 근거들 역시 재고되어야 한다. 또한 정치적으로 불안정한 지역 출신의 이민자들은 영양실조, 저체중, 뼈 질량 감소의 문제를 가지고 있을 수 있기 때문에, 유럽계 미국인을 대상으로 만들어진 진단 기준을 그들에게 그대로 적용하면 골다공증이 과도하게 진단될 수 있다(Gong 등, 2006).

골다공증에 대한 연구는 설계 단계부터 학제적이어야 하며, 생물적으로 또 문화적으로 다양한 연구 표본들을 포함시켜 사회적으로 구성된 인종 범주로부터 자유로울 수 있어야 한다. 골다공증의 발병을 다루는 앞으로의 연구는 인구집단을 다룸에 있어서 환원주의적 인종 개념을 지양하고, 환경적이고 생물문화적이며 정치생태학적인 요인을 통합적으로 고려해야 할 것이다.

4. 사람과 다른 동물 뼈의 구분

포유류의 뼈는 공통적으로 네 종류의 뼈, 즉 격자뼈, 원형 층판뼈circumferential lamellar bone, 하버스계Haversian system, 섬유층판뼈fibrolamellar bone의 조합으로 이루어져 있지만, 사람이 아닌 포유류의 조직은 그 양상이 사람과는 구별된다. 간단히 설명하자면, 일차뼈인 격자뼈에는 콜라겐 섬유가 무작위적인 방향으로 배열되어 있는데, 이러한 배열은 어린 포유동물 개체나 골절이 치유되는 과정에서 주로 관찰된다.

또 다른 일차뼈인 원형 층판뼈는 동심층concentric layers으로 이루어져 있으며, 뼈의 안쪽과 바깥쪽 둘레에서 볼 수 있다. 하버스계 또는 뼈 단위는 이차뼈인데, 이에 대해서는 이미 앞에서 상세하게 다룬 바 있다. 얼기뼈plexiform bone라고도 불리는 섬유층판뼈는 일차뼈에 속하며, 뼈막 근처에서 격자뼈들의 판 형태로 관찰된다.

사람의 뼈 조직 패턴에서는 원형의 층판뼈와 이차뼈 단위가 관찰된다. 원형의 층판뼈는 뼈가 층을 이루어 뼈막 바깥 표면과 안쪽 표면을 감싸고 있고, 이차뼈 단위는 동심원 구조의 층판이 혈관을 감싸고 있다. 이차뼈 단위는 시멘트선을 통해서 일차뼈 단위와 인접한 뼈들로부터 분리된다(그림 2-3). 이차뼈 단위와 뼈 단위 조각들은 재형성으로 인해 나이가 들어가면서 뼈대에 축적된다. 한편 사람이 아닌 포유류의 조직 패턴에서는 얼기뼈와 뼈 단위대osteon banding, 이차뼈 단위를 관찰할 수 있다(그림 2-14).

얼기뼈는 층판뼈로 채워진 격자형 섬유질 뼈의 그물로 뼈의 지름이 빠른 속도로 자라는 우제류 동물 중에서도 몸집이 큰 소, 양, 돼지에게서 흔히 발견되며, 사람을 포함한 아주 어린 영장류의 뼈에서도 종종 발견된다. 뼈 단위대는 일차뼈로 이루어져 있으며, 주로 어린 뼈대에서 발견되고 얼기뼈의 조직 과정에 관여한다. 이차뼈 단위는 뼈가 재형성됨에

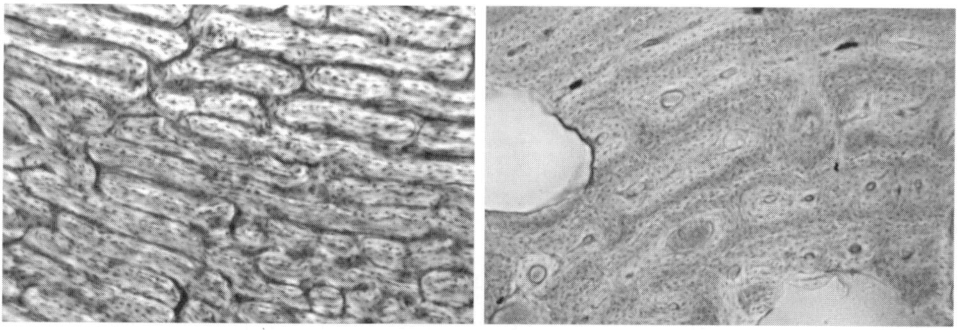

그림 2-14. 양의 얼기뼈(왼쪽)와 돼지의 뼈 단위대(오른쪽)

(출처: Dawn Mulhern 제공)

따라 독립적으로 있거나, 흩어져 있거나, 아니면 빽빽하게 채워진 상태로 육식동물(고양이, 개, 곰)이나 영장류(원숭이, 유인원), 큰 포유동물의 근육이 붙은 자리에서 발견된다. 뼈 재형성의 범위는 동물의 몸집 크기와 관련이 있으며, 몸집이 큰 포유동물일수록 재형성이 일반적인 수준보다 더 활발하게 일어난다.

사람과 포유동물은 몸집의 크기와 뼈의 구조가 서로 다르고 서로 다른 종류의 뼈가 분포되어 있기 때문에, 이에 대한 양상을 조직 수준에서 질적으로 비교하고 하버스관과 뼈 단위 크기를 양적으로 비교하면 사람과 사람이 아닌 동물의 뼈를 구별할 수 있다. 예를 들어 사람과 비교했을 때 쥐, 토끼, 고양이, 개와 붉은털원숭이는 뼈 단위와 하버스관 크기가 더 작고, 소는 반대로 더 크다(Jowsey, 1966). 사람 뼈 단위 면적은 평균 30,000~40,000제곱마이크로미터인 데 반해, 말은 15,900~27,294제곱마이크로미터(Owsley 등, 1992), 돼지는 13,701~28,032제곱마이크로미터(Martiniaková 등, 2006), 소는 15,601~32,644제곱마이크로미터(Martiniaková 등, 2006), 토끼는 8,631제곱마이크로미터(Martiniaková 등, 2006)인 것으로 보고되었다.

일반적으로 얼기뼈와 뼈 단위대는 몸집이 큰 가축동물과 아주 어린 아이에게서 흔하게 발견된다. 이와 유사하게 영장류와 사람의 하버스관 면적은 가축동물에 비해 더 넓지만(Havill, 2004; Mulhern과 Ubelaker, 2009), 이례적으로 소와 말, 돼지의 하버스관 면적은 사람의 범위와 거의 비슷하다(Martiniaková 등, 2006).

조직학적 방법으로 사람의 뼈를 다른 동물의 뼈와 구별해 내는 것은 분명히 이점이 있다. 그러나 삽입, 절단, 연마grinding and polishing를 위한 도구와 현미경이 갖춰져야 한다는 점, 각 견본을 준비하고 조직학적 방법을 써서 데이터를 해석하기까지 훈련이 많이 요구된다는 점은 단점이라고 할 수 있다. 또한 뼛조각들이 너무 많이 분절되어 있어 연구자가 이를 식별해 내기까지 많은 시간과 에너지가 들 수 있다. 그러나 조직학적 방법을 다른 뼈 해부학 기술과 함께 사용하면 사람과 사람이 아닌 뼈를 거의 정확하게 구별할 수 있다. 다만, 돼지와 양을 조직 수준에서 사람과 구별하는 일은 토끼와 소에 비해 더 어렵다.

이렇게 구별이 어려울 때에는 조직학적 방법에 추가적으로 단백질 방사 면역 검정법protein radioimmunoassay, pRIA을 써볼 수도 있다. 단백질(콜라겐 또는 알부민)을 미지의 표본에서 추출하여 종 특이적 항체를 가진 토끼의 혈청에 노출시킨 다음 토끼의 감마 글로불린에 대한 방사성 항체에 노출시키면, 사람의 뼈와 사람의 뼈가 아닌 조직을 구별할 수 있을 뿐만 아니라 그 표본의 종을 식별할 수도 있다(Ubelaker 등, 2004).

마지막으로, 연구자는 위와 같은 이유로 잘 식별되지 않는 포유동물 표본의 뼈대 부위에 대해서도 미리 알아둘 필요가 있다. 예를 들어 이차 뼈 단위가 인간의 조직에서 전형적으로 나타나긴 하지만, 몸 크기가 크거나 혹은 근육이 붙는 자리라면 동물에서도 관찰될 수 있음을 고려해야 한다.

5. 맺음말

조직형태학과 조직형태계측학은 여타의 뼈 분석 방법들과 함께 생물인류학자들에게 매우 유용한 방법론을 제공해 준다. 조직 분석의 결과는 사람의 조건과 생물학적 변이, 물리적·사회적 환경의 생물학적 영향력을 이해하는 데 많은 도움을 준다. 또한 뼈조직학은 부검 사례들과 생물고고학적 사례들, 임상 연구에도 다양한 방식으로 적용될 수 있다. 따라서 우리는 조직 연구와 오늘날 이에 사용되는 기술에 대해 좀 더 주목할 필요가 있다.

하지만 조직학 연구의 속성상 파괴적인 분석 과정을 진행해야 하기 때문에 다양한 시대의 인구집단, 즉 다양한 삶의 방식과 유전자 풀을 보유한 집단의 표본에 이 방법을 적용하는 데 한계가 있을 수 있다. 이러한 한계를 극복하고자 최근에는 표본을 추출하고 처리하는 과정에서 손상은 줄이고 대신 분석의 효율성을 높일 수 있는 새로운 방법들이 개발되었고, 현재도 이러한 과정은 계속 진행 중이다. 한 가지 가능성은 미세컴퓨터 단층촬영micro-CT과 디지털 이미지 분석 소프트웨어를 이용하는 것이다(van't Hof 등, 2017). 그러나 지루하고 시간이 많이 걸리는 기존의 수동 평가 방법을 완전히 대체할 수 있는 새로운 방법은 아직 개발되지 않았다.

Abbott, S., Trinkaus, E., & Burr, D. B. (1996). Dynamic bone remodeling in later Pleistocene fossil hominids. *American Journal of Physical Anthropology* 99(4): 585-601.

Abrams, S. A., Obrien, K. O., Liang, L. K., & Stuff, J. E. (1995). Differences in calcium absorption and kinetics between black and white girls aged 5-16 years. *Journal of Bone and Mineral Research* 10(5): 829-833. https://doi.org/10.1002/jbmr.5650100521

Acheson, L. S. (2005). Bone density and the risk of fractures. *Journal of the American Medical Association* 293(17): 2151. https://doi.org/10.1001/jama.293.17.2151

Agarwal, S. C. (2008). Light and broken bones: Examining and interpreting bone loss and osteoporosis in past populations. In A. K. Katzenberg, & S. Saunders (Eds.), *Biological anthropology of the human skeleton* (2nd ed., pp. 387-410). New York: Wiley-Liss.

Agarwal, S. C., & Grynpas, M. D. (1996). Bone quantity and quality in past populations. *The Anatomical Record* 246(4): 423-432. https://doi.org/10.1002/(sici)1097-0185(199612)246:43.0.co;2-w

Alam, N. M., Archer, J. A., & Lee, E. (2004). Osteoporotic fragility fractures in African Americans: Under-recognized and undertreated. *Journal of the National Medical Association* 96(12): 1640-1645.

Aloia, J. F. (2008). African Americans, 25-hydroxyvitamin D, and osteoporosis: A paradox. *The American Journal of Clinical Nutrition* 88(2). https://doi.org/10.1093/ajcn/88.2.545s

Aloia, J. F., Mikhail, M., Pagan, C. D., Arunachalam, A., Yeh, J. K., & Flaster, E. (1998). Biochemical and hormonal variables in black and white women matched for age and weight. *Journal of Laboratory and Clinical Medicine* 132(5): 383-389. https://doi.org/10.1016/s0022-2143(98)90109-3

Aloia, J. F., Vaswani, A., Mikhail, M., Badshah, M., & Flaster, E. (1999). Cancellous bone of the spine is greater in black women. *Calcified Tissue International* 65(1):

29-33. https://doi.org/10.1007/s002239900653

Anderson, J. J., & Pollitzer, W. S. (1994). Ethnic and genetic differences in susceptibility to osteoporotic fractures. *Nutrition and Osteoporosis* 9: 129-149. https://doi.org/10.1007/978-1-4757-9092-4_8

Araujo, A. B., Travison, T. G., Harris, S. S., Holick, M. F., Turner, A. K., & Mckinlay, J. B. (2007). Race/ethnic differences in bone mineral density in men. *Osteoporosis International* 18(7): 943-953. https://doi.org/10.1007/s00198-006-0321-9

Bell, N. H., Gordon, L., Stevens, J., & Shary, J. R. (1995). Demonstration that bone mineral density of the lumbar spine, trochanter, and femoral neck is higher in black than in white young men. *Calcified Tissue International* 56(1): 11-13. https://doi.org/10.1007/bf00298737

Boivin, G., & Meunier, P. J. (1993). Histomorphometric methods applied to bone. In G. Grupe & A. N. Garland (Eds.), *Histology of ancient human bone: Methods and diagnosis* (pp. 137-156). Berlin: Springer-Verlag.

Brant, L. J., & Pearson, J. D. (1994). Modeling the variability in longitudinal patterns of aging. In D. E. Crews & R. M. Carruto (Eds.), *Biological anthropology and aging: Perspectives on human variation over the life span* (pp. 373-393). New York: Oxford University Press.

Bryant, R. J., Wastney, M. E., Martin, B. R., Wood, O., Mccabe, G. P., Morshidi, M., … & Weaver, C. M. (2003). Racial differences in bone turnover and calcium metabolism in adolescent females. *Journal of Clinical Endocrinology & Metabolism* 88(3): 1043-1047. https://doi.org/10.1210/jc.2002-021367

Charnley, R. M., Bickerstaff, D. R., Wallace, W. A., & Stevens, A. (1989). The measurement of osteoporosis in clinical practice. *Journal of Bone and Joint Surgery* 71(4): 661-663.

Cho, H. (2002). *Age-associated bone loss in an Imperial Roman population: A histological analysis of inter-skeletal and intra-skeletal variability* (Unpublished doctoral dissertation). Columbia: University of Missouri.

Cho, H. (2012). The histology laboratory and principles of microscope instrumentation. In C. M. Crowder, & S. D. Stout (Eds.), *Bone histology: An anthropological perspective* (pp. 341-359). Boca Raton: CRC Press.

Cho, H. (2016). Rethinking osteoporosis prevalence among African and European ancestry populations. *Journal of National Black Nurses Association* 27(2): 26-31.

Cho, H., Stout, S. D., & Bishop, T. A. (2006). Cortical bone remodeling rates in a sample of African American and European American descent groups from the American Midwest: Comparisons of age and sex in ribs. *American Journal of Physical Anthropology* 130(2): 214-226. https://doi.org/10.1002/ajpa.20312

Cho, H., Stout, S. D., Madsen, R. W., & Streeter, M. A. (2002). Population-specific histological age-estimating method: A model for known African-American and European-American skeletal remains. *Journal of Forensic Sciences* 47(1): 12-18. https://doi.org/10.1520/jfs15199j

Compston, J. (1999). Histomorphometric manifestations of age-related bone loss. In C. J. Rosen, J. Glowacki, & J. P. Bilezikian (Eds.), *The Aging Skeleton* (pp. 251-261). San Diego: Academic Press.

Crowder, C. M. (2005). *Evaluating the use of quantitative bone histology to estimate adult age at death* (Unpublished doctoral dissertation). Toronto: University of Toronto.

Daniels, E. D., Pettifor, J. M., Schnitzler, C. M., Moodley, G. P., & Zachen, D. (1997). Differences in mineral homeostasis, volumetric bone mass and femoral neck axis length in black and white South African women. *Osteoporosis International* 7(2): 105-112. https://doi.org/10.1007/bf01623684

Daniels, E. D., Pettifor, J. M., Schnitzler, C. M., Russell, S. W., & Patel, D. N. (1995). Ethnic differences in bone density in female South African nurses. *Journal of Bone and Mineral Research* 10(3): 359-367. https://doi.org/10.1002/jbmr.5650100305

Eck, L. H., & Hackett-Renner, C. (1992). Calcium intake in youth: Sex, age, and racial differences in NHANES II. *Preventive Medicine* 21(4): 473-482. https://doi.org/10.1016/0091-7435(92)90054-l

Ericksen, M. F. (1979). Aging changes in the medullary cavity of the proximal femur in American Blacks and Whites. *American Journal of Physical Anthropology* 51(4): 563-569. https://doi.org/10.1002/ajpa.1330510408

Ericksen, M. F. (1991). Histologic estimation of age at death using the anterior cortex of the femur. *American Journal of Physical Anthropology* 84(2): 171-179. https://doi.org/10.1002/ajpa.1330840207

Frisch, B., & Eventov, I. (1986). Hematopoiesis in osteoporosis: Preliminary report comparing biopsies of the femoral neck and iliac crest. *Israel Journal of Medical Sciences* 22(5): 380-384. https://doi.org/10.1016/8756-3282(91)90047-m

Frost, H. M. (1963). Dynamics of bone remodeling. In H. M. Frost (Ed.), *Bone remodeling dynamics* (pp. 65-75). Springfield: Charles C. Thomas.

Frost, H. M. (1969). Tetracycline-based histological analysis of bone remodeling. *Calcified Tissue Research* 3(1): 211-237. https://doi.org/:10.1007/bf02058664

Frost, H. M. (1987). Secondary osteon population densities: An algorithm for estimating the missing osteons. *American Journal of Physical Anthropology* 30(S8): 239-254. https://doi.org/10.1002/ajpa.1330300513

Frost, H. M. (1999). On the estrogen-bone relationship and postmenopausal bone loss: A new model. *Journal of Bone and Mineral Research* 14(9): 1473-1477. https://doi.org/10.1359/jbmr.1999.14.9.1473

Gilsanz, V., Skaggs, D. L., Kovanlikaya, A., Sayre, J., Loro, M. L., Kaufman, F., & Korenman, S. G. (1998). Differential Effect of Race on the Axial and Appendicular Skeletons of Children. *Journal of Clinical Endocrinology & Metabolism* 83(5): 1420-1427. https://doi.org/10.1210/jc.83.5.1420

Gong, G., Haynatzki, G., Haynatzka, V., Kosoko-Lasaki, S., Howell, R., Fu, Y. X., Gallagher, J. C., & Wilson, M. R. (2006). Bone mineral density of recent African immigrants in the United States. *Journal of the National Medical Association* 98(5): 746-752.

Han, Z., Palnitkar, S., Rao, D. S., Nelson, D., & Parfitt, A. M. (1997). Effects of ethnicity and age or menopause on the remodeling and turnover of iliac bone: Implications for mechanisms of bone loss. *Journal of Bone and Mineral Research* 12(4): 498-508. https://doi.org/10.1359/jbmr.1997.12.4.498

Havill, L. M. (2004). Osteon remodeling dynamics in Macaca mulatta: Normal variation with regard to age, sex, and skeletal maturity. *Calcified Tissue International* 74(1): 95-102. https://doi.org/10.1007/s00223-003-9038-3

Horowitz M. C., & Raisz L. G. (1999). Cytokines and prostaglandins in the aging skeleton. In C. Rosen, J. Glowacki, & J. P. Bilezikian (Eds.), *The Aging Skeleton* (pp. 195-207). San Diego: Academic Press.

Hui, S. L., Dimeglio, L. A., Longcope, C., Peacock, M., Mcclintock, R., Perkins, A. J., & Jr., C. C. (2003). Difference in bone mass between black and white American children: Attributable to body build, sex hormone levels, or bone turnover? *Journal of Clinical Endocrinology & Metabolism* 88(2): 642-649. https://doi.org/10.1210/jc. 2002-020653

Iwaniec, Ursula T. (1997). *Effects of dietary acidity on cortical bone remodeling: A histomorphometric assessment* (Unpublished doctoral dissertation). Madison: University of Wisconsin.

Jowsey, J. (1966). Studies of Haversian systems in man and some animals. *Journal of Anatomy* 100(Pt 4): 857-864.

Kerley, E. R. (1965). The microscopic determination of age in human bone. *American Journal of Physical Anthropology* 23(2): 149-163. https://doi.org/10.1002/ajpa.1330230215

Kidambi, S., Partington, S., & Binkley, N. (2005). Low bone mass prevalence and osteoporosis risk factor assessment in African American Wisconsin women. *Wisconsin Medical Journal* 104: 59-65.

Kleerekoper, M., Nelson, D. A., Peterson, E. L., Flynn, M. J., Pawluszka, A. S., Jacobsen, G., & Wilson, P. (1994). Reference data for bone mass, calciotropic hormones, and biochemical markers of bone remodeling in older (55-75) postmenopausal white and black women. *Journal of Bone and Mineral Research* 9(8): 1267-1276. https://doi.org/10.1002/jbmr.5650090817

Kulminski, A., Yashin, A., Arbeev, K., Akushevich, I., Ukraintseva, S., Land, K., & Manton, K. (2007). Cumulative index of health disorders as an indicator of aging-associated processes in the elderly: Results from analyses of the National Long Term Care Survey. *Mechanisms of Ageing and Development* 128(3): 250-258. https://doi.org/10.1016/j.mad.2006.12.004

Looker, A. C., Loria, C. M., Carroll, M. D., Mcdowell, M. A., & Johnson, C. L. (1993). Calcium intakes of Mexican Americans, Cubans, Puerto Ricans, non-Hispanic whites, and non-Hispanic blacks in the United States. *Journal of the American Dietetic Association* 93(11): 1274-1279. https://doi.org/10.1016/0002-8223(93)91954-o

Luckey, M. M., Meier, D. E., Mandeli, J. P., Dacosta, M. C., Hubbard, M. L., & Goldsmith, S. J. (1989). Radial and vertebral bone density in white and black women: Evidence for racial differences in premenopausal bone homeostasis. *Journal of Clinical Endocrinology & Metabolism* 69(4): 762-770. https://doi.org/10.1210/jcem-69-4-762

Luckey, M. M., Wallenstein, S., Lapinski, R., & Meier, D. E. (1996). A prospective study of bone loss in African-American and white women: A clinical research center study. *Journal of Clinical Endocrinology & Metabolism* 81(8): 2948-2956. https://doi.org/10.1210/jc.81.8.2948

Martin, R. B., Burr, D. B., & Sharkey, N. A. (1998). *Skeletal tissue mechanics*. New York: Springer.

Martiniaková, M., Grosskopf, B., Omelka, R., Vondráková, M., & Bauerová, M. (2006). Histological study of compact bone tissue in some mammals: A method for species determination. *International Journal of Osteoarchaeology* 17(1): 82-90.

Mays, S., Lees, B., & Stevenson, J. (1998). Age-dependent bone loss in the femur in a medieval population. *International Journal of Osteoarchaeology* 8(2): 97-106. https://doi.org/10.1002/(sici)1099-1212(199803/04)8:23.0.co;2-u

Mays, S., Turner-Walker, G., & Syversen, U. (2006). Osteoporosis in a population from medieval Norway. *American Journal of Physical Anthropology* 131(3): 343-351. https://doi.org/10.1002/ajpa.20445

McCabe, L. D., Martin, B. R., McCabe, G. P., Johnston, C. C., Weaver, C. M., & Peacock, M. (2004). Dairy intakes affect bone density in the elderly. *American Journal of Clinical Nutrition* 80(4): 1066-1074. https://doi.org/10.1093/ajcn/80.4.1066

McVeigh, J. A., Norris, S. A., Cameron, N., & Pettifor, J. M. (2004). Associations between physical activity and bone mass in black and white South African children at age 9 yr. *Journal of Applied Physiology* 97(3): 1006-1012. https://doi.org/10.1152/japplphysiol.00068.2004

Meier, D. E., Luckey, M. M., Wallenstein, S., Lapinski, R. H., & Catherwood, B. (1992). Racial differences in pre- and postmenopausal bone homeostasis: Association with bone density. *Journal of Bone and Mineral Research* 7(10): 1181-1189. https://doi.org/10.1002/jbmr.5650071010

Meunier, Pierre J. (1988). Assessment of bone turnover by histomorphometry in osteoporosis. In B. Lawrence Riggs, & L. Joseph Melton (Eds.), *Osteoporosis: Etiology, Diagnosis, and Management* (pp. 317-332). New York: Raven Press.

Miller, R. G., Ashar, B. H., Cohen, J., Camp, M., Coombs, C., Johnson, E., & Schneyer, C. R. (2005). Disparities in osteoporosis screening between at-risk African-American and white women. *Journal of General Internal Medicine* 20(9): 847-851. https://doi.org/10.1111/j.1525-1497.2005.0157.x

Mojtahedi, M. C., Plawecki, K. L., Chapman-Novakofski, K. M., Mcauley, E., & Evans,

E. M. (2006). Older black women differ in calcium Intake source compared to age- and socioeconomic status- matched white women. *Journal of the American Dietetic Association* 106(7): 1102-1107. https://doi.org/10.1016/j.jada.2006.04.020

Mulhern, D. M., & Ubelaker, D. H. (2009). Bone microstructure in juvenile chimpanzees. *American Journal of Physical Anthropology* 140(2): 368-375.

Narasaki, S. (1990). Estimation of age at death by femoral osteon remodeling: Application of Thompsons core technique to modern Japanese. *Journal of Anthropological Society of Nippon* 98(1): 29-38. https://doi.org/10.1537/ase1911.98.29

Nelson, D. A., & Weiss, M. L. (1999). Aging through the ages. In C. L. Rosen, J. Glowacki, & J. P. Bilezikian (Eds.), *The aging skeleton* (pp. 3-9). San Diego: Academic Press.

Nelson, D. A., Pettifor, J. M., Barondess, D. A., Cody, D. D., Uusi-Rasi, K., & Beck, T. J. (2004). Comparison of cross-sectional geometry of the proximal femur in white and black women from Detroit and Johannesburg. *Journal of Bone and Mineral Research* 19(4): 560-565. https://doi.org/10.1359/jbmr.040104

Nordin, B. E., Chatterton, B. E., Schultz, C. G., Need, A. G., & Horowitz, M. (1996). Regional bone mineral density interrelationships in normal and osteoporotic postmenopausal women. *Journal of Bone and Mineral Research* 11(6): 849-856. https://doi.org/10.1002/jbmr.5650110617

Noreh, J., Sekadde-Kigondu, C., Karanja, J. G., & Thagana, N. G. (1997). Median age at menopause in a rural population of western Kenya. *East African Medical Journal* 74: 634-638.

Opotowsky, A. R., & Bilezikian, J. P. (2003). Racial differences in the effect of early milk consumption on peak and postmenopausal bone mineral density. *Journal of Bone and Mineral Research* 18(11): 1978-1988. https://doi.org/10.1359/jbmr.2003.18.11.1978

Ortner, D. J., & Putschar, W. G. (1981). *Identification of pathological conditions in human skeletal remains*. Washington: Smithsonian Institution Press.

Owsley, D. W., Roberts, E. D., & Manning, E. M. (1992). Field recovery and analysis of horse skeletal remains. *Journal of Forensic Sciences* 37(1): 163-175. https://doi.org/10.1520/jfs13224j

Parfitt, A. M. (1984). The cellular basis of bone remodeling: The quantum concept reexamined in light of recent advances in the cell biology of bone. *Calcified Tissue*

International 36(S1). https://doi.org/10.1007/bf02406132

Parisien, M., Cosman, F., Morgan, D., Schnitzer, M., Liang, X., Nieves, J., … & Dempster, D. W. (1997). Histomorphometric assessment of bone mass, structure, and remodeling: A comparison between healthy black and white premenopausal women. *Journal of Bone and Mineral Research* 12(6): 948-957. https://doi.org/10.1359/jbmr.1997.12.6.948

Patel, D. N., Pettifor, J. M., & Becker, P. J. (1993). The effect of ethnicity on appendicular bone mass in white, coloured and Indian schoolchildren. *South African Medical Journal* 83(11): 847-853.

Patel, D. N., Pettifor, J. M., Becker, P. J., Grieve, C., & Leschner, K. (1992). The effect of ethnic group on appendicular bone mass in children. *Journal of Bone and Mineral Research* 7(3): 263-272. https://doi.org/10.1002/jbmr.5650070304

Pfeiffer, S. K., & Lazenby, R. A. (1994). Low bone mass in past and present aboriginal populations. In H. H. Draper (Ed.), *Advances in Nutritional Research* (Vol. 9, pp. 35-51). New York: Plenum Press.

Plato, C. C., Fox, K. M., & Tobin, J. D. (1994). Skeletal changes in human aging. In D. E. Crews, & R. M. Carruto (Eds.), *Biological anthropology and aging: Perspectives on human variation over the life span* (pp. 272-300). New York: Oxford University Press.

Pollitzer, W. S., & Anderson, J. J. (1989). Ethnic and genetic differences in bone mass: A review with a hereditary vs environmental perspective. *American Journal of Clinical Nutrition* 50(6): 1244-1259. https://doi.org/10.1093/ajcn/50.6.1244

Pratte, D. G., & Pfeiffer, S. (1999). Histological age estimation of a cadaveral sample of diverse origins. *Journal of the Canadian Society of Forensic Science* 32(4): 155-167. https://doi.org/10.1080/00085030.1999.10757496

Richman, E. A., Ortner, D. J., & Schulter-Ellis, F. P. (1979). Differences in intracortical bone remodeling in three aboriginal American populations: Possible dietary factors. *Calcified Tissue International* 28(1): 209-214. https://doi.org/10.1007/bf02441238

Robling, A., & Stout, S. D. (2008). Histomorphometry of human cortical bone: Applications to age estimation. In M. A. Katzenberg, & S. R. Saunders (Eds.), *Biological anthropology of the human skeleton* (2nd ed., pp. 149-182). New York: Wiley-Liss.

Russell, D. L., Keil, M. F., Bonat, S. H., Uwaifo, G. I., Nicholson, J. C., Mcduffie, J. R.,

… & Yanovski, J. A. (2001). The relation between skeletal maturation and adiposity in African American and Caucasian children. *Journal of Pediatrics* 139(6): 844-848. https://doi.org/10.1067/mpd.2001.119446

Samson, C., & Branigan, K. (1987). A new method of estimating age at death from fragmentary and weathered bone. In A. Boddington, A. N. Garland, & R. C. Janaway (Eds.), *Death, Decay and Reconstruction: Approaches to Archaeology and Forensic Science* (pp. 101-108). Manchester: Manchester University Press.

Schnitzler, C. M. (1993). Bone quality: A determinant for certain risk factors for bone fragility. *Calcified Tissue International* 53(S1). https://doi.org/10.1007/bf01673398

Schnitzler, C. M., & Mesquita, J. M. (1998). Bone marrow composition and bone microarchitecture and turnover in blacks and whites. *Journal of Bone and Mineral Research* 13(8): 1300-1307. https://doi.org/10.1359/jbmr.1998.13.8.1300

Schnitzler, C. M., & Mesquita, J. M. (2006). Cortical bone histomorphometry of the iliac crest in normal black and white South African adults. *Calcified Tissue International* 79(6): 373-382. https://doi.org/10.1007/s00223-006-0053-z

Schnitzler, C., Pettifor, J., Mesquita, J., Bird, M., Schnaid, E., & Smyth, A. (1990). Histomorphometry of iliac crest bone in 346 normal black and white South African adults. *Bone and Mineral* 10(3): 183-199. https://doi.org/10.1016/0169-6009(90)90261-d

Solomon, L. (1968). Osteoporosis and fracture of the femoral neck in the South African Bantu. *Journal of Bone and Joint Surgery* 50-B(1): 2-13. https://doi.org/10.1302/0301-620x. 50b1.2

Solomon, L. (1979). Bone density in ageing Caucasian and African populations. *The Lancet* 314(8156-8157): 1326-1330. https://doi.org/10.1016/s0140-6736(79)92813-7

Stout, S. D. (1978). Histological structure and its preservation in ancient bone. *Current Anthropology* 19(3): 601-604. https://doi.org/10.1086/202141

Stout, S. D. (1998). The application of histological techniques for age at death determination. In K. J. Reichs, & W. M. Bass (Eds.), *Forensic Osteology: Advances in the Identification of Human Remains* (2nd ed., pp. 237-252). Springfield: Charles C. Thomas.

Stout, S. D., & Lueck, R. (1995). Bone remodeling rates and skeletal maturation in three archaeoloqical skeletal populations. *American Journal of Physical Anthro-*

pology 98(2): 161-171. https://doi.org/10.1002/ajpa.1330980206

Stout, S. D., & Paine, R. R. (1992). Histological age estimation using rib and clavicle. *American Journal of Physical Anthropology* 87(1): 111-115. https://doi.org/10.1002/ajpa. 1330 870110

Stout, S. D., & Paine, R. R. (1994). Bone remodeling rates: A test of an algorithm for estimating missing osteons. *American Journal of Physical Anthropology* 93(1): 123-129. https://doi.org/10.1002/ajpa.1330930109

Stout, S. D., Dietze, W. H., Işcan, M. Y., & Loth, S. R. (1994). Estimation of age at death using cortical histomorphometry of the sternal end of the fourth rib. *Journal of Forensic Sciences* 39(3). https://doi.org/10.1520/jfs13655j

Stout, S. D., Porro, M. A., & Perotti, B. (1996). Brief communication: A test and correction of the clavicle method of Stout and Paine for histological age estimation of skeletal remains. *American Journal of Physical Anthropology* 100(1): 139-142. https://doi.org/10.1002/(sici)1096-8644(199605)100:13.0.co;2-1

Streeter, M. (2005). *Histomorphometric characteristics of the subadult rib cortex: Normal patterns of dynamic bone modeling and remodeling during growth and development* (Unpublished doctoral dissertation). Columbia: University of Missouri.

Thomas-John, M., Codd, M. B., Manne, S., Watts, N. B., & Mongey, A. (2009). Risk factors for the development of osteoporosis and osteoporotic fractures among older men. *Journal of Rheumatology* 36(9): 1947-1952. https://doi.org/10.3899/jrheum.080527

Thompson, D. D. (1979). The core technique in the determination of age at death in skeletons. *Journal of Forensic Sciences* 24(4). https://doi.org/10.1520/jfs10922j

Thompson, D. D., & Gunness-Hey, M. (1981). Bone mineral-osteon analysis of Yupik-inupiaq skeletons. *American Journal of Physical Anthropology* 55(1): 1-7. https://doi.org/10.1002/ajpa.1330550102

Tracy, J. K., Meyer, W. A., Grigoryan, M., Fan, B., Flores, R. H., Genant, H. K., … & Hochberg, M. C. (2005). Racial differences in the prevalence of vertebral fractures in older men: The Baltimore Men's Osteoporosis Study. *Osteoporosis International* 17(1): 99-104. https://doi.org/10.1007/s00198-005-1919-z

Ubelaker, D. H., Lowenstein, J. M., & Hood, D. G. (2004). Use of solid-phase double-antibody radioimmunoassay to identify species from small skeletal fragments. *Journal of Forensic Sciences* 49(5): 1-6. https://doi.org/10.1520/jfs2003399

Van't Hof, R. J., Rose, L., Bassonga, E., & Daroszewska, A. (2017). Open source software for semi-automated histomorphometry of bone resorption and formation parameters. *Bone* 99: 69-79. https://doi.org/10.1530/boneabs.1.pp210

Wagener, G. W., & Hough, F. S. (1987). Metacarpal bone mass in the white and coloured populations of the Cape. *South African Medical Journal* 72(3): 205-208.

Walker, A. R., Walker, B. F., & Richardson, B. D. (1971). Metacarpal bone dimensions in young and aged South African Bantu consuming a diet low in calcium. *Postgraduate Medical Journal* 47(548): 320-325. https://doi.org/10.1136/pgmj.47.548.320

Weinstein, R. S., & Bell, N. H. (1988). Diminished rates of bone formation in normal black adults. *New England Journal of Medicine* 319(26): 1698-1701. https://doi.org/10.1056/nejm198812293192603

Wetzsteon, R., Hughes, J., Kaufman, B., Vazquez, G., Stoffregen, T., Stovitz, S., & Petit, M. (2009). Ethnic differences in bone geometry and strength are apparent in childhood. *Bone* 44(5): 970-975. https://doi.org/10.1016/j.bone.2009.01.006

Wilkins, C. H., & Goldfeder, J. S. (2004). Osteoporosis screening is unjustifiably low in older African-American women. *Journal of the National Medical Association* 96(4): 461-467.

Wu, K., Schubeck, K. E., Frost, H. M., & Villanueva, A. (1970). Haversian bone formation rates determined by a new method in a mastodon, and in human diabetes mellitus and osteoporosis. *Calcified Tissue Research* 6(1): 204-219. https://doi.org/10.1007/bf02196201

Zebaze, R. M., & Seeman, E. (2003). Epidemiology of hip and wrist fractures in Cameroon, Africa. Osteoporosis *International* 14(4): 301-305. https://doi.org/10.1007/s00198-002-1356-1

Zhang, A., Sayre, J. W., Vachon, L., Liu, B. J., & Huang, H. K. (2009). Racial differences in growth patterns of children assessed on the basis of bone age. *Radiology* 250(1): 228-235. https://doi.org/10.1148/radiol.2493080468

| 제2부 |

신체 크기와 형태학

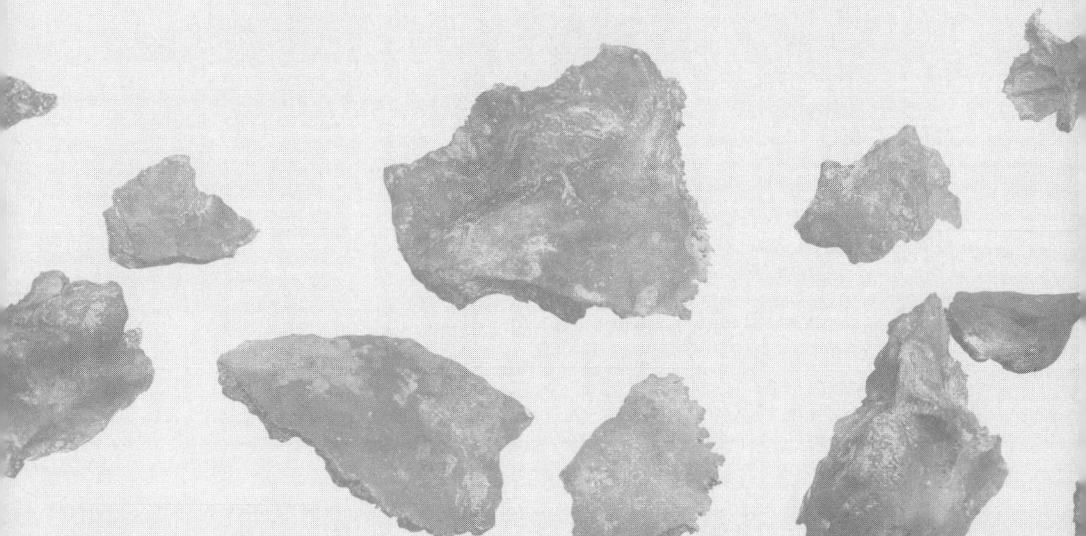

제3장

사람 뼈대를 통한 키 추정

정양승

키는 사람의 크기를 드러내 보여주는 대표적인 생물학적 지표이다. “어떤 사람이 얼마나 큰가?” 하는 질문은 대부분 “그 사람의 키가 어느 정도인가?”라는 질문과 동일하게 다루어진다.

키는 유전적 요인과 환경적 요인에 의해서 크게 영향을 받는다. 이런 이유로 키는 고인류학, 뼈대 고고학 등 다양한 학문 영역에서 큰 관심의 대상이 되어 왔다. 키를 통해 얻을 수 있는 정보가 다양하고 또 중요하기 때문에, 키를 직접적으로 가늠하기 힘든 경우에는 뼈대 등 신체의 일부를 통해 키를 추정하려는 노력이 다각도로 진행되어 왔다.

이 장에서는 이제까지 키 추정과 관련된 연구가 어떻게 진행되어 왔는지 개관하고, 현재 많이 사용되고 있는 키 추정 방법에는 어떤 것들이 있는지, 특히 한국에서는 키 추정을 위한 노력이 어떻게 진행되고 있는지 살펴보고자 한다.

1. 키 추정 연구의 역사*

키 추정 연구의 역사는 18세기 프랑스까지 거슬러 올라간다. 프랑스 외과 의사이자 해부학자였던 장 조제프 수Jean Joseph Sue는 1755년 해부용 시신 14구의 키와 긴뼈의 길이를 계측해 발표했다. 해부학 교재의 그림을 그리는 화가들에게 정확한 신체 비율을 알려주기 위해서였다. 이후 이 계측 자료는 키를 연구하는 여러 연구자들의 주목을 받게 되었다.

독성학의 아버지로 불리는 19세기 대표적인 법의학자 매튜 오필라Matthieu Joseph Bonaventure Orfila 역시 수Sue의 자료에 관심을 가졌다. 그는 법의학 교재를 출판하면서 51구의 해부용 시신 및 20구의 뼈대로부터 자신이 직접 계측한 자료와 수Sue의 계측 자료를 함께 사용했다. 오필라는 키와 긴뼈의 길이를 도표로 정리해 긴뼈의 길이를 이용해 키가 어느 정도인지 간편하게 찾아볼 수 있게 하였다. 또 수Sue가 프랑스의 전통적인 계측 단위(pied, pouce, ligne)를 사용했던 데 반해, 오필라는 미터 단위를 사용했기 때문에 외국의 연구자들 입장에선 오필라의 자료를 해석하고 사용하기가 더 수월했다.

파리 인류학회Société d'Anthropologie de Paris의 창시자인 폴 브로카Paul Broca는 장골계측판osteometric board과 각도계 등 새 계측 장비를 개발해 이전보다 좀 더 객관적이고 체계적인 계측/양적 연구를 가능하게 했다. 브로카의 후계자였던 폴 트로피나드Paul Tropinard는 1885년 자신의 저서에 키 추정과 관련된 내용을 포함시켰고, 1888년엔 141구의 뼈대를 이용해 뼈대의 총 길이와 긴뼈 간의 비율을 발표했다. 예를 들어 위팔뼈와

*이 부분은 우블레이커(Ubelaker, 2018; 2006), 셜리(Shirley, 2013), 무어와 로스(Moore와 Ross, 2013), 스튜어트(Stewart, 1979), 크로그만(Krogman, 1962)을 참고하였다.

노뼈, 넙다리뼈, 정강뼈의 길이는 각각 전체 뼈대 길이의 20.0%, 14.3%, 27.3%, 22.1%를 차지한다고 언급했다. 또 전체 뼈대 길이에 35mm를 더함으로써 생전의 키까지 추정할 수 있다고 주장했다.

1889년 에스티엔 롤렛Étienne Rollet은 남녀 해부용 시신 각 50구를 이용해 시신의 키와 긴뼈들의 길이를 도표로 제시해 시신의 키에 따른 긴뼈 길이를 추정할 수 있도록 했다. 또 뼈는 습기가 제거돼 건조되는 과정에서 2mm 정도 길이가 짧아진다는 사실을 알아냈다.

트로피나드의 후계자였던 레온스 마누브리에Léonce Manouvrier는 긴뼈의 길이를 이용해 키를 추정할 수 있도록 정리된 도표를 제시했다. 이 도표에는 롤렛의 자료 가운데 60세 이상을 제외한 49구의 계측 자료가 사용되었다. 마누브리에는 또 키를 추정할 때에는 젖은 뼈web bone와 마른 뼈dry bone 간 길이 차이는 물론, 시신의 키와 생전 키 사이에 2cm 정도의 차이가 발생한다는 사실을 함께 고려해야 한다고 지적했다.

영국의 통계학자였던 칼 피어슨Karl Pearson은 1899년 롤렛의 자료를 이용해 키를 추정하는 새로운 방법을 개발했다. 기존의 도표를 이용한 방법과 달리 피어슨은 회귀 분석이라는 수학적 모델을 사용했는데, 이러한 방식은 이후 수학적 방법mathematical method이라 일컬어지게 된다. 피어슨은 마누브리에와 달리 연령과 상관없이 롤렛의 자료를 모두 사용했다. 또 남녀 공식을 따로 제시하는 한편, 시신의 키와 생전의 키를 추정하는 공식도 각각 제시했다. 피어슨의 공식은 마누브리에의 도표와 함께 20세기 중반까지 세계적으로 널리 사용되었다.

하버드 의과대학 해부학 교수였던 토마스 드와이트Thomas Dwight는 미국 법의인류학의 아버지로 일컬어질 정도로 법의인류학 전반에 큰 기여를 했다. 특히 키 추정과 관련해선 피어슨의 수학적 방법에 대비되는 해부학적 방법anatomical method을 새로이 제시했다. 그의 방법이 해부학적 방법으로 불리는 까닭은 머리부터 발까지 키를 이루는 모든 뼈를 사람 모양으로 가지런히 배열해 키를 추정했기 때문이다. 이때 뼈와 뼈 사이는 찰흙으로 메꿔 최대한 사람의 형태를 재구성할 수 있도록 했다. 드와이트는 해부학적 방법이 특정 뼈와 키 간의 비율을 전제로 하지 않는다는 점을 근거로, 수학적 방법과는 달리 신체 비율이 상이한 인구집단에도 동일하게 적용할 수 있다고 주장했다.

스미스소니언 자연사 박물관의 체질인류학부 큐레이터였던 알레스 허들리카Aleš Hrdlička 역시 마누브리에 도표를 신체 비율이 프랑스인과 다른 인구집단에 적용하기 힘들다는 지적에 동의했다. 그리고 인구집단마다 신체 비율이 다르다는 사실을 보여주기 위해 미국 백인과 흑인을 대상으로 긴뼈와 키 간의 비율을 조사해 발표했다.

프랑스인 이외의 인구집단을 이용해 피어슨 공식의 정확도를 처음 검증한 사람은 폴 스티븐슨Paul Stevenson이었다. 스티븐슨은 1929년 48구의 중국인 자료를 이용해 피어슨의 공식이 중국인의 키를 추정하기에는 적합하지 않음을 밝힘으로써 각 인구집단에 특화된 추정 공식이 필요하다고 역설했다.

20세기 전반에는 체질인류학의 발전에 중요한 의미가 있는 작업이 이루어졌다. 생전 정보가 기록된 사람 뼈 컬렉션이 구축된 것이다. 대표적으로 윙게이트 토드Wingate Todd는 1912년부터 1938년까지 약 2,600구의 해부용 시신으로부터 뼈대를 수집해 하만-토드 컬렉션Hamman-Todd Collection을 구축했는데, 이는 현재 미국 오하이오주의 클리블랜드 자연사 박물관이 소장하고 있다.

1914년엔 로버트 테리Robert J. Terry가 미국 미주리주의 세인트루이스에서 해부용 시신을 이용해 테리 컬렉션Robert J. Terry Anatomical Skeletal Collection을 구축하기 시작했다. 이 작업은 테리가 은퇴한 후에도 밀드레드 트로터Mildred Trotter에 의해 1965년까지 지속되었는데, 이들이 모은 뼈대는 1,636개체에 달했다. 현재 테리 컬렉션은 워싱턴 D.C.의 스미스소

니언 자연사 박물관에 보관되어 있다.

1920년대 초반에는 남아프리카 공화국의 요하네스버그에 다트 컬렉션Raymond A. Dart Collection of Human Skeletons이 구축되기 시작했다. 남아프리카 공화국 원주민 및 이민자들을 대상으로 한 다트 컬렉션에는 현재 2,600개체 이상의 뼈대가 소장되어 있다. 이들 뼈 컬렉션은 현재까지도 생물인류학자 및 법의인류학자가 다양한 방법론을 개발하고 검증하는 데 중요한 역할을 하고 있다.

뼈 컬렉션을 이용한 대표적인 키 추정 관련 연구로는 1950년대 밀드레드 트로터Mildred Trotter와 골다인 글레서Goldine C. Gleser가 발표한 일련의 업적들을 꼽을 수 있다. 1951년 연구에서 이들은 사람이 나이 들면서 30세 이후부터는 1년에 약 0.6mm씩 키가 감소하며, 인구집단 수준에서도 시대에 따라 키가 변동한다고 보고했다(Trotter와 Gleser, 1951a; 1951b). 1952년에는 테리 컬렉션 자료와 제2차 세계대전 전사자 자료를 이용해 미국 백인과 흑인에 적용할 수 있는 남녀 키 추정 공식을 각각 개발했는데, 이 공식들은 지금까지도 전 세계적으로 널리 사용되고 있다(Trotter와 Gleser, 1952).

6년 후인 1958년 트로터와 글레서(Trotter와 Gleser, 1958)는 6·25전쟁 당시 사망한 미군 전사자의 뼈대를 이용해 1952년 공식을 검증하는 한편, 새로운 남성 공식을 제시했다. 여기에는 백인과 흑인은 물론 아시아인, 멕시코인, 푸에르토리코인 등 다른 인종을 위한 공식이 추가되었다. 이 중 특히 아시아인 공식은 우리나라를 비롯한 많은 아시아 국가에서 현재까지 빈번하게 사용되고 있다. 이후 트로터(Trotter, 1970)는 미국 백인과 흑인 남성, 여성에게는 1952년 공식을, 아시아인과 히스패닉 남성에게는 1958년 공식을 적용하길 권장한다고 밝힌 바 있다.

20세기 중반 조지 풀리George Fully는 드와이트 이후 한동안 잠잠했던 해부학적 방법에 대한 관심을 다시 불러일으켰다. 1956년 풀리는 제2차

세계대전 당시 오스트리아 마우타우젠Mauthausen 강제수용소에서 희생된 프랑스인 가운데 102명의 생전 기록을 바탕으로 키를 추정하는 방법을 고안했다. 그는 사람의 키를 구성하는 각각의 뼈 길이를 모두 합친 뼈대 높이skeletal height를 계산한 후 여기에 일정한 보완 계수를 더해줌으로써 생전 키를 추정했다. 여기서 보완 계수는 뼈대높이가 153.5cm 이하이면 10cm, 153.6~165.4cm 사이이면 10.5cm, 165.5cm 이상이면 11.5cm로 뼈대높이에 따라 다른 값이 사용되었다(Fully, 1956).

풀리의 방법은 2000년대 이후 많은 관심을 끌게 되는데, 그 과정에서 이 방법이 생전 키를 실제보다 작게 추정한다는 사실이 밝혀졌다. 연구자들은 풀리가 사용한 보완 계수를 그 원인으로 지적했고, 이를 보완하고자 랙스터 등(Raxter 등, 2006)은 수정된 풀리 방법revised Fully method을 제시했다.

수정된 풀리 방법에서는 특정한 보완 계수를 사용하는 대신 뼈대높이를 독립변수로 하는 회귀 공식을 사용하도록 했다. 랙스터 등이 고안한 이 회귀 공식은 정확도가 높아 최근에는 기존 풀리의 방법보다 더 보편적으로 사용되고 있다(Jeong과 Jantz, 2016; Ruff 등, 2012; Pomeroy와 Stock, 2012; Auerbach와 Ruff, 2010; Raxter 등, 2008; Dayal 등, 2008).

2. '키'란 무엇인가?

지금까지의 숱한 노력에도 불구하고 뼈대를 통해 누군가의 키를 추정한다는 것은 여전히 쉽지 않은 문제이다. 많은 경우 그 이유는 우리가 추정하고자 하는 키의 실체가 무언지 정확하지 않다는 데 있다. 대부분의 연구자들은 어떤 사람이 살아 있을 당시의 키, 즉 생전 키living stature가 어느 정도였는지에 관심을 갖는다. 생전 키는 시신의 키cadaver stature와 대비되는 개념이다. 여기서 시신의 키가 거론되는 이유는 키 추정과 관련된 그간의 많은 연구에 해부용 시신이 사용되었기 때문이다.

시신의 키는 일반적으로 테이블 위에 시신을 반듯이 눕힌 후 재는데, 예외적으로 테리(Terry, 1938; 1940)는 시신을 널판지와 같은 도구에 결박한 후 세워서 키를 재기도 했다. 중요한 것은 동일인이라 하더라도 생전 키와 시신의 키가 반드시 같진 않다는 사실이다. 사람이 죽으면 S자 형태로 휘어 있던 척추가 곧게 펴지는 등 자세가 변하게 되고, 이 과정에서 살아 있을 때보다 키가 커지기 때문이다(Maijanen, 2011; Terry, 1938; 1940).

이런 변화 때문에 시신의 키를 사용해서 개발된 키 추정 공식은 사람의 실제 생전 키보다 큰 추정치를 내놓게 된다. 따라서 시신의 키를 이용해 키 추정 공식을 개발하는 연구자들은 시신의 키에서 일정한 수치를 빼줌으로써 일단 생전 키를 추정한 후 이를 이용해 공식을 개발하든지, 아니면 아예 본인의 공식이 생전 키가 아닌 시신의 키를 추정하는 것임을 분명히 밝힐 필요가 있다(Lee 등, 2014; Niskanen 등, 2013; Trotter와 Gleser, 1952; Pearson, 1899; 생전 키와 시신의 키 간의 차이가 미미하다는 의견으로는 Pablos 등, 2013; Dupertuis와 Hadden, 1951; Todd와 Lindala, 1928).

하지만 생전 키와 시신의 키 간의 차이가 실제로 어느 정도인지에 대해서는 연구자마다 의견이 달라 여전히 주의가 요구된다. 예를 들어 마누브리에(Manouvrier, 1892)는 2cm, 트로터와 글레서(Trotter와 Gleser, 1952)는 2.5cm 정도 시신의 키가 더 크다고 했고, 피어슨(Pearson, 1899)은 남성의 경우 1.2cm, 여성의 경우 2cm로 그 차이가 성별에 따라 다르다고 보고한 바 있다. 한편 아우슬리(Ousley, 1995)는 사후에 키가 얼마나 변형될지는 사망자의 연령, 신체 비율, 키 등 여러 가지 조건에 따라 달라질 수 있다고 지적하기도 했다.

그렇다면 시신의 키를 사용하지 않는다면 사람의 생전 키는 어떻게 알 수 있을까? 생전 키는 본인 혹은 제3자가 알려주거나 기록을 찾아

봄으로써 알 수도 있고(보고된 키reported stature), 연구자가 피실험자의 키를 직접 계측해서 알 수도 있다(계측된 키measured stature). 주의할 점은 본인이 직접 자신의 키가 어느 정도라고 알려준 경우라도 반드시 정확하다고 단정할 수 없다는 사실이다. 사람들은 키를 보고할 때 실제보다 크게 이야기하는 경향이 있기 때문이다. 그 차이가 어느 정도인지는 성별, 연령, 키, 그리고 언제 마지막으로 키를 쟀는지 등 여러 요인에 따라 다를 수 있다(Braziuniene 등, 2007; Engstrom 등, 2003; Reed와 Price, 1998; Himes와 Roche, 1982; Damon, 1964). 예를 들어 남성은 여성보다, 나이 많은 사람은 그렇지 않은 사람보다, 그리고 평균보다 키가 작은 사람은 큰 사람보다 자신의 키를 더 크게 보고하는 경향이 있다. 또 오래전에 키를 재본 사람은 최근에 키를 잰 사람에 비해 본인의 키를 정확하게 알지 못할 가능성이 크다(Gunnell 등, 2000; Willey와 Falsetti, 1991; Rowland, 1990; Boldsen 등, 1984).

이와 같은 보고된 키의 오차 문제를 해결하고자 아우슬리(Ousley, 1995)가 제시한 방법은 운전면허증에 나와 있는 키를 이용해 공식을 만들자는 것이었다. 이 방법은 특히 신원불상 변사자의 신원 확인에 유용하게 사용될 수 있다는 점에서 운전면허증상의 키를 법의학적 키forensic stature라 부르기도 한다. 하지만 이 방법은 한국을 비롯해 운전면허증 등 신분증에 키를 기재하지 않는 대부분의 국가에서는 적용하기 힘들다는 한계가 있다(Maijanen, 2011).

그렇다면 연구자가 피실험자의 키를 직접 계측한다면 그 사람의 정확한 키를 알 수 있을까? 숙달되지 않은 사람이 키를 계측함으로써 발생하는 오류 등은 차치하고서라도, 직접 계측한 키를 이용하려는 연구자가 주의해야 할 점은 여러 가지이다. 우선 계측 방법에 따라 동일인이라도 키 차이가 날 수 있다. 예를 들어 벽에 기대서서 키를 재면 아무 데도 기대지 않고 키를 쟀을 때보다 0.5~2cm 정도 큰 계측치를 얻게 된다(Damon, 1964). 이와 관련해 니스카넨 등(Niskanen 등, 2013)은 벽에 기대서서 측정한 키에 0.9964를 곱하면 벽에 기대지 않고 측정한 키를 구할 수 있다고 보고하기도 했다.

하루 중 언제 키를 재는지도 중요하다. 일반적으로 사람의 키는 잠을 자고 일어난 직후 가장 크다. 서서 활동하는 동안 중력에 의해 눌려 있던 척추 사이의 척추원반intervertebral disc이 잠자는 동안 다시 원래 상태로 돌아오기 때문이다(Maijanen, 2011; Karakida 등, 2003; Ousley, 1995; Kobayashi와 Togo, 1993). 보고에 따르면 성인 남성의 경우 하루 동안 약 2.4cm까지 키 차이가 날 수 있다(Ousley, 1995; Kobayashi와 Togo, 1993; Damon, 1964).

사람은 성장기 동안 키가 커지다가 어느 시점부터는 키가 작아진다. 나이가 들면서 척추원반이 탄력을 잃고 압착되거나 척추뼈 자체가 납작하게 변형되는 등 척추의 높이가 줄어드는 게 주 원인이다(Maijanen, 2011; Urban과 Roberts, 1995; Galloway, 1988). 따라서 누군가의 키를 추정한다고 할 땐 그 목적이 당사자의 생전 최고 키maximum living stature를 추정하려는 것인지, 아니면 사망 당시의 키stature at death를 추정하려는 것인지 구분할 필요가 있다. 전자는 어떤 사람이 살아 있는 동안 기록한 가장 큰 키를 말하며, 나이가 들면서 줄어든 부분은 고려하지 않는다. 따라서 젊은 사람이라면 모를까 노인에서는 생전 최고 키가 사망 당시의 키와 일치하는 경우가 극히 드물다.

둘 중 어떤 키에 초점을 맞출지는 키를 추정하는 연구의 목적과 맥락에 따라 다를 수 있다(Niskanen 등, 2013; Ruff 등, 2012; Maijanen, 2011; Maijanen과 Niskanen, 2010; Niewenweg 등, 2003). 예를 들어 뼈를 통해 범죄사건 피해자의 신원을 확인하고자 하는 법의인류학자들은 보통 사망 무렵의 키를 추정하는 데 관심을 갖는다. 하지만 고인류학자나 생물고고학자가 과거 인구집단 간의 건강 상태를 비교한다든지 시간에 따른 키의 변화 추이를 연구하고자 한다면 당사자의 생전 최고 키를 복원하는 것이 일반적이다.

나이듦에 따른 키 감소 현상과 관련해 연구자들은 언제부터, 얼마나 빠른 속도로 키가 줄어드는지에 관심을 가져왔다. 1885년 프랑스 경찰이었던 알폰스 베틸론Alphose Bertillon은 키가 줄어들기 시작하는 시점이 25세 무렵이라고 보고한 바 있다(Trotter와 Gleser, 1951a). 그리고 이 내용은 1947년 위스콘신 대학 교수였던 어니스트 후톤Ernest Hooton의 저서에 그대로 인용되기도 했다(Trotter와 Gleser, 1951a).

하지만 1950년대 들어 이에 대한 본격적인 재검토가 이루어졌는데, 대표적으로 트로터와 글레서(Trotter와 Gleser, 1951a)는 테리 컬렉션의 자료를 통해 키는 30세 이후부터 평균 매년 0.6mm씩 줄어든다는 연구 결과를 발표했다. 이후 랙스터 등(Raxter 등, 2006)은 이 중 약 1/3은 뼈대의 높이가 감소함으로써, 그리고 나머지 2/3는 연조직의 높이가 감소한 결과라고 설명하기도 했다.

앞선 연구와 달리 갤러웨이(Galloway, 1988)는 키가 줄어들기 시작하는 시기는 45세이며 그 속도 또한 연 1.6mm라고 주장했는데, 트로터와 글레서(Trotter와 Gleser, 1951a)와 마찬가지로 남녀 간의 차이에는 주목하지 않았다.

허트조그 등(Hertzog 등, 1969)은 키가 줄어드는 속도는 나이에 따라 다르며 남녀의 패턴도 다르다고 지적했다. 특히 55세 이상부터는 남성의 키가 여성보다 급격히 감소하며, 75~87세 사이의 남성은 본인의 생전 최고 키에 비해 무려 6.47cm 정도 키가 작아진다고 보고했다. 남녀 간에 키가 감소하는 속도에 차이가 있고 또 나이가 듦에 따라 감소하는 속도가 더 빨라진다는 연구 결과는 이후에도 볼칸 등(Borkan 등, 1983)이나 클라인 등(Cline 등, 1989)의 연구를 통해서도 찾아볼 수 있다.

한국인의 경우 키 감소 현상은 30대에 시작되며 그 정도는 연령에 따라 다르다고 보고된 바 있다(Gill, 1998; Rha와 Chang, 1981).

3. 키 추정 방법

현재 사용되고 있는 키 추정 방법은 크게 해부학적 방법, 수학적 방법, 그리고 이 둘을 혼합한 형태인 하이브리드 방법으로 나눌 수 있다.

1) 해부학적 방법

일반적으로 해부학적 방법anatomical method이란 사람의 키를 이루는 모든 뼈 — 머리뼈, 첫째목뼈를 제외한 모든 척추, 엉치뼈, 넙다리뼈, 정강뼈, 목말뼈, 발꿈치뼈 — 를 이용해 키를 추정하는 방법을 말한다.

특정한 신체 비율을 전제로 키를 추정하는 수학적 방법과 달리 해부학적 방법에서는 모든 뼈의 길이 및 높이를 직접 계측해 사용하기 때문에 신체 비율이 특이한 사람의 경우라도 추정하는 데 큰 문제가 없다(Ruff 등, 2012; Maijanen과 Niskanen, 2006). 또 키에서 뼈가 차지하는 부분의 길이를 이미 알고 있기 때문에 실제로 추정할 부분은 연조직의 높이에 불과하고, 따라서 수학적 방법에 비해 오차가 적을 수밖에 없다(Pablos 등, 2013; Ousley, 1995; Sciulli 등, 1990; Lundy, 1985; Stewart, 1979).

하지만 해부학적 방법을 사용하기 위해서는 대부분의 뼈가 필요한 만큼 보존 상태가 완전하지 않은 뼈에는 이 방법을 적용할 수 없다는 한계가 있다(Ruff 등, 2012; Maijanen, 2011; Raxter 등, 2006; 2008). 실제 고고학 현장이나 범죄사건 현장에서 사람 뼈가 온전한 상태로 수습되는 경우가 대략 전체의 1/3 ~ 1/4 정도밖에 되지 않음을 감안한다면 그만큼 해부학적 방법을 사용할 수 있는 경우가 제한적임을 알 수 있다(Maijanen 2011; Komar, 2003).

앞서 언급된 것처럼 해부학적 방법을 처음 제시한 사람은 드와이트 T. Dwight였다. 드와이트(Dwight, 1894)는 척추 사이에 찰흙을 붙이는 등 뼈를 최대한 실제 사람의 형태로 배열한 후 다섯 군데의 연조직 높이, 즉 두피(6mm), 머리뼈와 척추 사이(6mm), 무릎관절(6mm), 발목관절(6mm), 발바닥(12mm) 높이를 보완해 키를 추정했다(Stewart, 1979).

한편 풀리G. Fully는 1956년 제2차 세계대전 중 오스트리아의 마우타우젠 포로수용소에서 사망한 프랑스인들의 신원을 확인할 목적으로 새로운 해부학적 방법을 고안했다. 풀리가 자기의 방법을 '새로운' 방법이라고 소개한 것은 드와이트의 방법을 모르고 있었기 때문이었다. 풀리의 방법은 2단계, 즉 뼈대높이skeletal height를 구하는 과정과 여기에 보완계수를 이용해 연조직의 높이를 더하는 과정으로 이루어진다. 뼈의 계측은 허들리카A. Hrdlička의 방법을 따랐고, 보완 계수는 뼈대높이에 따라 10cm(153.5cm 이하), 10.5cm(153.6~165.4cm), 11.5cm(165.5cm 이상) 중 하나를 사용하도록 했다(Lundy, 1985; Fully, 1956; Hrdlička와 Stewart, 1952). 이후 풀리와 피누(Fully와 Pineau, 1960)는 뼈대높이와 상관없이 10.8cm의 보완 계수를 사용할 수 있다고 발표하기도 했다.

풀리의 방법은 다른 수학적 방법에 비해 정확도가 높다는 긍정적인 평가를 받았다. 하지만 동시에 뼈 계측 방법에 대한 설명이 모호하다는 점, 그리고 보완 계수가 부정확하다는 지적도 받아왔다. 이에 풀리의 방법을 개선하고자 하는 노력이 꾸준히 이어졌는데, 그중 2006년 랙스터 등(Raxter 등, 2006)이 발표한 다음 두 개의 회귀 공식은 큰 주목을 받았다.

생전 키=(1.009×뼈대높이)−(0.0426×나이)+12.1 [1]

생전 키=(0.996×뼈대높이)+11.7 [2]

원래 첫 번째 공식은 뼈대로부터 나이를 추정할 수 있는 경우, 그리고 두 번째 공식은 그렇지 않은 경우 사용하도록 고안되었다. 하지만 후속 연구를 통해 랙스터 등(Raxter 등, 2007)은 구체적인 나이를 추정할 수 없는 경우라도 대강의 나이를 추정할 수 있다면 첫 번째 공식을 사용하도록 권고한 바 있다. 마이아넨(Maijanen, 2009) 역시 현대 미국인 자료를 이용한 검증 연구에서 두 번째 공식보다 첫 번째 공식을 통해 더 정확한 추정치를 얻을 수 있다고 보고했다.

랙스터 등(Raxter 등, 2006)의 방법은 수학적 방법을 비롯한 기존의 다른 방법에 비해 정확도가 높을 뿐 아니라, 인종 및 성별에 상관없이 사용할 수 있다는 장점 때문에 하이브리드 방법을 사용하는 연구자들 사이에서도 많이 사용되고 있다(Jeong과 Jantz, 2016; Ruff 등, 2012; Pomeroy와 Stock, 2012; Auerbach와 Ruff, 2010; Raxter 등, 2008; Dayal 등, 2008).

2) 수학적 방법

키를 이루는 모든 뼈를 이용하는 해부학적 방법과 달리 수학적 방법 mathematical method은 키와 상관성이 높은 뼈 한 점 혹은 몇 점을 이용해 키를 추정하는 방법이다. 수학적 방법의 선구자는 19세기 후반 회귀분석 방법을 고안한 피어슨K. Pearson이다.

수학적 방법은 소수의 뼈만 남은 불완전한 뼈대에서도 키를 추정할 수 있을 뿐 아니라, 분석에 필요한 뼈를 계측하는 데 시간이 거의 들지 않는 등 분석 과정이 빠르고 편리해 널리 사용되고 있다(Ruff 등, 2012). 하지만 추정 결과의 정확도에 있어선 논쟁의 여지가 있다. 수학적 방법의 정확도는 여러 가지 요인, 특히 다음에 제시된 세 가지 요인에 의해 크게 달라질 수 있기 때문이다(Ruff 등, 2012; Kurki 등, 2010; Raxter 등, 2006).

(1) 추정 공식이 적합한 표준 자료를 통해 개발된 것인가?

표준 자료reference sample란 어떤 회귀 공식을 개발하기 위해 사용된 특정 인구집단을 말한다. 어떤 공식이 정확한 결과를 내기 위해서는 키를 추정하고자 하는 대상, 즉 목표 자료target sample와 표준 자료 간에 인종, 성별, 연령 등의 생물학적 유사성이 있어야 함은 물론, 지리적·시대적으로도 공통점이 존재해야 한다(Ruff 등, 2012; Baines 등, 2011; Lundy, 1985; Trotter, 1970). 그렇지 않으면 둘 사이에 신체 비율이 달라 오차가 발생할 가능성이 높기 때문이다. 지리적으로 동떨어진 인구집단 간에 신체 비율이 다르다는 사실은 잘 알려져 있다(Holliday와 Ruff, 1997; Holliday, 1997; Ruff, 1994; Eveleth와 Tanner, 1976; Huber와 Jowett, 1973).

처음 키 추정 공식을 개발한 피어슨(Pearson, 1899) 역시 이런 사실을 인지하고 있었기 때문에 특정 인구집단을 통해 개발된 공식을 다른 집단에 적용할 때에는 주의가 요구된다고 충고한 바 있다. 실제로 스티븐슨(Stevenson, 1929)은 프랑스인 자료를 이용해 만든 피어슨의 공식이 중국인의 키를 추정하는 데 적합하지 않다는 사실을 확인했다.

이후 연구자들은 여러 인구집단에 공통으로 적용할 수 있는 방법보다 특정 인구집단을 위한 맞춤형 공식을 개발하는 데 많은 노력을 기울여 왔다(Moore와 Ross, 2013; Shirley, 2013; Baines 등, 2011; Stewart, 1979; Krogman, 1962). 또 같은 인구집단이라 하더라도 시대에 따라 키나 신체 비율 등 생물학적 특징이 달라진다는 사실이 밝혀지면서 '적합한 표준 자료'는 공식을 적용하고자 하는 대상과 시대적 배경도 유사해야 한다는 공감대가 형성되었다(Duyar 등, 2006; Duyar와 Pelin, 2003; Pelin과 Duyar, 2003; Jantz와 Jantz, 1999; Krogman과 Iscan, 1986; Trotter, 1970; Pearson, 1899; 시대가 변하더라도 동일 인구집단 내의 신체 비율 변화는 미미하다는 의견으로는 Klepinger, 2001).

목표 자료와 동일한 지리적·시대적 배경을 가진 표준 자료를 이용해 개발된 공식을 찾는 것이 항상 가능하지는 않다. 지구상의 모든 인구집단에 대해 맞춤형 공식이 개발되어 있진 않기 때문이다. 특히 고고학 현장에서 출토된 뼈대의 경우 이와 동일한 시대의 표준 자료를 찾는다는 것은 사실상 불가능하다. 이런 경우 연구자들은 차선책을 찾는다. 인구집단의 지리적·시대적 배경과 상관없이 목표 자료와 신체 비율이 비슷한 표준 자료를 찾는 방법이 그것이다. 어떤 이유에서건 표준 자료의 신체 비율이 목표 자료의 신체 비율과 비슷하다면 이 표준 자료로부터 개발된 공식은 목표 자료의 키를 비교적 정확하게 추정할 수 있을 것이란 논리이다. 여기서 반드시 짚고 넘어가야 할 문제는 "어떻게 인구집단 간에 신체 비율을 비교할 수 있는가?"라는 질문이다. 이와 관련해 연구자들이 자주 사용하는 방법은 코믹 지수cormic index와 종아리 지수crural inex이다.

코믹 지수는 앉은키와 선키의 비율(앉은키×100/선키)을 말하는데, 보통 '전체 키에 대한 상대적 몸통 길이' 혹은 '전체 키에 대한 상대적 하체 길이' 등으로 해석된다(Ukwuma, 2010; Raxter 등, 2008; Ruff, 1994). 코믹 지수는 키를 직접적으로 고려한 지표로서 신체 비율을 잘 보여줄 수 있지만, 뼈대만 남은 개체, 특히 보존 상태가 온전하지 않은 뼈대의 경우에는 적용이 쉽지 않다(Ruff, 1994).

한편 종아리 지수는 넙다리뼈에 대한 정강뼈의 비율(융기사이융기intercondylar eminence를 제외한 정강뼈 길이×100/생리학적 넙다리뼈 길이physiological length of femur)로 정의된다(Auerbach와 Ruff, 2010; Ruff, 2007; 1994)(그림 3-1). 중요한 점은 종아리 지수가 키에 대한 하체의 상대적 비율과 밀접하게 연관되어 있다는 사실이다(Ruff, 2007; Holliday, 1999).

뼈대 크기의 시대적 변천secular change을 다룬 연구들에 따르면 키의 변화는 주로 상체보다 하체 길이의 변화를 통해 일어난다. 특히 하체를 구성하는 뼈 가운데 넙다리뼈보다 정강뼈의 변화가 키의 변화와 밀접하게 관련되어 있다(Duyar와 Pelin, 2003; Holliday와 Ruff, 2001; Jantz와 Jantz, 1999; Ruff, 1994; Himes, 1979; Udjus, 1964). 이런 맥락에서 마이아넨(Maijanen, 2011)은 뼈대 높이skeletal height가 커질 때 종아리 지수도 높아진다는 사실을 확인한 바 있다. 현실적으로 뼈만 남은 개체의 경우에는 선키나 앉은키를 알기 힘들기 때문에 코믹 지수보다는 종아리 지수를 이용해 전반적인 신체 비율을 비교하는 경우가 많다.

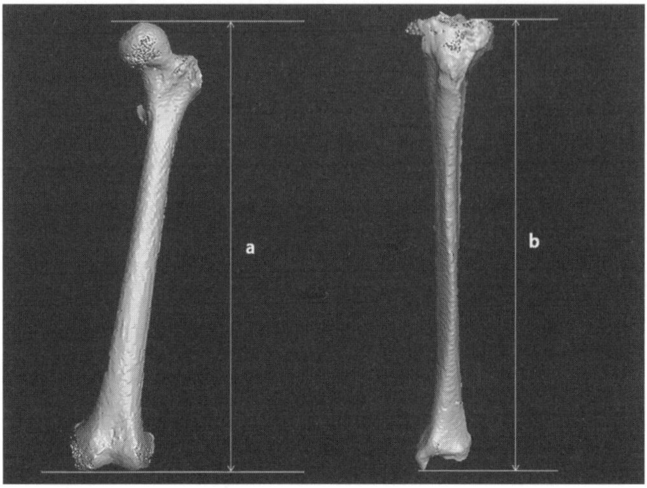

그림 3-1. 생리학적 넙다리뼈 길이(a) 및 융기사이융기를 제외한 정강뼈 길이(b)

(2) 어떤 뼈를 이용할 것인가?

수학적 방법의 정확도는 어떤 뼈를 사용해 키를 추정하는지에 따라서도 달라진다. 때문에 온전하게 출토된 뼈가 여러 점이라면 가장 정확도가 높은 부위의 뼈를 사용해 키를 추정하는 게 원칙이다.

일반적으로 긴뼈가 납작뼈나 불규칙뼈 등 다른 뼈보다 우선 고려되어야 한다. 긴뼈는 기능적·구조적으로 키와 직접적인 연관성을 갖기 때문이다(Maijanen, 2011). 긴뼈 가운데서도 키와 상관성이 더 높은 뼈를 이용해야 추정치의 오차를 줄일 수 있다. 여기서 말하는 상관성은 통계적으로 상관계수correlation coefficient, 추정의 표준오차standard error of estimate, 추정오차prediction error 등을 통해 평가할 수 있다.

보통 키는 상체보다 하체의 긴뼈와 높은 상관관계를 보인다(Ruff 등, 2012; Formicola와 Franceschi, 1996; Sjøvold, 1990; Trotter와 Gleser, 1952; 1958; Dupertuis와 Hadden, 1951). 따라서 하체의 긴뼈가 하나도 출토되지 않은 경우가 아니라면 상체보다 하체의 뼈를 이용해 키를 추정하는 것이 바람직하다(Scientific

Working Group for Forensic Anthropology(SWGANTH), 2012; Trotter와 Gleser, 1958).

마지막으로, 뼈를 한 점만 이용한 단순회귀 공식보다는 여러 뼈를 한꺼번에 이용한 다중회귀 공식을 통해 키를 추정할 때 보다 정확한 결과를 얻을 수 있다(SWGANTH, 2012; Krogman, 1962; Dupertuis와 Hadden, 1951). 단, 각각의 뼈를 이용해 여러 결괏값을 도출한 후 그 결괏값들의 평균치를 최종 추정치로 사용하는 방법은 바람직하지 않다(SWGANTH, 2012).

(3) 어떤 통계 방법을 사용해 만들어진 공식인가?

코닉스버그 등(Konigsberg 등, 1998)은 키 추정 공식을 개발하면서 자주 사용되는 다섯 가지 회귀분석 방법 — 역보정inverse calibration(IC), 전형적 보정classical calibration(CC), 주축회귀major axis regression(MA), 환원주축회귀reduced major axis regression(RMA), 뼈 · 키 비율 방식bone length to stature ratio method — 에 대한 리뷰를 통해 각각의 장단점과 유의사항을 정리했다.

통계적으로 IC는 베이지언 방법Bayesian approach을 바탕으로 하지만, 나머지 방법들은 최대공산 방법maximum likelihood approach에 기초를 두고 있다. IC와 CC는 개념상 유사한 방법이지만, IC가 뼈를 독립변수로 하고 키를 종속변수로 하는 반면, CC에선 뼈가 종속변수가 되고 키가 독립변수가 된다. 다시 말해 IC의 기울기는 CC의 기울기의 역수값이 된다.

IC는 샘플과 회귀 직선 간의 수직거리가 최소가 될 수 있는 최소자승 모형ordinary least squares을 사용하기 때문에 종속변수와 독립변수를 뒤바꾸게 되면 기울기가 달라지는 비대칭 모델이다(그림 3-2). 따라서 두 변수 간에 일방적 관계가 있는 경우, 즉 개념상 독립변수의 변화가 종속변수에 영향을 줄 수 있지만 종속변수의 변화가 독립변수에 영향을 주지는 못하는 관계에 사용하기 적합하다.

반면 MA와 RMA는 X 축과 Y 축의 변수가 뒤바뀌더라도 기울기가 달라지지 않기 때문에 두 변수가 쌍방적 관계가 있는 경우에 적합한 방

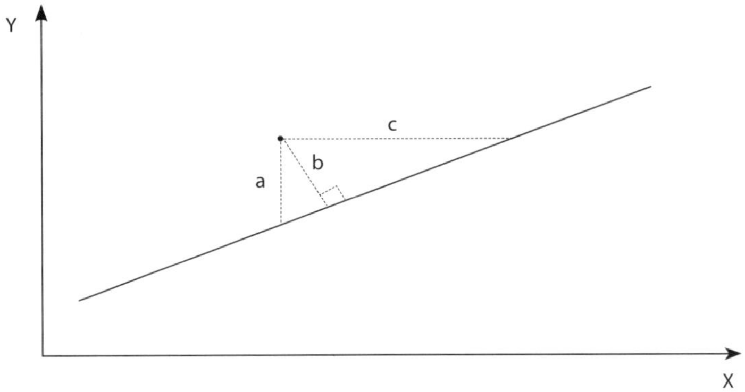

그림 3-2. 역보정(IC), 주축회귀(MA), 환원주축회귀(RMA)에 있어서 샘플과 회귀 직선과의 관계

IC 방법에 의한 회귀 직선은 각 샘플과 직선 간의 수직거리(a)가 최소가 될 수 있도록 구해지는 데 반해, MA 방법의 회귀 직선은 샘플과 직선과의 최단거리(b)가 최소가 될 수 있도록, 그리고 RMA 방법의 회귀 직선은 샘플로부터 이어지는 수직거리(a), 수평거리(c)를 통해 만들어지는 삼각형의 넓이를 최소화할 수 있도록 구해진다.

법이다(Sjøvold, 1990; Smith, 2009). [그림 3-2]는 IC와 MA, RMA의 기초가 되는 개념을 도식화해 보여주고 있다.

만약 목표 자료의 키가 표준 자료의 평균 키와 비슷하고 목표 자료가 속한 집단 전체의 키 분포 정보(prior)가 알려져 있는 상황이라면 IC에 의한 방법의 정확도가 가장 높다. 하지만 목표 자료 집단의 키 분포 정보를 알 수 없다면 IC가 매우 편향된 결과를 내놓을 수 있기 때문에 IC보다 CC를 사용하는 게 낫다. RMA는 목표 자료의 키가 표준 자료의 평균과 약간 차이나는 경우에 유용하지만, 그 차이가 크다면 역시 CC를 사용하는 것이 바람직하다. MA와 뼈·키 비율 방식은 어떤 경우에서건 나머지 세 가지 방법보다 정확도가 높지 않아 실제 사용할 필요성은 높지 않다(Meadows와 Jantz, 1995).

3) 하이브리드 방법

하이브리드 방법hybrid method은 수학적 방법의 새로운 버전이라 할 수 있다. 수학적 방법에서는 실제 키를 알고 있는 표준 자료를 이용해 회귀 공식을 개발하지만, 하이브리드 방법은 표준 자료의 실제 키 대신 해부학적 방법으로 추정한 키를 이용해 회귀 공식을 개발한다(Ruff 등, 2012; Raxter 등, 2008). 예를 들어 키 추정을 해야 하는 100개체 뼈대 가운데 온전한 뼈대가 30개체, 불완전한 개체가 70개체라면, 우선 온전한 뼈대 30개체의 키를 해부학적 방법으로 추정한 후 이를 이용해 회귀 공식을 만들고, 이 회귀 공식을 이용해 나머지 70개체의 키도 추정할 수 있다는 논리이다. 하이브리드 방법의 기초가 되는 키가 실제 계측되거나 보고된 키는 아니지만 해부학적 방법에 의한 추정치의 정확도가 매우 높기 때문에, 적합한 표준 자료를 찾기 힘든 상황에서는 하이브리드 방법을 이용하는 사례가 점차 늘고 있다(Lundy, 1983; 1985; Stewart, 1979; El Najjar와 McWilliams, 1978).

하이브리드 방법을 처음 고안한 룬디(Lundy, 1983)는 긴뼈를 이용해 뼈대높이skeletal height를 추정할 수 있는 회귀 공식을 만들었으나, 이를 이용해 생전 키를 추정하는 방법에 대해서는 언급하지 않았다. 이후 대부분의 연구자들은 뼈대높이가 아닌 해부학적 방법으로 추정한 생전 키를 이용해 공식을 만들고 있다. 최근 가장 일반적으로 사용되는 해부학적 방법은 랙스터 등(Raxter 등, 2006)의 수정된 풀리 방법이다.

하이브리드 방법은 두 단계, 즉 해부학적 방법을 통해 표준 자료의 생전 키를 추정하는 단계와, 이를 바탕으로 회귀 공식을 개발하는 단계를 거쳐 추정 공식을 개발하게 된다. 따라서 하이브리드 방법을 통해 개발된 공식에 오차가 발생한 경우, 이 오차가 첫 번째 단계에서 발생한 것인지, 아니면 두 번째 단계에서 발생한 것인지, 혹은 두 단계 모두에서 발생한 것인지 명확히 판단하기가 힘들다(Jeong과 Jantz, 2016). 하지만 이런 이유 때문에 특별히 상관성도 없는 표준 자료로부터 개발된 공식을 적용하는 게 낫다고 말할 수는 없다. 이 경우 또한 오차가 어느 정도일지 가늠할 수 없기 때문이다. 사실 적합한 공식이 개발되지 않은 상황에서는 하이브리드 방법이 선호되고 있다(Ruff 등, 2012; Auerbach와 Ruff, 2010; Maijanen과 Niskanen, 2010; Raxter 등, 2008).

하이브리드 방법의 최고 장점은 목표 자료가 속한 집단으로부터 공식이 유도된다는 점이다. 즉 지역적·시대적 배경 등 모든 조건에 있어 목표 자료 맞춤형 공식인 셈이다. 또 하이브리드 방법의 첫 번째 단계에서 랙스터 등(Raxter 등, 2006)의 공식을 사용한다면 표준 자료의 생전 키를 약 2.2cm의 작은 오차 범위 내에서 추정할 수 있다. 하루 동안 키가 2.4cm까지 변할 수 있다는 사실을 고려한다면(Damon, 1964) 랙스터 등(Raxter 등, 2006)의 방법을 사용해서 얻은 추정치가 실제 계측된 키에 비해 심하게 편향되었을 가능성은 크지 않다. 이런 이유로 최근에는 적합한 공식을 찾기 어려운 경우 하이브리드 방법에 의해 공식을 개발하려는 시도가 많아지고 있다.

4. 한국인 대상의 키 추정 연구

지난 수십여 년간 한국에서 출토된 뼈대의 키를 추정하기 위해 사용된 방법은 주로 트로터와 글레서(Trotter와 Gleser, 1958)가 개발한 아시아인 공식과 피어슨(Pearson, 1899)의 공식이었다.

국내에서 1967~2013년 사이에 출판된 발굴 보고서 및 학술 논문 총 65편을 무작위로 수집해 검토한 결과, 트로터와 글레서(Trotter와 Gleser, 1958)의 방법을 사용한 경우가 37편(56.9%), 피어슨(Pearson, 1899)의 방법을 사용한 경우는 25편(38.5%)이었다. 나머지 3편의 연구 중 한 편에서 최 등(Choi 등, 1997)의 방법을 사용했고, 다른 한 편의 논문에서 머리마루점-

발뒤꿈치 길이를 근거로 키를 추정했으며, 나머지 한 편의 논문에서는 키 추정 방법을 구체적으로 적시하지 않았다.

한국인을 대상으로 한 키 추정 방법 연구는 1980년대 이후 간헐적으로 이루어져 오다가 2010년 이후 활발해지고 있는 추세이다. 1983년 김봉건 등(김봉건 등, 1983)은 스캔 촬영술을 이용해서 18~77세 한국인 50명(남성 36명, 여성 14명)의 넙다리뼈를 촬영한 후, 넙다리몸통의 최대길이가 평균적으로 전체 키의 24%를 차지하며 성별 및 좌우측 간의 차이는 없다고 보고했다. 이때의 넙다리몸통의 최대길이는 '대퇴골의 대전자 근위부와 대퇴골 원위 관절면의 중심점 사이의 거리'라고 정의되었다.

이후 김근우 등(김근우 등, 1986)은 스캔 촬영술을 이용해 남성 80명, 여성 107명으로부터 우측 넙다리뼈의 최대길이를 계측한 후 넙다리뼈가 키에 대해 차지하는 비율이 남성은 26.10±0.82%, 여성은 25.91±0.77%라고 발표했다. 또 키를 통해 넙다리뼈의 최대길이를 추정할 수 있도록 남녀 공식을 각각 개발했다(표 3-1). 이 공식은 독립변수와 종속변수를 전환하면 넙다리뼈 최대길이를 이용해 키를 추정할 수도 있다는 점에서 한국인을 대상으로 만들어진 최초의 키 추정 공식이라 할 수 있다. 하지만 실제 뼈가 아닌 엑스레이 사진상의 뼈 길이가 사용되었기 때문에 이 공식을 마른 뼈에 곧바로 적용할 수 있는지는 확실치 않다.

임한혁 등(임한혁 등, 1993)은 남성 175명, 여성 73명의 팔다리뼈(위팔뼈, 노뼈, 자뼈, 넙다리뼈, 정강뼈, 종아리뼈) 엑스레이 사진을 촬영하여 각 뼈의 최대길이, 가운데 몸통 너비 등 다양한 계측치를 보고하면서 넙다리뼈와 정강뼈의 최대길이를 사용한 키 추정 공식을 함께 제시했다(표 3-1). 이 공식들은 뼈의 길이를 통해 키를 직접 추정할 수 있다는 점에서, 그리고 남녀를 구분하지 않는다는 점에서 김근우 등(김근우 등, 1986)의 공식과 차이가 있다. 하지만 여기에 사용된 뼈의 길이는 앞선 연구들과 마찬가지로 방사선 사진상의 길이로서 사진 촬영 과정에서 일어나는 뼈 크기의 왜곡 현상은 고려되지 않았다. 따라서 이 공식을 마른 뼈에 곧바로 적용하기에는 무리가 있다. 또 저자들은 넙다리뼈와 정강뼈의 '최대길이'를 어떻게 계측했는지에 대해 사진상에 화살표로 표시를 해 놓았을 뿐, 말로써 구체적인 정의를 내리지 않았다.

그런데 사진에 따르면 저자들의 계측 방법이 일반적으로 사용되는 넙다리뼈와 정강뼈의 최대길이 계측 방법과 같지 않기 때문에 특별한 주의가 요구된다. 다시 말해 이 연구에서 넙다리뼈의 최대길이는 일반적으로 통용되는 생리학적 길이physiological length로, 그리고 정강뼈의 최대길이는 융기사이융기intercondylar eminence를 포함한 정강뼈의 길이로 해석할 여지가 있다. 또한 이 공식들의 오차가 어느 정도인지 보고되지 않아 추정치가 얼마나 정확한지 알 수 없고, 다른 연구들과 정확도를 비교할 수 없다는 점 또한 이 공식의 한계라고 할 수 있다.

방사선 사진이 아닌 실제 뼈를 이용한 키 추정 공식은 1997년 최 등(Choi 등, 1997)에 의해 처음 발표되었다(표 3-1). 이 연구에는 57구의 남성 시신으로부터 분리된 위팔뼈, 노뼈, 자뼈, 넙다리뼈, 정강뼈, 그리고 종아리뼈의 최대길이가 사용되었다. 저자들은 새 공식을 기존 방법들과도 비교하면서 새 공식의 정확도가 피어슨(Pearson, 1899)이나 트로터와 글레서(Trotter와 Gleser, 1958), 듀퍼튜스와 헤이든(Dupertuis와 Hadden, 1951)의 방법들보다 높다고 보고했다.

최 등(Choi 등, 1997)에서는 방사선 사진상의 뼈 길이 대신 실제 뼈를 계측했다는 점에서 기존 연구들과 차이가 있다. 하지만 이 연구에는 생전 키가 아닌 시신의 키가 사용되었기 때문에 본 연구에 의한 추정치는 생전 키보다 큰 값일 가능성이 높다. 또 방법론과 관련해 저자들은 정강뼈 최대길이를 계측할 때 융기사이융기를 포함시켰는지 여부에 대해 언급하지 않아 정강뼈를 이용한 공식을 사용할 때 특별한 주의가 요구된다.

일반적으로 정강뼈의 최대길이를 잴 때는 융기사이융기를 포함시키지 않고 가쪽관절융기lateral condyle부터 안쪽복사medial malleolus까지의 거리를 측정하는데, 실제 연구자들 사이에서는 융기사이융기를 포함시키는 경우가 많기 때문에 이에 대한 명확한 추가 설명이 필요하다. 또한 이 연구에는 여성 공식이 제시되지 않았다. 남성과 여성은 신체 비율에 차이가 있기 때문에 일반적으로 남성 공식을 여성에 적용하거나 여성 공식을 남성에 적용하는 것은 바람직하지 않다. 따라서 이 부분은 이 연구의 한계로 지적될 수밖에 없다.

2010년을 전후한 시점부터 한국인을 위한 키 추정 연구는 더욱 활발해졌다. 특히 방법론에 있어서도 기존에 사용된 젖은 뼈wet bone를 이용한 방법 외에 인체계측학 자료anthropometric data나 컴퓨터 단층촬영(CT) 영상, 3차원 스캔 자료 등 다양한 자료를 이용해 키 추정 공식을 개발하려는 노력이 이어지고 있다. 예를 들어 황 등(Hwang 등, 2009)은 2004년 한국인 인체치수 조사에 참여한 5,063명의 기록을 이용하여 키 추정 공식을 개발함과 동시에 교차 검증까지 실시했다(일부 공식만 표 3-1에 포함). 키 추정을 위해서는 연령과 무릎 높이를 알아야 하는데, 이때 무릎 높이는 '무릎관절과 발목 관절이 각각 90도를 이루도록 굽힌 상태에서 바닥부터 슬개골 위점suprapatella point까지의 거리'로 정의했다(Hwang 등, 2009). 이 공식은 인체계측학 자료를 이용해 개발된 최초의 한국인 키 추정 공식으로서, 저자들이 밝힌 대로 고령의 노인 등 거동이 불편해 정상적인 방법으로 키를 측정할 수 없는 사람들에게 유용하게 사용할 수 있다는 장점이 있다.

인체계측학 자료를 이용한 또 다른 공식은 2015년 지와 윤(Jee와 Yun, 2015)에 의해 제시되었다. 저자들은 321명의 샘플을 이용해 손과 관련된 29개의 항목에 대한 남녀 공식을 개발했다(일부 공식만 표 3-1에 포함). 이때 계측 항목 가운데서는 최대 손 길이(손목 중앙에서부터 중지 끝점까지 거리)가 키와 가장 큰 상관성을 보였다(남성 r=0.628, 여성 r=0.534).

지 등(Jee 등, 2017)은 발과 관련된 11개 항목을 통해 키 추정 공식을 다시 한번 제시했는데, 이때는 3차원 스캔 자료가 활용되었다(일부 공식만 표 3-1에 포함). 이 연구에서 키와 가장 상관성이 높은 항목은 남녀 모두 최대 발 길이였다(남성 r=0.753, 여성 r=0.433).

한편 김 등(Kim 등, 2018) 또한 손과 발의 인체계측학 자료를 이용한 공식을 제시한 바 있다(일부 공식만 표 3-1에 포함). 이들은 5천 명이 넘는 샘플의 자료를 이용했는데(남성 2,750명, 여성 2,445명), 이때 조사한 항목은 손과 발의 최대길이와 최대너비 두 가지였다. 기존의 지와 윤(Jee와 Yun, 2015), 지 등(Jee 등, 2017)의 연구와 마찬가지로 손과 발 모두에서 길이 항목이 너비 항목에 비해 키와 높은 상관성을 보였고, 손 길이(남성 r=0.620, 여성 r=0.502)보다는 발 길이가 키와 상관성이 높았다(남성 r=0.712, 여성 r=0.630).

이와 같은 인체계측학 자료를 이용한 공식은 살아 있는 사람, 혹은 사망한 지 얼마 안 된 시신의 키를 추정하는 데는 유용할 수 있지만, 오래전에 사망해 뼈대만 남은 경우에는 적용하기 힘들다는 한계가 있다.

이 등(Lee 등, 2014; 2015)은 105구의 남녀 해부용 시신으로부터 적출한 젖은 뼈를 이용해 키 추정 공식을 개발했는데, 2014년에는 우측 다리뼈 3점(넙다리뼈, 정강뼈, 종아리뼈)을 이용한 공식이, 2015년에는 우측 팔뼈 3점(위팔뼈, 노뼈, 자뼈)을 이용한 공식이 각각 발표되었다(일부 공식만 표 3-1에 포함). 이에 따르면 다리뼈 중에는 넙다리뼈의 최대길이가, 팔뼈 중에는 자뼈의 최대길이가 남녀 모두에서 키와 가장 높은 상관성을 보였다.

해부용 시신의 우측 팔다리뼈를 이용했다는 점에서는 최 등(Choi 등, 1997)의 연구와 같지만, 이 등(Lee 등, 2014; 2015)은 남성 공식뿐 아니라 여성 공식 및 혼성 공식을 포함시켰고, 각 뼈를 어떻게 계측했는지에 대해서도 구체적인 설명을 덧붙였다. 예를 들어, 가장 혼선이 빚어질 수 있는 정강뼈 최대길이의 경우 이 등(Lee 등, 2014)은 융기사이융기가 포함된 최대길이임을 분명히 했다. 또 넙다리뼈와 위팔뼈 공식의 경우에는 뼈의 일부만 출토되더라도 키를 추정할 수 있도록 부분 계측치를 이용한 공식이 함께 제시되어 있다. 하지만 이 연구에 사용된 샘플의 평균 연령이 71.7세(표준 편차 14.0세)로 매우 높다는 점, 그리고 이 공식을 통해 추정하는 키가 생전 키가 아닌 시신의 키라는 점은 이 공식을 사용하려는 연구자들이 유의해야 할 부분이다.

2016년 정과 잰츠(Jeong과 Jantz, 2016)는 한국인 뼈대에 처음으로 하이브리드 방법을 적용해 키 추정 공식을 개발했다(일부 공식만 표 3-1에 포함). 생전 정보가 없었던 뼈대의 생전 키는 랙스터 등(Raxter 등, 2006)의 공식을 통해 복원되었고, 이를 바탕으로 19개의 남녀 공식이 제시되었다. 기존 연구들과 달리 정과 잰츠(Jeong과 Jantz, 2016)는 각 공식에 대해 추정 범위prediction interval를 제시함으로써 실제 키가 포함되어 있을 범위를 90%, 혹은 95%의 정확도로 편리하게 추정할 수 있도록 했다.

또 이 연구에서는 마른 뼈를 직접 계측했기 때문에 완전히 백골화된 채 발견된 뼈대의 경우 특별한 보완 계수 없이 직접 적용할 수 있다는 장점이 있다. 특히 저자들은 한국인의 신체 비율이 시대에 따라 큰 차이를 보이지 않기 때문에 고고학 현장에서 출토된 뼈대의 키를 추정하는 데도 이 공식이 유용하게 사용될 수 있다고 밝히고 있다(Jeong과 Jantz, 2016).

2017년 이 등(Lee 등, 2017)은 해부용 시신 308구의 컴퓨터 단층촬영(CT) 영상을 통해 좌우 넙다리뼈을 이용한 남녀 키 추정 공식을 개발했다(표 3-1). 공식 개발에 앞서 저자들은 장골계측판을 이용한 계측치와 CT 영상을 이용한 계측치의 차이가 평균 0.53mm에 불과할 정도로 근소하다는 사실을 밝히기도 했다. 이 연구는 넙다리뼈를 이용한 키 추정 공식을 제시했다는 점뿐만 아니라, CT 영상을 통해 뼈를 계측하는 프로토콜을 제시했다는 점에서 의의가 있다. CT를 이용한 뼈대 계측 기술은 특히 미라와 같이 연조직이 남아 있는 샘플을 파괴하지 않고도 생전 정보를 재구성하는 데 유용할 것으로 기대된다.

표 3-1. 한국인을 위한 키 추정 공식 (단위: cm)

구분	공식	뼈 계측 방법
김근우 등 (김근우 등, 1986)	남성 넙다리뼈=(0.31×남성 키)-7.76; n=80, R^2=0.60 여성 넙다리뼈=(0.28×여성 키)-2.85; n=107, R^2=0.64	방사선 사진
임한혁 등 (임한혁 등, 1993)	키[a]=(1.48×넙다리뼈)+95.62; n=57 키[a]=(2.2×정강뼈)+82.07; n=171 [a] 성별이 특정되지 않았고 결정 계수가 제시되지 않음.	방사선 사진
최 등 (Choi 등, 1997)	남성 키=(4.30×위팔뼈)+33.32; n=44, R^2=0.51 남성 키=(3.89×노뼈)+74.12; n=40, R^2=0.54 남성 키=(3.74×자뼈)+70.78; n=43, R^2=0.51 남성 키=(2.93×넙다리뼈)+36.88; n=49, R^2=0.67 남성 키=(2.54×정강뼈)+73.38; n=44, R^2=0.61 남성 키=(2.55×종아리뼈)+74.49; n=42, R^2=0.58	젖은 뼈
황 등 (Hwang 등, 2009)	남성 키=(1.95×무릎 높이)-(0.09×연령)+74.63; n=2,020, R^2=0.73 폐경 전 여성 키=(1.99×무릎 높이)-(0.07×연령)+66.13; n=1,425, R^2=0.68 폐경 후 여성 키=70.87-(0.14×연령)+(1.96×무릎 높이); n=596, R^2=0.69	인체계측학 자료
이 등 (Lee 등, 2014)	남성 키=(2.883×넙다리뼈)+42.7728; n=55, R^2=0.762 남성 키=(2.618×정강뼈[b])+75.8742; n=55, R^2=0.718 남성 키=(2.430×종아리뼈)+83.7503; n=55, R^2=0.646 여성 키=(2.521×넙다리뼈)+54.2413; n=50, R^2=0.477 여성 키=(2.939×정강뼈[b])+59.3325; n=50, R^2=0.437 여성 키=(3.019×종아리뼈)+58.5330; n=50, R^2=0.451 혼성 키=(3.232×넙다리뼈)+26.6667; n=105, R^2=0.770 혼성 키=(3.545×정강뼈[b])+41.6001; n=105, R^2=0.678 혼성 키=(3.404×종아리뼈)+48.1114; n=105, R^2=0.667 [b] 융기사이융기를 포함한 정강뼈의 최대길이	젖은 뼈
이 등 (Lee 등, 2015)	남성 키=(5.061×위팔뼈)+13.3449; n=55, R^2=0.887 남성 키=(6.285×자뼈)+11.3027; n=55, R^2=0.899 남성 키=(6.809×노뼈)+11.1025; n=55, R^2=0.898 여성 키=(5.150×위팔뼈)+9.2120; n=50, R^2=0.880 여성 키=(6.429×자뼈)+8.5179; n=50, R^2=0.888 여성 키=(6.920×노뼈)+10.2816; n=50, R^2=880 혼성 키=(5.184×위팔뼈)+9.0408; n=105, R^2=0.896 혼성 키=(6.308×자뼈)+10.9652; n=105, R^2=0.906 혼성 키=(6.788×노뼈)+13.3363; n=105, R^2=0.901	젖은 뼈

지와 윤 (Jee와 Yun, 2015)	남성 키=(4.451×손 길이)+88.051; n=167, R^2=0.398 남성 키=(7.693×손바닥 길이)+88.814; n=167, R^2=0.358 여성 키=(4.482×손 길이)+78.992; n=154, R^2=0.285 여성 키=(7.097×손바닥 길이)+86.414; n=154, R^2=0.255	인체계측학 자료
정과 잰츠 (Jeong과 Jantz, 2016)	남성 키=(2.167×넙다리뼈)+69.544; n=63, R^2=0.702 남성 키=(2.321×정강뼈[c])+81.488; n=63, R^2=0.726 남성 키=1.22×(넙다리뼈+정강뼈[c])+67.649; n=63, R^2=0.778 남성 키=1.83×(넙다리뼈+허리뼈 높이[d])+59.179; n=63, R^2=0.822 남성 키=1.845×(정강뼈[c]+허리뼈 높이[d])+73.087; n=63, R^2=0.808 남성 키=1.13×(넙다리뼈+정강뼈[c]+허리뼈 높이[d])+59.317; n=63, R^2=0.861 여성 키=(2.591×넙다리뼈)+49.062; n=50, R^2=0.769 여성 키=(2.579×정강뼈[c])+67.939; n=50, R^2=0.757 여성 키=1.406×(넙다리뼈+정강뼈[c])+50.635; n=50, R^2=0.830 여성 키=2.197×(넙다리뼈+허리뼈 높이[d])+36.607; n=50, R^2=0.865 여성 키=2.169×(정강뼈[c]+허리뼈 높이[d])+53.483; n=50, R^2=0.846 여성 키=1.305×(넙다리뼈+정강뼈[c]+허리뼈 높이[d])+41.252; n=50, R^2=0.897 [c] 융기사이융기를 포함한 정강뼈의 최대길이 [d] 첫째-다섯째 허리뼈 높이의 합	마른 뼈
이 등 (Lee 등, 2017)	남성 키=(2.593×우측 넙다리뼈)+55.170; n=155, R^2=0.722 남성 키=(2.610×좌측 넙다리뼈)+54.081; n=155, R^2=0.737 여성 키=(2.82×우측 넙다리뼈)+41.926; n=153, R^2=0.792 여성 키=(2.842×좌측 넙다리뼈)+40.776; n=153, R^2=0.785	MDCT 자료
지 등 (Jee 등, 2017)	남성 키=(4.015×발 길이)+68.7; n=175, R^2=0.567 남성 키=(3.948×PGL[e])+70.5; n=175, R^2=0.548 여성 키=(2.268×발 길이)+107.2; n=286, R^2=0.188 여성 키=(2.263×PGL[e])+107.3; n=286, R==0.185 [e] PGL=발뒤꿈치부터 엄지발가락까지 길이	3차원 스캔 자료
김 등 (Kim 등, 2018)	남성 키=(4.945×손 길이)+79.610; n=2,750, R^2=0.384 남성 키=(4.067×발 길이)+68.542; n=2,750, R^2=0.506 여성 키=(4.106×손 길이)+87.362; n=2,445, R^2=0.252 여성 키=(3.960×발 길이)+67.193; n=2,445, R^2=0.397	인체계측학 자료

5. 맺음말

이 장에서는 사람의 키를 추정하려는 국내외의 노력을 개관하는 한편, 키 추정 공식을 개발하거나 추정 공식을 사용할 때 어떤 점에 유의해야 하는지 살펴보았다. 특히 뼈대를 통해 키를 추정하고자 할 때 뼈대의 보존 상태가 온전하다면 해부학적 방법이 우선 고려되어야 하고, 그렇지 않다면 목표 자료와 동일한 배경을 가진 표준 자료로부터 개발된 공식을 사용해야 한다는 점을 명확히 했다. 적절한 공식을 찾기 힘든 경우라면 하이브리드 방법에 의해 일단 공식을 개발한 후, 이를 이용해 키를 추정하는 것이 바람직하다.

본질적으로 사람의 키는 수치 하나로 규정할 수 있는 고정적인 현상이 아니다. 키는 사람이 태어나서 살아가는 동안 계속해서 달라지며, 심지어는 사망한 후에도 변한다. 따라서 키를 연구하는 연구자는 본인이 키를 추정하고자 하는 목적과 맥락을 잘 판단한 후 그에 가장 잘 부합하는 방법을 채택하되, 필요하다면 보완 계수 등을 사용해야 최대한 정확한 추정치를 구할 수 있다.

마지막으로, 서로 다른 인구집단은 신체 비율에 차이가 있을 수 있으므로 가급적이면 각 인구집단에 최적화된 키 추정 공식을 개발하고 사용할 필요가 있다. 또한 동일한 인구집단이라 하더라도 시대에 따라 신체 비율이나 키가 달라질 수 있으므로 이미 개발된 방법의 유효성을 검증하고 새로운 방법을 탐색하려는 시도는 계속되어야 한다. 이런 의미에서 최근 다양한 방법론을 사용해 한국인의 키를 추정하려는 노력들이 이루어지고 있다는 사실은 관련 학문 분야의 발전을 위해 매우 고무적인 현상이다.

Im, H. H., Kim, J. W., Hong, D. H., Lee, H. K., Choi, D. L., Kim, D. H., Kwon, K. H., & Kim, K. J. (1993). A study of individual identification by Roentgenographic characteristics of long bones in humen. *Journal of Korean Radiological Society* 29 (4): 820-825. (in Korean) (임한혁, 김종우, 홍덕화, 이혜경, 최득린, 김대호, 권귀향, 김기정 (1993).「상하지의 방사선학적 검사를 이용한 개인 식별에 관한 연구」.『대한방사선의학회지』29(4): 820-825.)

Kim, B. K., Park, J. G., Koo, I. H., & Kwak, K. D. (1983). A study of normal Korean adult femur length and configuration. *Journal of the Korean Orthopaedic Association* 18(3): 431-436. (in Korean) (김봉건, 박재공, 구인회, 곽경덕 (1983).「정상 한국성인 대퇴골 길이와 형태 측정에 대한 연구」.『대한정형외과학회지』18(3): 431-436.)

Kim, K. W., Kim, S. L., Ko, H. S., Oh, W. J., Kim, D. H., Kim D. Y., & Kim, Y. M. (1986). A study for the correlation between the body height and the maximum femoral length in the normal adult Korean. *Journal of the Korean Orthopaedic Association* 21(2): 197-201. (in Korean) (김근우, 김상림, 고한석, 오환진, 김덕호, 김대영, 김영민 (1986).「한국인 정상성인에 있어서 대퇴골 길이와 신장과의 상관관계에 대한 연구」.『대한정형외과학회지』21(2): 197-201.)

Auerbach, B. M., & Ruff, C. B. (2010). Stature estimation formulae for indigenous North American populations. *American Journal of Physical Anthropology* 141(2): 190-207.

Baines, K. N., Edmond, S., & Eisma, R. (2011). Stature. In S. Black, & E. Ferguson (Eds.), *Forensic Anthropology: 2000 to 2010*. CRC Press.

Boldsen, J. L. (1984). A statistical evaluation of the basis for predicting stature from lengths of long bones in European populations. *American Journal of Physical Anthropology* 65(3): 305-311.

Borkan, G. A., Hults, D. E., & Glynn, R. J. (1983). Role of longitudinal change and secular trend in age differences in male body dimensions. *Human Biology* 55(3):

629-641.

Braziuniene, I., Wilson, T. A., & Lane, A. H. (2007). Accuracy of self-reported height measurements in parents and its effect on mid-parental target height calculation. *BMC Endocrine Disorders* 7: 2.

Choi, B., Chae, Y., Chung, I., & Kang, H. (1997). Correlation between the postmortem stature and the dried limb-bone lengths of Korean adult males. *Yonsei Medical Journal* 38(2): 79-85.

Cline, M. G., Meredith, K. E., Boyer, J. T., & Burrows. B. (1989). Decline of height with age in adults in a general population sample: estimating maximum height and distinguishing birth cohort effects from actual loss of stature with aging. *Human Biology* 61(3): 415-425.

Damon, A. (1964). Notes on Anthropometric Technique. I. Stature against a Wall and Standing Free. *American Journal of Physical Anthropology* 22: 73-77.

Dayal, M. R., Steyn, M., & Kuykendall, K. L. (2008). Stature estimation from bones of South African whites. *South African Journal of Science* 104: 124-128.

Dupertuis, C. W., & Hadden, J. A., Jr. (1951). On the reconstruction of stature from long bones. *American Journal of Physical Anthropology* 9(1): 15-53.

Duyar, I., & Pelin, C. (2003). Body height estimation based on tibia length in different stature groups. *American Journal of Physical Anthropology* 122(1): 23-27.

Duyar, I., Pelin, C., & Zagyapan, R. (2006). A new method of stature estimation for forensic anthropological application. *Anthropological Science* 114(1): 23-27.

Dwight, T. (1894). Methods of estimating the height from parts of the skeleton. *Medical Record* 46: 293-296.

El-Najjar, M. Y., & McWilliams, K. R. (1978). *Forensic anthropology: The structure, morphology, and variation of human bone and dentition*. Springfiled, Illinois: Charles C. Thomas.

Engstrom, J. L., Paterson, S. A., Doherty, A., Trabulsi, M., & Speer, K. L. (2003). Accuracy of self-reported height and weight in women: An integrative review of the literature. *Journal of Midwifery & Woman's Health* 48(5): 338-345.

Eveleth, P. B., & Tanner, J. M. (1976). Worldwide variation in human growth. *International Biological Programme* 8. London: Cambridge University Press.

Formicola, V., & Franceschi, M. (1996). Regression equations for estimating stature from long bones of early Holocene European samples. *American Journal of Phys-*

ical Anthropology 100(1): 83-88.

Fully, G. (1956). Une nouvelle méthode de détermination de la taille. *Annales de Médecine Légale, Criminologie, Police Scientifique et Toxicologie* 36(5): 266-273.

Fully, G., & Pineau, H. (1960). Détermination de la stature au moyen du squelette. *Annales de Médecine Légale* 40: 145-154.

Galloway, A. (1988). Estimating actual height in the older individual. *Journal of Forensic Science* 33(1): 126-136.

Gill, I. (1998). Stature, consumption, and the standard of living in colonial Korea. In J. Komlos, & J. Baten (Eds.), *The biological standard of living in comparative perspective*. Stuttgart: Franz Steiner Verlag.

Gunnell, D., Berney, L., Holland, P., Maynard, M., Blane, D., Frankel, S., & Smith, G. D. (2000). How accurately are height, weight and leg length reported by the elderly, and how closely are they related to measurements recorded in childhood? *International Journal of Epidemiology* 29(3): 456-464.

Hertzog, K. P., Garn, S. M., & Hempy, H. O. (3rd., 1969). Partitioning the effects of secular trend and ageing on adult stature. *American Journal of Physical Anthropology* 31(1): 111-115.

Himes, J. H. (1979). Secular changes in body proportions and composition. *Monographs of the Society for Research in Child Development* 44: 28-58.

Himes, J. H., & Roche, A. F. (1982). Reported versus measured adult statures. *American Journal of Physical Anthropology* 58(3): 335-341.

Holliday, T. W. (1997). Body proportions in Late Pleistocene Europe and modern human origins. *Journal of Human Evolution* 32(5): 423-448.

Holliday, T. W. (1999). Brachial and crural indices of European Late Upper Paleolithic and Mesolithic humans. *Journal of Human Evolution* 36(5): 549-566.

Holliday, T. W., & Ruff, C. B. (1997). Ecogeographical patterning and stature prediction in fossil hominids: Comment on M. R. Feldesman and R. L. Fountain. American Journal of Physical Anthropology(1996) 100: 207–224. *American Journal of Physical Anthropology* 103(1): 137-140.

Holliday, T. W., & Ruff, C. B. (2001). Relative variation in human proximal and distal limb segment lengths. *American Journal of Physical Anthropology* 116(1): 26-33.

Hrdlička, A., & Stewart, T. D. (1952). *Hrdlička's Practical Anthropometry*. Philadelphia: Wistar Institute of Anatomy and Biology.

Huber, N., & Jowett, D. (1973). Relationships between lengths of long bones among recent Americans and early medieval Alamannic Germans. *American Journal of Physical Anthropology* 39(1): 37-39.

Hwang, I. C., Kim, K. K., Kang, H. C., & Kang, D. R. (2009). Validity of stature-predicted equations using knee height of elderly and mobility impaired persons in Koreans. *Epidemiology and Health* 31: e2009004. https://doi.org/10.4178/epih/e2009004

Jantz, L. M., & Jantz, R. L. (1999). Secular change in long bone length and proportion in the United States, 1800-1970. *American Journal of Physical Anthropology* 110 (1): 57-67.

Jee, S., & Yun, M. H. (2015). Estimation of stature from diversified hand anthropometric dimensions from Korean population. *Journal of Forensic Legal Medicine* 35: 9-14.

Jee, S., Kwon, S., & Yun, M. H. (2017). Analysis of stature prediction from foot anthropometry: A South Korean case study. *Australian Journal of Forensic Science* 49(1): 9-21.

Jeong, Y., & Jantz, L. M. (2016). Developing Korean-specific equations of stature estimation. *Forensic Science International* 260: 105.e1-105.e11.

Karakida, O., Ueda, H., Ueda, M., & Miyasaka, T. (2003). Diurnal T2 value changes in the lumbar intervertebral discs. *Clinical Radiology* 58(5): 389-392.

Kim, W., Kim, Y. M., & Yun, M. H. (2018). Estimation of stature from hand and foot dimensions in a Korean population. *Journal of Forensic Legal Medicine* 55: 87-92.

Klepinger, L. L. (2001). Stature, maturation variation and secular trends in forensic anthropology. *Journal of Forensic Science* 46(4): 788-790.

Kobayashi, M., & Togo, M.(1993). Twice-daily measurements of stature and body weight in two children and one adult. *American Journal of Human Biology* 5: 193-201.

Komar, D. A. (2003). Twenty-seven years of forensic anthropology casework in New Mexico. *Journal of Forensic Science* 48(3): 521-524.

Konigsberg, L. W., Hens, S. M., Jantz, L. M., & Jungers, W. L. (1998). Stature estimation and calibration: Bayesian and maximum likelihood perspectives in physical anthropology. *American Journal of Physical Anthropology Suppl* 27: 65-92.

Krogman, W. M. (1962). *The human skeleton in forensic medicine*. Springfield, Illinois: Charles C. Thomas.

Krogman, W. M., & Iscan, M. Y. (1986). *The human skeleton in forensic medicine*. Springfield, Illinois: Charles C. Thomas.

Kurki, H. K., Ginter, J. K., Stock, J. T., & Pfeiffer, S. (2010). Body size estimation of small-bodied humans: Applicability of current methods. *American Journal of Physical Anthropology* 141(2): 169-180.

Lee, J. H., Jeong, Y. G., Lee, N. S., Han, S. Y., & Han S. H. (2015). Stature estimation from partial measurements and maximum length of upper limb bones in Koreans. *Internaional Journal of Research — Granthaalayah* 3(10): 100-107.

Lee, J. H., Kim, Y. S., Lee, U. Y., Park, D. K., Jeong, Y. K., Lee, N. S., Han, S. Y., & Han, S. H. (2014). Stature estimation from partial measurements and maximum length of lower limb bones in Koreans. *Australian Journal of Forensic Science* 46(3): 330-338.

Lee, S., Gong, H., Hyun, J., Koo, H., Lee, H., Chung, N., Choi, Y., Yang, K., & Choi, B. H. (2017). Estimation of stature from femur length measured using computed tomography after the analysis of three-dimensional characteristics of femur bone in Korean cadavers. *International Journal of Legal Medicine* 131: 1355-1362.

Lundy, J. K. (1983). Regression Equations for Estimating Living Stature from Long Limb Bones in the South-African Negro. *South African Journal of Science* 79(6): 337-338.

Lundy, J. K. (1985). The mathematical versus anatomical methods of stature estimate from long bones. *The American Journal of Forensic Medicine and Pathology* 6(1): 73-76.

Maijanen, H. (2009). Testing anatomical methods for stature estimation on individuals from the W. M. Bass Donated Skeletal Collection. *Journal of Forensic Science* 54(4): 746-752.

Maijanen, H. (2011). Stature estimation from skeletal elements: General problems and small solutions. Ph. D. dissertation at the University of Oulu, Finland.

Maijanen, H., & Niskanen, M. (2006). Comparing stature-estimation methods on Medieval inhabitants of Westerhus, Sweden. *Fennoscandia Archaeologica* 23: 37-46.

Maijanen, H., & Niskanen, M. (2010). New regression equations for stature estimation for Medieval Scandinavians. *International Journal of Osteoarchaeology* 20: 472-480.

Manouvrier, L. (1892). Determination de la taille d'après les grands des membres. *Rev Men de l'Ècole d'Anthrop* 2: 227-233.

Meadows, L., & Jantz, R. L. (1995). Allometric secular change in the long bones from the 1800s to the present. *Journal of Forensic Science* 40(5): 762-767.

Moore, M. K, & Ross, A. H. (2013). Stature estimation. In E. A. DiGangi, & M. K. Moore (Eds.), *Research methods in human skeletal biology*. San Diego: Academic Press.

Niewenweg, R., Smit, M. L., Walenkamp, M. J., & Wit, J. M. (2003). Adult height corrected for shrinking and secular trend. *Annals of Human Biology* 30(5): 563-569.

Niskanen, M., Maijanen, H., McCarthy, D., & Junno, J. A. (2013). Application of the anatomical method to estimate the maximum adult stature and the age-at-death stature. *American Journal of Physical Anthropology* 152(1): 96-106.

Ousley, S. (1995). Shoud we estimate biological or forensic stature? *Journal of Forensic Science* 40(5): 768-773.

Pablos, A., Gomez-Olivencia, A., Garcia-Perez, A., Martinez, I., Lorenzo, C., & Arsuaga, J. L. (2013). From toe to head: Use of robust regression methods in stature estimation based on foot remains. *Forensic Science International* 226(1-3): 299 e291-297.

Pearson, K. (1899). Mathematical contributions to the theory of evolution. V. On the reconstruction of the stature of prehistoric races. *Philosophical Transactions of the Royal Society of London. series A, Containing Papers of a Mathematical or Physical Character* 192: 169-244.

Pelin, I. C., & Duyar, I. (2003). Estimating stature from tibia length: A comparison of methods. *Journal of Forensic Science* 48(4): 708-712.

Pomeroy, E., & Stock, J. T. (2012). Estimation of stature and body mass from the skeleton among coastal and mid-altitude Andean populations. *American Journal of Physical Anthropology* 147(2): 264-279.

Raxter, M. H., Auerbach, B. M., & Ruff, C. B. (2006). Revision of the Fully technique for estimating statures. *American Journal of Physical Anthropology* 130(3): 374-384.

Raxter, M. H., Ruff, C. B., & Auerbach, B. M. (2007). Technical note: Revised fully stature estimation technique. *American Journal of Physical Anthropology* 133(2): 817-818.

Raxter, M. H., Ruff, C. B., Azab, A., Erfan, M., Soliman, M., & El-Sawaf, A. (2008). Stature estimation in ancient Egyptians: A new technique based on anatomical reconstruction of stature. *American Journal of Physical Anthropology* 136(2): 147-155.

Reed, D. R., & Price, R. A. (1998). Estimates of the heights and weights of family members: Accuracy of informant reports. *International Journal of Obesity and Related Metabolic Disorders* 22(9): 827-835.

Rha, S., & Chang, S. (1981). *The physique of Korean people*. Seoul, Republic of Korea: Joongang Ilbosa.

Rowland, M. L. (1990). Self-reported weight and height. *The American Journal of Clinical Nutrition* 52(6): 1125-1133.

Ruff, C. (1994). Morphological adaptation to climate in modern and fossil hominids. *American Journal of Physical Anthropology* 37: 65-107.

Ruff. C. (2007). Body size prediction from juvenile skeletal remains. *American Journal of Physical Anthropology* 133(1): 698-716.

Ruff, C., Holt, B. M., Niskanen, M., Sladek, V., Berner, M., Garofalo, E., Garvin, H. M., Hora, M,. Maijanen, H., Niinimaki, S., Salo, K., Schuplerová, & Tompkins, D. (2012). Stature and body mass estimation from skeletal remains in the European Holocene. *American Journal of Physical Anthropology* 148(4): 601-617.

Scientific Working Group for Forensic Anthropology(SWGANTH) (2012). Stature estimation (Revision 1). https://www.nist.gov/system/files/documents/2018/03/13/swganth_stature_estimation.pdf

Sciulli, P. W., Schneider, K. N., & Mahaney, M. C. (1990). Stature Estimation in Prehistoric Native-Americans of Ohio. *American Journal of Physical Anthropology* 83(3): 275-280.

Shirley, N. R. (2013). The biological profile: Stature estimation. In M. T. Tersigni-Tarrant, & N. R. Shirley (Eds.), *Forensic anthropology: An introduction*. Taylor and Francis Group Publishing.

Sjøvold, T. (1990). Estimation of stature from long bones utilizing the line of organic correlation. *Human Evolution* 5(5): 431-447.

Smith, R. J. (2009). Use and misuse of the reduced major axis for line-fitting. *American Journal of Physical Anthropology* 140(3): 476-486.

Stevenson, P. H. (1929). On racial differences in stature long bone regression formulae, with special reference to stature reconstruction formulae for the Chinese. *Biometrika* 21(1): 303-321.

Stewart, T. D. (1979). *Essentials of forensic anthropology: Especially as developed in the United States*. Springfield, Illinois: Charles C. Thomas.

Terry, R. J. (1938). Measuring the cadaver. *Am J Phys Anthropol* 24(2): 235-235.

Terry, R. J. (1940). On Measuring and Photographing the Cadaver. *Am J Phys Anthropol* 26: 433-447.

Todd, T. W., & Lindala, A. (1928). Dimensions of the body: Whites and American negroes of both sexes. *American Journal of Physical Anthropology* 12: 35-119.

Trotter, M. (1970). Estimation of stature from intact long limb bones. In T. D. Stewart (Ed.), *Personal identification in mass disasters National Museum of Natural History*. Washington D. C.: Smithsonian Institution, 71-83.

Trotter, M., & Gleser, G. C. (1951a). The effect of ageing on stature. *American Journal of Physical Anthropology* 9(3): 311-324.

Trotter, M., & Gleser, G. C. (1951b). Trends in stature of American whites and Negroes born between 1840 and 1924. *American Journal of Physical Anthropology* 9(4): 427-440.

Trotter, M., & Gleser, G. C. (1952). Estimation of stature from long bones of American Whites and Negroes. *American Journal of Physical Anthropology* 10(4): 463-514.

Trotter, M., & Gleser, G. C. (1958). A re-evaluation of estimation of stature based on measurements of stature taken during life and of long bones after death. *American Journal of Physical Anthropology* 16(1): 79-123.

Ubelaker, D. H. (2006). Introduction to forensic anthropology. In A. Schmitt, E. Cunha, & J. Pinheiro (Eds.), *Forensic anthropology and medicine: Contemporaray sciences from recovery to cause of death*. Humana Press.

Uberlaker, D. H. (2018). A history of forensic anthropology. *American Journal of Physical Anthropology* 165: 915-923.

Udjus, L. G. (1964.) *Anthropometrical changes in Norwegian men: In the twentieth century*. Oslo: Universitetsforlaget.

Ukwuma, M. (2010). A study of the cormic index in a southeastern Nigerian population. *The Internet Journal of Biological Anthropology* 4(1).

Urban, J. P., & Roberts, S. (1995). Development and degeneration of the intervertebral discs. *Molecular Medicine Today* 1(7): 329-335.

Willey, P., & Falsetti, T. (1991). Inaccuracy of height information on driver's licenses. *Journal of Forensic Science* 36(3): 813-819.

제4장

사람 머리뼈에서 나타나는 형태적 변이

정현우

생물인류학자들은 사람 머리뼈를 이용하여 인류의 진화사, 현생 인류의 형태적 다양성 등을 연구해 왔다(Lieberman, 2011; von Cramon-Taubadel, 2014a). 예를 들어 현생 인류*Homo sapiens*는 다른 호미닌hominin 종들에 비해 얼굴이 작고 머리가 둥글다. 호모속genus *Homo*에서 나타나기 시작한 이러한 변화들은 식생활 차이와 두뇌 크기의 급격한 증가와 관련이 있다(Lieberman, 2011). 또한 현생 인류 집단(혹은 개체군, 일정한 지역에서 함께 분포 혹은 생활하는 한 생물종의 무리를 말함)의 머리뼈 형태는 생물학적·사회문화적 요인들의 상호작용 때문에 다양한 변이 양상을 보인다(Lieberman, 2011; von Cramon-Taubadel, 2014a).

현생 인류 집단의 머리뼈 형태에서 발견되는 변이를 연구할 때에는 집단 간 차이와 집단 내 차이를 분석할 수 있다. 집단 내에서 나타나는 머리뼈 형태의 변이 양상은 성적이형성, 노화, 시대적 변화, 상대성장allometry 등에 의해 발생한다. 다양한 연구들이 집단 내에서 시대가 변화함에 따라 머리뼈 높이 혹은 머리뼈 지수cephalic index(머리뼈 최대길이와 최대너비의 비율) 등에서 형태의 변이가 발생한다고 보고하였다(Kouchi, 2000;

Sparks와 Jantz, 2002; Relethford, 2004; Hossain 등, 2005; Buretić-Tomljanović 등, 2006; Weisensse와 Jantz, 2011; 2016; Jantz와 Jantz, 2000; 2016).

집단 간의 머리뼈 형태 변이는 지리적 위치, 기후적 다양성, 생계 경제subsistence economy의 차이, 사회문화적 요인 등에 의해 발생한다. 현생 인류는 아프리카에서 '기원'하여 전 세계로 이주하였고, 그 과정에서 다양한 기후에 생물학적으로 적응하였다(Noback 등, 2011; Evteev 등, 2014; Maddux 등, 2016; 2017; Butaric과 Maddux, 2016). 또한 인류가 농경을 시작하면서 수렵채집민과 농경민은 생계 경제에 큰 변화를 겪었다. 이에 따라 수렵채집민과 농경민이 섭취하는 음식물이 달라졌는데, 이로 인해 이들 집단의 머리뼈 형태에도 차이가 생겼다(González-José 등, 2005; Nicholson과 Harvati, 2006; Holmes와 Ruff, 2011; Holton 등, 2014; Noback과 Harvati, 2015; Paschetta 등, 2016; Katz 등, 2017; von Cramon-Taubadel, 2011a; 2017).

이 장에서는 사람 머리뼈의 형태 변이가 발생하는 요인들을 정리하고자 한다. 또한 한반도 고고학 유적에서 발굴된 옛사람 뼈 집단의 머리뼈 형태를 연구한 사례들을 살펴보고 머리뼈에서 관찰된 변이 양상의 특성을 파악할 것이다. 마지막으로 향후 연구에서 고려해야 할 점에 대해서도 논의한다.

1. 집단 내에서 나타나는 머리뼈 형태의 변이 양상

1) 성적이형성

성별 머리뼈의 형태 차이는 고인류학, 사람뼈고고학, 법의인류학 등 생물인류학 분야의 주된 연구 주제이다(Buikstra와 Ubelaker, 1994; White와 Folkens, 2000). 특히 고인류의 사회조직이나 옛 사회의 인구구성 등을 추론하기 위해서는 성별을 보다 정확하게 추정할 수 있어야 한다. 예를 들어 고인류 종species의 성적이형성에서 그 종의 사회조직적 특징을 추론해 볼 수 있다. 이는 영장류의 경우 성적이형성이 클수록 한 수컷이 여러 암컷을 독점하는 경향을 보이고, 반대로 성적이형성이 거의 없으면 수컷 하나가 암컷 하나와 짝을 이루는 경향pair-bonding을 보이기 때문이다. 또한 발굴된 고인류 화석 개체들의 크기와 형태 차이가 서로 다른 종에 속하기 때문인지, 아니면 같은 종에 속하지만 그 종 안에서 발생하는 성적이형성 때문인지도 중요한 연구 주제이다.

따라서 고인류학 분야에서는 발굴된 고인류 개체의 성별을 추정하는 일은 매우 중요하다. 더 나아가 사람뼈고고학에서 개체의 성별은 인구구성을 복원하는 데 이용될 뿐만 아니라, 특정 유물과 성별의 관계, 특정 질병의 성별 유병률을 파악하는 데에도 이용된다. 또 법의인류학 분야에서도 성별은 개체의 신원을 확인하는 데 중요한 역할을 한다.

특히 머리뼈는 사람 뼈 부위 중에서도 성적이형성이 큰 부위이다 (Buikstra와 Ubelaker, 1994; White와 Folkens, 2000). 일반적으로 남성은 여성보다 머리뼈가 크고 그 형태가 강건하다(Buikstra와 Ubelaker, 1994). 이러한 성적이형성은 주로 남성과 여성의 성호르몬 차이로 인해 발생하기 때문에 이차 성징 이후에 그 차이가 두드러지게 나타난다. 머리뼈 중에서도 목덜미능선nuchal crest, 꼭지돌기mastoid process, 눈확위모서리supra-orbital margin, 미간 부분glabella, 턱끝융기mental eminence에서 뚜렷한 성적이형성이 관찰된다(그림 4-1).

여성의 눈확위모서리는 옆에서 보거나 손으로 만지면 남성보다 각도가 더 작고 날카롭다. 남성의 미간 부분과 턱끝융기는 여성보다 더 돌출해 있다. 목덜미능선과 꼭지돌기의 성적이형성은 머리뼈에 부착되는 근육들의 크기와 발달 정도에 따라 다른 양상을 보인다. 목덜미능선에는 목덜미인대nuchal ligament를 비롯한 여러 근육들이 부착되어 있는데, 이 중 목덜미인대는 걷거나 달릴 때 머리의 균형을 잡아준다.

남성의 머리뼈는 평균적으로 여성보다 더 크기 때문에 머리 균형을 잡을 때 역학적으로 더 큰 힘이 요구된다. 따라서 목덜미인대 등이 부착된 부위인 목덜미능선은 여성보다 남성에서 더 돌출되고 발달된다. 또한 꼭지돌기에는 목빗근sternocleidomastoid muscle 등의 근육이 부착되어 있다. 목빗근은 머리를 좌우로 움직이거나 회전할 때 주로 사용된다. 앞서 설명했듯이, 머리뼈 크기의 성 차와 역학적 이유 때문에 여성보다 남성의 목빗근이 더 발달되어 있다. 따라서 목빗근 등이 부착되는 꼭지돌기도 여성보다 남성에서 더 크고 강건하게 발달되어 있는 편이다.

하지만 머리뼈 크기와 형태의 성적이형성은 단백질 섭취량과 성장 호르몬 분비량 등에 의하여 달라질 수 있다(Garvin 등, 2014). 영양 상태가 더 나은 집단의 구성원은 단백질을 더 많이 섭취하고 그에 따라 성장 호르몬도 더 많이 분비되는 경향이 있다. 이로 인해 집단 내에서 머리뼈 형태의 성적이형성이 커질 수 있다. 따라서 성적이형성의 수준과 양상은 집단마다 다양할 수 있다. 예를 들어 19~20세기의 아프리카계 미국인은 유럽계 미국인보다 머리뼈 형태의 성적이형성이 더 작은 것으로 나타났다(Garvin 등, 2014).

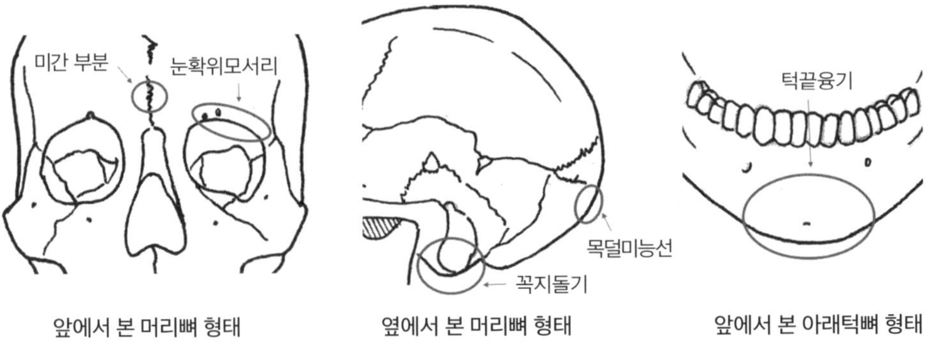

그림 4-1. 머리뼈와 아래턱뼈에서의 성적이형성

이러한 결과는 19~20세기 미국 사회에서 유럽계 미국인이 아프리카계 미국인보다 더 높은 사회경제적 지위를 가졌기 때문일 수 있다. 이는 사회경제적 지위와 영양 상태가 단백질 섭취량과 성장 호르몬 분비량에 영향을 줄 수 있음을 보여준다. 또한 유럽계 미국인의 성적이형성은 시대가 변하면서 더 커졌는데, 이 차이 역시 후대의 발전된 경제적 지표들을 반영한다고 해석될 수 있다(Garvin 등, 2014).

앞서 예시된 목덜미능선, 꼭지돌기, 눈확위모서리, 미간 부분, 턱끝융기 각각에 대하여 점수를 매기는 방식scoring system을 사용하여 머리뼈의 성적이형성을 측정할 수 있다(Buikstra와 Ubelaker, 1994). 여기서 '점수 매기기'란 육안으로 머리뼈의 강건도를 관찰하여 1~5단계로 점수를 매기는 방식을 가리킨다. 1단계 강건도가 가장 '여성적'인 형태, 5단계 강건도가 가장 '남성적'인 형태를 의미한다.

하지만 머리뼈의 형태를 육안으로 관찰하고 점수 매기기 방식으로 성적이형성을 측정하면 연구자의 경험이나 주관에 따라 연구 결과가 달라질 수 있다. 또한 연구 간에 매겨진 점수들을 비교하기 어렵다는 단점도 있다. 연구자들은 이와 같은 점수 매기기 방식의 한계를 극복하기 위해 형태계측학morphometrics을 이용하여 머리뼈의 성적이형성을 연구해 왔다(White와 Folkens, 2000: 363-365).

형태계측학을 이용하는 연구자들은 계측점 사이의 선형 거리Euclidian distance나 각도를 이용하여 연구 대상의 형태를 측정한다. 계측점은 해부학적 위치에 따라 정의되거나 연구의 목적에 따라 연구자에 의해 조작적으로 정의된다. 따라서 연구자 본인intra-observer과 연구자들inter-observer이 측정한 계측치의 차이를 연속변수로 계량화할 수 있으므로 보다 객관적인 측정이 가능하다. 따라서 형태계측학은 점수 매기기 방식보다 연구자의 주관성이 개입될 여지가 적다.

또한 최근 연구자들은 고차원 자료를 분석하는 데 있어 통계적으로 안정적이며 형태 변이를 시각적으로 파악하기 쉬운 기하학적 형태계측학geometric morphometrics을 많이 이용하고 있다(Zelditch 등, 2012). 예를 들어 기하학적 형태계측학의 준계측점semi-landmark을 이용하면 미간 부위, 목덜미능선, 눈확위모서리, 턱끝융기 등과 같이 기록할 계측점이 불분명한 경우에도 '객관적' 형태 분석을 할 수 있다. 준계측점은 해부학적으로 정의된 계측점에 대해 상대적으로 정의된다.

이 방법을 사용하기 위해서는 먼저 해부학적으로 정의된 계측점들을 3차원 좌표로 계측하고 입력한 계측점들을 중심으로 상하 좌우의 위치 정보를 컴퓨터 프로그램에 입력해야 한다. 그 후에는 컴퓨터 프로그램이 목덜미능선의 표면 위에 자동으로 특정 개수의 준계측점들을 생성한다.

성적이형성을 연구할 때 형태계측학을 적용하면 상당히 높은 정확도로 남녀를 판별할 수 있다. 예를 들어 중부 유럽의 사람 뼈 집단을 대상으로 위얼굴뼈 형태를 이용한 성별 판별 분석을 한 결과 100%의 정확도로 성별을 판별할 수 있었다(Bigoni 등, 2010). 또한 같은 집단에서 목덜미능선과 미간 부위를 포함한 머리뼈의 중앙곡선midsagittal curve 형태를 이용한 성별 판별 분석 역시 99%의 정확도를 보였다. 아시아인(77.1%), 남아프리카인(87%), 포루투갈인(77.86%), 유럽계와 아프리카계 미국인(73.3~80%) 집단에서도 머리뼈를 이용한 성별 판별은 높은 수준의 정확도를 보였다(Green과 Curnoe, 2009; Franklin 등, 2005; 2006; Gonzalez 등, 2011; Kimmerle 등, 2008).

하지만 앞서 설명했듯이 집단에 따라 성적이형성의 정도와 양상이 다양하다는 점을 반드시 고려해야 한다. 특히 머리뼈의 계측치들을 이용하여 계산한 성별 판별식은 그 식이 도출된 집단에 맞추어 사용되어야 한다.

2) 노화

사람의 머리뼈 형태는 나이가 들면서 주변의 근육 및 피부와 함께 변한다(Albert 등, 2007; Kahn 등, 2008; Mendelson과 Wong, 2012; Williams와 Slice, 2010; 2014; Kim 등, 2015; Chovalopoulou 등, 2017; Paskhover 등, 2017). 노화에 따른 머리뼈의 형태 변화에 대한 연구는 주로 얼굴뼈를 대상으로 한다. 이는 연구자와 일반인들의 관심이 노화 방지 등의 미용 분야와 생전얼굴복원 등의 범죄수사forensics 분야에 집중되어 있기 때문이다(Albert 등, 2007).

예를 들어 법의인류학자들은 노화에 따라 변화하는 머리뼈의 형태를 얼굴복원 결과물에 반영할 수 있다. 하지만 얼굴뼈의 형태는 성별이나 생전치아결실ante-mortem tooth loss 유무 등의 변수로 인해 항상 예측한 대로 변하지는 않는다(Albert 등, 2007; Kahn 등, 2008; Mendelson과 Wong, 2012; Williams와 Slice, 2010; 2014; Kim 등, 2015; Chovalopoulou 등, 2017; Paskhover 등, 2017).

노화에 따른 얼굴뼈의 너비와 높이의 변화 정도는 수치상으로는 그렇게 크지 않다. 여러 집단의 변화 정도를 평균적으로 계산했을 때, 노화의 진행에 따라 청년보다 노년 집단에서 얼굴뼈 너비는 1.1~1.6mm 정도, 얼굴뼈 높이는 1.6mm 정도 증가하는 데 그쳤다(Albert 등, 2007). 그럼에도 나이가 들어감에 따라 얼굴뼈는 주변 피부 및 근육 조직과 함께 변화하기 때문에 육안으로도 충분히 관찰할 수 있다. 또한 노화가 진행될수록 더 많이 움직이는 피부와 근육 주변의 뼈가 더 많이 흡수되고 뼈 형태도 더 많이 변한다(Mendelson과 Wong, 2012).

노화에 따라 얼굴뼈 형태가 변화하는 양상은 성별과 생전치아결실 유무에 의해 달라질 수 있다. 먼저 남성과 여성은 노화에 따라 성호르몬이 변하는 수준에서 차이를 보이기 때문에 얼굴뼈 형태가 다르게 변할 수 있다. 여성은 위턱뼈, 미간 부분, 중간 얼굴 부분의 뼈콧구멍pyriform aperture의 각도 변화가 남성보다 더 크고, 특히 청년에서 중년으로 넘어갈 때 그 차이가 두드러진다(Kim 등. 2015).

중년 이후에 나타나는 성호르몬의 변화가 이러한 형태 변화의 주된 원인 중 하나이다. 노화에 따른 성호르몬 변화의 정도는 남성보다 여성에서 더 크기 때문에 얼굴뼈 형태의 성 차이도 노화 후기에 더 커지게 된다.

성호르몬 외에 생전치아결실도 얼굴뼈의 형태를 변화시킨다. 노화가 진행됨에 따라 충치나 치주염, 농양 등이 심해져 생전치아결실이 발생할 수 있는데, 이로 인해 결실된 치아 부위의 잇몸뼈가 흡수되면 주변 뼈들의 형태도 함께 변한다. 따라서 노화에 따른 머리뼈 형태의 변화를 분석할 때 생전치아결실의 효과를 함께 고려해야 할 필요가 있다.

3) 시대적 변화

시대에 따라 머리뼈 형태가 변화하는 경향은 여러 인구집단에서 보고되었다(Kouchi, 2000; Sparks와 Jantz, 2002; Relethford, 2004; Hossain 등, 2005; Buretić-Tomljanović 등, 2006; Weisensse와 Jantz, 2011; 2016; Jantz와 Jantz, 2000; 2016). 머리뼈 형태는 이주, 경제발전, 영양 상태 등 환경에 따라 변화한다.

저명한 인류학자이자 미국 인류학 분과 체계의 창시자인 보아스(Franz Boas)도 시대에 따라 머리뼈 형태가 어떻게 변하는지 연구하였다(Sparks와 Jantz, 2002; Relethford, 2004). 보아스는 머리 형태가 유전적으로 결정된 것이 아니라 다른 환경으로 이주함으로써 변할 수 있다고 보았다. 보아스는 유럽에서 태어난 유럽인과 미국에서 태어난 유럽 이주민 후손의 머리뼈 형태를 비교하여 다른 환경에서 성장한 유럽인의 머리뼈 형태가 유의미하게 달라질 수 있음을 보여주었다.

이러한 연구 결과는 당시 팽배했던 인종주의를 반박하는 근거가 되었다(Relethford, 2004). 당시의 인종학이나 우생학은 머리뼈 형태가 특정 집단의 문화적·문명적 발달 상태나 지능을 나타낸다고 보았다. 그러나 보아스가 보고했듯이 머리뼈 형태는 영양 상태, 식생활, 기후 등과 같은 환경적 요인들로 인해 변할 수 있다. 즉 보아스의 연구 결과는 머리뼈 형태가 유전적으로 결정되거나 특정 집단의 '지능' 수준을 의미하지 않음을 보여주었다.

보아스 이후에도 시대에 따른 머리뼈 형태의 변화에 대한 관심은 계속되었다(Kouchi, 2000; Hossain 등, 2005; Buretić-Tomljanović 등, 2006; Weisensse와 Jantz, 2011; 2016; Jantz와 Jantz, 2000; 2016). 몇몇 연구자들은 시대가 지남에 따라 특정 집단에서 단두화brachycephalization 혹은 장두화dolicocephalization 경향이 나타나는 데 주목하였다(Kouchi, 2000; Hossain 등, 2005; Buretić-Tomljanović 등, 2006). 장두형이나 단두형 머리는 머리뼈 최대길이와 머리뼈 최대너비의 비율로 계산된다(그림 4-2).

장두화는 머리뼈 최대너비보다 머리뼈 최대길이가 길어지는 현상을, 단두화는 그 반대 현상을 지칭한다. 따라서 단두화 혹은 장두화 경향은 머리뼈 최대너비와 머리뼈 최대길이의 비율이 시대에 따라 변하기 때문에 발생한다.

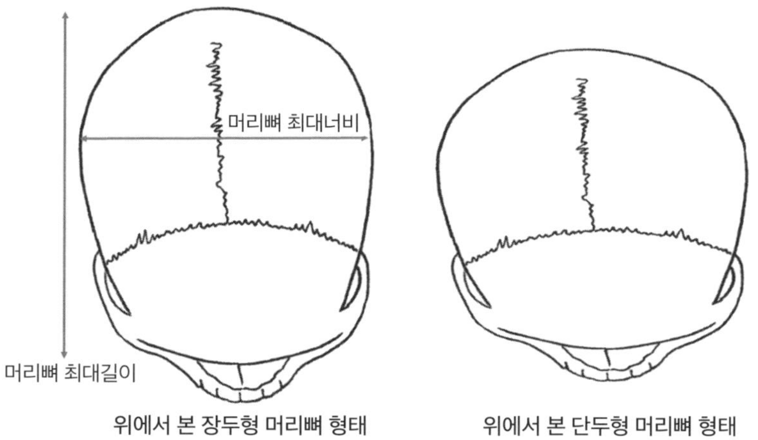

그림 4-2. 장두형과 단두형 머리뼈 형태 비교

이러한 시대에 따른 단두화 혹은 장두화 경향은 집단마다 다르게 나타날 수 있다. 예를 들어 20세기의 일본인 집단에서는 뚜렷한 단두화 경향이 관찰되었다(Kouchi, 2000; Hussain 등, 2005). 이러한 단두화 경향은 주로 머리뼈 최대너비가 넓어지면서 나타났는데, 머리뼈 최대길이에는 큰 변화가 없었다. 다시 말해 머리뼈 최대너비가 넓어지면서 머리뼈 최대너비와 머리뼈 최대길이의 비의 값이 더 커지는 경향이 있었다. 이러한 단두화 경향은 특히 1910~1949년에 태어난 남성과 1920~1959년에 태어난 여성에게서 크게 나타났다. 하지만 1950년대 이후에 태어난 남성과 1960년대 이후에 태어난 여성에게서는 단두화 경향이 점차 사라졌다(Kouchi, 2000).

한편 1950~1960년대 이후 단두화 경향이 사라진 것과 달리, 일본인들의 평균 신장은 1980년대까지 계속 증가하는 경향을 보였다(Kouchi, 2000). 따라서 20세기 일본에서의 단두화 경향이 영양 상태의 향상 때문일 수 있다는 추론(Kouchi, 2000)은 설득력이 떨어진다.

이와는 대조적으로, 유럽인 집단에서는 시대에 따른 장두화 경향이 관찰되었다(Kouchi, 2000; Buretić-Tomljanović 등, 2006). 다시 말해 시대에 따라 머리뼈 최대너비와 머리뼈 최대길이의 비율이 더 작아지는 경향이 있었다. 크로아티아에서는 1974~1976년에 태어난 19~21세 집단과 1982~1986년에 태어난 동일 연령 집단이 머리뼈 지수에서 차이를 보였다(Buretić-Tomljanović 등, 2006). 1974년부터 1986년까지 13년의 기간 동안 머리뼈 최대너비는 줄었으며 머리뼈 최대길이에는 큰 변화가 없었다. 이는 크로아티아 집단에서 13년 동안 머리뼈 최대너비가 줄어들면서 장두화가 진행되었음을 보여준다. 따라서 일본인과 크로아티아인 집단의 예에서 볼 수 있듯이 시대에 따른 단두화 혹은 장두화 경향은 조상ancestry 집단에 따라 달라질 수 있다.

머리뼈 지수 외에 다른 머리뼈 계측치들도 시대에 따라 변화하는 경향이 있다(Weisensse와 Jantz, 2011; 2016; Jantz와 Jantz, 2000; 2016). 이러한 경향은 경제발전과 같은 사회 변화와 함께 나타났다. 예를 들어 1840~1970년대에 태어난 아프리카계와 유럽계 미국인 집단에서는 시대가 변할수록 머리뼈 높이가 증가하였다(Jantz와 Jantz, 2000). 머리뼈 높이는 기저점basion과 전정bregma 사이의 선형 길이로 측정된다.

또한 머리뼈 높이와 함께 넙다리뼈femur와 정강뼈tibia 길이도 증가하는 경향이 있었다. 넙다리뼈와 정강뼈 길이의 증가는 신장height의 증가와 직접적으로 연관되어 있다. 따라서 이러한 변화는 영양 상태가 좋아지면서 나타나는 주요한 현상으로 간주된다(Jantz와 Jantz, 2000). 영양 상태가 나아지면 집단의 평균 신장이 커지는 경향이 있기 때문이다. 19~20세기의 아프리카계와 유럽계 미국인 집단에서 넙다리뼈와 정강뼈 길이가 증가한 것은 이 시기의 미국에서 이루어진 급격한 경제성장을 고려하면 놀랄 만한 결과는 아니다. 따라서 머리뼈 높이와 넙다리뼈 및 정강뼈 길이가 증가하는 양상이 유사하게 나타났기 때문에 머리뼈 높이의 증가도 영양 상태의 향상과 관련이 있다고 해석될 수 있다(Jantz와 Jantz, 2000).

1802~1975년에 태어난 유럽의 포르투갈인 집단에서도 머리뼈 높이가 증가했다(Weisensee와 Jantz, 2016). 포르투갈인 집단에서 관찰된 머리뼈 높이의 증가는 유아 사망률의 감소와 같은 환경적 요인과 관련이 있었다(Weisensee와 Jantz, 2016). 이러한 결과는 앞서 미국인 표본을 대상으로 이루어진 연구 결과처럼 경제발전 및 영양 상태의 향상이 시대에 따른 머리뼈 높이의 변화와 관련이 있음을 보여준다. 하지만 포르투갈인 집단의 머리뼈 높이가 시대에 따라 변화하는 정도는 유럽계 미국인 집단의 경우보다는 작았다(Weisensee와 Jantz, 2016).

머리뼈 높이 이외에 머리뼈바닥basicranium 혹은 chondrocranium의 길이, 얼굴뼈의 너비 등도 시대에 따라 변화하였다(Weisensse와 Jantz, 2011; 2016;

Jantz와 Jantz, 2000; 2016). 머리뼈바닥의 길이는 기저점basion과 비근점nasion의 거리로 측정된다. 아프리카계와 유럽계 미국인, 유럽의 포르투갈인 집단 모두에서 시대에 따라 머리뼈바닥의 길이가 증가하는 경향이 있었다. 특히 1815~1985년에 태어난 유럽계 미국인 집단의 머리뼈바닥 길이는 신장과 함께 증가하는 경향이 있었다(Jantz와 Jantz, 2016). 따라서 머리뼈바닥 길이의 증가 역시 경제발전 및 영양 상태의 향상과 함께 나타났다고 볼 수 있다.

지금까지 살펴보았듯이 같은 집단 내에서도 시대에 따라 머리뼈 형태가 변화할 수 있고, 이와 같은 시대적 변화는 집단 내에서 관찰되는 변이의 주요한 원인 중 하나일 수 있다. 따라서 집단 내에서 나타나는 머리뼈 형태의 변이를 분석할 때 연구에 사용되는 표본의 시대적 배경 역시 중요하게 고려해야 한다.

4) 상대성장

(1) 발달적 상대성장

형태계측학에서 상대성장allometry은 간단하게 '신체 크기와 형태의 관계'로 정의할 수 있다(Gayon, 2000; Klingenberg, 2016). 일반적으로 상대성장은 신체 크기의 차이에 의해 나타나는 특정 변수의 변이를 의미한다. 예를 들어 신체 크기 차이에 따라 나타나는 생리적physiological · 행동적behavioral 변수들의 변이도 상대성장의 효과이다. 다양한 상대성장 중에서 발달적 상대성장ontogenetic/developmental allometry은 신체가 성장하면서 신체의 비율 혹은 형태가 달라지는 현상을 일컫는다(Gayon, 2000; Klingenberg, 2016).

사람 머리뼈에서 관찰되는 발달적 상대성장은 사람 머리뼈의 각 부위들이 성인 머리뼈의 크기와 형태에 도달하는 시기가 다르기 때문에 발생한다(Enlow와 Hans, 1996; Lieberman, 2011; Mitteroecker 등, 2013; Freidline 등, 2015). 머리뼈 부위 중에서 가장 먼저 성인 머리뼈의 크기와 형태에 도달하는 부분은 머리뼈바닥이며, 머리덮개뼈vault와 얼굴뼈가 그 뒤를 잇는다(Enlow와 Hans, 1996; Lieberman, 2011). 머리뼈바닥과 머리덮개뼈는 첫 번째 큰어금니가 나오는 6세 전후에 성인 머리뼈의 크기와 형태에 도달하는데, 이 시기에는 두뇌도 성인의 약 90~95% 크기로 성장한다. 머리뼈바닥과 머리덮개뼈의 주요 기능 중 하나가 두뇌를 보호하는 것이기 때문에, 이 두 머리뼈 부위도 6세 전후에 성인과 유사한 머리뼈 크기와 형태로 성장한다(Enlow와 Hans, 1996; Lieberman, 2011).

머리뼈바닥과 머리덮개뼈와 달리 얼굴뼈는 늦은 시기까지 성장한다. 따라서 영유아와 성인의 머리뼈 형태 차이는 주로 얼굴뼈에서 나타난다. 영유아의 중간 얼굴과 아래 얼굴 부분의 높이가 얼굴뼈의 다른 부위에 비해 오랜 기간 동안 성장하기 때문이다(Enlow와 Hans, 1996: 15). 이로 인해 영유아의 얼굴뼈는 높이에 비해 너비가 넓다.

이러한 발달적 상대성장의 양상은 크기와 형태의 관계로 계산할 수 있다. 예를 들어 얼굴뼈가 성장하고 크기가 커지면서 얼굴 형태가 어떻게 변하는지 알기 위해 얼굴뼈 전체에서 아래 얼굴 부분이 차지하는 비율을 계산할 수 있다.

발달적 상대성장의 양상은 집단에 따라 유사하거나 다를 수 있다. 남아프리카의 코이산족Khoisan과 추운 지역에 사는 이누이트Inuit에서는 유사한 발달적 상대성장의 양상이 얼굴뼈에서 관찰되었는데, 주로 얼굴뼈 너비에 비해 높이가 높아졌다(Freidline 등, 2015). 또한 얼굴뼈의 크기가 가장 많이 성장하는 시기에 얼굴 형태의 변화 정도도 가장 컸다. 하지만 두 집단의 성인 얼굴뼈 형태에서는 이누이트의 광대뼈가 코이산족의 광대뼈보다 더 바깥쪽으로 돌출lateral projection되어 있다. 이러한 광대뼈 형태의 변이는 발달적 상대성장에 있어서의 차이를 반영할 수 있다고 해석되었다(Freidline 등, 2015).

이 사례에서 알 수 있듯이, 머리뼈의 발달적 상대성장은 집단 내 머리뼈 형태의 변이 양상과 집단 간 머리뼈 형태 차이가 발생하는 과정을 연구하는 데 이용된다.

(2) 동일한 연령 범주 내 상대성장

동일한 연령 범주 내 상대성장static allometry은 같은 연령 집단 내에서 확인되는 머리뼈 크기와 형태의 관계를 의미한다(Freidline 등, 2015). 발달적 상대성장과는 달리 동일한 연령 범주 내 상대성장은 주로 성인 개체들을 대상으로 분석된다(Rosas와 Bastir, 2002; Kurki 등, 2012; Freidline 등, 2015).

유럽의 현대 포르투갈인 뼈 집단에서는 성별에 따른 머리뼈 형태의 차이 중 53.7%가 동일한 연령 범주 내 상대성장, 37.3%가 성적이형성으로 설명되었다(Rosas와 Bastir, 2002). 즉 동일한 연령 범주 내 상대성장이 성적이형성보다 성별에 따른 머리뼈 형태의 차이를 더 많이 설명했다고 볼 수 있다. 따라서 이 집단의 남성과 여성의 머리뼈 형태 차이는 머리뼈 크기 차이로 인한 형태 변이와 더 관련이 있다고 볼 수 있다.

앞서 성적이형성에 대한 논의에서 살펴보았듯이, 생체역학적biomechanical 스트레스는 머리뼈 크기와 관련한 머리뼈 형태의 변이를 일으키는 원인 중 하나이다(Rosas와 Bastir, 2002; Kurki 등, 2012; Freidline 등, 2015). 머리뼈 크기가 커질수록 근육이 부착되는 부위들의 강건도가 커지는 경향이 있기 때문이다(Rosas와 Bastir, 2002; Jung과 Woo, 2016).

예를 들어 유럽계 미국인에서는 꼭지돌기 형태의 성별 차이 중 83.7%가 꼭지돌기의 크기, 12.7%가 성적이형성으로 설명되었다(Jung과 Woo, 2016). 꼭지돌기에는 목빗근sternocleidomastoid muscle과 같이 머리를 좌우로 움직이거나 회전할 때 작용하는 근육이 부착된다. 따라서 여성에 비해 남성의 머리뼈가 상대적으로 더 크기 때문에, 목빗근이 받는 생체역학적 스트레스가 커지면 목빗근이 부착된 꼭지돌기의 크기가 커지고 형태도 더 강건하게 변할 수 있다.

유럽의 현대 포르투갈인 뼈 집단에서도 머리뼈 크기가 커질수록 꼭지돌기의 형태가 더 강건해졌다(Rosas와 Bastir, 2002). 이러한 점에서 동일한 연령 범주 내 상대성장의 효과는 근육이 부착된 부위가 받는 생체역학적 스트레스와 어느 정도 관련이 있다고 해석될 수 있다(Rosas와 Bastir, 2002; Jung과 Woo, 2016).

앞에서 살펴보았듯이 동일한 연령 범주 내 상대성장은 머리뼈 크기가 형태에 주는 효과라고 할 수 있는데, 이것은 집단 내 머리뼈 형태의 변이를 해석하는 데 중요한 요인이 될 수 있다. 또한 머리뼈 형태의 성적 이형성을 설명하는 데도 도움이 될 수 있다.

2. 집단 간에 나타나는 머리뼈 형태의 변이 양상

1) 지리적 위치

(1) 머리뼈 형태에 반영된 중립 진화

연구자들은 유전자 표류genetic drift와 '지리적 거리로 구조화된iso-lation-by-distance' 집단 간 차이와 같은 진화 모델들로 현생 인류의 머리뼈 형태를 연구해 왔다(Relethford, 1994; von Cramon-Taubadel, 2014a; 2014b).

유전자 표류는 집단의 유전 정보의 총량 혹은 유전자 풀gene pool이 우연한 사건 등에 의해 변화하는 경우를 일컫는다. 예를 들어 모집단에서 분리되어 다른 곳에 정착한 집단의 유전자 풀은 모집단의 유전자 풀을 모두 대변하지 않을 수 있다. 이러한 창시자 효과founder effect로 인한 유전자 풀의 변화 양상은 모집단에서 분리되어 이주한 집단의 초창기 유전자 풀이 어떻게 구성되어 있는지에 따라 다양하게 나타날 수 있다.

지리적 거리로 구조화된 집단 간의 차이는 집단 간의 유전적 혹은 생물학적 거리가 지리적 거리와 자기 상관autocorrelation을 나타낼 때 발생한다. 즉 지리적으로 가까우면 유전적으로 가깝고, 반대의 경우는 유전적으로 멀게 되는 것이다. 이는 지리적으로 가까울수록 유전자 교류gene flow가 발생할 가능성도 더 커지기 때문이다.

전 세계 인간 집단의 머리뼈 형태 변이의 양상은 현생 인류의 '아프리카 기원' 이후에 이어진 연속적 창시자 효과serial founder effect 모델과 유사하다고 볼 수 있다(von Cramon-Taubadel과 Lycett, 2008)(그림 4-3). 아프리카에서 지리적으로 먼 집단일수록 머리뼈 형태의 집단 내 분산이 작아지는 경향을 보였기 때문이다(von Cramon-Taubadel과 Lycett, 2008).

창시자 효과가 발생하면 분리되어 이주한 집단의 유전적 다양성이 모집단보다 더 작을 가능성이 크다. 따라서 머리뼈 형태의 다양성 혹은 분산도 더 작아졌다고 볼 수 있다. 또한 중립neutral 유전 정보를 이용해 계산된 집단 간의 거리와 머리뼈 형태를 이용해 계산된 집단 간의 거리에도 유의미한 양의 상관관계가 존재했다(von Cramon-Taubadel, 2009). 즉 유전적으로 가까울수록 머리뼈 형태도 더 유사하다.

한편 현생 인류 집단의 생물학적 거리를 연구하는 데 있어서 가장 신뢰도reliability가 높은 머리뼈 부위가 어디인지를 둘러싼 논쟁이 계속되고 있다(von Cramon-Taubadel, 2014a; 2014b). 먼저, 머리뼈바닥은 환경적 영향을 가장 적게 받는 부위이기 때문에 집단의 계통학적phylogenetic 관계를

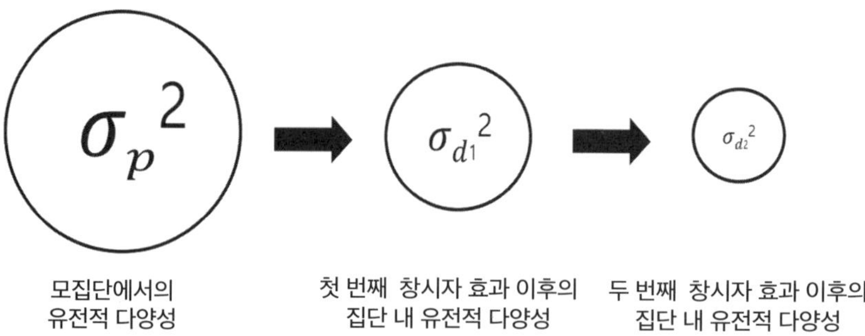

그림 4-3. 연속적 창시자 효과로 인한 집단 내 유전적 다양성의 감소 예시

연구하는 데 신뢰도가 높은 부위로 간주되어 왔다(Lieberman 등, 2000; von Cramon-Taubadel, 2014a; 2014b). 즉 머리뼈바닥이 다른 머리뼈 부위에 비해 환경적 영향은 가장 적게, 유전적 배경은 가장 크게 반영한다고 간주되었다. 머리뼈바닥은 머리뼈 부위 중에서 가장 먼저 성인의 크기와 형태로 발달하며, 중요한 신경과 혈관들이 뇌로 들어가거나 뇌에서 나올 때 지나가는 부위이다(Lieberman, 2011).

또한 머리뼈바닥은 머리덮개뼈와 함께 뇌를 보호하고 얼굴뼈가 성장하는 과정에 큰 영향을 미친다(Lieberman 등, 2000). 예를 들어 위얼굴뼈의 돌출projection 및 위턱 돌출prognathism의 정도와 머리뼈바닥의 각도cranial base angle 사이에 유의미한 상관관계가 있다(Lieberman, 2011). 따라서 머리뼈바닥은 생체역학적 스트레스에 의한 변화가 작은 부위로 간주되어 왔다. 그러나 머리뼈바닥이 다른 머리뼈 부위보다 현생 인류 집단 간의 생물학적 거리를 분석하는 데 더 신뢰할 수 있다거나 효과적인 부위는 아니었다(von Cramon-Taubadel, 2011b; 2014b).

관자뼈temporal bone도 머리뼈바닥처럼 계통학적 정보를 연구하는 데 다른 머리뼈 부위보다 더 신뢰할 수 있고 효과적인 부위라고 가정되어 왔다(Smith 등, 2007). 이러한 '관자뼈 가설'은 관자뼈의 해부학적 복잡성과 다기능적 특성에 기반한다(Smith 등, 2007). 관자뼈는 머리뼈바닥과 옆면의 중간 부분인 관자놀이 부위에 있는 뼈이다. 관자뼈 안에는 내이inner ear 기관이 있으며, 중요한 신경과 혈관들이 이 뼈를 통과한다. 따라서 관자뼈는 수행하는 기능 때문에 유전적으로 더 '보수적'인 부위이며, 집단 간의 생물학적 거리를 계산하는 데 더 효과적인 부위라고 여겨졌다(Smith 등, 2007). 예를 들어 관자뼈 형태로 계산된 집단 간의 거리와 유전 정보로 계산된 집단 간의 거리 사이에 유의미한 상관관계가 있었다(Smith 등, 2007). 그러나 관자뼈가 다른 머리뼈 부위보다 집단 간의 생물학적 거리를 계산하는 데 특별히 더 신뢰할 만한 부위는 아니었다(von Cramon-

Taubadel, 2009). 이는 관자뼈나 다른 머리뼈 부위의 형태로 계산된 집단 간의 생물학적 거리에 큰 차이가 없었기 때문이다(von Cramon-Taubadel, 2009).

이러한 점에서 머리뼈바닥이나 관자뼈뿐만 아니라 거의 모든 머리뼈 부위가 현생 인류 집단의 생물학적 거리를 계산하는 데 이용될 수 있다. 다만, 입천장위턱palatomaxillary 부위는 다른 머리뼈 부위보다 집단 간의 생물학적 거리를 계산하는 데 더 낮은 신뢰도를 보였다(von Cramon-Taubadel, 2014a; 2014b). 따라서 입천장위턱만을 이용한 집단 간의 생물학적 거리 계산은 지양할 필요가 있다.

(2) 기후에 대한 생물학적 적응

현생 인류는 지리적으로 넓게 분포해 있으며, 사막이나 극지방과 같이 생물이 살기 어려운 환경에서도 거주하고 있다. 이러한 점에서 다양한 기후에 대한 생물학적 적응이 현생 인류의 머리뼈에서 어떻게 나타나는지에 대해서도 꾸준히 연구되어 왔다(Noback 등, 2011; Evteev 등, 2014; Maddux 등, 2016; 2017; Butaric과 Maddux, 2016).

기후에 대한 생물학적 적응의 대표적인 사례로 코안nasal cavity의 형태를 언급할 수 있다. 코안은 차거나 뜨거운 공기가 가장 먼저 접촉하고 통과하여 폐로 들어가는 통로이다(Noback 등, 2011). 공기가 코안에 머무는 시간이나 머무를 때 발생하는 난류turbulence의 정도는 공기의 온도와 습도를 조절하는 데 유체역학적으로 중요한 역할을 한다.

이러한 점에서 온도 및 습도와 같은 기후 변수들에 따라 코안의 형태가 변할 수 있다. 예를 들어 춥고 건조한 지역에 거주하는 집단의 코안 형태는 다른 집단에 비해서 앞과 위에서 보았을 때 좁고, 옆에서 보았을 때 넓다(Noback 등, 2011)(그림 4-4). 이러한 차이는 공기가 코안에 머무는 시간과 이때 발생되는 공기의 난류 정도와 관련이 있다. 앞과 위에서 보았을 때 좁은 코안의 형태는 난류의 발생 정도를 증가시킨다. 옆에서 보았

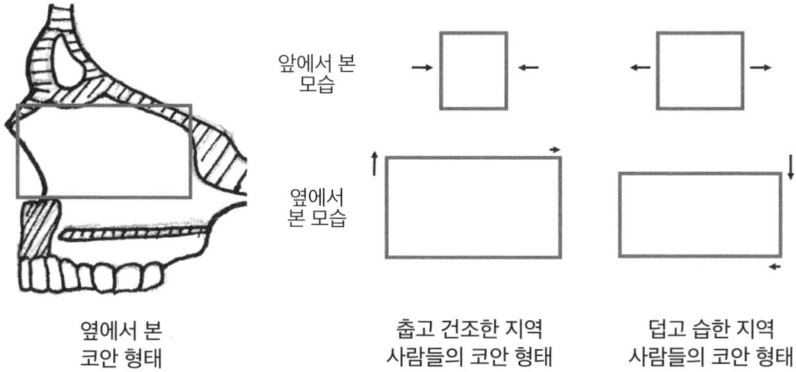

그림 4-4. 기후에 따른 코안 형태 비교

을 때 넓은 코안의 형태는 공기가 코안에 머무는 시간을 늘리거나 공기가 코안의 조직에 접촉하는 면적을 넓힌다. 이와 같은 코안의 형태적 특징들은 춥고 건조한 지역에서 호흡할 때 들어오는 차갑고 건조한 공기의 온도와 습도를 높이는 방법이 될 수 있다.

코 이외의 다른 머리뼈 부위들과 기후 변수의 관계도 연구되었다(Butaric과 Maddux, 2016). 추운 기후에 거주하는 집단의 위턱굴maxillary sinus은 사하라 이남에 거주하는 집단보다 형태가 더 높고 넓었다(Butaric과 Maddux, 2016). 위턱굴이 코 바로 옆에 있기 때문에 위턱굴의 형태도 기후 변수와 관련이 있다고 가정될 수 있다. 하지만 위턱굴의 너비는 기후 변수들과 유의미한 상관관계를 보이지 않았다. 따라서 추운 기후에 거주하는 이누이트Inuit와 부랴트족Buriat의 서로 비슷한 위턱굴 형태는 기후 변수보다는 이들이 공유하는 아시아계 조상 집단Asian ancestry과 관련이 있을 수 있다(Butaric과 Maddux, 2016). 유사한 관점에서, 네안데르탈인*Homo neanderthalensis*의 거대한 위턱굴은 그들이 거주했던 추운 기후가 아니라 다른 진화적 혹은 계통학적 이유에 의한 특징일 수 있다(Butaric과 Maddux,

2016).

그렇다면 특정 머리뼈 부위의 형태적 특징이 기후에 대한 생물학적 적응인지 어떻게 확신할 수 있을까? 대부분의 연구들은 형태적 변화가 적합도fitness에 영향을 미치는지 고려하지 않았거나 할 수 없었다는 점에서 이러한 의문은 타당하다고 할 수 있다(Steegmann 등, 2002; Steegmann, 2007). 따라서 머리뼈 형태의 변이와 기후에 대한 적응의 관계를 분석한 기존 연구들은 맹목적인 적응주의adaptationism라는 비판도 받을 수 있다(Gould와 Lewontin, 1979).

이러한 점에서 특정 머리뼈 형태를 가진 집단이 추운 기후에서 보이는 유병률이나 사망률을 이용하여 집단 간의 적합도 차이를 보여줄 필요가 있다(Steegmann, 2007). 혹은 적합도의 근사proxy 지표들을 이용한 실험실 연구나 현지 조사 연구field study를 실시하여 머리뼈 형태에서 나타나는 생물학적 적응에 대한 연구들을 보조할 필요가 있다. 즉 머리뼈에서 나타나는 형태적 변이나 특성이 '유의미한 기능적 성과significant functional outcome'로 이어지는지 검토할 필요가 있다(Steegmann, 2007). 기후 변수와 관련성을 보이는 모든 머리뼈 형태의 특징이 기후에 적응한 결과라고는 볼 수 없기 때문이다. 그럼에도 머리뼈 형태와 기후 변수와의 관련성은 전 세계 혹은 특정 대륙의 집단에서 공통적으로 보고되어 왔다. 예를 들어 극지방의 이누이트Inuit는 다른 기후 지역의 집단에 비해 높이nasal height는 높고 너비는 좁은 코 형태를 갖는다. 또한 남아메리카 내 추운 지역에 거주하는 푸에기안족Fueguians도 남아메리카의 다른 집단에 비해서 높고 좁은 코 형태를 갖는다(Hernández 등, 1997).

앞서 살펴보았듯이, 코나 코안 형태는 춥고 건조한 지역에서 호흡할 때 들어오는 차갑고 건조한 공기의 온도와 습도를 높이는 방법이 될 수 있다. 따라서 적어도 코나 코안의 형태 변이는 현생 인류 집단이 살아가고 있는 지역의 기후와 관련된 생물학적 적응이라고 해석될 수 있다.

2) 생계 수단 혹은 식생활

수렵채집민과 농경민은 생계 수단 혹은 식생활과 관련하여 머리뼈 형태에 차이를 보인다. 수렵채집민은 농경민에 비해 비교적 덜 정제된 음식을 섭취하여 머리뼈의 형태가 더 강건하다(González-José 등, 2005; Nicholson과 Harvati, 2006; Holmes와 Ruff, 2011; Holton 등, 2014; Noback과 Harvati, 2015; Paschetta 등, 2016; Katz 등, 2017; von Cramon-Taubadel, 2011a; 2017).

이러한 머리뼈 형태의 변이 양상은 음식물의 강도와 질긴 정도에 따라 머리뼈가 받는 역학적 스트레스의 차이 때문에 발생할 수 있다. 예를 들어 관자근temporalis muscle이 부착된 부위는 농경민보다 수렵채집민에서 더 크고 강건하게 발달하였다(Noback과 Harvati, 2015). 또한 입천장위턱palatomaxillary 부위도 농경민보다 수렵채집민에서 더 크고 강건한 형태였다(Katz 등, 2017).

하지만 생계 수단이나 식생활의 차이로 인한 머리뼈 형태의 변이 정도는 집단 내 성적이형성이나 기후와 관련한 머리뼈 형태의 변이 정도보다는 작을 수 있다(Katz 등, 2017)(그림 4-5).

부산 가덕도 신석기 시대 유적에서 발굴된 수렵채집민의 아래턱뼈 형태

신원·원흥 조선시대 유적에서 발굴된 농경민의 아래턱뼈 형태

그림 4-5. 수렵채집민과 농경민의 아래턱뼈 형태 비교

아래턱뼈의 형태도 생계 수단이나 식생활에 따라 달라질 수 있다. 아래턱뼈의 주요 기능 중 하나가 음식물을 씹는 것이기 때문이다. 따라서 음식물을 씹을 때 사용되는 주요 근육들이 수렵채집민에서 더 발달하고, 그 근육들이 부착되는 머리뼈 부위들의 형태도 달라질 수 있다.

예를 들어 깨물근은 아래턱뼈의 턱뼈가지mandibular ramus의 턱뼈각 부위gonial region에, 관자근은 아래턱뼈의 근육돌기coronoid process에 부착된다. 따라서 수렵채집민의 아래턱뼈는 농경민에 비해서 형태가 더 강건하다. 즉 농경민에 비해서 수렵채집민의 턱뼈각이 더 직각에 가까우며 근육돌기는 더 짧다(Nicholson과 Harvati, 2006; von Cramon-Taubadel, 2011a). 수렵채집민의 상대적으로 더 짧은 근육돌기는 상대적으로 더 긴 관자근을 의미한다(Nicholson과 Harvati, 2006; von Cramon-Taubadel, 2011a; Katz 등, 2017). 또한 농경민보다 수렵채집민의 아래턱뼈 몸체corpus가 더 길고 더 높다(Nicholson과 Harvati, 2006; von Cramon-Taubadel, 2011a). 특히 지리적·유전적·기후적 요인들에 의한 효과를 제거한 뒤에도 생계 수단과 관련된 변수들과 아래턱뼈의 형태에는 유의미한 상관관계가 있었다(von Cramon-Taubadel, 2011a). 따라서 지리적·유전적·기후적 영향으로 인한 효과와는 별도로 생계 수단의 차이 역시 아래턱뼈 형태의 변이에 영향을 미친다고 볼 수 있다.

생계 수단과 머리뼈 형태 변이의 관계는 전 세계 인구집단에서뿐만 아니라 특정 지역 안에서도 보고되었다(Sardi 등, 2006; Paschetta 등, 2016; Menéndez 등, 2014; Mays, 2015; Galland 등, 2016; Hoover와 Williams, 2016). 남아메리카(Sardi 등, 2006; Paschetta 등, 2016; Menéndez 등, 2014), 일본(Hoover와 Williams, 2016), 영국(Mays, 2015), 누비아Nubia(Galland 등, 2016)의 사람 뼈 집단에서 생계 수단이나 식생활에 따라 머리뼈의 형태가 달라졌다.

예를 들어 누비아 지역은 대략 나일강, 홍해 해변, 수단, 리비아 사막 등에 걸쳐 있는 곳으로(Galland 등, 2016), 이 지역에서는 약 11,000년에 걸친 기간 동안 수렵채집민의 턱뼈각이 농경민보다 더 직각에 가깝고, 아래턱뼈 몸체의 길이도 더 길었다고 보고되었다(Galland 등, 2016). 또한 일본인 집단의 경우 주로 수렵을 했던 옛사람 뼈 집단의 턱뼈가지 크기가 가장 컸고, 아래턱뼈 몸체의 높이는 가장 높았다(Hoover와 Williams, 2016). 누비아와 일본인 집단에서의 형태 변이는 전 세계 인구집단을 대상으로 한 연구들과 유사한 결과이다.

하지만 수렵채집민과 농경민의 머리뼈 형태가 왜 다른지에 대해서는 아직 논쟁이 계속되고 있다(von Cramon-Taubadel, 2017). 먼저, 수렵채집민과 농경민의 머리뼈 형태 차이는 주로 환경적 요인 때문에 발생한다고 추론할 수 있다(von Cramon-Taubadel, 2011a; 2017). 특히 아래턱뼈 형태의 변화는 생계 수단이 수렵채집에서 농경으로 넘어가면서 아래턱뼈가 받는 생체역학적 스트레스가 줄었기 때문일 수 있다(von Cramon-Taubadel, 2011a).

이러한 아래턱뼈 형태의 변화는 현대인들에게서 자주 발견되는 부정확한 치열이나 세 번째 큰어금니로 인한 통증의 원인이라고 간주되기도 한다(von Cramon-Taubadel, 2011a). 수렵채집에서 농경으로 주요 생계 수단이 변하는 과정에서 치아 크기는 대체로 유지되었지만 아래턱뼈 몸체의 길이가 짧아졌기 때문이다. 이로 인해 농경민의 아래턱에는 수렵채집민보다 치아를 수용할 공간이 부족해졌다. 따라서 부정확한 치열이나 세 번째 큰어금니로 인한 통증은 생계 수단이 바뀌고 역학적 스트레스가 줄어드는 등의 환경적 요인에 의해 아래턱뼈에서 발생한 새로운 '현대적' 질병일 수 있다.

한편 수렵채집민과 농경민의 머리뼈 형태 변이 중 일부는 유전적 차이로 인해 발생했을 수도 있다(Gonzalez 등, 2010). 예를 들어 남아메리카 집단에서는 생계 수단에 따른 집단 간의 머리뼈 형태 차이가 이미 5세 때부터 존재했다(Gonzalez 등, 2010). 만약 생계 경제에 따른 머리뼈 형태 차이가 주로 환경적 요인 때문이라면, 성인으로 성장하면서 서서히 그 차이가 증가할 것으로 예측할 수 있다(Holmes와 Ruff, 2011).

하지만 남아메리카의 수렵채집민과 농경민의 머리뼈 형태 차이 중 일부는 영유아 시기부터 이미 존재했기 때문에 그 차이가 온전히 환경적 영향으로 인해 발생했다고 볼 수는 없다(Gonzalez 등, 2010; von Cramon-Taubadel, 2017). 다만, 수렵채집민과 농경민의 이유weaning 시기에 차이가 있을 수 있다(von Cramon-Taubadel, 2017). 따라서 어느 시기에 이유가 이루어지고 머리뼈가 성인 수준의 역학적 스트레스를 받기 시작하는지에 대한 분석이 필요하다.

이러한 점에서 생계 경제나 식생활의 차이에 의해 발생하는 머리뼈 형태 변이의 정확한 기제를 알기 위해서는 수렵채집민에 대한 현지 조사field work 등을 비롯한 더 많은 연구가 필요하다.

3) 사회문화적 요인

북아메리카, 남아메리카, 오세아니아, 유라시아 대륙의 여러 집단에서는 머리뼈 형태를 인위적으로 변형시킨 흔적들이 발견된다(Antón, 1989; Cheverud 등, 1992; Meiklejohn 등, 1992; Kohn 등, 1993; O'Brien과 Stanley, 2013)(그림 4-6). 이러한 관습은 인위적 편두artificial cranial deformation라고 불리는데, 편두는 집단의 정체성을 나타낸다고 해석된다. 하지만 특정 사람 뼈 집단의 모든 구성원이 인위적 편두를 보이지는 않으므로 집단 안에서의 계층을 표시하기 위해 이러한 관습을 시행했을 가능성도 있다(Antón, 1989; Cheverud 등, 1992; Meiklejohn 등, 1992; Kohn 등, 1993; O'Brien과 Stanley, 2013).

인위적 편두를 만들기 위해서는 아이의 머리뼈가 성장하는 동안 외부에서 인위적인 압력을 가하여 머리뼈의 형태를 변형시켜야 한다. 과거 사회의 인위적 편두 풍습은 크게 두 가지 종류로 구분될 수 있다(Antón, 1989). 먼저, 아이가 바닥이나 판 위에 누워 있는 상태에서 이마 부분에

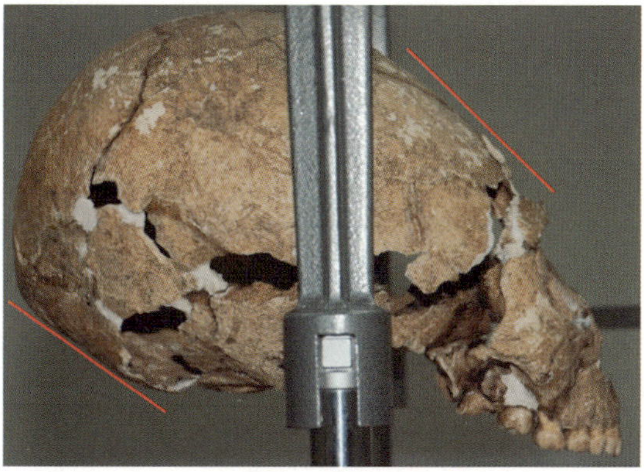

옆에서 본 편두 형태

그림 4-6. 김해 예안리 유적에서 발굴된 유아의 인위적 편두

물체를 두고 힘을 가하는 방법이 있다(antero-posteriorly deformed type). 이 방법을 쓰면 머리가 앞뒤로는 납작해지지만 옆으로는 더 성장한다. 다음으로 아이의 머리를 천이나 끈으로 감싸고 압력을 가하는 방법이 있다(circumferentially deformed type). 이 방법을 쓰면 앞에서 보면 좁고 옆에서 보면 위와 뒤쪽supero-posteriorly으로 긴 원통형의 머리 형태가 된다. 두 가지 편두 형태의 예에서 볼 수 있듯이, 인위적인 머리뼈 변형은 압력이 가해진 부분들의 성장이 제한되고 그 대신 다른 머리뼈 부위들이 보충compensatory하여 성장하면서 만들어진다.

하지만 시신이 매장된 후에 퇴적 물질이 머리뼈에 압력을 가하여 그 형태가 사후에 변형되는 경우도 있다(Jurda 등, 2015). 또한 아이가 눕는 자세에 따라서 자세성 사두증positional plagiocephaly이 발생할 수도 있다. 자세성 사두증이 발생하면 마루뼈parietal bone나 뒤통수뼈occipital bone가 상대적으로 납작해진다. 신생아의 13~25%, 생후 6개월 이내 영유아의 20~50%에서 자세성 사두증이 발생할 수 있다고 보고된 바 있다(Peitsch 등, 2002; Pomatto 등, 2006; Bialocerkowski 등, 2008; Roby 등, 2012). 사후 머리뼈 변형이나 자세성 사두증은 머리뼈가 인위적으로 변형된 경우는 아니기 때문에 인위적 편두로 의심되는 머리뼈의 형태를 해석할 때 주의해야 한다.

3. 머리뼈 형태의 통합성 및 모듈성

지금까지 살펴본 머리뼈 형태의 변이 양상들은 여러 머리뼈 부위들이 서로 영향을 주고받으며 발생한다. 이러한 특성을 형태의 통합성integration이라고 한다. 그런데 머리뼈에는 발달적developmental 혹은 기능적functional으로 어느 정도 독립성을 갖추고 있는 변이 양상도 존재한다. 이러한 독립성을 형태의 모듈성modularity이라고 한다(Hallgrímsson 등, 2009; Armbruster 등, 2014; Goswami 등, 2014; Klingenberg, 2014). 즉 통합성과 모듈성은 형질trait들이 상호작용하는 현상과 과정을 설명하는 개념들이다(Armbruster 등, 2014).

그러나 머리뼈 형태의 통합성과 모듈성이 상충되는 현상은 아니다. 어떤 계측치들의 모음이 다른 계측치들의 모음보다 더 많은 상호작용을 한다면 그 계측치들의 모음을 '모듈'이라고 본다. 이 모듈에 속한 계측치들은 그 모듈 외의 계측치들보다 모듈 내의 계측치들과 상호작용하는 정도가 크므로 형태의 통합성이 크다고 말할 수 있다. 즉 모듈은 외부에 대해 어느 정도 독립성을 갖추면서 내적인 통합성을 갖는 상태이다(그림 4-7).

[그림 4-7]의 예시에서 각 점은 계측치이고 점 사이의 화살선은 계측치 사이의 상호작용이다. 계측치들의 통합성 (혹은 상호작용) 정도에 따라서 점들은 크게 모듈 A와 모듈 B로 나뉠 수 있다. 모듈 A 안에서도 계측치들의 통합성 정도에 따라서 모듈 A는 모듈 A_1과 모듈 A_2로 나뉠 수 있다.

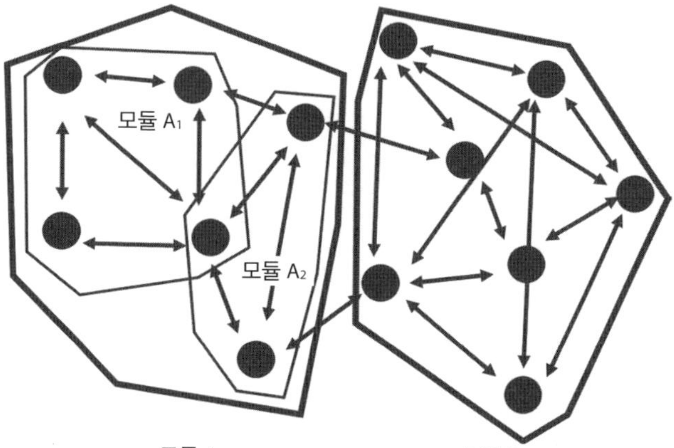

그림 4-7. 형태의 통합성과 모듈성 예시

머리뼈 형태에도 전체적으로 통합된 양상과 어느 정도 독립적인 모듈성이 존재한다(Lieberman, 2011). 머리뼈는 발달적 혹은 기능적으로 머리덮개뼈, 머리뼈바닥, 얼굴뼈의 세 모듈로 나뉠 수 있다(Lieberman, 2011). 예를 들어 발달적으로 머리뼈바닥은 연골 뼈형성endochondral ossification이 되고 머리덮개뼈와 얼굴뼈는 막성 뼈형성membranous ossificaition이 되므로 이 부위들은 발달적 모듈로 나뉠 수 있다(Enlow와 Hans, 1996; Lieberman, 2011). 또한 얼굴뼈와 아래턱뼈는 다른 머리뼈 부위에 비해 음식물을 씹을 때 발생하는 생체역학적 스트레스를 더 많이 받으므로 기능적 모듈로 묶을 수 있다(Enlow와 Hans, 1996; Lieberman, 2011).

앞서 논의했던 머리뼈 형태의 변이 양상들에도 머리뼈 형태의 통합성과 모듈성이 반영되어 있다. 인위적 편두에 의한 머리뼈의 형태 변이는 머리뼈 형태의 통합성을 보여준다(Antón, 1989; Cheverud 등, 1992; Meiklejohn 등, 1992; Kohn 등, 1993). 인위적 편두를 만들기 위해 압력이 가해지는 부분은 주로 머리덮개뼈지만 머리뼈바닥이나 얼굴뼈에서도 인위적 편두로 인한 형태 변이가 관찰되기 때문이다(Antón, 1989; Cheverud 등, 1992;

Meiklejohn 등, 1992; Kohn 등, 1993).

예를 들어 앞뒤로 압력이 가해진 편두antero-posteriorly deformed cranium는 '정상적' 머리뼈에 비해서 머리뼈바닥의 너비가 더 넓고 위얼굴 높이가 더 높다(Antón, 1989). 힘이 가해진 부분은 머리덮개뼈지만 머리뼈바닥과 위얼굴에서도 인위적 편두로 인한 변화가 발생했기 때문이다. 또한 상대성장에 따른 머리뼈 형태의 변이에도 특정한 기능을 위한 머리뼈 형태의 통합성이 반영되어 있다(Marroig와 Cheverud, 2005; Armbruster 등, 2014). 음식물을 씹는 활동에 사용되는 근육들이 부착되는 부위들의 형태가 기능적 모듈로서 함께 변화할 수 있기 때문이다.

이러한 점에서 연구에 사용한 머리뼈 부위의 형태 변이를 해석할 때 그 부위와 다른 머리뼈 부위와의 통합적 관계를 고려해야 한다. 특정 머리뼈 부위의 형태적 변이가 머리뼈 형태의 통합성 때문에 발생한 부산물by-product일 수도 있기 때문이다. 특히 옛사람 뼈 집단의 머리뼈는 부숴지고 온전하게 남아 있는 경우가 많지 않기 때문에, 잔존하는 부위의 형태에서 나타난 변이 양상과 특정 변수와의 관계를 해석할 때 특별히 더 주의를 기울여야 한다.

4. 한반도 옛사람 뼈 집단의 머리뼈 형태에 대한 연구

한반도의 고고학 유적에서 출토된 사람 뼈 집단을 대상으로 한 연구는 다른 지역이나 나라에 비해 상대적으로 수가 적은 편이다. 하지만 앞서 논의했던 여러 요인들과 관련한 연구가 몇 년 전부터 꾸준히 이루어지고 있다(Koh 등, 1999; Min, 2012; Jung 등, 2015; 2016a; 2016b; 2016c; Lee 등, 2016; Jung과 Woo, 2017).

19세기 후반과 일제 강점기부터 실시된 사람 뼈 집단에 대한 연구는 주로 한국인의 형태적 특성을 기술하는 데 집중되어 있었다(Kim, 2002; Pak, 2004; 2006). 수복 후의 한국에서는 나세진, 장신요, 손보기 등으로 이어지는 연구자들이 한반도에서 출토된 옛사람 뼈 집단을 연구했다(Kim, 2002; Pak, 2004; 2006). 하지만 이들의 연구 역시 일제 강점기나 수복 이전과 마찬가지로 형태를 기술하는 수준에 머물렀다(Pak, 2004).

또한 '한국인'을 유형학typology적 관점에서 정의하고 한국인의 기원을 연구하기도 했는데, 이러한 연구 흐름은 그 이후에도 이어졌다(Park, 2004). 박선주(Park, 2004)는 구석기, 신석기, 철기 시대, 현대 한국인 뼈 집단과 중국인과 일본인 뼈 집단의 머리뼈 지수를 비교하여 한국인의 기원이 추운 시기에 동북아시아에 거주하던 후기 구석기 사람들일 것이라고 추론하였다. 하지만 '집단population'의 정의는 연구마다 달라질 수 있으며, 유형론적으로 불변하는 대상이 아니다. 따라서 연구의 목적과 가설에 따라서 집단을 유형론이 아닌 조작적 분류 단위operational taxonomic unit로 처리하는 유연성이 필요하다

다음으로 앞서 논의된 요인들과 관련하여 이루어진 연구들을 살펴보면, 고기석 등(Koh 등, 1999)은 후기 신석기(기원전 4~5세기), 삼국시대(기원후 4~7세기), 고려 및 조선 시대, 현대 한국인 뼈 집단의 얼굴 편평도를 분석하였다. 얼굴 편평도는 이마뼈 지수frontal index, 코뼈 지수simotic index, 광대위턱뼈 지수zygomaxiilary index로 측정되었다. 이 연구에서는 고려, 조선, 현대 한국인 뼈 집단은 북중국인과 일본인, 그보다 더 옛 시기의 한국인 뼈 집단은 시베리아 계통의 민족들과 형태적으로 더 가깝다고 보고되었다. 이러한 차이는 기후적 적응, 식생활의 차이 등으로 인해 발생했다고 추론되었다(Koh 등, 1999).

하지만 앞서 지리적 위치와 머리뼈 형태의 변이에 대해 논의한 바대로 머리뼈 형태에는 집단의 생물학적 및 사회적 역사population history와 기후에 대한 적응 등이 다양하게 반영되어 있다. 따라서 지리적·기후적

으로 다양한 집단을 대상으로 한 비교 연구를 보충할 필요가 있다.

한반도에서 발굴된 옛사람 뼈 집단의 머리뼈 형태에서 시대에 따른 변화가 나타나는지도 분석되었다(Min, 2012; Jung 등, 2016a). 예를 들어 민유선(Min, 2012)은 문헌 조사와 직접 계측을 통해 기원전 250년부터 현대 한국인에 이르기까지 머리뼈 지수가 변화한 양상을 분석하였다. 이 연구에서 조선시대 사람 뼈 집단의 머리뼈는 단두형이었으며, 이러한 변화는 조선시대 이전부터 진행된 단두화의 결과라고 해석되었다.

아래턱뼈에서도 시대에 따른 변화가 분석되었다. 정현우 등(Jung 등, 2016a)은 부산 가덕도 장항 신석기 유적(기원전 5000~3000년)에서 출토된 옛사람 뼈 집단부터 현대 한국인 집단에 이르기까지의 아래턱뼈 형태 변화를 분석하였다. 이 연구에서는 신석기 시대 집단의 턱뼈가지mandibular ramus 형태가 초기 철기(기원전 1세기~기원후 1세기), 삼국시대(4~7세기), 조선시대(15세기~20세기 초반), 현대 한국인 집단에 비해 유의미하게 강건하다고 보고되었다. 아래턱뼈는 음식물을 씹는 활동에 의한 생체역학적 스트레스를 주로 받는 부위이다. 따라서 이러한 결과는 시대에 따른 생체역학적 스트레스의 차이 혹은 아래턱뼈와 다른 머리뼈 부위들의 통합적 성장에 의한 결과라고 해석될 수 있다.

남아메리카(Sardi 등, 2006; Paschetta 등, 2016; Menéndez 등, 2014), 일본(Hoover와 Williams, 2016), 영국(Mays, 2015), 누비아(Galland 등, 2016)에서도 생계 경제나 식생활과 관련하여 아래턱뼈 형태에 차이가 발견된 바 있다. 정현우 등(Jung, 2016a)의 연구 결과도 가덕도 장항 유적에서 발굴된 옛사람 뼈 집단의 특수한 생계 수단에서 비롯되었거나, 신석기 이후에 음식물을 가공하는 기술의 발전으로 인해 음식물의 거친 정도나 뻣뻣한 정도stiffness가 완화되면서 나타난 현상일 수 있다.

앞서 사회문화적 요인이 머리뼈 형태에 영향을 주는 대표적 사례로서 인위적 편두를 논의하였다. 한반도에서도 김해 예안리에서 출토된 삼국시대(4~7세기)에 해당되는 사람 뼈 집단에서 인위적 편두가 발견되었다(Mine, 1999; Jung과 Woo, 2017). 예안리 집단의 인위적 편두는 이마뼈frontal bone와 뒤통수뼈occipital bone가 납작한 형태였으므로 앞뒤antero-posteriorly로 압력을 가하는 방식으로 편두가 만들어졌다고 볼 수 있다(Mine, 1999; Jung과 Woo, 2017). 하지만 유사한 시기의 임당과 늑도의 사람 뼈 집단에서는 추가적인 인위적 편두가 발견되지 않았다(Jung과 Woo, 2017).

지금까지 살펴보았듯이 여러 시대의 한반도 고고학 유적에서 발굴된 옛사람 뼈 집단의 머리뼈 형태가 연구되어 왔다. 그중에서도 특히 조선시대 사람 뼈 집단에 대한 연구가 많이 이루어졌는데, 조선시대 집단은 매장된 시기가 늦은 만큼 비교적 보존 상태가 양호하고 연구에 이용 가능한 표본이 다른 시대 집단에 비해 더 많기 때문이다.

예를 들어 정현우 등(Jung 등, 2015)은 조선시대 사람 뼈 집단의 머리뼈 형태를 기하학적 형태계측학을 이용으로 분석하였다. 이 연구에 따르면, 머리뼈 높이와 얼굴뼈 길이의 변이 양상에 성별에 따른 차이가 있었다. 또한 정현우 등(Jung 등, 2016b)은 조선시대 사람 뼈 집단의 아래턱뼈 형태에서 노화와 생전치아결실의 효과를 분석하였다. 이 연구에서는 노화와 생전치아결실의 효과에 유의미한 상관관계가 있다고 보고하였다. 이러한 결과는 노화나 생전치아결실 중 하나의 효과만 분석한 연구를 해석하는 데 있어 주의를 기울일 필요가 있음을 보여준다.

마지막으로, 옛사람 뼈 집단은 출토된 개체수가 적거나 개체들의 보존 상태도 나쁠 수 있다. 따라서 연구에 사용한 표본에 존재할 수 있는 편향성bias을 주의해야 한다(Wood 등, 1992). 예를 들어 현재까지 발굴된 한반도의 고고학 유적에서는 인위적 편두가 김해 예안리의 사람 뼈 집단에서만 발견되었다. 하지만 인위적 편두 관습이 다른 시대나 집단에서 이루어지지 않았다고 쉽게 결론을 내리지 않도록 주의해야 한다. 이러한 잠정적 결론을 내리기 전에 다양한 집단을 대상으로 한 비교 연구를 해야 한다.

5. 맺음말

이 장에서는 집단 내 혹은 집단 간에 발생할 수 있는 머리뼈 형태의 변이 양상에 대해서 알아보았다. 먼저, 집단 내에서는 성적이형성, 노화, 시대 변화, 상대성장 등에 의한 머리뼈 형태의 변이가 나타날 수 있다. 다음으로, 집단 간에서는 지리적 위치, 기후적 다양성, 생계 수단의 차이, 사회문화적 요인 등으로 인해 머리뼈 형태에 변이가 발생할 수 있다.

머리뼈에서 관찰되는 변이 양상은 다양한 요인들이 상호작용하며 발생한다. 예를 들어 19~20세기의 유럽계와 아프리카계 미국인의 예에서 보았듯이, 머리뼈 형태의 성적이형성이 나타나는 정도는 집단의 사회경제적 지위와 관련이 있을 수 있다(Garvin 등, 2014).

집단 간 생물학적 거리도 집단 간 사회문화적 거리에 영향을 받을 수 있다(Relethford, 1994; von Carmon-Taubadel, 2014a; 2014b). 사회문화적 거리가 가까운 집단 사이에 혼인관계 등을 통한 유전자 교류gene flow가 더 많이 발생할 수도 있기 때문이다.

또한 현생 인류 집단에서 나타나는 기후에 대한 생물학적 적응도 온도나 습도와 같은 기후 변수들만으로 모두 설명되지는 않는다. 사람은 문화적으로도 기후에 적응하기 때문이다(Steegmann, 2007). 추위에 대한 문화적 적응의 대표적 예로는 이누이트의 사냥 전술과 행동 전략이 있다(Steegmann, 2007). 이누이트는 사냥할 때 길을 잃더라도 체온을 유지할 수 있을 만큼만 최소한으로 움직이고, 휴식 시간도 효과적으로 배분한다. 따라서 기후와 관련한 머리뼈의 형태적 변이를 해석할 때 이누이트의 추위에 대한 적응 사례와 같은 문화인류학적 기록을 참고할 필요가 있다.

이 장에서는 머리뼈의 형태적 변이에 영향을 줄 수 있는 여러 요인들을 살펴보았고, 그 요인들을 바탕으로 분석된 연구 결과들을 해석할 때 주의해야 할 점들도 알아보았다. 향후 옛사람 뼈 집단을 대상으로 이루어질 연구에서도 연구 목적에 맞게 머리뼈 형태의 변이를 분석할 요인들의 수준level을 조정하고 요인들 간의 상호작용을 고려해야 한다. 또한 머리뼈는 여러 부위들이 유기적으로 통합된 구조이면서 동시에 발달적 혹은 기능적으로 독립된 모듈들을 포함한다는 점도 연구 결과를 해석할 때 고려해야 한다.

Albert, A. M., Ricanek, K., & Patterson, E. (2007). A review of the literature on the aging adult skull and face: Implications for forensic science research and applications. *Forensic Science International* 172(1): 1-9.

Antón, S. C. (1989). Intentional cranial vault deformation and induced changes of the cranial base and face. *American Journal of Physical Anthropology* 79(2): 253-267.

Armbruster, W. S., Pélabon, C., Bolstad, G. H., & Hansen, T. F. (2014). Integrated phenotypes: Understanding trait covariation in plants and animals. *Phil. Trans. R. Soc. B.* 369(1649): 20130245.

Bialocerkowski, A. E., Vladusic, S. L., & Wei Ng, C. (2008). Prevalence, risk factors, and natural history of positional plagiocephaly: A systematic review. *Developmental Medicine & Child Neurology* 50(8): 577-586.

Bigoni, L., Velemínská, J., & Brůžek, J. (2010). Three-dimensional geometric morphometric analysis of cranio-facial sexual dimorphism in a Central European sample of known sex. *HOMO — Journal of Comparative Human Biology* 61(1): 16-32.

Buikstra, J. E., & Ubelaker, D. H. (1994). Standards for data collection from human skeletal remains. *Arkansas Archaeological Survey Research Series* 44.

Buretić-Tomljanović, A., Ostojić, S., & Kapović, M. (2006). Secular change of craniofacial measures in Croatian younger adults. *American Journal of Human Biology* 18(5): 668-675.

Butaric, L. N., & Maddux, S. D. (2016). Morphological covariation between the maxillary sinus and midfacial skeleton among sub-Saharan and circumpolar modern humans. *American Journal of Physical Anthropology* 160(3): 483-497.

Cheverud, J. M., Kohn, L. A., Konigsberg, L. W., & Leigh, S. R. (1992). Effects of fronto-occipital artificial cranial vault modification on the cranial base and face. *American Journal of Physical Anthropology* 88(3): 323-345.

Chovalopoulou, M. E., Bertsatos, A., & Papageorgopoulou, C. (2017). Age-related changes in the craniofacial region in a modern Greek population sample of known age and sex. *International Journal of Legal Medicine* 131(4): 1103-1111.

Enlow, D. H., & Hans, M. G. (1996). *Essentials of Facial Growth*. Philadelphia: W.B. Saunders.

Evteev, A., Cardini, A. L., Morozova, I., & O'Higgins, P. (2014). Extreme climate, rather than population history, explains mid-facial morphology of Northern Asians. *American Journal of Physical Anthropology* 153(3): 449-462.

Franklin, D., Freedman, L., & Milne, N. (2005). Sexual dimorphism and discriminant function sexing in indigenous South African crania. *HOMO — Journal of Comparative Human Biology* 55(3): 213-228.

Franklin, D., Freedman, L., Milne, N., & Oxnard, C. E. (2006). A geometric morphometric study of sexual dimorphism in the crania of indigenous southern Africans. *South African Journal of Science* 102(5-6): 229-238.

Freidline, S. E., Gunz, P., & Hublin, J. J. (2015). Ontogenetic and static allometry in the human face: Contrasting Khoisan and Inuit. *American Journal of Physical Anthropology* 158(1): 116-131.

Galland, M., Van Gerven, D. P., Von Cramon-Taubadel, N., & Pinhasi, R. (2016). 11,000 years of craniofacial and mandibular variation in Lower Nubia. *Scientific Reports* 6: 31040.

Garvin, H. M., Sholts, S. B., & Mosca, L. A. (2014). Sexual dimorphism in human cranial trait scores: Effects of population, age, and body size. *American Journal of Physical Anthropology* 154(2): 259-269.

Gayon, J. (2000). History of the concept of allometry. *American Zoologist* 40(5): 748-758.

Gonzalez, P. N., Bernal, V., & Perez, S. I. (2011). Analysis of sexual dimorphism of craniofacial traits using geometric morphometric techniques. *International Journal of Osteoarchaeology* 21(1): 82-91

Gonzalez, P. N., Perez, S. I., & Bernal, V. (2010). Ontogeny of robusticity of craniofacial traits in modern humans: a study of South American populations. *American Journal of Physical Anthropology* 142(3): 367-379.

González-José, R., Ramírez-Rozzi, F., Sardi, M., Martínez-Abadías, N., Hernández, M., & Pucciarelli, H. M. (2005). Functional-cranial approach to the influence of economic strategy on skull morphology. *American Journal of Physical Anthropology* 128(4): 757-771.

Goswami, A., Smaers, J. B., Soligo, C., & Polly, P. D. (2014). The macroevolutionary consequences of phenotypic integration: From development to deep time. *Phil. Trans. R. Soc. B.* 369(1649): 20130254.

Gould, S. J., & Lewontin, R. C. (1979). The spandrels of San Marco and the Panglossian paradigm: a critique of the adaptationist programme. Proceedings of the Royal Society of London. *Series B. Biological Sciences* 205(1161): 581-598.

Green, H., & Curnoe, D. (2009). Sexual dimorphism in southeast Asian crania: A geometric morphometric approach. *HOMO — Journal of Comparative Human Biology* 60(6): 517-534.

Hallgrímsson, B., Jamniczky, H., Young, N. M., Rolian, C., Parsons, T. E., Boughner, J. C., & Marcucio, R. S. (2009). Deciphering the palimpsest: Studying the relationship between morphological integration and phenotypic covariation. *Evolutionary Biology* 36(4): 355-376.

Hernández, M., Fox, C. L., & Garcia-Moro, C. (1997). Fueguian cranial morphology: The adaptation to a cold, harsh environment. *American Journal of Physical Anthropology* 103(1): 103-117.

Holmes, M. A., & Ruff, C. B. (2011). Dietary effects on development of the human mandibular corpus. *American Journal of Physical Anthropology* 145(4): 615-628.

Holton, N. E., Franciscus, R. G., Ravosa, M. J., & Southard, T. E. (2014). Functional and morphological correlates of mandibular symphyseal form in a living human sample. *American Journal of Physical Anthropology* 153(3): 387-396.

Hoover, K. C., & Williams, F. L. E. (2016). Variation in regional diet and mandibular morphology in prehistoric Japanese hunter-gatherer-fishers. *Quaternary International* 405: 101-109.

Hossain, M. G., Lestrel, P. E., & Ohtsuki, F. (2005). Secular changes in head dimensions of Japanese adult male students over eight decades. *HOMO — Journal of Comparative Human Biology* 55(3), 239-250.

Jantz, R. L., & Jantz, L. M. (2000). Secular change in craniofacial morphology. *American Journal of Human Biology* 12(3): 327-338.

Jantz, R. L., & Jantz, L. M. (2016). The remarkable change in Euro-American cranial shape and size. *Human Biology* 88(1): 56-64.

Jung, H., & Woo, E. J. (2016). Evaluation of mastoid process as sex indicator in modern White Americans using geometric morphometrics. *Journal of Forensic Sciences*

61(4): 1029-1033.

Jung, H., & Woo, E. J. (2017). Artificial deformation versus normal variation: Re-examination of artificially deformed crania in ancient Korean populations. *Anthropological Science* 125(1): 3-7.

Jung, H., Woo, E., & Pak, S. (2015). The Study of Cranial Shape Variation in a Population from Joseon Dynasty using Geometric Morphometrics. *Korean Journal of Physical Anthropology* 28(1): 27-35.

Jung, H., Woo, E. J., Pak, S. (2016a). Secular change of mandibular ramus shape in ancient Korean populations. In Proceedings of 59th annual meeting of Korean Association of Physical Anthropologists.

Jung, H., Woo, E. J., & Pak, S. (2016b). The relationship between ante-mortem tooth loss in molars and the mandibular ramus shape examined using 3-D geometric morphometrics. In Proceedings of 85th annual meeting of American Association of Physical Anthropologists.

Jung, H., Woo, E. J., & Pak, S. (2016c). A Study of Bilateral Asymmetry Pattern in the Eye Orbit and Nose of the Joseon Dynasty Skeletal Group Using Geometric Morphometrics. *Korean Journal of Physical Anthropology* 29(4): 135-143.

Jurda, M., Urbanová, P., & Králík, M. (2015). The Post–Mortem Pressure Distortion of Human Crania Uncovered in an Early Medieval Pohansko (Czech Republic) Graveyard. *International Journal of Osteoarchaeology* 25(4): 539-549.

Kahn, D. M., & Shaw, Jr. R. B. (2008). Aging of the bony orbit: A three-dimensional computed tomographic study. *Aesthetic Surgery Journal* 28(3): 258-264.

Katz, D. C., Grote, M. N., & Weaver, T. D. (2017). Changes in human skull morphology across the agricultural transition are consistent with softer diets in preindustrial farming groups. *Proceedings of the National Academy of Sciences* 114(34): 9050-9055.

Kim, J. H. (2002). The ancient Korean-Japanese relational history viewed from the bones. *Korean Ancient History Research* 27: 309-337.

Kim, S. J., Kim, S. J., Park, J. S., Byun, S. W., & Bae, J. H. (2015). Analysis of age-related changes in Asian facial skeletons using 3D vector mathematics on picture archiving and communication system computed tomography. *Yonsei Medical Journal* 56(5): 1395-1400.

Kimmerle, E. H., Ross, A., & Slice, D. (2008). Sexual dimorphism in America: Geometric morphometric analysis of the craniofacial region. *Journal of Forensic Sciences* 53(1): 54-57.

Klingenberg, C. P. (2014). Studying morphological integration and modularity at multiple levels: Concepts and analysis. *Phil. Trans. R. Soc. B.* 369(1649): 20130249.

Klingenberg, C. P. (2016). Size, shape, and form: Concepts of allometry in geometric morphometrics. *Development Genes and Evolution* 226(3): 113-137.

Koh, K. S., Shon, H. J., Rhee, E. K., Park, S. J., Kim, H. J., Han, S. H., & Chung, R. H. (1999). Anthropological study on the facial flatness of Korean from the historic to the modern period. *Korean Journal of Physical Anthropology* 12(2): 211-221.

Kohn, L. A. P., Leigh, S. R., Jacobs, S. C., & Cheverud, J. M. (1993). Effects of annular cranial vault modification on the cranial base and face. *American Journal of Physical Anthropology* 90(2): 147-168.

Kouchi, M. (2000). Brachycephalization in Japan has ceased. *American Journal of Physical Anthropology* 112(3): 339-347.

Kurki, H. K., Pfeiffer, S., & Stynder, D. D. (2012). Allometry of head and body size in Holocene foragers of the South African Cape. *American Journal of Physical Anthropology* 147(3): 462-471.

Lee, W. J., Woo, E. J., Oh, C. S., Yoo, J. A., Kim, Y. S., Hong, J. H., ⋯ & Lee, S. D. (2016). Bioanthropological studies on human skeletons from the 6th century tomb of ancient Silla Kingdom in South Korea. *PloS One*. 11(6): e0156632.

Lieberman, D. (2011). *The Evolution of the Human Head*. Harvard University Press.

Lieberman, D. E., Ross, C. F., & Ravosa, M. J. (2000). The primate cranial base: Ontogeny, function, and integration. *American Journal of Physical Anthropology* 113 (S31): 117-169.

Maddux, S. D., Butaric, L. N., Yokley, T. R., & Franciscus, R. G. (2017). Ecogeographic variation across morphofunctional units of the human nose. *American Journal of Physical Anthropology* 162(1): 103-119.

Maddux, S. D., Yokley, T. R., Svoma, B. M., & Franciscus, R. G. (2016). Absolute humidity and the human nose: A reanalysis of climate zones and their influence on nasal form and function. *American Journal of Physical Anthropology* 161(2): 309-320.

Marroig, G., & Cheverud, J. M. (2005). Size as a line of least evolutionary resistance: Diet and adaptive morphological radiation in New World monkeys. *Evolution*

59(5): 1128-1142.

Mays, S. (2015). Mandibular morphology in two archaeological human skeletal samples from northwest Europe with different masticatory regimes. *HOMO — Journal of Comparative Human Biology* 66(3): 203-215.

Meiklejohn, C., Agelarakis, A., Akkermans, P. A., Smith, P. E., & Solecki, R. (1992). Artificial cranial deformation in the Proto-Neolithic and Neolithic Near East and its possible origin: Evidence from four sites. *Paléorient*, 83-97.

Mendelson, B., & Wong, C. H. (2012). Changes in the facial skeleton with aging: Implications and clinical applications in facial rejuvenation. *Aesthetic Plastic Surgery* 36(4): 753-760.

Menéndez, L., Bernal, V., Novellino, P., & Perez, S. I. (2014). Effect of bite force and diet composition on craniofacial diversification of Southern South American human populations. *American Journal of Physical Anthropology* 155(1): 114-127.

Min, Y. S. (2012). A study on the secular change of cranial index in Korean. Master's thesis, Department of Anatomy, The Graduate School, Seoul National University, Korea.

Mine, K. (1999). Morphological study of deformed crania from the Yean-ri site, Korea. Kaibogaku zasshi. *Journal of Anatomy* 74(2): 215-223.

Mitteroecker, P., Gunz, P., Windhager, S., & Schaefer, K. (2013). A brief review of shape, form, and allometry in geometric morphometrics, with applications to human facial morphology. *Hystrix, The Italian Journal of Mammalogy* 24(1): 59-66.

Nicholson, E., & Harvati, K. (2006). Quantitative analysis of human mandibular shape using three-dimensional geometric morphometrics. *American Journal of Physical Anthropology* 131(3): 368-383.

Noback, M. L., & Harvati, K. (2015). The contribution of subsistence to global human cranial variation. *Journal of Human Evolution* 80: 34-50.

Noback, M. L., Harvati, K., & Spoor, F. (2011). Climate-related variation of the human nasal cavity. *American Journal of Physical Anthropology* 145(4): 599-614.

O'Brien, T. G., & Stanley, A. M. (2013). Boards and cords: Discriminating types of artificial cranial deformation in prehispanic South Central Andean populations. *International Journal of Osteoarchaeology* 23(4): 459-470.

Pak, S. (2004). Academic tasks left by physical anthropology under Japanese colonialism and lessons from experiences of Western physical anthropology. *Cross-Cultural Studies* 10(1): 191-220.

Pak, S. (2006). The "anthropological" gaze at the Korean bodies under Japanese colonialism. *Cross-Cultural Studies* 12(2): 57-92.

Park, S. J. (2004). The beginning and formation of Korean population. *Dangun Research* 11: 67-91.

Paschetta, C., De Azevedo, S., González, M., Quinto-Sánchez, M., Cintas, C., Varela, H., … & González-José, R. (2016). Shifts in subsistence type and its impact on the human skull's morphological integration. *American Journal of Human Biology* 28(1): 118-128.

Paskhover, B., Durand, D., Kamen, E., & Gordon, N. A. (2017). Patterns of Change in Facial Skeletal Aging. *JAMA Facial Plastic Surgery* 19(5): 413-417.

Peitsch, W. K., Keefer, C. H., LaBrie, R. A., & Mulliken, J. B. (2002). Incidence of cranial asymmetry in healthy newborns. *Pediatrics* 110(6): e72-e72.

Pomatto, J. K., Calcaterra, J., Kelly, K. M., Beals, S. P., Manwaring, K. H., & Littlefield, T. R. (2006). A study of family head shape: Environment alters cranial shape. *Clinical Pediatrics* 45(1): 55-63.

Relethford, J. H. (1994). Craniometric variation among modern human populations. *American Journal of Physical Anthropology* 95(1): 53-62.

Relethford, J. H. (2004). Boas and beyond: Migration and craniometric variation. *American Journal of Human Biology* 16(4): 379-386.

Roby, B. B., Finkelstein, M., Tibesar, R. J., & Sidman, J. D. (2012). Prevalence of positional plagiocephaly in teens born after the "Back to Sleep" campaign. *Otolaryngology-Head and Neck Surgery* 146(5): 823-828.

Rosas, A., & Bastir, M. (2002). Thin-plate spline analysis of allometry and sexual dimorphism in the human craniofacial complex. *American Journal of Physical Anthropology* 117(3): 236-245.

Sardi, M. L., Novellino, P. S., & Pucciarelli, H. M. (2006). Craniofacial morphology in the Argentine Center-West: Consequences of the transition to food production. *American Journal of Physical Anthropology* 130(3): 333-343.

Smith, H. F., Terhune, C. E., & Lockwood, C. A. (2007). Genetic, geographic, and environmental correlates of human temporal bone variation. *American Journal of Physical Anthropology* 134(3): 312-322.

Sparks, C. S., & Jantz, R. L. (2002). A reassessment of human cranial plasticity: Boas revisited. *Proceedings of the National Academy of Sciences* 99(23): 14636-14639.

Steegmann, Jr. A. T. (2007). Human cold adaptation: An unfinished agenda. *American Journal of Human Biology* 19(2): 218-227.

Steegmann, Jr. A. T., Cerny, F. J., & Holliday, T. W. (2002). Neandertal cold adaptation: Physiological and energetic factors. *American Journal of Human Biology* 14(5): 566-583.

von Cramon-Taubadel, N. (2009). Revisiting the homoiology hypothesis: The impact of phenotypic plasticity on the reconstruction of human population history from craniometric data. *Journal of Human Evolution* 57(2): 179-190

von Cramon-Taubadel, N. (2011a). Global human mandibular variation reflects differences in agricultural and hunter-gatherer subsistence strategies. *Proceedings of the National Academy of Sciences* 108(49): 19546-19551.

von Cramon–Taubadel, N. (2011b). The relative efficacy of functional and developmental cranial modules for reconstructing global human population history. *American Journal of Physical Anthropology* 146(1), 83-93.

von Cramon-Taubadel, N. (2014a). Evolutionary insights into global patterns of human cranial diversity: Population history, climatic and dietary effects. *Journal of Anthropological Science* 92(4).

von Cramon-Taubadel, N. (2014b). The microevolution of modern human cranial variation: Implications for hominin and primate evolution. *Annals of Human Biology* 41(4): 323-335.

von Cramon-Taubadel, N. (2017). Measuring the effects of farming on human skull morphology. *Proceedings of the National Academy of Sciences* 114(34): 8917-8919.

von Cramon–Taubadel, N., & Lycett, S. J. (2008). Brief communication: human cranial variation fits iterative founder effect model with African origin. *American Journal of Physical Anthropology* 136(1): 108-113.

White, T. D., & Folkens, P. A. (2000). *Human Osteology* (2nd). Academic Press.

Weisensee, K. E., & Jantz, R. L. (2011). Secular changes in craniofacial morphology of the Portuguese using geometric morphometrics. *American Journal of Physical Anthropology* 145(4): 548-559.

Weisensee, K. E., & Jantz, R. L. (2016). An examination of the differential effects of the modern epidemiological transition on cranial morphology in the United States and Portugal. *Human Biology* 88(1): 30-37.

Williams, S. E., & Slice, D. E. (2010). Regional shape change in adult facial bone curvature with age. *American Journal of Physical Anthropology* 143(3): 437-447.

Williams, S. E., & Slice, D. E. (2014). Influence of edentulism on human orbit and zygomatic arch shape. *Clinical Anatomy* 27(3): 408-416.

Wood, J. W., Milner, G. R., Harpending, H. C., Weiss, K. M., Cohen, M. N., Eisenberg, L. E., … & Katzenberg, M. A. (1992). The osteological paradox: Problems of inferring prehistoric health from skeletal samples [and comments and reply]. *Current Anthropology* 33(4): 343-370.

Zelditch, M. L., Swiderski, D. L., & Sheets, H. D. (2012). *Geometric Morphometrics for Biologists: A Primer*. Academic Press.

| 제3부 |

생계 경제와 질병

제5장 안정동위원소 분석을 이용한 한반도 선사시대의 식생활 변화 연구

제6장 질병의 흔적과 과거의 생활 수준

제5장

안정동위원소 분석을 이용한 한반도 선사시대의 식생활 변화 연구

최경철

인간은 생존을 위하여 음식을 섭취해야 하기 때문에 과거 인류가 먹은 식단을 연구하면 인류가 어떻게 환경에 적응하며 생존해 왔는지 확인할 수 있다. 따라서 고식단 연구paleodietary study를 통해서 과거 사람들이 구사한 생계 전략을 알 수 있으며, 이를 통해 당시의 생업 경제체제와 사회구조 등에 대한 정보를 얻을 수 있다(Katzenberg, 2000; Lee-Thorp, 2008). 특히 수렵채집민들이 어떻게 농경사회로 전환하였으며 동물의 가축화와 식물의 경작화가 어떻게 이루어졌는지를 파악하면 인류가 기후와 환경의 변화에 어떻게 적응하며 생존해 왔는지를 알 수 있다(Schoeninger와 Moore, 1992).

지금까지 국내 고고학계의 고식단 연구는 유적에서 출토된 동물과 식물의 유체를 이용해 대부분 진행되어 왔다. 하지만 대부분의 동식물 유존체들은 유물의 보존 여부에 따라 다양한 형태로 남겨지기 때문에 동식물 유존체 분석만으로는 과거의 사람들이 그것들을 직접 식재료로 사용했는지의 여부를 확인하기 어려웠다. 게다가 전체 식단에서 각각의 음식원이 어느 정도 이용되었는지에 대한 정확한 정보도 얻을 수 없었다. 하지만 1980년대 이후 사람 뼈에서 뽑아낸 콜라겐 단백질의 안정동위원소 값을 이용하여 선사시대 사람들이 섭취한 식단에 대한 직접적인 정보를 얻을 수 있게 되었다(Katzenberg, 2000; Ambrose, 1993; Schwarcz와 Schoeninger, 1991).

사람 뼈의 콜라겐에 있는 안정동위원소 값은 각 개인이 생전에 섭취한 식단에 대한 정보을 담고 있는데, 이 정보는 사후에도 변하지 않고 그대로 보존되기 때문에 이를 이용하면 과거 사람들이 섭취한 식단을 복원할 수 있다. 따라서 안정동위원소를 이용한 고식단 연구는 선사시대 사람들의 식단에서 차지하는 해양성 식료와 육상 식료의 비율이나 식물성 단백질과 동물성 단백질의 비율을 확인할 수 있게 한다. 최근 들어 안정동위원소 분석 방법은 전 세계적으로 고식단 연구에 있어서 가장 일반적으로 사용되고 있는 연구 방법이 되었다(Lee-Thorp, 2008; Schwarcz와 Schoeninger, 1991).

지금까지 대부분의 연구는 유럽과 미국을 중심으로 이루어져 왔으며, 최근 들어 한국·중국·일본을 포함한 동아시아 지역에서도 사람 뼈의 콜라겐을 이용한 안정동위원소 분석이 이루어지고 있다. 동아시아 지역에서 사람 뼈 시료를 이용한 안정동위원소 연구는 1980년대를 기점으로 일본에서 처음 시작되었다. 이 당시에는 일본 선사시대 조몬인의 식단이 해양 자원으로 이루어졌는지 육상 자원으로 이루어졌는지를 판별하는 연구가 주를 이루었다(Minagawa와 Wada, 1984; Chisholm 등, 1988).

최근 중국에서는 신석기 시대 사람 뼈로 안정동위원소 분석이 진행되었고, 이를 통해서 중국의 신석기 시대 주요 작물인 벼와 조의 재배 시기를 유추하였다(Pechenkina 등, 2005; Hu 등, 2006; 2008). 현재 국내에서도 안정동위원소 분석을 이용한 고식단 연구가 진행되고 있으며, 이를 통해서 한반도에 농업이 유입되는 시기인 신석기-청동기의 식단 변화에 대한 연구가 진행되고 있다(Choy 등, 2009; 2010).

이 장에서는 사람 뼈 시료를 이용한 안정동위원소 분석의 원리와 사람 뼈의 콜라겐 추출 방법, 분석 기기에 대해 간략히 소개하고, 지금까지 저자에 의해 이루어진 국내의 대표적인 동위원소 분석 사례를 정리하였다. 또한 이들 결과로 우리가 얻을 수 있는 고고학적 성과와 의미를 살펴보고, 옛사람 뼈 시료를 이용한 안정동위원소 분석의 가치와 앞으로의 전망에 대해 서술하고자 한다.

1. 안정동위원소 분석을 통한 고식단 복원

논의에 앞서 연구 배경으로 안정동위원소 분석에 대해 간략히 소개하면 다음과 같다.

유적에서 출토된 유기물들을 분석하는 방법 가운데 유기물의 화학적 구성의 차이에 근거한 연구법이 안정동위원소 분석이다. 동위원소란 양성자의 수는 같지만 중성자의 수가 다른 것을 의미한다(Platzner, 1997). 화학 주기율표상에 있는 대부분의 원소들은 여러 개의 동위원소를 갖고 있는데, 이들 동위원소는 크게 안정동위원소와 불안정동위원소로 나뉜다. 이 가운데 분해되어 반감되지 않는 동위원소를 안정동위원소라 하고, 안정동위원소의 수는 현재 대략 300개 정도가 존재하고 있는 것으로 알려져 있다(Hoefs, 1997).

다양한 안정동위원소가 자연 상태에서 존재하며 이들 안정동위원소의 값에 차이를 보이는데, 이는 각 원소가 물리적·화학적·생화학적 반응에 따라 분절화fractionation을 일으키고 이로 인해 한 개 이상의 안정동위원소가 만들어지기 때문이다. 안정동위원소의 분절화는 운동 에너지의 이동에 의해 일어나거나 생화학적·열역학적 원인에 의해 일어난다. 특히 생물계에서 대부분 안정동위원소의 분절화는 생화학적 이동에 의해 일어나는데, 식물의 광합성이나 박테리아의 에너지 생성 등의 생화학적 반응을 통해서 가벼운 동위원소가 점점 무거워진다(Meier-Augenstein, 2002). 안정동위원소의 분절화는 수소, 탄소, 산소와 같이 원자량이 가벼운 원소들에서 많이 일어난다.

대부분의 살아 있는 생명체는 다섯 가지 가벼운 안정동위원소(탄소, 질소, 수소, 산소, 황)를 가지고 있고 이들 원소는 과거 사람들이 소비한 음식에서 오기 때문에, 이들 동위원소의 분절화를 통해서 과거에 선조들이 먹었던 음식이나 당시의 기후 환경에 관한 정보를 얻을 수 있다. 고식단 연구에 주로 이용되는 원소는 탄소와 질소이며, 산소, 수소, 황의 안정동위원소도 고기후와 생태, 동식물의 이동과 계절성 등을 연구하는 데 이용된다.

안정동위원소 값의 표시는 보통 델타값으로 나타내며, 델타값은 규정된 국제기준의 물질의 비율에 근거하여 측정한다(Schwarcz와 Schoeninger, 1991). 이것을 델타 지수라고 하는데 permil(‰)로 나타내고 수식은 다음과 같다.

$$\delta_{sample} = \left(\frac{R_{sample} - R_{standard}}{R_{standard}} \right) \times 1000$$

여기서 *R*은 측정하려는 안정동위원소를 나타내며, 각각의 원소는 국제적 지표 광물을 기준 물질standard로 사용하는데, 탄소는 Vienna Peedee Belemnite(VPDB)라는 표준 암석을, 질소는 Ambient Inhalable Reservoir(AIR)라는 대기 중의 질소를 각각 기준 물질로 사용한다(Hoefs, 1997). 이때 델타값은 샘플 내의 추출된 절대적 수치가 아니라 기준 물질과의 상대적 차이를 말하므로 비율로 나타낸다.

다음으로 고식단 연구에 주로 이용되는 탄소 안정동위원소와 질소 안정동위원소의 기본 원리를 소개한다.

1) 탄소 안정동위원소

탄소는 두 가지 안정동위원소를 가지고 있는데, 하나는 C12(98.93%)이고 다른 하나는 C13(1.07%)이다(Rosman과 Taylor, 1998). 연대 측정에 이용되는 C14는 불안정동위원소이므로 여기에서는 제외한다.

탄소의 안정동위원소는 값이 0‰인 Vienna Peedee Belemnite(VPDB)를 기준으로 상대적 값을 측정한다. 탄소 안정동위원소 값이 차이를 보이는 가장 큰 이유는 식물의 광합성에 차이가 있기 때문이다. 즉 식물은 크게 세 가지 방법으로 광합성을 하는데, 식물이 대기 중의 이산화탄소를 흡수하여 광합성을 하면서 보이는 생화학적 반응에 차이가 있다. 이 세 가지 방식에 따라 C3계Calvin Cycle 식물과 C4계Hatch-Slack Cycle 식물, CAM계Crassulean Acid Metabolism 식물로 구분된다.

온대 기후에서 자라는 대부분의 식물은 C3계 식물이며, 이들 식물은 대기 중의 이산화탄소에 비해 탄소 안정동위원소 값이 낮아서 대략 -34‰에서 -22‰ 사이의 값을 유지한다. 대표적인 C3계 식물로는 밀, 보리, 쌀, 콩 등이 있다.

반면 C4계 식물은 탄소의 분절화가 광합성 과정에서 적게 일어나 C3계 식물보다 안정동위원소의 값이 높아지는데, 대략 -12‰에서 -7‰ 사이의 값을 유지한다(Hoefs, 1997). C4계 식물은 덥고 건조한 기후 지역에 자라는 식물이 대부분인데 육상 식물의 약 3%를 차지하며, 대표적인 C4계 식물로는 옥수수, 조, 기장, 수수, 사탕수수 등이 있다.

마지막으로 CAM 방식의 광합성을 하는 식물은 C3계 식물와 C4계 식물의 광합성 방식을 번갈아 하는 주로 사막에서 성장하는 선인장과 같은 식물들이며, 이들의 탄소 안정동위원소 값도 C3계 식물과 C4계 식물 사이에 위치한다. 밀, 보리, 쌀과 같은 C3계 식물을 소비한 사람은 옥수수나 조, 기장 등의 C4계 식물을 소비한 사람과 탄소 안정동위원소 값의 차이를 보인다(Ambrose, 1991).

따라서 어떤 사람의 탄소 안정동위원소 값이 -20‰이라면 이 사람의 식단은 벼, 밀 보리 등의 C3계 식물에 근거한 것이며, 탄소 안정동위원소 값이 -12‰이라면 C4계 식물에 근거한 것임을 추측할 수 있다(Van der Merwe, 1982; DeNiro, 1987).

추가적으로 탄소 안정동위원소 값으로 육상의 C3계나 C4계 식물뿐만 아니라 해상 자원을 섭취했는지를 알아낼 수 있다. 해양성 식물들은 육상 식물과 다르게 대기 중에 있는 이산화탄소 대신에 바닷속에 있는 탄산염carbonate의 탄소를 이용하기 때문에 탄소 안정동위원소 값이 육상의 C3계 식물보다 높게 나타난다. 따라서 만약 인간이 해양 자원을 이용했다면 탄소 안정동위원소 값이 높게 나타날 것이므로 이를 통해서 해양 자원의 소비를 확인할 수 있다(Richards와 Hedges, 1999).

2) 질소 안정동위원소

탄소 안정동위원소와 함께 가장 일반적으로 많이 측정되는 안정동위원소가 질소이다. 탄소와 마찬가지로 질소도 두 가지 동위원소 N14(99.63%)와 N15(0.37%)를 가지며, 대기 중에 존재하는 질소를 기준으로 질소 안정동위원소 값을 측정한다. 대기 중의 질소는 균일하기 분포하기 때문에 대기 중의 질소 안정동위원소 값을 0‰로 하여 기준값을 정한다. 그리고 질소도 탄소와 마찬가지로 생화학적 과정을 통해서 분절화가 일어난다.

질소 안정동위원소 값의 변화는 주로 생명체 내에 일어나는 질소의 순환으로 발생하는데, 대기 중의 질소는 질소 고정 박테리아와 균류에 의해서 식물에 들어오게 되며, 각종 미생물의 질소 고정이 질소의 생명체 내 순환에 중요한 역할을 한다. 식물이 생산한 질소 화합물은 초식동물에 의해 소비되고 단백질로 전환되며, 인간은 식물과 동물의 단백질을 소비한다.

먹이사슬 단계에 따라 단계별로 질소 안정동위원소 값이 상승하는

데, 먹이사슬 단계가 높아질수록 대략 2‰에서 5‰ 정도 질소 안정동위원소의 값이 높아진다(Schoeninger와 DeNiro, 1984). 이러한 질소 안정동위원소 증가를 먹이사슬 상승 효과trophic level effect라고 하는데, 이러한 특성을 이용하여 고식단을 복원할 수 있다(Minagawa와 Wada 1984).

생태계 상위에 있는 육식동물은 초식동물보다 질소 안정동위원소 값이 높아서 초식동물은 대략 3~6‰로 분포하는 데 비해 육식동물은 7~10‰에서 분포하므로, 이를 통해 동식물의 생태계 위치를 파악할 수 있다(Schoeninger와 DeNiro, 1984; Katzenberg, 1989).

질소 안정동위원소는 또한 해양 생태계의 먹이사슬을 반영하는데, 해양성 어패류는 값이 대략 7~12‰이며, 바다사자나 돌고래 같은 해양 포유류는 12~20‰ 사이의 값을 갖는다(Schwarcz와 Schoeninger, 1991; Richards와 Hedges, 1999). 따라서 어떤 사람의 질소 안정동위원소 값을 측정하면 그 사람이 동물성 단백질을 얼마나 섭취했는지 또는 동물성 단백질 가운데 해양성 단백질을 얼마나 소비하였는지를 확인할 수 있다.

3) 안정동위원소를 이용한 고식단 복원

고식단 연구에서는 탄소와 질소 안정동위원소를 함께 이용한다. 사람 뼈에서 추출한 콜라겐의 탄소 및 질소 안정동위원소 값은 한 개인이 오랫동안 살면서 소비한 식단을 양적으로 보여준다.

탄소 안정동위원소 분석으로 과거 사람들이 C3계 또는 C4계 식물을 소비했는지 구별하고, 이 점을 이용해 과거 사람들의 주식이 되는 작물을 복원할 수 있다(Schwarcz와 Schoeninger, 1991). 특히 선사고고학에서 신석기 농업혁명 이후 각 지역에서 처음 재배된 식물을 확인하여 농경의 기원을 추적할 수 있는데, 북미의 옥수수, 아시아의 벼와 조, 유럽에서의 밀농사의 시작을 사람 뼈의 안정동위원소 분석을 통해 확인할 수 있다.

안정동위원소를 이용한 대표적인 예는 초기 북아메리카 인디언들이

C4계 식물인 옥수수를 재배하였던 시기를 확인하는 것이었다(Vogel과 Van der Merwe, 1977; Van der Merwe와 Vogel, 1978; Van der Merwe, 1982; Buikstra와 Milner, 1991). 연구 결과 북미 인디언들은 옥수수를 대략 AD 1000년경에 본격적으로 재배하였고 주식으로 이용하였음을 확인할 수 있었다. 이 외에도 중국에서 C4계 식물인 조와 기장의 초기 경작화가 언제 시작되었는지도 탄소 안정동위원소 분석을 통해서 확인할 수 있었다(Hu 등, 2006; 2008; Pechenkina 등, 2005).

추가적으로 탄소와 질소 안정동위원소 분석을 함께 이용한다면 야생동물의 가축화를 통한 동물성 단백질 섭취의 증가도 확인할 수 있다. 목축을 통한 동물성 단백질의 소비 증가는 질소 안정동위원소 값의 증가로 나타난다. 이는 질소 안정동위원소 값이 동물성 단백질의 소비가 많을수록 증가하기 때문이다.

또한 탄소와 질소 안정동위원소 분석은 선사시대 사람들의 해양 자원의 섭취를 확인하는 데도 이용할 수 있다(Richards와 Hedges, 1999). 만약 사람이나 동물이 해양에서 식재료를 얻었다면 탄소와 질소의 안정동위원소 값이 육상 자원만 사용한 경우보다 모두 높아질 것이다. 따라서 탄소와 질소 안정동위원소 값을 확인하면 과거 사람들의 해양 자원 이용 여부를 확인할 수 있다(Richards 등, 2003; Schoeninger와 Moore, 1992).

유럽의 고고학계에서는 스칸디나비아, 덴마크와 브리테니, 포르투갈의 중석기 시대 시료로 안정동위원소를 분석하여 해양 자원의 이용을 확인하였다. 특히 북부 유럽의 중석기-신석기로 전환기에 식단이 해양 자원에서 육상 자원으로의 변화가 일어났음을 확인할 수 있었다(Lee-Thorp, 2008). 이런 변화는 중석기 시대 해양 자원에 의존하는 수렵채집민이 신석기 농경민으로 전환하면서 육상 자원에 의존하였다는 것을 의미한다(Richards 등, 2003; Richards와 Schulting, 2006).

이 외에도 탄소와 질소 안정동위원소 분석을 이용하면 과거 사람들의 이유 시기weaning period에 대한 자료를 얻을 수 있다(Katzenberg와 Pfeiffer, 1995; Katzenberg 등, 1996; Fuller 등, 2003; 2006). 영유아가 모유수유를 할 때 아이의 생체 조직은 모체의 안정동위원소보다 탄소의 경우 대략 1‰, 그리고 질소의 경우는 2‰에서 3‰ 정도 값이 증가한다(Fogel 등, 1989; Fuller 등, 2006). 수유기 동안에 증가한 안정동위원소 수치는 아이가 이유식을 먹으면서 모체의 수치로 돌아가게 되는데, 영유아에 해당하는 사람 뼈의 안정동위원소를 분석하면 선사시대 어린아이의 모유수유 기간과 이유한 시기를 확인할 수 있다.

2. 분석 과정: 뼈 콜라겐의 추출과 기기 분석

1) 뼈 콜라겐

안정동위원소 분석에서 자주 사용되는 시료인 사람 뼈의 콜라겐bone collagen 추출에 대해 간략히 소개하면 다음과 같다.

뼈는 고고학적 유적에서 가장 빈번히 발굴되는 유기체 가운데 하나로 크게 유기물(30%)과 미네랄(70%) 성분으로 구성되어 있다(Garland, 1987; 1989). 유기물인 콜라겐과 무기물인 히드록실아파타이트hydroxylapatite 모두 안정동위원소를 이용한 고식단 연구에 이용된다(Child, 1995).

하지만 뼈 콜라겐은 과거 사람들이 생존 당시 먹었던 단백질 식재료에서 바로 형성되는 반면, 히드록실아파타이트는 단백질, 탄수화물, 지질 등 다양한 음식원들이 섞여서 만들어진다. 또한 히드록실아파타이트는 매장되는 과정에서 토양 미네랄에 의해 오염될 가능성이 있기 때문에 좀더 안전한 콜라겐이 고식단 연구에서 더 선호된다.

뼈 콜라겐은 뼈의 유기물 가운데 대부분을 차지하는 단백질로 탄소와 질소를 포함하고 있다. 뼈의 보존 상태가 양호하면 콜라겐은 오랫동안 보존되지만, 시간이 지나면서 콜라겐이 가수분해되거나 토양 박테리아에 의해 분해되기 때문에 콜라겐의 분해 정도는 뼈가 매장된 환경의 지표로도 이용된다.

고식단 연구에서 뼈 콜라겐의 보존 상태를 확인하는 세 가지 지표로 첫째는 탄소와 질소 양(%), 둘째는 콜라겐 추출량collagen yield by weight, 마지막으로 C/N 원자량 비율이 있다.

실험 절차를 간단히 살펴보면, 대략 500mg의 뼛조각을 약 2주 동안 염산에 넣어 미네랄을 제거한 뒤 남은 물질을 70도의 온도에서 젤리틴화한다. 필터를 이용해서 나머지 녹지 않은 물질을 제거한 후 30kDa의 필터를 사용하여 오염원을 제거하고 냉동 건조한 후에, 약 0.5mg의 콜라겐을 주석 캡슐에 넣은 후 질량분석기에서 분석한다. 안정동위원소 측정은 질량분석기에서 이루어지며, 이 값은 두 차례 이상 측정해서 얻은 평균값을 이용한다. 얻어진 콜라겐은 C/N 원자량 비율을 확인하여 오염도를 측정한다. 콜라겐의 탄소와 질소 원자량 비율이 2.9~3.6 사이에 있으면 오염되지 않았음을 의미하기 때문에 안정동위원소 분석에 이용되는 반면, 이 범위를 넘어선 시료는 분석에서 제외한다(DeNiro, 1985).

2) 기기 분석

콜라겐 추출이 이루어지면 동위원소 질량분석기stable isotope mass spectrometer, IRMS를 이용하여 안정동위원소를 측정한다. 동위원소 질량분석기는 이동하는 원자가 자기장 영역을 지나면서 이들이 질량에 따라 이동하는 방향이 변하는 원리를 이용하여 분리한다.

원리상으로 보면 질량분석기는 크게 네 부분, 즉 주입 시스템, 이온 소스, 질량분석기, 이온감지기 등으로 구성된다(Hoefs, 1997). 주입 시스템은 샘플 가스가 이온 소스에 흐르게 하고 이외의 가스들은 밖으로 배출하여 샘플 가스의 흐름을 방해하지 않게 한다. 이온 소스 안에서 샘플 가스는 이온화되고 이를 통해서 전하가 붙은 원자들이 이온 에너지의 무게에 따라 이동하며, 질량분석기는 이동한 원자들을 질량과 전하의 비율에 따라 자기장 영역에서 분리해 낸다. 각 원소의 정확한 안정동위원소 비율의 측정은 동위원소 질량분석기에서 이루어진다(Brenna 등, 1997).

질량분석기에 들어가기 전에 모든 원소들은 기체 상태로 전환되는데, 이때 측정하고자 하는 기체와 산화물(탄소의 경우 이산화탄소, 질소는 이산화질소)이 동시에 발생하지만, 자기장 영역을 지나면 분리된 이온들은 이온감지기에 모이고 각 샘플의 동위원소 비율이 측정된다(Tobias와 Brenna, 1996).

질량분석기는 한 개 시료의 탄소와 질소의 안정동위원소를 동시에 측정할 수 있는데, 이때 원소측정기와 질량분석기가 연결된 원소-안정동위원소 질량분석기EA-IRMS를 이용한다. 탄소와 질소의 안정동위원소를 측정하기 위해서는 콜라겐 시료를 주석 캡슐에 넣고 오토샘플러autosampler를 이용하여 준비된 시료를 분석 기기 안에 주입한다. 콜라겐 시료는 산화기combustion reactor에 들어가고 고온에서 연소된 뒤 헬륨 가스와 함께 1020도 산화로oxidation furnace에 들어가 산화되며, 650도 환원로reduction furnace에서 환원된다(Brenna 등, 1997; Meier-Augenstein, 1995). 이때 연소된 가스는 워터트랩watertrap을 지나 긴 컬럼을 거치면서 분리되고, 마지막으로 질량분석기를 통과하면서 탄소와 질소의 안정동위원소 값이 측정된다. 표준 시료를 반복 측정하여 분석 오차를 줄이고, 이와 더불어 분석 시료도 여러 차례 분석한 수치의 평균값을 이용한다.

다음으로 지금까지 저자가 분석한 대표적인 선사시대 한반도 출토 사람 뼈와 동물 뼈의 탄소 및 질소 안정동위원소 분석 사례에 대해 알아본다.

3. 사람 뼈의 안정동위원소 분석 사례

1) 부산 동삼동 유적

한국 고고학에서 신석기 시대는 수렵채집 사회로, 동물의 사냥과 식물의 채집을 기본으로 하는 생업 경제와 토기 사용, 주거지 이용이라는 특징을 가지고 있다(Lee, 2001).

한반도 신석기인들은 강가나 바닷가 해안에서 생활하였으며, 생업의 주된 수단인 식물의 씨앗과 열매를 수집하거나 멧돼지나 사슴 같은 야생동물을 사냥하여 먹고 살았던 것으로 보인다(Kim, 2002).

또한 대부분의 신석기 유적에서 어패류와 바다사자, 고래, 돌고래와 같은 다양한 해양동물의 뼈가 발굴되는데, 이는 신석기인들이 다양한 해양성 식재료를 이용했음을 의미한다. 따라서 신석기 시대 생업활동은 지역 환경에 따라서 다양한 적응 양상을 보여주는데, 동삼동이나 오산리 같은 동남부의 신석기인들은 주로 물고기 잡기에 의존하였으나, 암사동이나 지탑리 같은 내륙의 신석기인들은 사냥, 물고기 잡기, 야생식물 채집 등 좀더 다양한 생업활동에 종사하였다(Norton, 2007).

고남리 패총의 동식물 유존체 분석을 통해서 서해안 지역의 신석기인들이 해양 자원, 특히 물고기에 많이 의존했음을 확인하였다(Norton, 2000). 내륙의 신석기 유적에서 출토된 식물 유체 분석 결과를 보면 중기 신석기부터 보조적으로 재배 식물을 이용하기 시작했음을 알 수 있다(Lee, 2003).

신석기 시대의 고식단을 복원하기 위해서 중기 신석기의 대표적 유적인 부산 동삼동 패총에서 출토된 사람 뼈와 동물 뼈의 안정동위원소 분석을 실시하였다. 동삼동 유적은 우리나라에서 가장 많은 탄화 곡물이 출토된 유적으로 최초로 식물 경작이 이루어졌을 것으로 여겨지고 있다(Crawford와 Lee, 2003). 따라서 동삼동 사람 뼈의 안정동위원소 분석을 통해서 동삼동 신석기인들에게 식물 자원이 식단에 얼마나 중요한 역할을 했는지 확인하고자 하였다.

(1) 유적 개요

동삼동 유적은 부산시 영도섬 동쪽 해안가에 위치한 패총 유적으로 한국 신석기의 연대를 정립하는 데 중요한 역할을 하였다. 각 층위에서 발굴된 동물 뼈와 탄화된 숯의 연대측정 결과 시기는 기원전 4800~1700년경에 위치하며, 집자리 바닥에서 출토된 조의 연대측정 결과 기원전 3600년으로 나와 대표적인 중기 신석기 유적임이 확인되었다(Crawford와 Lee, 2003).

동삼동 패총은 1930년대 일본 학자에 의해서 알려진 이후 1960년대 위스콘신 대학교의 샘플과 모어Sample & Moore에 의해서 다시 발굴되었고, 그 뒤에 국립중앙박물관과 부산시립박물관이 추가로 발굴하였다(하인수, 2001; 2004). 동삼동 패총은 중기 신석기부터 후기 신석기까지의 문화층을 포함하여 모두 패각으로 된 층위로 이루어져 있는데, 다양한 신석기 시대 토기와 석기, 조개 장신구, 뼈로 만든 낚시도구 등이 출토되었다. 층위마다 연대별로 다양한 토기들이 출토되었으며, 북부 규슈에 기원을 둔 흑요석과 조몬시대 토기 등도 함께 출토되어 남부 한반도와 서일본의 교류 양상을 확인할 수 있다.

동삼동 패총 유적에서는 다양한 동물과 식물 유체가 출토되어 신석기 시대 사람들의 생업 경제를 복원할 수 있었다. 동삼동 사람들은 다양한 방식으로 생계를 유지해 나갔는데, 집자리 바닥에서 출토된 곡물을 분석한 결과 조와 기장이 탄화된 곡물의 약 45%를 차지하였으며, 조와 비슷한 명아주 씨앗도 약 45%로 비교적 많이 출토되었다(하인수, 2001; Lee, 2003). 패각층은 많은 동물 유체를 포함하고 있었으며, 특히 사슴과 멧돼지의 뼈가 많이 출토되었고, 여러 종류의 새 뼈도 함께 출토되었다(가네코 히로마사와 오세연, 2002).

해양동물로는 조개와 소라류가 패각층의 대부분을 차지하였는데, 다른 유적지와 다르게 홍합과 굴이 가장 많이 출토되었다. 그리고 전복과 소라 등도 전체 패각류의 10%를 차지하였다(Lee, 2001). 어류로는 참치와 도미 등의 생선 뼈가 출토되었으며, 바다동물로는 바다사자와 돌고래, 고래 뼈가 출토되었다. 바다사자의 대부분은 암놈이거나 새끼이며, 이들의 뼈에는 자른 흔적이 남아 있어서 당시의 사냥 흔적을 확인할 수 있었다.

안정동위원소 분석을 위해서 중기 신석기 층에서 출토된(B.C. 3500~2000년) 사람 뼈 한 점과 동물 뼈를 수집하여 분석하였다. 또한 두 개체분의 개 뼈를 분석하였으며, 유적에서 동시에 출토된 해양동물 7점과 육상동물 11점의 뼈도 함께 분석하였다.

(2) 안정동위원소 분석 결과

동삼동 사람 뼈의 탄소 안정동위원소 값은 -14.8‰이었고, 질소 안정동위원소 값은 18.1‰이었다. 동위원소 분석 결과 동삼동 사람들은 대부분의 먹거리를 해양에서 얻었음을 알 수 있었다(그림 5-1).

함께 분석한 두 개체의 개 뼈도 사람과 유사한 값을 보였다. 개 뼈의 안정동위원소 값은 탄소의 경우 -13‰이며 질소는 17.2‰이었다. 하지만 조나 기장과 같은 C4계 식물을 소비했다는 증거는 없었다. 사슴과 멧돼지 같은 육상동물의 뼈를 분석한 결과 이들 모두 한반도 식생 환경은 C3계 식물이 주류였음을 말해주었다. 사슴은 탄소가 -21.0‰, 질소는 3.7‰, 멧돼지는 각기 -20.4‰, 4.1‰이었다.

새 뼈의 분석 결과 가마우지는 육상 조류의 값을, 다른 새 뼈는 해양동물의 값을 보였다. 해양동물은 각각 해양 생태계 먹이사슬 위치의 값을 보였는데, 바다사자는 탄소가 -14.2‰, 질소가 18.1‰이며, 고래는 탄소가 -15.5‰, 질소가 12.2‰, 돌고래는 탄소가 -12.7‰, 질소가 12.8‰, 다랑어는 탄소가 -12.8‰, 질소는 11.4‰의 값을 보였다.

동삼동의 사람 뼈와 두 개체의 개 뼈 분석을 통해서 우리는 당시의 식생활을 복원할 수 있었다. 실제 발굴에서는 많은 사슴과 멧돼지 뼈가 출토되었지만, 동삼동 사람들은 주로 해양동물과 어패류에 의존하였음을 확인할 수 있었다. 동삼동 유적에서 실제 식단의 중요한 부분을 차지했던 것은 어류와 해양 포유류였음을 알 수 있었다. 특히 사람과 개의 유사한 안정동위원소 값은 개가 이미 신석기에 가축화되었음을 암시하며, 개 뼈의 높은 질소 안정동위원소 값은 바다사자와 유사한데 이들이 바다사자와 같이 대부분의 음식을 해양 자원에서 얻었음을 의미한다.

이러한 해양 자원에의 높은 의존도는 고고학적으로 출토되는 유물의 양상과 매우 일치하는데, 동삼동 유적에서는 해양동물의 뼈를 이용한 다양한 유물이 출토되었다. 대표적인 유물로는 낚싯바늘과 조개 장신구, 결합식 뼈바늘과 상어나 다랑어의 등뼈로 만든 구슬과 단추 등이 있다(Sample, 1974; 가네코 히로마사와 나카야마 기요타카, 1994).

식물 유체의 경우 조, 기장을 포함한 곡물과 도토리, 열매, 콩과 같은 야생 식물이 출토되었는데(Lee, 2002; Lee, 2003), 안정동위원소 분석 결과 이런 곡물들은 동삼동 사람들의 식단에 큰 영향을 주지 못한 것으로 나타났다. 특히 C4계 식물인 조가 다량으로 출토되었지만, 안정동위원소 분석 결과 이들 식물의 비중은 매우 낮았음을 확인할 수 있었다. 게다가 사슴과 멧돼지 같은 육상동물의 안정동위원소 값도 C3계 식물을 섭취한 개체들이 보여주는 범위에 있어서, 이 당시 한반도 남부에서 C4계 식물의 중요도는 그다지 높지 않았음을 확인할 수 있었다.

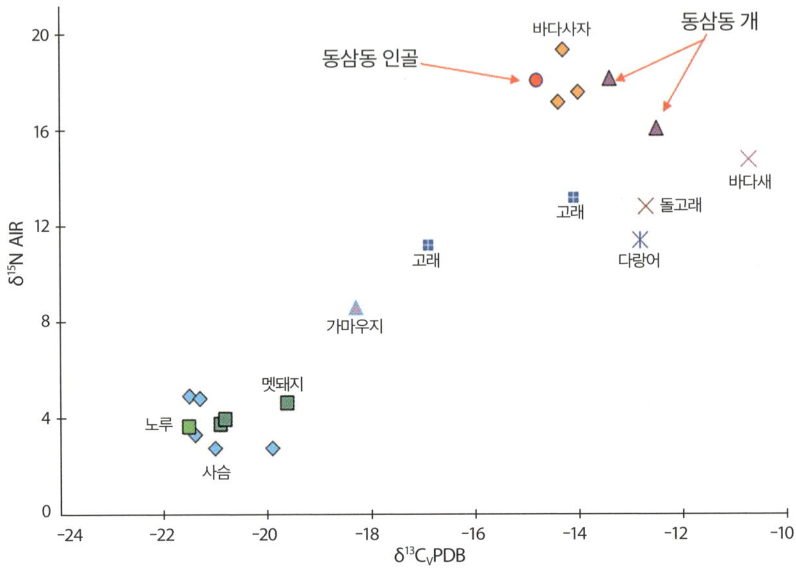

그림 5-1. 부산 동삼동 유적에서 출토된 사람 뼈와 동물 뼈의 탄소 및 질소 안정동위원소 분포

2) 사천 늑도 유적

한반도의 청동기 시대는 농업이 정착되고 복잡한 사회 구조를 가지면서 고인돌과 같은 거석 문화와 대형 주거지가 나타나는 것이 특징이다. 청동기 시대가 되면서 농업이 생업에 중요한 부분을 차지하면서 한반도 전 지역에 농업이 확산되었고, 최종적으로 농경이 일본에까지 전파되었다(Crawford와 Lee, 2003).

청동기 시대 유적은 대다수가 내륙에 위치하지만, 여전히 신석기 시대처럼 패총 유적도 많다. 이는 농경이 한반도에 들어왔음에도 불구하고 청동기 시대 사람들은 여전히 해양 자원을 이용했음을 의미한다. 따라서 청동기 시대에 농경이 어느 정도로 중요하였으며 해양 자원을 얼마나 이용하였는지에 대한 연구는 해결해야 할 중요한 과제이다. 하지만 현재 전체 청동기 시대 경제활동에서 농경이 얼마나 중요한 역할을 하였는지에 대한 연구가 많이 부족한 편이다.

여기에서는 후기 청동기와 초기 철기 사이의 대표적인 유적인 사천 늑도 유적의 사람 뼈와 동물 뼈의 안정동위원소를 분석하여 한반도 후기 청동기와 초기 철기인들의 식생활을 복원하고, 이 당시 농경이 확산되는 과정에서 해양 자원과 육상 자원이 각기 얼마나 중요한 역할을 하였는지 확인하고자 한다.

(1) 유적 개요

서천 늑도 유적은 한반도 남쪽의 작은 섬에 위치하며, 1985년과 1986년 두 차례의 초기 발굴과 1998년과 2001년의 세 차례의 발굴을 통해서 확인되었다. 늑도 유적은 국내에서 발굴된 패총 유적 가운데 다양한 부장품과 주거지가 동시에 확인된 유적 중 하나이다. 고고학적 유물의 문화적 특성을 살펴보면 청동기 시대부터 원삼국 시대까지(B.C. 4세기~A.D. 1세기)의 문화층을 포함하며, 중국의 오수전과 일본의 야요이 시기의 토기가 출토되어 후기 청동기에 한반도와 중국, 일본과의 교역관계를 이해하는 데도 중요한 역할을 하고 있다(이창희, 2004; Suzuki 등, 2008).

사람 뼈는 초기 철기 시대(B.C. 300~A.D. 1)에 속하는 74기의 무덤에서 출토되었으며, 대부분의 무덤은 늑도 남동쪽에 위치한 IC 지구에서 발견되었다. 74기의 무덤 중에서 33개체는 영유아를 매장한 옹관묘이며, 39기는 목곽묘이고, 2기는 석곽묘였다. 패각층에 묻혀 있던 사람 뼈는 보존 상태가 양호하며, 특히 옹관 내부의 영유아 뼈도 잘 보존되어 있었다. 무덤에서 출토된 대부분의 부장품은 토기, 철제 도구, 갈돌 등이었다.

출토된 사람 뼈에 대한 인류학적 분석은 부산대학교와 일본 가고시마 대학이 공동으로 실시하였다. 또 사람 뼈와 함께 다양한 동물 뼈들이 출토되었다. 육상동물로는 사슴과 멧돼지가 주를 이루어 동물 뼈의 90%를 차지하였다(가네코 히로마사 등, 1990; 가네코 히로마사와 서영남, 2004).

여타의 동물로는 곰, 새, 쥐 뼈 등이 출토되었으며, 중간 크기의 개 뼈도 출토되었다. 해양동물로는 유일하게 두 점의 바다사자 뼈가 출토되었는데, 이를 통해서 이전의 신석기 시대보다는 해양동물을 적게 이용했음을 확인할 수 있었다(가네코 히로마사, 2004). 그리고 패각층 하단에서 다양한 조개류가 출토되었는데, 대부분의 종은 굴과 고둥이었으며 돔 종류의 생선 뼈도 일부 발견되었다. 특히 1기의 옹관묘 안에서는 많은 동물 뼈가 발견되었는데, 이들은 부장품의 성격이 강한 것으로 보였다(가네코 히로마사와 서영남, 2004). 옹관묘에 매장된 동물의 대부분은 사슴과 멧돼지였고, 바다동물인 도미, 바다사자와 함께 곰과 꿩의 뼈도 출토되었다.

(2) 안정동위원소 분석 결과

늑도의 사람 뼈 집단 가운데 48구의 사람 뼈와 45점에 달하는 동물 뼈의 탄소와 질소 안정동위원소 분석을 실시하였는데, 그 결과는 [그림 5-2]에 요약하였다. 육상동물의 탄소와 질소 안정동위원소 값이 매우 일정하게 나타났는데, 사슴의 경우 탄소는 -22.1‰에서 -20.4‰이었으며, 질소는 3.0‰에서 4.7‰이었다. 멧돼지의 경우에도 탄소는 -21.5‰에서 -19.7‰, 질소는 2.7‰에서 9.7‰이었다. 이 결과는 늑도 유적의 육상동물들은 주로 C3계 식물을 소비했음을 보여주는 것이다.

그렇지만 멧돼지의 경우 탄소와 질소 안정동위원소 값의 편차가 큰 것으로 나타나는데, 이는 이들이 다양한 종류의 음식을 소비하였으며, 특히 해양 단백질을 소비했을 가능성이 높음을 의미한다. 이 중에서 3점의 멧돼지 뼈의 경우 동위원소 값이 유적에서 출토된 쥐 뼈의 동위원소 값과 매우 유사한데, 이는 멧돼지의 가축화 가능성을 의미한다. 3점의 개 뼈를 분석한 결과 2점은 사람의 값과 일치하여 가축화된 개임을 확인할 수 있었다(Richards 등, 2003; Cannon 등, 1999).

해양동물로는 바다사자와 도미, 숭어 등의 뼈를 분석하였는데, 이들은 대부분 평균적인 해양동물 생태계의 안정동위원소 값을 보여주었다. 바다사자의 경우 탄소는 -12.5‰이고 질소는 16.4‰, 도미는 탄소가 -10.8‰이고 질소는 13.8‰, 숭어는 탄소가 -8.7‰이고 질소는 9.6‰이었다. 특히 해양의 먹이 생태계를 반영하듯이 바다사자의 질소 안정동위원소 값은 도미보다는 3‰, 숭어보다는 6‰ 높아 이들이 바다사자의 먹이였음을 보여주었다.

늑도 출토 동물 뼈의 안정동위원소 분석 결과는 당시 후기 청동기와 초기 철기 시대의 식생과 생태계에 대한 정보를 제공해 주었는데, 당시의 한반도 남부는 신석기 동삼동 유적의 경우와 마찬가지로 주로 C3계 식물의 생태 환경을 가졌음을 알 수 있다.

늑도의 사람 뼈 집단 가운데 성인 집단의 안정동위원소 분석 결과는 탄소는 -22.3‰에서 -17.4‰, 질소는 11.3‰에서 12.3‰에 위치하였다. 전체 평균은 탄소는 -18.3‰이고 질소는 11.2‰이었다. 늑도 성인들이 주로 육상 자원에서 식료를 얻었으며, 특히 C4계 식물인 조, 기장, 수수와 같은 식물을 많이 소비하지 않았음을 확인할 수 있었다. 질소 안정동위원소 값의 경우에는 남성이 여성보다 1‰ 이상 높은 결과를 보였는데, 이는 남성이 여성보다 동물성 단백질에의 접근도가 더 높았으며, 남녀 사이에서 다른 음식 소비 패턴이 존재하였음을 의미한다.

만약 늑도 사람들이 사슴과 멧돼지 같은 육상의 초식동물만 소비하였다면 질소의 경우 4~5‰ 정도 사슴이나 멧돼지보다 높게 나타나야 한다. 하지만 실제 늑도 집단의 질소 안정동위원소 분석 결과 7~8‰ 더 높게 나타났다. 이는 추가적으로 2~3‰의 여타 질소 안정동위원소가 높은 자원을 소비하였다는 의미인데, 아마도 해양 자원을 소비했을 가능성이 높다. 이는 늑도가 섬이라는 지정학적 위치와 유적이 패총 내에 위치한 점을 통해 유추할 수 있다.

또한 아이의 뼈 33개체를 분석하였는데, 연령대는 한 달에서 18

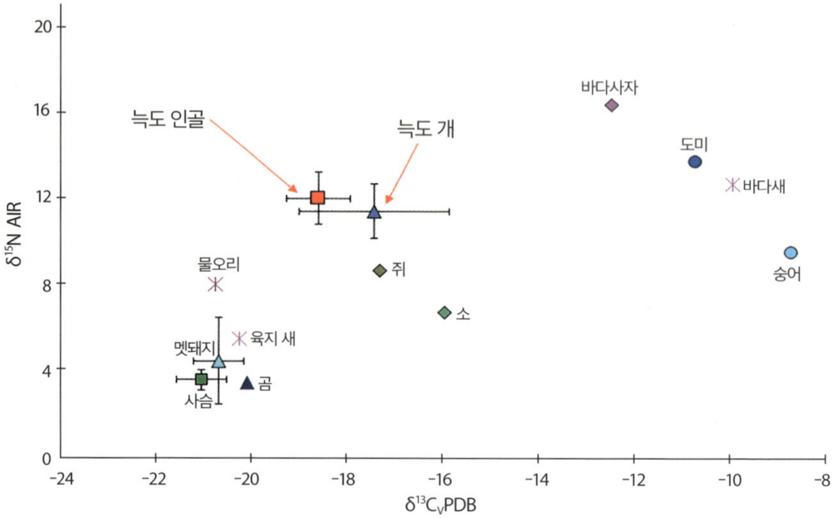

그림 5-2. 사천 늑도 유적에서 출토된 사람 뼈와 동물 뼈의 탄소 및 질소 안정동위원소 분포

세까지 걸쳐 있다. 탄소값의 범위는 -19.2‰에서 -17.4‰이고 질소는 10.2‰에서 13.4‰로, 탄소의 평균값은 -18.7‰이고 질소는 12.5‰을 보였다. 옹관묘에서 많은 영유아 개체들이 출토되었는데, 초기 철기 시대 모유수유와 이유 시기의 패턴을 확인할 수 있었다. 약 5세 이전까지는 모유수유로 인하여 질소값이 여성의 평균 안정동위원소 값보다 높은 경향을 보였는데, 특히 2세 정도부터 점차 감소하여 3.5세경에 이유가 완성되었음을 확인할 수 있었다.

3) 김해 예안리 유적

초기 철기 시대(B.C. 300~A.D. 300) 이후 한반도는 철제 도구의 급속한 유입과 함께 커다란 사회정치적 변화를 맞게 된다(Choi, 1996; Nelson, 2006). 새로운 양식의 철제품이 급속히 증가하면서 한반도와 만주 지역을 중심으로 하는 초기 국가들이 형성되었는데, 이것이 소위 삼국시대(A.D. 300~668)이다(Taylor, 1989; Barnes, 2000). 삼국시대 대표적인 국가인 고구려, 백제, 신라와 함께 낙동강 유역에 작은 연합소국인 가야가 있었는데(Shin, 2000), 가야인들은 철 생산으로 유명하여 많은 양의 철을 주변국에 수출하였으며, 일본의 고대국가인 야마토와도 밀접한 관계를 유지하였다(Barnes, 2000; Shin, 2000). 그 뒤에 가야는 562년에 신라에 병합되었다.

가야에 대한 고고학적 연구는 한반도 초기국가의 형성을 이해하는 데 중요할 뿐만 아니라, 한반도 고대국가가 중국·일본과 맺은 관계를 연구하는 데 중요한 위치를 차지한다. 기존의 가야사 연구는 주로 철기 제조술, 토기나 묘제에 초점을 맞춰 왔다(김두철, 2000; 박광춘, 2000; 김승옥, 2001). 하지만 현재까지 발굴된 유물이 많지 않아 가야인들의 생업과 식단에 대한 연구는 매우 부족한 형편이다.

이번 연구에서는 삼국시대 가야 예안리 고분군에서 출토된 사람 뼈의 안정동위원소 분석을 통해 과거 가야인들의 식생활을 복원하고자 하였다. 예안리 고분군에서는 3세기부터 7세기에 걸쳐 매장된 다양한 연령대의 남녀 사람 뼈가 출토되었다. 사람 뼈 자료를 이용해 가야시대에 성별·연령별 그리고 묘제별로 음식 소비 패턴에 차이가 있는지를 확인하여 당시의 사회적 신분과 지위체계를 복원하고자 하였다. 동시에 예안리 고분군에서 많은 수의 영유아 개체들이 출토되었는데, 이를 통해 모유수유 기간을 확인하고 고대 가야 영유아의 영양 상태와 생활상도 확인하였다.

(1) 유적 개요

김해 예안리 고분군은 부산에서 북서쪽으로 17km 정도 떨어진 한반도 남동쪽 평야 지대에 있는 유적지로 해발고도 60m의 낮은 언덕에 위치하고 있다. 1976년과 1980년에 국립중앙박물관과 부산대학교 박물관에서 발굴하였는데(부산대학교박물관, 1985; 1993), 이 발굴을 통해서 182기의 무덤 가운데서 210구의 사람 뼈 개체가 확인되었다(Yi와 Saito, 2003).

각 개체의 성별과 나이에 대한 추정이 부산대학교와 일본 가고시마 대학교에서 이루어졌는데, 40세 이상의 개체 중에 여성은 65명, 남성은 51명이며, 20세 이하는 59개체가 발굴되었다(부산대학교박물관, 1993). 10개체의 여성 머리뼈에서 인위적인 변형이 확인되었는데, 주로 4세기 석곽묘에서 출토된 여성의 머리뼈에서 나타났다(부산대학교박물관, 1985; 1993). 동물 뼈는 발견되지 않았으며, 무덤 내부에서 발견된 부장품으로는 토기와 철제 도구, 구슬 장식품 등이 있었다. 부장품의 이러한 특성으로 보아 금관과 철제 투구와 검이 발견되는 가야 사회 최상류층의 무덤이 아니라, 중앙 지배층의 통제를 받는 지역 사회의 무덤군일 가능성이 높음을 확인할 수 있었다(김승옥, 2001).

예안리 고분군에는 다양한 삼국시대 묘제 양식이 나타나는데, 석실묘, 석곽묘, 목곽묘, 그리고 옹관묘 등이 시기에 따라 각각 다르게 분포하였다. 연대 추정은 묘제의 양식과 이와 동반된 토기와 부장품의 고고학적 상관관계에 근거하여 이루어졌다(김승옥, 2001). 목곽묘는 약 3세기에 나타나서 4~5세기에 가야시대 주요 묘제가 되었다가, 약 5세기 초반부터는 석곽묘나 옹관묘에 자리를 물려주고 쇠퇴한다. 그리고 5~6세기경에 이르러서는 석곽묘가 가야의 주된 묘제가 되며, 유아용 묘제로만 옹관묘가 사용된다. 목곽묘에서 석곽묘로의 묘제 변화는 낙동강 분지의 지역문화의 발전에서 기인한 것으로 여겨지며, 기존의 목곽을 돌로 대체한 석곽의 특성을 보여준다(박광춘, 2000).

6세기 후반에 가서는 백제의 영향으로 석곽묘에서 석관묘로의 변화가 일어나는데, 가야의 석관묘는 연도를 가진 사각형 모양의 무덤으로 주로 시신을 5~6구 안치하였고, 이러한 묘제는 562년 가야가 신라에 병합되면서 사라졌다.

(2) 안정동위원소 분석 결과

사람 뼈 158개체 중에 1%의 콜라겐을 얻는 데 실패한 시료와 C/N 비율이 2.9에서 3.6의 범위에 들지 못하는 시료들을 모두 제외하고 109개의 사람 뼈 동위원소 값을 사용하여 분석하였다. 예안리 집단의 탄소 안정동위원소 값은 -16.4‰에서 -19.9‰ 사이에 있으며, 평균은 -18.3‰이었다. 이는 예안리 사람들이 주로 C3계 식물을 이용했음을 의미한다. 하지만 보통 C3계 식물의 값이 -20‰에서 -21‰ 사이인 점을 감안하면 탄소 안정동위원소 값이 높은 식단을 어느 정도 이용했을 것으로 보인다. 질소 안정동위원소 값은 8‰에서 14.7‰ 사이로 평균은 10.8‰이었다.

질소 안정동위원소 값의 분포(7‰)가 넓다는 것은 예안리 사람들의 단백질원이 매우 다양했음을 의미한다. 만약 예안리 사람들이 육상동물만을 소비했다면 질소 안정동위원소 값이 7~8‰ 정도여야 하지만 이보다 더 높은 값을 보여주고 있어, 예안리 사람들은 질소 안정동위원소 값이 높은 해양 자원인 어패류을 어느 정도 소비한 것으로 보인다. 예안리 유적 위치가 낙동강의 하류 삼각지에 위치하고 있어 당시 사람들은 강과 바다의 자원도 이용했을 것으로 추정된다.

무덤 양식별로는 전체적으로 큰 차이를 보이지는 않지만 이른 시기의 목곽묘 출토 사람 뼈 집단이 높은 질소값을 보였으며, 석관묘 출토 집단이 가장 낮은 질소값을 가졌고, 석곽묘 출토 집단이 중간값을 가졌다. 어린아이 무덤의 경우 옹관묘의 어린이와 목곽묘의 어린이의 안정동위원소 값은 유사하였으며(11.7‰), 석곽묘의 어린이는 여타 두 묘제 출토 어린이에 비해 낮은 값을 보였다. 이는 5세기경부터 옹관묘가 어린이의 주된 묘제로 사용되면서 석곽묘와 옹관묘가 달리 사용되었기 때문으로 보인다.

6세기 이후에 나타나는 석관묘 출토 집단은 안정동위원소 값에서 다른 묘제와 커다란 차이를 보이지 않았다. 석관묘 출토 집단의 경우 상위층의 묘제일 것으로 추측되었으나, 질소 안정동위원소 값에 커다란 차이를 보이지 않아 특정 묘제 사용자 간의 사회적 지위가 크지는 않았을 것으로 보인다.

하지만 남녀 간에는 안정동위원소 값에서 커다란 차이를 확인할 수 있었다. 특히 질소 안정동위원소 값의 경우 남성이 여성보다 1.1‰ 높은 것을 확인할 수 있었다. 목곽묘와 석곽묘 출토 집단 모두 남성이 여성보다 수치가 높았는데, 이러한 동위원소 값의 성별 차이는 남녀의 음식 소비가 달랐음을 의미한다. 즉 가야시대 예안리 사회는 남성이 여성보다 더 많은 단백질을 섭취할 수 있었고, 남성이 높은 위치에 있었다(김두철, 2000). 이를 통해서 예안리 사회는 성을 기준으로 사회적 구분이 이루어졌음을 추측할 수 있다.

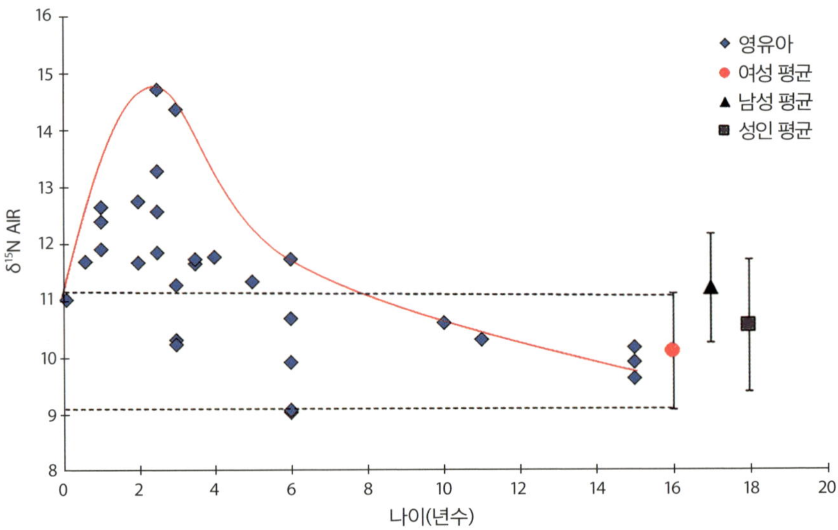

그림 5-3. 15세 이하 예안리 영유아 집단의 질소 안정동위원소 분포

점선은 예안리 성인 여성의 질소 안정동위원소의 평균값을 나타내며, 성인 여성의 평균보다 높을 경우 모유수유 기간임을 확인할 수 있다.

영유아의 안정동위원소 값으로 이유기를 복원할 수 있었는데, 예안리 어린이들의 안정동위원소 분석 결과 6세 이하 어린아이의 질소 안정동위원소 값은 여성의 평균값보다 높았다. 특히 약 3세부터 점진적으로 질소 안정동위원소 값이 감소하여 약 6세에 완전히 여성의 평균값에 이르는데, 이를 통해서 약 3~4세를 전후하여 예안리 아이들에게 이유가 이루어졌음을 확인할 수 있었다(그림 5-3).

4. 연구 성과와 의미

1) 고식단 연구와 농경의 확산

한국 고고학에서 농경의 기원과 확산을 통한 식물의 재배와 동물의 가축화는 중요한 연구 주제이다. 현재까지의 연구에 의하면 농경이 한반도에 유입된 시기는 신석기 중기에서 청동기 사이로 추정된다.

한반도에 농경이 전파되기 이전 신석기 시대 사람들은 대부분 사냥과 채집을 통해서 생계를 유지하다가, 대략 중기 신석기가 되어 재배된 식물(조, 기장)이 소개되기 시작하면서 농경이 점진적으로 확산되었다고 여겨진다. 청동기 시대가 되어서 비로소 식물이 경작되고 재배 식물이 주로 이용되었으며, 청동기 시대 주거지의 계급화와 거대한 매장 시설들이 등장하기 시작하였다.

신석기 시대의 생업에 대한 연구는 대부분 패총에서 출토된 식물의 유체나 동물 유체의 양을 분석하는 연구가 대부분이었다. 이런 연구로는 남아 있는 유존체를 과대평가할 가능성이 높고 음식원 간의 정확한 비율을 확인하기 어렵다. 하지만 안정동위원소 분석은 당시 생존했던 사람들의 직접적인 식단을 잘 반영하기 때문에 과거 집단의 식생활을 복원하는 데 매우 유용하다.

안정동위원소 분석을 통해서 우리는 선사시대 한반도 사람들의 식단을 대략적으로 확인할 수 있었다. 부산 동삼동 유적을 분석한 결과, 적어도 신석기 중기까지는 한반도에서 해양 자원이 매우 중요한 식료였음을 확인할 수 있었다. 이런 결과를 통해서 한반도 신석기인들의 식생활의 윤곽을 좀 더 명확히 알 수 있었다. 농경이 본격화되었을 것으로 보이는 후기 청동기에서 초기 철기 사이의 사천 늑도 유적에서는 예상대로 해양 자원보다는 육상 자원을 주로 이용했음을 알 수 있었다. 늑도 사람들은 이전의 신석기인들보다 육상 자원에 더 많이 의존하였고, 이는 농경의 확산과 밀접하게 관련된 것으로 보인다.

지금까지의 안정동위원소 분석 결과, 적어도 한반도에는 후기 청동기 시기에 이미 농경이 확산되었으며, 한반도에 많은 작물이 재배되었을 것으로 여겨진다. 그렇지만 늑도의 사람 뼈 집단에서 볼 수 있듯이, 농경이 확산되었다 하더라도 해양 자원의 어로활동 역시 생계 수단으로 여전히 유지되었던 것으로 예상된다. 게다가 신석기 시대부터 초기 철기 시대까지 C4계 식물인 조나 기장의 중요도는 동위원소 분석 결과 매우 미미했음을 확인할 수 있었다. 다시 말하면 선사시대 남부 한반도의 해안 지역에서는 조나 기장이 주된 작물이 아니었음을 의미한다. 초기 철기 시대를 지나 가야를 포함한 삼국시대에도 C3계 식물의 식단이 주된 재료였음을 확인할 수 있다.

전체적으로 한반도 신석기 시대에는 해양 자원이 주된 식단이었으며, 청동기와 철기를 거치면서 농경의 유입되었고, 대부분 C3계 식물에 의존하였으며, 삼국시대에 이르러서는 육상 자원의 의존도가 더욱더 높아졌음을 사람 뼈의 안정동위원소 분석을 통해서 확인할 수 있었다.

2) 고식단 연구와 사회계층의 복원

기존의 고고학적 연구는 주로 출토된 유물을 통해서 사회적 신분이나 남녀 간의 지위를 복원하고자 했다. 하지만 이런 연구는 유적의 잔존 유물에 의존하기 때문에 대부분 매장된 유물의 차이만을 보여줄 뿐, 당시 살았던 사람들의 생활에 대한 직접적인 증거를 제공하진 못하고 있다. 따라서 사회 내부의 각 개인의 삶의 모습을 복원하는 데 많은 한계를 가지고 있다.

하지만 사람 뼈의 안정동위원소 분석을 이용한 연구로는 한 사회 내에서 성별·연령별 차이에 따른 영양 상태를 확인할 수 있고, 개인이 소비한 식재료의 접근도에 따라 사회적 지위와 계층을 파악할 수 있다. 그리고 각 개인의 지위뿐만 아니라 연령별 식단에 대한 정보와, 특히 기존의 고고학적 방법으로는 확인할 수 없는 과거 조상들의 유아기 영양 상태와 이유 시기 등의 생활상을 복원할 수 있다. 따라서 안정동위원소 분석을 이용한 연구는 과거 개인의 생활상을 복원하는 데 유용한 연구 방법이라 할 수 있다.

앞에서 소개한 안정동위원소 분석 결과 가야인의 식단은 물론 각 개인의 사회적 지위도 알 수 있었다. 유적이 낙동강 하류와 바다 가까운 위치에 있었음에도 불구하고 가야인들이 농경에 기반한 C3계 식물과 육상의 단백질에 주로 의존하였음을 확인할 수 있었다. 그리고 각 묘제 주인공의 식단에 대한 연구를 통해서 묘제에 따른 사회상을 파악할 수 있었다. 특히 예안리의 가야인들 사이에서는 성별에 따라 식재료의 접근에 차이가 있었음을 확인할 수 있었다. 남성이 육상동물 단백질에 더 접근하였거나 해양 자원을 더 많이 이용했음을 확인할 수 있었고, 이것으로 남성은 여성보다 사회적 위치가 높았거나 아니면 사회적으로 다른 성 역할이 있었음을 알 수 있었다.

이러한 사실은 고고학적 출토 유물의 성격과도 일치하는데, 남성과 여성의 무덤에서 각각 다른 성향의 유물이 출토되었다. 남성 무덤에서는 주로 철제 화살촉과 도끼, 그리고 철제 창 등의 무기가 출토된 반면, 여성 무덤에서는 주로 방직용 도구만이 출토되었다. 게다가 무덤에 매장된 철제 유물의 질와 양 면에서도 모두 남성의 무덤이 훨씬 앞서 있었다. 안정동위원소 분석을 이용한 삼국시대의 연구는 한반도에서 초기국가가 형성되는 시기의 사회 구조를 이해하는 데 특히 유용하다 할 수 있다.

5. 맺음말

이 장에서는 먼저 고식단 연구에서 일반적으로 사용되는 안정동위원소 분석과 사람 뼈의 콜라겐 추출과 기기 분석의 연구 배경에 대해 알아보았다. 나아가 신석기 시대 동삼동과 초기 철기시대 늑도, 그리고 가야시대 예안리에서 출토된 사람 뼈 집단의 안정동위원소 분석을 통하여 선사시대 사람들의 식단을 복원한 연구 결과를 검토하였다. 사람 뼈를 시료로 콜라겐 안정동위원소를 분석하면 한반도에서 신석기와 청동기를 거치는 시기의 농경의 전개 과정 및 농경사회의 출현과 관련된 문제를 이해할 수 있으며, 시대별로 각 개인이 영위한 식생활의 구체적인 면모를 살펴볼 수 있다. 특히 삼국시대 가야인들의 사회상을 좀 더 구체적으로 확실히 할 수 있었다.

안정동위원소 분석은 과거에 살았던 사람들에 대한 보다 직접적인 증거를 제공하기 때문에, 기존의 고고학적 자료에서 밝히기 힘든 과거의 생활상과 사회상을 고찰·연구하는 데 크게 기여할 수 있다. 지금까지 국내에서는 안정동위원소 분석을 이용한 연구가 조금씩 진행되고 있으며, 고고학적 유적에서 출토되는 사람 뼈 자료의 중요성이 점차 높아지고 있다. 따라서 국내 연구자들이 사람 뼈에 대한 연구 자료로서의 가치를 인식하여 이를 적극적으로 수습·보존할 뿐 아니라, 안정동위원소 분석과 같은 다양한 과학적 연구를 진행할 필요가 있다.

참고 문헌

가네코 히로마사(金子浩昌), 안재호, 서영남 (1990). 「늑도주거지 출토 식물유체개요」. 『가야통신』 19-20.

가네코 히로마사(金子浩昌), 나카야마 기요타카(中山淸隆) (1994). 「동삼동패총과 동물유체자료 — L. L. Sample 씨의 조사자료를 중심으로」. 『한국고고학보』 31: 297-339.

가네코 히로마사(金子浩昌), 오세연 (2002). 『동삼동패총 4. 동물유체』. 국립중앙박물관.

가네코 히로마사(金子浩昌), 서영남 (2004). 「늑도 IC지구 동물유체」. 『부산대학교박물관 연구총서』 29: 458-478.

가네코 히로마사(金子浩昌) (2004). 「늑도 IC지구 패총의 Block sampling 자료 조사」. 『부산대학교박물관 연구총서』 29: 445-462.

김두철 (2000). 「김해 예안리유적의 재검토 — 성, 연령을 통한 사회구조 복원」. 『한국고대사와 고고학』 309-377.

김승옥 (2001). 「김해 예안리고분 축조집단의 사회구조와 성격」. 『영남고고학』 29: 43-70.

박광춘 (2000). 「가야 묘제의 연구」. 『영남고고학』 26: 39-77.

부산대학교박물관 (1985). 『김해 예안리 고분군 Ⅰ』. 부산대학교박물관.

부산대학교박물관 (1993). 『김해 예안리 고분군 Ⅱ』. 부산대학교박물관.

이창희 (2004). 「늑도유적 출토 외래계 유물 보고 — 늑도 Ⅲ기의 설정과 함께」. 『부산대학교박물관 연구총서』 29: 541-559.

하인수 (2001). 「동삼동패총 1호주거지 출토 식물유체」. 『한국신석기연구』 2: 41-49.

하인수 (2004). 「동삼동패총문화에 대한 예찰」. 『한국신석기연구』 7: 77-104.

Ambrose, S. H. (1991). Effects of diet, climate and physiology on nitrogen isotope abundances in terrestrial food webs. *Journal of Archaeological Science* 18: 293-317.

Ambrose, S. H. (1993). Isotopic analysis of palaeodiet: Methodological and interpretive considerations. In M. K. Sandford (Eds.), *Investigation of Ancient Human Tissue: Chemical Analyses in Anthropology*, pp. 59-130. Pennsylvania: Gordorn and Breach Science Publishers.

Barnes, G. L. (2000). Archaeological armour in Korea and Japan: Styles, technology, and social setting. *Journal of East Asian Archaeology* 3-4: 61-95.

Brenna, J. T., Corso, T. N., Tobias, H. J., & Caimi, R. J. (1997). High-precision continuous-flow isotope ratio mass spectrometry. *Mass Spectrometry Reviews* 16: 227-258.

Buikstra, J. E., & Milner, G. R. (1991). Isotopic and archaeological interpretations of diet in the central Mississipi valley. *Journal of Archaeological Science* 18: 319-329.

Cannon, A., Schwarcz, H. P., & Knyf, M. (1999). Marine-based subsistence trend and the stable isotope analysis of dog bones from Namu, British Colombia. *Journal of Archaeological Science* 26: 399-408.

Child, A. M. (1995). Towards an understanding of the microbial decomposition of archaeological bone in the burial environment. *Journal of Archaeological Science* 22: 165-174.

Chisholm, B., Koike, H., & Nakai, N. (1988). Study of paleodiet using stable carbon isotope analysis. *Archaeology and Natural Science* 20: 7-16.

Choi, S. (1996). The Iron Age culture in southern Korea and its Chinese connection. *Korean Journal* 36: 28-38.

Choy, K., Jeon, O. R., Fuller, B. T., & Richards, M. P. (2010). Isotopic evidence of dietary variations and weaning practices in the Gaya cemetery at Yeanri, Gimhae, South Korea. *American Journal of Physical Anthropology* 142.

Choy, K., & Richards, M. P. (2009). Stable isotope evidence of human diet at the Nukdo shell midden site, South Korea. *Journal of Archaeological Science* 36: 1312-1318.

Crawford, G. W., & Lee, G. (2003). Agricultural Origins in the Korean Peninsula. *Antiquity* 77: 87-95.

DeNiro, M. J. (1985). Postmortem preservation and alteration of in vivo bone collagen isotope ratios in relation to palaeodietary reconstruction. *Nature* 317: 806-809.

DeNiro, M. J. (1987). Stable isotopes and archaeology. *American Scientist* 75: 182-191.

Fogel, M. L., Turross, N., & Owsley, D. (1989). Nitrogen isotope tracers of human lactation in modern and archaeological populations. *Carnegie Institution of Washington Yearbook* 88: 111-116.

Fuller, B. T., Richards, M. P., & Mays, S. A. (2003). Stable carbon and nitrogen isotope variations in tooth dentine serial sections from Wharram Percy. *Journal of Archaeological Science* 30: 1673-1684.

Fuller, B. T., Fuller, J. L., Harris, D. A., & Hedges, R. E. M. (2006). Detection of breastfeeding and weaning in modern human infants with carbon and nitrogen stable isotope ratios. *American Journal of Physical Anthropology* 129: 279-293.

Garland, A. N. (1989). Microscopic analysis of fossil bone. *Applied Geochemistry* 4: 215-229.

Garland, A. N. (1987). A histological study of archaeological bone decomposition. In A. Boddington, A. N. Garland, & R. C. Janaway (Eds.), *Death, Decay and Reconstruction: Approaches to Archaeology and Forensic Science* (pp. 109-126). Manchester: Manchester University Press.

Hoefs, J. (1997). *Stable Isotope Geochemistry* (4th edition). Berlin: Springer-Verlag.

Hu, Y., Ambrose, S. H., & Wang, C. (2006). Stable isotopic analysis of human bones from Jiahu site, Henan, China: Implications for the transition to agriculture. *Journal of Archaeological Science* 33: 1319-1330.

Hu, Y., Wang, S. G., Luan, L. S., Wang, C. S., & Richards, M. P. (2008). Stable isotope analysis of humans from Xiaojingshan site: Implications for understanding the origin of millet agriculture in China. *Journal of Archaeological Science* 35: 2960-2965.

Katzenberg, M. A. (1989). Stable isotope analysis of archaeological faunal remains from Southern Ontario. *Journal of Archaeological Science* 16: 319-329.

Katzenberg, M. A. (2000). Stable isotope analysis: A tool for studying past diet, demography and life history. In M. A. Katzenberg, & S. R. Saunders (Eds.), *Biological anthropology of the human skeleton*. New York: Wiley-Liss.

Katzenberg, M. A., & Pfeiffer, S. (1995). Nitrogen isotope evidence for weaning age in a nineteenth century Canadian skeletal sample. In A. L. Grauer (Ed), *Bodies of evidence: Reconstruction history through skeletal analysis* (pp. 221-235). New York: Wiley-Liss.

Katzenberg, M. A., Herring, D. A., & Saunders, S. R. (1996). Weaning and infant mortality: Evaluating the skeletal evidence. *Yearbook of Physical Anthropology* 39: 177-199.

Kim, J. (2002). Resource patch sharing among foragers: lack of territoriality or strategic choice? In C. Grier, J. Kim, & J. Uchiyama (Eds), *Beyond affluent foragers: Rethinking hunter-gather complexity* (pp. 168-191). Oxford: Oxbow Press.

Lee-Thorp, J. A. (2008). On isotopes and old bones. *Archaeometry* 50: 925-950.

Lee, G. A. (2003). *Changes in subsistence systems in southern Korea from the Chulmun to Mumun periods: Archaeobotanical investigation*. Ph. D. Thesis, Department of Anthropology, University of Toronto.

Lee, J. J. (2001). *From shellfish gathering to agriculture in prehistoric Korea: The Chulmun to Mumun transition*. Ph. D. Thesis, Department of Anthropology, University of Wisconsin-Madison.

Lee, J. J. (2002). From fisher-hunter to farmer: Changing socioeconomy during the Chulmun period in southeastern Korea. In C. Grier, J. Kim, & J. Uchiyama (Eds.), *Beyond affluent foragers: Rethinking hunter-gather complexity* (pp. 54-79). Oxford: Oxbow Press.

Meier-Augenstein, W. (1995). On-line recording of 13C/12C ratios and mass spectra in one gas chromatographic analysis. *Journal of High Resolution Chromatography* 18: 28-32.

Meier-Augenstein, W. (2002). Stable isotope analysis of fatt acids by gas chromatography-isotope ratio mass spectrometry. *Analytica Chimica Acta* 465: 63-79.

Minagawa, M., & Wada, E. (1984). Stepwise enrichment of 15N along food chains: Further evidence and the relation between δ 15N and animal age. *Geochimica et Cosmochimica Acta* 48: 1135-1140.

Nelson, S. M. (2006). Archaeology in two Koreas. In M. T. Stark (Ed.), *Archaeology of Asia* (pp. 37-54). Massachusetts: Blackwell publishing.

Norton, C. J. (2000). Subsistence change at Konam-ri: Implications for the advent of rice agriculture in Korea. *Journal of Anthropological Research* 56: 325-438.

Norton, C. J. (2007). Sedentism, territorial circumscription, and the increased use of plant domesticates across Neolithic-Bronze Age Korea. *Asian Perspectives* 46: 133-165.

Pechenkina, E. A, Ambrose, S. H., Xiaolin, M., & Benfer Jr., R. A. (2005). Reconstructing northern Chinese Neolithic subsistence practices by isotopic analysis. *Journal of Archaeological Science* 32: 1176-1189.

Platzner, I. T. (1997). *Modern isotope ratio mass spectrometry*. John Wiley and Sons.

Richards, M. P., & Hedges, R. E. M. (1999). Stable isotope evidence for similarities in the types of marine foods used by late Mesolithic humans at site along the Atlantic coast of Europe. *Journal of Archaeological Science* 26: 717-722.

Richards, M. P., Pearson, J. A., Molleson, I. I., Russell, N., & Martin, L. (2003). Stable isotope evidence of diet at Neolithic Catalhöyük, Turkey. *Journal of Archaeological Science* 30: 67-76.

Richards, M. P., Price, T. D., & Koch, E. (2003). The Mesolithic/Neolithic transition in Denmark: New stable isotope data. *Current Anthropology* 44: 288-295.

Richards, M. P., & Schulting, R. J. (2006). Against the grain? A response to Milner et al. 2004. *Antiquity* 80: 444-458.

Rosman, J. R., & Taylor, P. D. (1998). Isotopic compositions of the element (technical report): Commission on atomic weights and isotopic abundances. *Pure and Applied Chemistry* 70: 217-235.

Sample, L. L. (1974). Tongsamdong: A contribution to Korean Neolithic culture history. *Arctic Anthropology* 11: 1-125.

Schoeninger, M., & DeNiro, M. (1984). Nitrogen and carbon isotopic composition of bone collagen from marine and terrestrial animals. *Geochimica et Cosmochimica Acta* 48: 625-639.

Schoeninger, M. J., & Moore, K. (1992). Bone stable isotope studies in archaeology. *Journal of World Prehistory* 6: 247-296.

Schwarcz, H., & Schoeninger, M. (1991). Stable isotope analyses in human nutritional ecology. *Yearbook of Physical Anthropology* 34: 283-321.

Shin, C. C. (2000). Relations between Kaya and Wa in the third to fourth centuries AD. *Journal of East Asian Archaeology* 2: 112-122.

Suzuki, T., Fujita, H., & Choi, J. G. (2008). Brief communication: New evidence of tuberculosis from prehistoric Korea- population movement and early evidence of tuberculosis in Far East Asia. *American Journal of Physical Anthropology* 136: 357-360.

Taylor, S. (1989). The introduction and development of iron production in Korea: Survey. *World Archaeology* 20: 422-433.

Tobias, H. J., & Brenna, J. T. (1996). High-precision D/H measurements from organic mixtures by gas chromatography continuous flow isotope ratio mass spectrometry using a palladium filter. *Analytical Chemistry* 68: 3002-3007.

Van der Merwe, N. J. (1982). Carbon isotopes, photosynthesis and archaeology. *American Scientist* 70: 596-606.

Van der Merwe, N. J., & Vogel, J. C. (1978). 13C content of human collagen as a measure of prehistoric diet in woodland North America. *Nature* 276: 815-816.

Vogel, J. C., & Van der Merwe, N. J. (1977). Isotopic evidence for early maize cultivation in New York State. *American Antiquity* 42: 238-242.

Yi, S., & Saito, Y. (2003). Palynological evidence for late Holocene environmental change on the Gimhae fluvial plain, Southern Korean peninsula: Reconstructing the rise and fall of Golden Crown Gaya state. *Geoarchaeology* 18: 831-850.

제6장

질병의 흔적과 과거의 생활 수준

우은진

살아 있는 동안 우리의 삶은 질병으로부터 자유로울 수 없다. 가볍게 지나가는 감기에서부터 고혈압과 같은 만성 질환, 빠른 시간 내에 사람을 사망하게 하는 급성 전염병까지 다양한 종류의 질병이 우리 삶 가까이에 있다. 시대에 따라 유행했던 질병의 종류는 다르지만 질병은 예전이나 지금이나 때로는 사는 동안 치유되기도 하고, 때로는 일생 동안 지속되면서 생명을 위협하기도 하며 늘 존재해 왔다. 오늘날 우리가 앓고 있는 질병의 종류와 그 상태는 우리가 어떤 환경에서, 어떻게 살아가고 있는지 이해할 수 있게 한다. 이러한 맥락에서 옛사람의 질병 상태 역시 당시 사람들의 삶을 이해하는 데 매우 중요한 정보가 된다.

다행히 뼈에는 개체가 생전에 앓았던 질병의 상태와 건강 수준을 유추할 수 있게 하는 다양한 흔적이 남는다. 옛사람의 뼈에 남은 이러한 흔적을 '고병리적 지표paleopathological indicator'라고 하는데, 이 지표를 분석하여 과거 사회의 일반적인 생활 수준을 복원하고 당시 집단이 어떻게 환경에 적응해 나갔는지를 유추할 수 있다. 고병리적 지표를 이용해 옛사람들이 앓았던 질병이나 건강 상태를 연구하는 학문을 '고병리학

paleopathology'이라고 한다.

사실상 기록이 아예 존재하지 않거나 빈약한 시대의 집단이 어떤 질병을 주로 앓았고, 어느 정도의 영양 상태를 유지하였으며, 그와 관련된 스트레스 수준은 어느 정도였는지를 알 수 있게 하는 자료는 거의 없다. 하지만 뼈에 남겨진 고병리적 지표는 옛사람들과 그들의 삶에 영향을 미쳤던 다양한 스트레스 요인과 그들 간의 복잡한 상호작용을 이해하고, 나아가 질병의 발생과 전파 과정을 유추하여 과거 집단의 건강과 질병의 역사를 복원할 수 있도록 한다. 이렇게 옛사람의 뼈를 이용한 병리적 접근은 집단의 적응적 변화에 대한 원인과 결과를 평가할 수 있게 하기 때문에 오늘날 생물인류학은 물론 고고학, 역사학, 의학 분야의 연구 질문을 해결하는 데 매우 의미있는 정보를 제공하고 있다.

옛사람의 뼈대를 병리적으로 접근하여 분석하기 시작한 것은 19세기부터이다(Angel, 1981). 하지만 이 무렵의 고병리학은 주로 외상에 의한 결과나 매독을 비롯한 특정 전염병에만 주목한 경향이 있다. 그러다가 20세기 중반 무렵부터 집단 차원의 질병 연구가 시작되면서 문화적·생태적 요소가 질병의 역학적 양상에 어떤 영향을 미쳤는지에 대한 종합적인 평가와 고찰이 이루어졌다(Hooton, 1930). 이후 보다 생태적인 관점에서 과거 집단의 건강 상태를 복원하고자 하는 연구가 폭넓게 이루어졌다. 또 집단이 적응하는 과정에서 발생하는 생물적 불균형을 강조하는 '스트레스' 이론이 등장하면서 고병리학자들은 뼈에 남은 흔적을 다양한 생물적 스트레스에 의한 반응으로 해석하였다.

현재 고병리학은 다양한 학문 간 연구를 통합하는 방향으로 변화를 거듭하고 있다. 즉 사람뼈대학과 해부학적 분석은 물론 방사선학, 골조직학, 분자생물학 등 다양한 분야의 기법들과 함께 과거 사람들의 질병과 영양 상태는 물론 식이 패턴, 폭력을 비롯한 건강상의 역사를 평가하고 있다.

오늘날 옛사람 뼈에 대한 병리적 분석은 단순히 건강 상태에 대한 정보를 얻고 질병 그 자체를 진단하는 차원을 넘어, 건강에 영향을 미치는 다양한 요소들을 고려함으로써 문화적·생태적 맥락에서 집단의 적응성과 질병의 발현 패턴을 이해하고자 한다(Steckel과 Rose, 2002).

이에 반해 국내에는 집단 차원에서 다양한 생물적 스트레스를 반영하는 지표들을 유기적으로 분석하여 그 결과를 인류학적으로 해석하는 연구가 여전히 부족하다. 더욱이 집단 차원의 연구가 이루어지기 위해서는 이를 가능하게 하는 다수의 사람 뼈 자료가 확보되어야 하는데, 이러한 자료가 국내에는 많지 않아 사람 뼈 시료를 이용한 다양한 접근이 어렵다.

이 장에서는 뼈에 흔적을 남기는 대표적인 병리 상태를 중심으로 고병리 분야의 연구가 어떻게 진행되어 왔는지를 살피고, 오늘날 고병리 지표의 진단 기법과 연구 동향을 검토함으로써 과거 한반도 거주민들의 질병과 건강 수준 복원을 위한 연구가 앞으로 어떻게 이루어져야 할지를 모색하고자 한다.

1. 옛사람 뼈에 흔적을 남기는 주된 병리 상태

1) 대사성 뼈 질병

뼈는 살아 있는 조직이기 때문에 개체가 살아 있는 한 뼈는 끊임없이 형성modeling과 재형성remodeling의 과정을 반복한다. 이 과정은 개체의 성장과 노화를 비롯한 생애 주기는 물론, 개체가 속한 사회의 생태적·사회문화적 환경의 영향도 받는다. 예를 들어 특정 성별이나 지위의 사람은 영양부족에 더 많이 노출되는 경향이 있으며, 이러한 정보는 건강의 지역적·시대적 변화상과 더불어 과거 사회의 건강 패턴을 이해하고 해석하는 데 많은 도움을 준다.

특정 영양소가 부족한 식단을 장기간 유지할 경우 몸에 이상 증상이 나타나듯이 뼈에도 그 흔적이 남는데, 이처럼 뼈의 형성과 성장·유지와 관련된 재형성 과정을 방해하는 일련의 병리 상태를 대사성 뼈 질병metabolic bone disease이라고 한다(Brickley와 Ives, 2008). 대부분의 대사성 뼈 질병은 급성보다는 만성 상태이기 때문에 이 병을 앓으며 살아가는 동안 질환의 흔적이 뼈에 남게 된다. 대사성 뼈 질병 중에는 매우 제한된 부위에만 흔적을 남기는 질병(예를 들어 파제트병Paget's disease)과 전신의 뼈대에 변화를 많이 일으키는 질병이 있는데, 여기에서는 대사성 뼈 질병 가운데 지금까지 연구가 가장 많이 이루어진 비타민 C와 D 결핍으로 인한 질병 진단과 인류학적 해석에 대해서 살펴보고자 한다.

비타민 C는 피부와 뼈, 연골 조직의 단백질 성분을 구성하는 콜라겐을 형성하고 성숙시키는 데 필수적인 영양 성분이다(Crandall, 2014). 하지만 사람은 체내에서 비타민 C를 만들어 낼 수 없고 저장할 수도 없기 때문에 반드시 식료로부터 주기적으로 비타민 C를 공급받아야 하는데, 만약 이 공급에 차질이 생길 경우 괴혈병 증상이 나타난다.

비타민 C가 부족하면 혈관이 약화되어 주로 피부 표면과 가까운 위치의 혈관이나 근육활동이 많아 스트레스가 집중되는 곳에 만성적인 출혈이 나타나고 뼈 형성에도 영향을 미쳐서 뼈바깥막periosteum에 비정상적인 작은 구멍들이 생길 수 있다(Jaffe, 1972; Ortner, 1999). 뼈 주변에서 발생한 출혈은 뼈바깥막을 자극하여 새로운 뼈 조직을 만들어 내고, 이로 인해 출혈이 나타난 부위의 모세혈관이 확장되어 염증성 반응이 나타난다(Mays, 2008).

이러한 변화가 진행되는 동안 뼈를 통과하는 혈관들의 통로가 만들어지면서 비정상적인 구멍이 나타나고 주변 뼈 조직이 과다하게 형성되는 변화가 생기는데, 주로 머리뼈의 바깥막 표면과 눈확, 나비뼈의 큰

날개, 광대뼈의 안쪽면, 위턱뼈의 뒷면, 아래턱뼈의 갈고리돌기 안쪽면에 변화가 나타난다. 여기에서 병변 부위에 나타나는 비정상적인 구멍은 직경 1mm 안팎의 크기로, 이 구멍들은 층판lamella 구조까지 침투한다(Ortner 등, 2001).

고고학 유적에서 출토된 사람 뼈는 모든 부위가 온전하게 보존된 경우가 드물기 때문에 병변이 가장 뚜렷하고 빈번하게 나타나는 나비뼈의 큰날개와 그 주변부, 입천장뼈에서 나타나는 비정상적인 구멍으로 괴혈병을 진단하는 경우가 많다(Ortner와 Eriksen, 1997). 나비뼈의 큰날개와 그 주변부에서 증상이 많이 나타나는 이유는 음식을 씹을 때 사용하는 근육인 관자근temporal muscle에 분포하는 위턱동맥가지maxillary artery branches에서 발생하는 손상과 관련이 있을 것으로 추정되고, 위턱뼈 표면에서 나타나는 병변은 위턱동맥의 가지 중 하나인 입천장동맥에서 출혈이 발생하면서 함께 나타나는 결과로 파악된다(Ortner 등, 2001).

이처럼 뼈 조직에 흔적을 남기는 특성 때문에 괴혈병으로 인한 병변은 과거 집단의 영양 상태와 식이 습관, 생계 패턴을 해석하고자 하는 연구에 많이 이용되어 왔다. 지금까지 연구된 바를 살펴보면, 특히 유아를 비롯한 미성년 개체에서 높은 유병률을 보여 과거 괴혈병이 어린이와 청소년기의 건강을 크게 위협했던 질병이었던 것으로 파악된다(Ortner와 Ericksen, 1997; Ortner 등, 2001).

괴혈병으로 인한 증상이 성인보다 성장기 개체의 뼈대에서 더 흔히 관찰되는 이유는 성장하는 동안 뼈나 혈관 조직이 급격하게 형성되고, 이 시기에 콜라겐 합성에 필수적인 비타민 C가 부족할 경우 이상 증상이 나타날 가능성이 훨씬 높기 때문이다(Zuckerman 등, 2014).

영유아기의 어린이에 주목한 연구에 따르면, 과거 사회에서 괴혈병은 이유기에 특히 치명적인 질병이었던 것으로 보인다. 이유가 시작되기 전에는 비타민 C를 모유로부터 얻지만 이유가 시작되면 음식물 섭취로 비타민 C를 얻어야 하기 때문에, 이유가 이루어지는 시기와 환경은 비타민 C 섭취에 큰 영향을 미칠 수 있다.

특히 농경사회로 막 진입하기 시작한 집단은 이전 사회보다 식량 자원의 다양성이 감소하여 영양이 풍부하지 못한 몇 가지 작물에만 의존할 가능성이 더 높다. 또 농경사회의 유아 사망률이 이전 사회에 비해 증가하는데, 이렇게 사망한 유아 집단에서 괴혈병으로 인한 뼈 병변이 많이 확인되어 왔다(Snoddy 등, 2017). 또 대기근으로 사망한 집단의 유아 뼈에서도 괴혈병과 관련된 병변이 높은 빈도로 나타났다(Geber와 Murphy, 2012).

유아나 청소년기 집단 외에 다른 지역으로 이주하여 정착한 집단, 예를 들면 캐나다로 이주한 프랑스인, 미국에 정착한 초기 영국인 집단에서도 괴혈병은 흔하게 나타났다(Carpenter, 1986; Crellin, 2000; Hampl 등, 2001; Pimentel, 2003). 19세기 남아프리카 킴벌리Kimberly의 광산 마을에 매장된 집단(Van der Merwe와 Steyn, 2010), 지진과 같은 환경 변화로 인한 극한의 스트레스를 경험한 선사시대 폴리네시아 통가Tong 집단(Buckley, 2000)에서도 괴혈병으로 인한 병변이 확인되었다.

과거 집단의 괴혈병은 다양한 시대와 지역에서 확인되며, 이러한 유병 양상은 기본적으로 당시 사람들이 신선한 농작물을 안정적으로 섭취하기 어려운 환경에서 살았다는 점을 시사한다. 이뿐만 아니라 유전적 요인, 다른 질병의 감염 여부, 식량 자원의 분배에 영향을 미치는 사회문화적 요인 역시 비타민 C 섭취에 영향을 미쳤을 것으로 파악된다(Halcrow 등, 2014). 이러한 맥락에서 과거 사회의 괴혈병 연구는 당시 기후와 환경, 계절성, 생계 방식은 물론 식료 섭취를 둘러싼 사회경제적 양상에 대한 정보도 함께 해석할 수 있게 한다(Bourbou, 2014).

한편 비타민 D는 뼈의 성장과 재형성 과정에서 만들어진 풋뼈osteoid가 무기질화mineralization되는 데 필수적인 성분으로 칼슘 항상성homeostasis

유지에 중요한 역할을 한다(Pitt, 1988). 비타민 D는 우리가 먹는 대부분의 음식에 소량 들어 있지만 대부분은 자외선을 통한 피부 자극에 의해 합성된다. 성장기 어린이에게 이 비타민이 부족하면 자라고 있는 연골과 새로 만들어진 풋뼈 조직에 칼슘이 축적되지 못하여 뼈의 무기질화가 지연된다(St-Arnaud와 Glorieux, 1997). 심할 경우 성장하는 동안 뼈가 무기질화되지 못하면서 구멍이 생기기도 하고 뼈가 휘는 기형이 발생하기도 하는데, 이러한 일련의 증상을 구루병이라고 한다. 구루병은 비타민 D 대사에 영향을 미치는 다양한 요인들에 의해 나타날 수 있지만, 피부의 자외선 노출이 부족하여 비타민 합성이 충분히 이루어지지 못해서 나타나는 경우가 압도적으로 많다(Mays, 2003).

또 구루병보다는 드물지만 성인의 뼈연화증osteomalacia 역시 비타민 D 부족에 의한 질병으로, 이 병은 뼈를 약하게 하고 가끔 기형을 초래하기도 한다. 뼈연화증의 가장 주된 증상은 미세한 가성골절pseudofractures이며, 이는 후에 완전골절로 진전되는데, 이러한 골절은 주로 두덩뼈가지, 넙다리뼈 목 안쪽과 돌기아래 안쪽, 갈비뼈, 빗장뼈, 어깨뼈에서 좌우대칭으로 나타난다(Baburaj와 Reid 2004; Brickley 등, 2005). 옛사람 뼈 집단을 대상으로 한 뼈연화증에 대한 연구는 매우 드물기 때문에 여기에서는 구루병에 대한 연구에 집중하여 기술한다.

옛사람 뼈의 구루병은 머리뼈와 팔다리뼈의 바깥막에 나타나는 구멍과 성장판 아래 부위가 비정상적으로 두꺼워지거나 불규칙해지는 변화를 기준으로 진단된다(Ortenr와 Mays, 1998). 이 외 긴뼈의 뼈몸통끝이 넓어지거나 뼈몸통이 두꺼워지는 변화가 관찰되기도 한다. 뼈에 생기는 구멍은 부가 성장으로 새로 만들어진 뼈의 무기질화가 충분하게 이루어지지 못한 상태를 말하며, 이러한 상태의 병변은 개체가 질병으로 인한 고통을 사망 당시까지 겪고 있었음을 의미한다(Mays, 2006). 하지만 뼈몸통끝이 넓어지거나 구부러지는 기형은 질병이 치유된 후에도 나타난다.

구루병에 대한 고병리적 접근은 19세기 중엽부터 시작되었지만, 대부분의 연구는 개별 사례를 보고하거나 다양한 종류의 고병리 지표에 대한 연구의 일부로 구루병에 의한 병변을 조사한 경우들이다(예를 들어 Stirland, 1985; Angel 등, 1987; Molleson과 Cox, 1993; Blondiaux 등, 2002; Pfeiffer와 Crowder, 2004). 집단 차원에서 구루병을 분석한 연구에서는 햇빛을 기피하는 문화가 유소년 집단의 구루병 유병에 영향을 미쳤을 가능성을 제시하였다(Littleton, 1998). 또 영국의 구루병 유병률이 중세에는 낮은 수준을 유지하다가 18~19세기에 높아지는 변화에 대해서 기후 변화와 산업화, 공기 오염이 주된 원인으로 제시되었다(Mays, 1999).

한편 북미의 노예 집단에 대한 연구는 남성의 구루병 유병률이 75%, 여성이 50%로 분석되었으며, 이렇게 높은 유병률은 비타민 D 합성의 부족과 더불어 낮은 수준의 영양 상태와 기생충 감염이 장내 칼슘의 신진대사에 영향을 미쳐 비타민 D 결핍을 초래했을 것으로 해석되었다(Kelly와 Angel, 1987). 성인을 대상으로 구루병 양상을 분석한 연구는, 정확한 이유가 밝혀지진 않았지만 남성이 여성에 비해 더 높은 유병률을 보이고, 문화적 관습에 따라서 이 질병이 나타나는 시기도 다를 수 있다는 결과를 보여준다(Pettifor와 Daniels, 1997; Brickley와 Ives, 2008).

2) 골절

골절은 치아 질환과 퇴행성 관절 질환 다음으로 고고학 집단에서 흔하게 발견되지만, 이에 대한 연구는 치아나 관절에서 나타나는 질병 양상에 비해 많이 이루어지지 않았다(Judd와 Roberts, 1998). 이는 골절이 확인되더라도 생전 어느 시점에 발생했는지 알기 어렵고, 생전에 골절이 잘 치유된 경우 골절의 흔적이 사라질 수도 있어서 옛사람 뼈 집단을 대상으로 그 유병률을 구체적으로 파악하는 것이 쉽지 않기 때문이다.

골절은 뼈대가 부분적으로 또는 완전히 깨지고 부숴진 병리 상태로 발생 원인에 따라서 외상성 골절과 질병에 의한 골절로 구분된다(Judd와 Roberts, 1998). 외상성 골절은 주로 사고로 뼈에 갑작스러운 힘이 가해져서 발생하는 데 반해, 질병에 의한 골절은 내재하고 있던 질병 상태에 의해 뼈가 약해져서 발생한다. 또 외상성 골절은 우연한 사고로 인한 골절과 고의적인 골절로 구분되는데, 대부분이 전자에 해당되고 고의적인 골절에는 무기 및 폭력으로 인한 부상, 외과적 처치로 인한 경우가 포함된다(Lovell, 1997).

한편 질병에 의한 골절은 골다공증이나 골연화증, 파제트병과 같은 대사성 뼈 질병을 앓는 환자 집단에서 빈번하게 나타난다(Brickley와 Ives, 2008). 또 골절된 양상에 따라 폐쇄골절closed fracture(또는 단순골절simple fracture)과 개방골절open fracture(또는 복합골절compound fracture)로 구분되기도 하는데, 개방골절은 부러진 뼈 부위가 미생물에 노출되어 감염 증상이 나타나기도 하기 때문에 항생제가 없던 과거에는 폐쇄골절보다 더 위험한 상황을 초래하였을 것으로 추정된다(Roberts, 2000).

이 외에도 뼈에 가해지는 힘의 성격과 발생 메커니즘에 따라서 직접골절direct fracture과 간접골절indirect fracture로 구분된다(Rockwood 등, 1991). 직접골절은 뼈에 직접적으로 힘이 가해져 일어나는 골절 유형을 의미하고, 간접골절은 직접 힘이 가해진 부위와 무관한 부위가 골절되는 것을 말한다.

긴뼈에 힘이 직접적으로 가해질 때 발생하는 직접골절은 뼈가 주로 가로로 부러지거나 조각나면서 깨진다(Lovell, 1997). 옛사람 뼈에서 보고되는 골절 중에는 화살촉이나 도끼 혹은 칼날이 뼈몸통을 관통하면서 골절이 발생한 경우도 있는데, 이러한 사례는 작은 부위에 큰 힘이 가해져 직접골절이 발생한 경우이다. 뼈가 으스러지는 골절crush fracture은 뼈에 직접적인 힘이 가해져 주로 해면뼈cancellous bone 조직이 으스러지는 양상으로 나타난다. 반면에 힘이 가해진 부위와 무관하게 나타나는 간접골절은 근육이 강하게 수축하거나 긴장하는 스트레스에 의해서도 나타날 수 있고, 비틀어 짜는 힘이나 축 방향으로 누르는 힘이 강하게 가해질 때 발생할 수 있다(Djuric 등, 2006). 긴뼈에서 나타나는 간접골절의 양상은 대개 긴뼈가 비스듬하게 혹은 나선형으로 부러지거나 한쪽은 부러지고 한쪽은 휘는 양상으로 나타나기도 하고, 뼈몸통끝이 깨지면서 뼈몸통이 뼈끝에 박히기도 한다.

부위별로 보면 머리뼈 골절은 주로 직접 접촉에 의한 외상으로 발생하는데, 다른 부위에 비해 폭력에 의한 경우가 많다. 머리뼈 골절은 예리한 충격sharp force이 가해졌을 때와 둔탁한 힘blunt force이 가해졌을 때 그 양상이 다르고, 어떤 종류의 무기가 사용되었는지에 따라서도 다르게 나타난다(Djuric 등, 2006). 머리뼈 골절을 분석한 고병리 연구에서 가장 흔하게 보고되는 골절 양상은 둔탁한 힘이 가해져 머리덮개뼈가 움푹 들어가는 골절이다(Roberts와 Manchester, 1995). 이러한 골절 양상은 다양한 형태의 무기에 의해서 발생했으리라 추정된다. 둔탁한 힘에 의해 발생하는 머리뼈 골절 외에 화살촉 같은 무기에 의해 머리뼈가 골절된 사례도 드물지만 보고된다(Jurmain과 Bellifemine, 1997).

한편 팔다리뼈에서 나타나는 골절은 간접골절이 직접골절보다 더 흔하게 나타난다. 팔다리뼈의 간접골절은 노년층에서 빈번하게 나타나며, 특히 노년층의 넙다리뼈 상부에서 가장 많이 나타난다(Melton 등, 1982; Dargent-Molina 등, 1996). 팔뼈 골절은 뒤팔뼈에서 가장 빈번하게 나타난다고 보고된다. 뒤팔뼈 골절은 공격을 당할 때 머리를 보호하기 위해 팔을 올리면서 발생하기 쉬운데, 이때 주로 하단부가 잘 부러지고 넘어지면서 땅을 짚을 때도 마찬가지로 하단부가 쉽게 부러진다(Richter 등, 1996; Seligson과 Voos, 1997). 또 넘어지면서 날카로운 물체를 짚었을 때는 골절선이 가로로 나타나는 반면, 둥글게 마모된 표면을 짚었을 때는 뼈가 으스러지는 골절이 나타난다(Judd, 2004).

비교적 최근까지 고고학 집단의 뼈대에서 확인되는 뒤팔뼈 부위의 골절을 공격 행위를 방어하다가 생긴 결과로 해석하는 경향이 많았지만(예를 들어 Elliot-Smith와 Wood-Jones, 1910; Merbs, 1989), 뒤팔뼈에서 나타난 골절의 원인을 파악할 때는 특별히 주의가 필요하다.

골절에 대한 연구는 주로 머리뼈와 긴뼈를 중심으로 이루어졌고, 몸통을 이루는 뼈대에 대한 분석은 거의 이루어지지 않았다. 하지만 몸통의 뼈대 가운데 갈비뼈 골절은 현대와 과거의 사회 집단 모두 가장 빈번하게 나타나는 골절이다(Lovell, 1997; Robert와 Cox, 2003). 뿐만 아니라 갈비뼈 골절은 연조직에도 영향을 미쳐 혈흉hemothorax이나 기흉pneumothorax과 같은 심각한 합병증을 유발하거나, 심지어 사망에 이르게도 한다(Brickley, 2006).

과거 사회의 갈비뼈 골절은 주로 개인 간 폭력으로 나타난다고 보고되지만(Lovell, 1997), 골다공증이나 골연화증으로 인해 갈비뼈가 부러지기도 하기 때문에 원인을 파악하는 데 주의가 필요하다(Brickley 등, 2005). 고고학 집단을 대상으로 갈비뼈 골절에 대한 연구가 많이 이루어지지는 않았지만, 브리클리(Brickley, 2006)의 연구는 갈비뼈 골절이 성별 행위 수준의 차이와 밀접하게 관련되어 있음을 잘 보여주었다.

지금까지 골절에 대한 집단 차원의 인류학적 연구와 그 원인을 분석한 연구는 많지 않다(Judd와 Roberts, 1999). 집단 차원에서 이루어진 연구로 러브조이와 헤이플(Lovejoy와 Heiple, 1981)의 연구는 수렵채집민의 골절 양상을 깊이 있게 분석한 최초의 연구로 평가된다. 이후 라센(Larsen, 1997)은 폭력과 사고, 이주, 생계 양식, 산업화, 아동 학대와 같은 요소와 함께 과거 사회 집단의 골절 양상을 집단 차원에서 폭넓게 검토하였다.

많은 연구가 집단 내 · 집단 간 폭력에 초점이 맞추어졌지만, 농업과 같은 특정 생계 양식 내에서 이루어지는 행위를 고려하여 골절의 양상을 통시적으로 살펴보는 연구도 일부 이루어졌다(Judd와 Roberts, 1999). 도

시와 농촌 집단의 골절 빈도를 비교한 연구는 농촌이 도시에 비해 골절이 더 자주 발생할 수 있는 환경이며, 농촌에서 일어나는 행위가 골절을 더 많이 일으킬 수 있다는 사실을 잘 보여준다(Grauer와 Roberts, 1996; Judd와 Roberts, 1999; Agnew 등, 2015). 뿐만 아니라 농촌 사회에서는 성별 골절 빈도의 차이가 매우 유의미했으며, 특히 갈비뼈와 등뼈 부위의 골절 유병률이 매우 높게 나타났다(Agnew 등, 2015).

이처럼 생활 방식과 관련된 행위의 차이는 골절을 통해서 드러날 수 있으며, 옛사람 뼈에 남은 골절의 흔적은 당시에 무슨 일이 일어났는지를 유추해 볼 수 있게 한다. 골절의 분포와 유병률은 집단의 생계 방식과 문화에 따라 다른 양상을 보이며, 그 이면에 과거 집단의 행위 양상을 유추할 수 있게 하는 다양한 정보를 내포한다. 예를 들어 정착 생활, 자원을 둘러싼 경쟁과 갈등, 사회 불평등과 복잡성의 문제, 집단 간 접촉 행위를 통해 나타나는 폭력 양상과 물리적 환경이나 직업과 관련된 생활 방식, 골절이 발생했을 당시의 영양 상태와 치유되는 과정에 대한 정보를 유추해 낼 수 있다(Roberts, 2000).

3) 역학적 스트레스에 의한 뼈대 변형

뼈의 형태는 뼈에 가해지는 힘, 즉 역학적 스트레스mechanical stress에 대해 반응하고 적응하기 때문에 이를 통해서 과거 집단의 행위 수준을 복원하는 연구가 많이 진행되어 왔다. 즉 뼈의 조직과 형태가 뼈대에 가해지는 힘의 강도에 따라 제한된 범위 내에서 반응한다는 뼈대 변형의 원리를 바탕으로 그 반응의 결과를 해석해 왔다. 이러한 연구에서 행위 수준을 복원하는 지표로 관절의 퇴행성 변화와 근부착 부위 뼈대 변형 지표가 많이 이용되었다.

관절의 퇴행성 변화는 관절 조직에 가해지는 힘과 그 힘에 의한 스트레스를 견디고자 하는 관절 조직 간에 생리적 불균형 상태가 장기간 지속될 때 발생한다(Jurmain, 1977; Larsen, 1997). 즉 관절면에 스트레스가 가해지면 연골의 원섬유화fibrillation가 진행되면서 복잡한 생화학적 변화를 포함하는 생리적 과정을 통해 연골이 파괴된다(Sokoloff, 1979). 연골이 조금씩 파괴되면서 연골세포를 구성하는 단백당proteoglycans과 콜라겐 조각들이 관절 부위에서 떨어져 나가고, 이러한 부산물들로 인해 윤활막synovial membrane에서 염증성 반응이 나타난다.

이후 관절의 기능을 재생하기 위해 반응이 나타난 부위에서 뼈의 과성장overgrowth이 일어나고 연골밑뼈subchondral bone가 파괴되고 흡수되면서 관절 표면에 구멍이 생긴다(Ortner, 2003)(그림 6-1). 이 단계에서도 관절을 지속적으로 사용하면 뼈와 뼈가 직접 마찰하면서 뼈 표면에 광택이 생기는 상아질화eburnation가 나타나고, 심할 경우 움직임에 따라 뼈 표면에 홈이 패이거나 선이 나타나기도 한다.

한편 근부착 부위 뼈대 변형은 힘줄과 인대, 관절주머니articular capsule가 뼈와 만나는 부위에서 나타나는데(Jurmain, 1999), 이 지표는 근골격계의 스트레스 지표musculoskeletal stress marker, MSM로 불리기도 한다. 근부착 부위 뼈대 변형은 1988년 처음 체계적으로 측정되었고, 지금까지 다

그림 6-1. 다양한 관절면의 퇴행성 변화(조선시대 서울 은평 유적 출토 사람 뼈)

(출처: 서울대학교 인류학과 소장)

양한 사람 뼈 집단의 행위 패턴과 역학적 스트레스의 질과 양을 측정하는 데 이용되어 왔다(Dutour, 1986; Lai와 Lovell, 1992; Hawkey와 Merbs, 1995; Villotte 등, 2010).

옛사람의 뼈대에 근부착 부위 뼈대 변형이 있는지, 있다면 어느 정도인지는 인대와 힘줄의 움직임에 의해 나타나는 뼈의 과성장 부위, 즉 골증식체enthsophyte의 발달 정도를 통해 진단된다. 여기에서 뼈의 과성장은 탄성이 다른 두 물질이 만나 긴장이 반복되면서 혈류가 증가하고 뼈세포의 재형성이 활발해지면서 이루어진다. 이때 뼈대 표면이 거칠어지는 변화가 나타나고, 때로 결절 형태의 뼈가 부가적으로 만들어지기도 한다(Bannister 등, 1995; Niinimäki, 2011)(그림 6-2).

하지만 근부착 부위에서의 역학적 스트레스 외에 미만성 특발성 뼈대 과골화증diffuse idiopathic skeletal hyperostosis과 혈청음성 등뼈관절증sero-negative spondyloarthropathy 증상으로 뼈대 과성장이 일어나기도 하기 때문에(Benjamin과 McGonagle, 2001; Benjamin 등, 2002) 여러 부위에서 나타나는 양상을 종합적으로 고려하여 병변의 원인을 진단해야 한다.

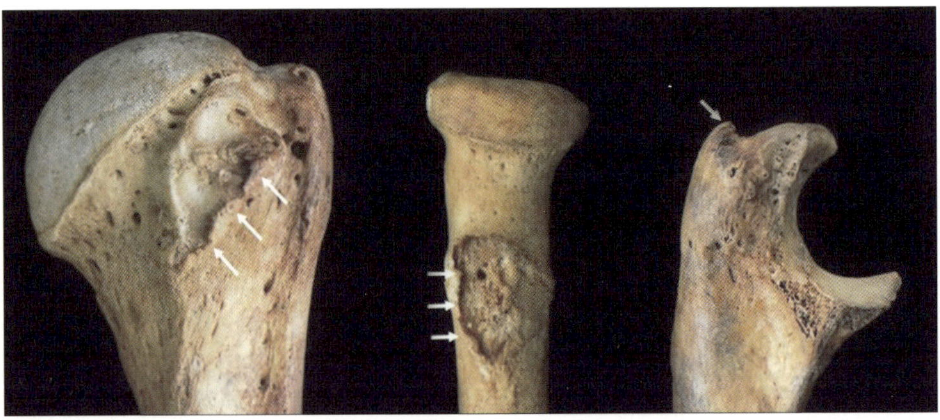

그림 6-2. 위팔뼈 작은결절lesser tubercle, 노뼈거친면tuberosity, 팔꿈치머리돌기olecranon process의 뼈대 변형(조선시대 서울 은평 유적 출토 사람 뼈) (출처: 서울대학교 인류학과 소장)

관절의 퇴행성 변화와 근부착 부위 뼈대 변형을 이용한 연구는 뼈대의 해부학적 구조와 기능에 역점을 둔 기능적 접근과 특정 사회 내에서 변형의 유병 양상을 고찰하는 생물문화적 접근으로 구분된다(우은진과 박순영, 2012).

초창기의 연구들은 뼈대 변형을 일으킨 직접적인 원인을 주로 관절의 움직임과 관련된 뼈대와 근육의 해부학적 특성에서 찾고자 하였다. 그러나 이후에는 집단의 생태적 환경이나 생계 방식의 속성을 고려하여 집단 내 또는 집단 간 뼈대 변형의 양상을 비교·고찰하는 연구가 최근까지 많이 이루어져 왔다(예를 들어 Walker와 Hollimon, 1989; Bridges, 1991; Pechenkina와 Delgado, 2006; Lieverse 등, 2007; Rojas-Sepúlveda 등, 2008; Eshed 등, 2010; Villotte 등, 2010; Lieverse 등, 2013; Becker, 2016). 특히 두 지표는 농경 단계로 진입하면서 생계 경제 양식이 인류의 행위 수준과 그 양상에 어떤 변화를 가져왔는지를 재평가하는 데 기여하기도 했다(Larsen, 1984; Meiklejohn 등, 1984; Rose 등, 1984; Bridges, 1991).

연구에 따르면, 농경사회로 오면서 노동에 의한 역학적 스트레스가 더 증가하였을 것이라는 전통적인 견해와는 다르게 생계 방식과 역학적 스트레스의 양상 간에는 일관성 있는 상관관계가 확인되지 않았다.

역학적 스트레스에 의한 뼈대 변형은 개체가 살아가면서 축적된 육체적 경험의 결과인 동시에 개체가 속한 사회 구조에서 발현되는 생물적 특성이기도 하기 때문에 개체의 사회경제적 지위와 개체가 속한 사회의 성격도 추론할 수 있게 한다(Woo와 Sciulli, 2013). 즉 부장품이나 분묘 형식, 묘지 내에서의 매장 위치와 뼈대 변형의 양상을 함께 분석하는 생물고고학적 접근을 통해 고고학 지표나 사람 뼈 중 어느 하나의 자료만으로 추론하기 어려운 과거 사회의 복잡성과 그 양상, 불평등의 구조와 같은 주제들이 연구되었다(예를 들어 Lambert와 Walker, 1991; Klaus 등, 2009; Woo와 Sciulli, 2013).

예를 들어 사회복잡성의 단계에 따라 역학적 스트레스에 의한 뼈대 변형의 양상이 집단 내 구성원 간에 다른 분포를 보일 수 있다는 가정을 검증하고자 뼈대 변형 지표들이 이용되었다. 이와 더불어 뼈대 변형이 나타나는 원인과 그 과정에 대한 이해를 바탕으로 지표를 보다 정교하게 분석하고 해석하는 방향으로 연구가 진행되어 왔다.

지금까지 역학적 스트레스의 발현 유무와 정도를 진단하는 형태적 기준이 주관적이고 분석 결과들 간에 직접 비교 역시 어렵다는 비판이 있어 왔기 때문에(Zumwalt, 2006; Weiss와 Jurmain, 2007), 이들 지표의 발현으로 과거 집단의 행위 수준을 제대로 복원할 수 있는가에 대한 논쟁 역시 지속되어 왔다. 이와 관련해 뼈대 변형을 진단할 때 이용되는 형태적 기준의 유효성을 검증하는 연구가 이루어졌고(Molnar 등, 2011; Niinimäki, 2012; Henderson과 Cardoso, 2013; Plomp 등, 2015), 이를 통해 진단 기준이 되는 개별적인 요소들이 모든 뼈대 부위에서 어떤 의미를 가지는지에 대한 고민 역시 계속되고 있다.

4) 전염성 질병

전염성 질병은 일시에 많은 사람을 사망에까지 이르게 하기 때문에 인류 사회 전반에 상당한 파급 효과를 미쳐 왔다. 이러한 이유로 전염병에 대한 연구는 의학적 차원뿐 아니라 인문학적으로도 중요한 의미를 갖는다.

오늘날 과거 사회의 전염성 질병에 대한 병리적 접근은 질병을 진단하는 차원에서 나아가 질병의 기원과 진화, 전파 과정에 대한 연구로 점차 확장되고 있다. 이러한 접근은 과거 집단이 병원체에 저항하고 적응했던 흔적과 그 변화에 대한 정보를 제공한다는 점에서 의미를 갖는다. 하지만 뼈 조직에 병변을 남기는 전염병의 종류는 매우 제한적이며 뼈는 조직을 만들어 내거나 흡수시키는 방법으로만 병원체에 반응하므로, 고병리적 접근을 통해 과거 사회의 전염병에 대해 알아낼 수 있는 바는 제한되어 있다. 더군다나 고고학 유적에서 출토된 뼈는 모든 부위가 온전하게 남아 있지도 않아 오래된 뼈로 전염성 질병을 진단하는 과정은 쉽지 않다. 또 동일한 전염병일지라도 과거와 현재의 전염병은 그 양상이 다를 수 있으므로 뼈에 남은 흔적을 분석할 때 현대 임상의학에서 제시된 증상만을 고려해선 안 된다.

오래전부터 인류사회에 영향을 미쳐 온 감염성 질병으로 뼈에 흔적을 남기는 대표적인 질병은 결핵과 매독, 나병이다. 세 질병 모두 오래전부터 인류사회에 있어 왔던 질병이며 전 세계에 나타났기 때문에 고병리학 분야에서 연구가 많이 이루어져 왔다.

먼저, 결핵은 그 기원과 전파 과정이 정착 생활과 농경, 가축화, 도시화와 같은 인류사회의 주요 변화들과 밀접하게 관련되어 있다(Ortner, 1999). 결핵균은 조혈성 골수에서 순환하여 뼈대에 영향을 미치는데, 뼈에는 주로 갈비뼈와 등뼈, 가슴뼈 부위에 병변이 나타나고, 등뼈의 경우 염증성 반응이 대개 등뼈몸체의 위·아래 부분에서 동시에 나타난다(Ortner, 2003; Roberts와 Buikstra, 2003).

아시아에서 결핵은 기원전부터 나타났던 것으로 보이는데(Suzuki 등, 2008), 중국의 사례는 기원전 3세기 이전 룽산문화龍山文化 말기의 유적에서 보고된 바 있고(Pechenkina 등, 2007), 일본에서는 야요이 시대에 처음으로 나타난 것으로 보고되었다(Suzuki와 Inoue, 2007). 이와 관련해 스즈키 등(Suzuki 등, 2008)은 기원전 5세기에서 3세기 사이에 동아시아 지역에 결핵이 최초로 발생하였을 것으로 추정하고, 이후 인구집단의 이동에 따라 중국, 한국 대륙에서 일본으로 전파되었을 것으로 보고 있다.

한편 서양에서는 결핵의 기원지가 구대륙인지 신대륙인지를 놓고 오랫동안 논쟁이 있어 왔는데, 최근의 분자생물학적 연구에 의하면 콜럼버스가 신대륙을 탐험하기 이전에 신대륙에 결핵이 이미 있었던 것으로 파악된다(Holloway 등, 2011; Bos 등, 2014).

결핵에 대한 연구는 고DNA 기법을 이용해 뼈에 남아 있는 병원체의 유전자 서열을 확인하는 방법으로 그 연구가 더욱 활발해졌으며, 지금까지 다양한 사람 뼈 집단에서 병원체의 고DNA가 확인되었다(Spigelman과 Lemma, 1993; Braun 등, 1998; Comas 등, 2013).

나병은 사회적으로 낙인화되는 대표적인 만성 전염병으로, 기록에 따르면 아시아에서 기원한 후 중동과 유럽으로 퍼진 것으로 추정된다(Stone 등, 2009). 구체적으로 이집트(Hulse, 1972), 인도(Dharmendra, 1967), 중국(Skinsnes와 Chang, 1985)에 나병 기록이 남아 있으며, 이 중 기원전 600년경 인도의 역사 기록이 가장 오래되었다고 알려져 있다. 하지만 뼈에 남겨진 기록은 그보다 시대를 훨씬 더 거슬러 올라간다. 즉 기원전 2000년경의 인도 발라탈Balathal 유적에서 출토된 사람 뼈에서 나병균에 감염된 사례가 확인되어 보고되었다(Robbins 등, 2009).

나병 사례에 대한 선구적인 연구는 나병 전문병원의 환자 집단 뼈를 대상으로 이루어졌고, 그 결과 나병균에 의한 뼈대 변형 사례들이 자세히 소개되었다(Moller-Christensen, 1952; 1953; 1961; 1965; 1967; 1978). 지금까지 나병 사례는 유럽에서 가장 많이 보고되었으며(Pálfi, 1991; Talyor 등, 2000; Boldsen과 Mollerup, 2006; Likovský 등, 2006; Gilmore, 2008; Walker, 2009; Economou 등, 2013; Donoghue 등, 2015), 아시아에서는 일본, 태국, 인도, 우즈베키스탄, 마이크로네시아 등지에서 보고되었다(Trembly, 1995; Taylor와 Buckley, 2004; Blau와 Yagodin, 2005, Robbins 등, 2009; Suzuki 등, 2010).

나병균에 의한 뼈대 변화는 코뼈와 코중격nasal septum, 단단입천장hard palate의 파괴가 가장 일반적이며, 손과 발끝의 뼈도 자주 변형된다(Ortner, 2003). 점막성 나종에 의한 감염 증상은 혈관과 피부뿐 아니라 뼈대에도 나타나며, 나종 골수염과 골막염, 패혈성 관절염을 일으키기도 한다(Manchester와 Roberts, 1989; Ortner, 2003).

고병리 연구에서 나병을 진단하는 기준으로 주로 이용되는 형태적 특징은 코뼈와 위턱뼈의 변화이다. 즉 앞니가 빠져 이틀뼈alveolar bone가 흡수되고 앞코가시anterior nasal spine와 코안nasal cavity도 흡수된 흔적이 뚜렷하며, 입천장돌기palatine process의 표면에 구멍이 나타나는 변화가 함께 나타나면 나병에 의한 변화로 강하게 의심해 볼 수 있다(Anderson과 Manchester, 1992). 이와 함께 손가락과 발가락, 손등, 발등뼈의 끝이 뭉그러지면서 끝부분이 날카롭게 재형성되는 변화도 나병에 의한 대표적인 뼈대 변형으로 알려져 있다(Anderson 등, 1992; 1994).

매독에 대한 연구는 결핵과 마찬가지로 이 병의 기원지가 어디인지에 대한 논쟁을 중심으로 진행되었다. 서양에서는 거의 500년 동안 이 병이 신대륙에서 기원했는지 아닌지를 둘러싸고 논쟁을 벌여 왔는데, 가장 최근의 연구들은 이 병이 신대륙에서 기원해 구대륙으로 퍼져나갔다는 주장에 더 무게를 싣고 있다(Harper 등, 2011; Zuckerman과 Harper, 2016).

한편 아시아에서 매독은 서양의 기원지 논쟁과는 무관하게 15세기 말 유럽 전역으로 병이 확산된 후, 16세기 초 인도를 거쳐 아시아로 전파되었을 것으로 추정된다(Erdal, 2006). 우리나라 문헌에 의하면, 이수광의 『지봉유설芝峰類說』에 매독이 1510년 무렵 조선에 유행했고, 병자호란 때에는 소현 세자(1612~1645년)가 중국에서 이 병에 걸려 왔다는 기록이 남아 있다. 그러나 지금까지 아시아의 사람 뼈 집단에서 매독 사례가 보고된 예는 많지 않다.

매독은 트리포네말병treponemal disease에 속하는 전염병으로 뼈대를 변형시키기 때문에 일찍부터 옛사람 뼈 집단을 대상으로 연구가 많이 이루어졌으며, 특히 1500년대 전 지구적으로 유병률이 급격히 증가했기 때문에 세계 각지에서 사례들이 많이 보고되었다.

매독은 3기가 되어야 뼈에 흔적이 남지만 3기에는 체내 병원균의 수가 급격히 줄고, 체내 원인균은 2기 때 가장 많지만 반대로 이때에는 뼈의 재형성이 거의 일어나지 않는다(Bouwman과 Brown, 2005). 또 머리뼈와 팔다리뼈를 비롯한 거의 모든 부위의 뼈대에 뼈세포의 과성장에 의한 증식 반응이 나타나며, 특히 팔다리뼈 표면이 부풀면서 두꺼워지는 염증성 병변이 두드러진다(Aufderheide와 Rodríquez-Martin, 1998).

머리뼈 표면에서도 염증성 반응(대표적으로 caries sicca)이 나타나는데, 이 병변은 대개 이마뼈에서 시작해 주변 머리뼈 조직으로 퍼진다(Ortner, 2003). 얼굴뼈에서는 코안, 위턱굴maxillary sinus, 단단입천장 부위가 주로 파괴되며, 팔다리뼈 중에서 특히 정강뼈에서 비육아종non-gummatous과 육아종gummatous에 의한 뼈 변형이 가장 흔하게 나타난다(Aufderheide와 Rodríquez-Martin, 1998). 2기가 지나면 관절염이 심해지고, 팔다리뼈에서 육아종에 의한 병변이 확인될 경우 매독으로 진단할 수 있다(Reginato 등, 1979).

2. 차별적 진단을 위한 분석 기법

고고학 유적에서 출토된 뼈는 오랫동안 매장되어 있었기 때문에 조직이 마모되거나 결실되어 일부만 남는 경우가 많은데, 바로 이러한 점이 뼈에 남은 질병 혹은 스트레스가 남긴 본래의 양상을 파악하기 어렵게 한다. 이 때문에 옛사람 뼈에 남겨진 질병의 흔적을 제대로 진단하고 해석하기 위해서 오늘날에는 해부학과 뼈대학은 물론 방사선학, 조직학, 분자생물학적 방법까지 다양한 분야의 연구 기법들을 동원하여 질병에 대한 차별적 진단differential diagnosis을 시행한다. 고병리 연구는 기본적으로 질병 상태를 진단하고 해석하고자 한다.

지금까지 뼈에 남겨진 병변을 진단하는 기법이 나날이 발전해 왔기 때문에 오늘날에는 과거 집단의 질병 양상을 비롯한 건강 상태를 보다 깊이 있게 해석하고 복원할 수 있게 되었다. 최근 엑스레이와 컴퓨터 단층촬영을 비롯한 방사선 촬영을 통한 진단은 물론이고, 분자생물학적 방법을 이용한 분석 역시 더욱 활발해지는 추세이다. 또 결핵을 진단하기 위해 미콜산mycolic acid 분석 기법을 응용하고(Mark 등, 2011), 안정동위원소를 이용해 집단의 영양 상태를 복원하거나 질병 기원지는 물론 질병의 확산 경로를 추정하며(Roberts 등, 2013; Guichón 등, 2015), 면역학적 분석을 통해 과거의 결핵·나병과 같은 전염병의 염증성 반응 발생 과정을 복원해 보기도 한다(Crespo 등, 2017).

여기에서는 옛사람 뼈대를 대상으로 질병 상태를 진단하고 해석하는 주된 기법들에 대해서 검토하고자 한다.

1) 육안 분석

옛사람 뼈대를 대상으로 하는 고병리 연구는 뼈대에 분포하고 있는 비정상적인 상태를 설명하고 분류하는 작업에서 출발한다.

옛사람 뼈대에서 나타나는 비정상적인 상태는 임상의학에서 보고된 질병 상태와 다를 수 있고 방사선 촬영을 통해서도 그 특징이 드러나지 않을 수 있기 때문에 육안으로 뼈대 표면의 비정상적인 반응을 주의 깊게 살펴야 한다. 예를 들면 콜라겐 섬유collagen fibers가 불규칙적으로 얽혀 있는 격자뼈woven bone는 정강뼈에서 가장 흔하게 나타나는 병변이지만, 방사선 이미지에서는 잘 드러나지 않는다. 다양한 분야의 분석 기법들이 고병리 분야의 연구에 적용되어 새로운 관점의 정보들이 축적되고 있지만 여전히 육안 분석에 의한 분석이 중요한 이유가 바로 여기에 있다. 육안으로 뼈대의 특징을 관찰하는 과정은 고고학 유적에서 출토된 오래된 뼈의 병변을 조사하는 데 반드시 적용되어야 할 방법이며, 이러한 과정 없이 다음 단계를 분석하는 것은 쉽지 않다.

한편 육안으로 뼈대의 비정상적인 상태를 평가하고 기록할 때에는 비정상적인 부위와 그 분포를 정확한 용어로 기술해야 한다(Ortner와

Putschar, 1981). 예를 들어 골막염periostitis은 고병리 연구에서 흔하게 사용되는 용어로 골막 주변부의 뼈 조직이 비대해지는 변화를 의미하는데, 정확한 원인을 알 수 없으면서 골막이 비정상적으로 비대해진 상태를 기술할 때 사용된다(Grauer, 2008). 또 비정상적인 반응이 어느 부위의 뼈대에서 어떤 부분, 어느 면에 나타나는지를 기술해야 하고, 비정상적인 상태의 범위를 혈관이나 구멍, 융합선과 같은 해부학적 표지점에 의해 명확히 구분해서 나타내야 한다.

마지막으로 육안 분석을 통해 비정상적인 상태의 원인이 될 수 있는 요인들을 철저하게 조사하여 목록을 만든다. 이 목록은 질병을 차별적으로 진단하기 위해 반드시 필요한데, 여기에는 병리 상태와 유사한 변화를 유발하는 퇴적 과정에 대한 고려도 포함되어야 한다. 따라서 가능한 질병 목록에서 유사한 병변의 주요 특징과 분포를 바탕으로 가능성이 적은 질병을 제외시키는 과정을 통해 최종적으로 가장 가능성이 높은 질병을 가려낼 수 있다.

2) 방사선 이미지의 활용

19세기 말 방사선 이미지가 발견된 이래 엑스레이를 비롯한 관련 기법들이 임상의학에 활발하게 응용되었는데, 이들 기술은 고병리 연구에도 응용되어 질병의 상태를 기술하고 진단하는 수준을 한 차원 끌어올렸다.

방사선 이미지 기법은 비정상적인 상태의 이미지를 얻게 하는 것뿐 아니라, 이미지를 기초로 뼈 조직의 두께를 측정할 수 있게 한다. 뼈의 밀도를 측정하는 기술로는 이중 엑스레이 흡광계측법dual X-ray absorptiometry, DXA이 임상의학과 고병리 연구 분야에서 빈번히 사용되고 있다. DXA를 이용한 방사선계측학은 골다공증과 같은 질병에 의해 겉질뼈cortical bone의 두께가 어떻게 변하는지를 객관적으로 연구하는 데 매우 효과적이다(Mays, 2008).

뿐만 아니라 컴퓨터 단층촬영computed tomography, CT은 3차원으로 이미지를 복원하고 특정 부위의 단면을 원하는 대로 잘라서 2차원의 평면 이미지로 들여다볼 수 있게 함으로써 육안으로 관찰하기 어려운 내부 구조의 병리적인 변화까지 더욱 자세히 관찰할 수 있게 한다(그림 6-3).

육안으로 봐서 전신의 뼈대에 질병이 의심되면 방사선 촬영을 통해 병변의 분포를 완전하게 평가할 수 있다. 이렇게 얻어진 영상 자료는 현대 임상의학에서 축적된 환자의 자료와 비교할 수도 있어서 옛 질병을 보다 객관적으로 진단하도록 한다.

대표적으로 전이암metastatic carcinoma의 경우 뼈 안쪽에 나타나는 불규칙한 조직의 변화와 그 분포를 방사선 이미지를 활용해 보다 명확하게 평가할 수 있다. 또 만성 골수염osteomyelitis의 경우도 방사선 투과 정도에 따라서 원래의 겉질뼈층과 뼈가 흡수된 부분, 치유된 부분을 구분하여 질병의 정도를 진단할 수 있다. 용해성lytic 병변을 방사선으로 촬영하면 병변이 빠르게 진행되었는지 천천히 진행되었는지를 판단하는 데 큰 도움이 되기도 한다. 즉 뼈 조직이 비교적 천천히 용해되면 방사선 이미

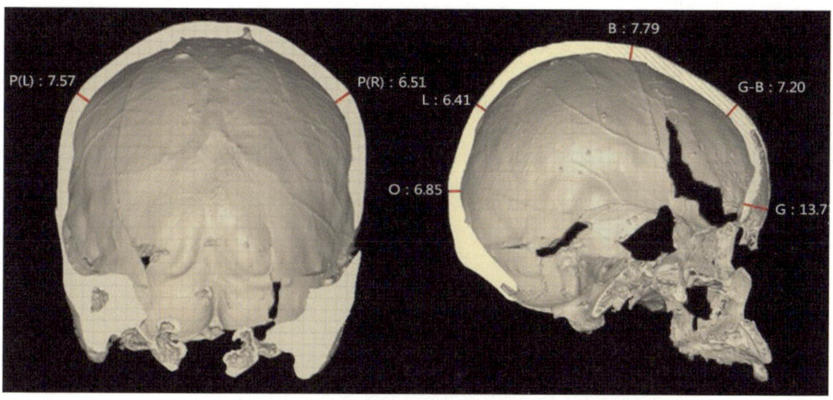

그림 6-3. 컴퓨터 단층촬영 이미지를 이용한 겉질뼈 두께 측정

(출처: Woo 등, 2015)

지상에서 병변의 가장자리가 경화되어 명확하게 보이지만, 용해 반응이 급작스럽게 진행되면 병변의 주변부가 뚜렷하게 형성되지 않는다(Ortner, 2003). 예로 통풍과 양성 종양은 병변의 가장자리가 명확한 반면, 악성 종양에 의한 용해성 병변은 대체로 병변의 주변부가 뚜렷하지 않다.

뿐만 아니라 등뼈 관절유착증ankylosis을 일으키는 관절증을 구분하는 데에도 방사선 이미지가 활용된다(Rogers와 Waldron, 1995). 다발성 비특이성 뼈대 과골화증diffuse idiopathic skeletal hyperostosis, DISH과 혈청음성 등뼈 관절증sero-negative spondyloarthropathy은 엉치뼈와 엉덩뼈가 만나는 관절이 경화되는 원인이 되기도 하는데, 골화ossification가 이루어져 뼈끼리 융합되는 부위를 방사선 이미지로 판독하면 두 유형의 관절경화증을 구분해 낼 수 있다(Ortner, 2003).

하지만 퇴적 과정에서의 뼈 마모 혹은 풍화가 방사선 이미지의 판독에 혼란을 가져오기도 한다. 즉 특정 부위의 침식이 방사선 이미지상에서는 질병에 의한 결과와 비슷하게 보일 수 있기 때문이다. 따라서 고병리 연구에서 방사선 이미지를 활용할 때에는 반드시 실제 뼈와 방사선상의 이미지를 함께 놓고 병변의 양상과 그 원인을 분석해야 한다(Mays, 2008).

3) 뼈조직학의 응용

뼈조직학은 생명체의 뼈 조직을 파라핀 왁스나 레진을 이용해 고정한 후 얇게 잘라 박편을 만들어 광학현미경이나 전자현미경으로 조직의 미세 구조를 연구하는 분야이다.

고병리 연구에서 조직을 관찰하여 질병을 진단하는 기법은 격자뼈나 층판뼈lamellar bone가 염증성 반응, 영양 부족, 종양에 의해 새로 만들어져 축적된 양상이나 호르몬 불균형에 의해 뼈가 제대로 재형성되지 않은 상태, 질병으로 인해 뼈가 용해되면서 나타난 병변의 양상을 파악하는 데 이용된다(Turner-Walker와 Mays, 2008).

그러나 오랫동안 땅속에 묻혀 있었던 고고학 표본에는 토양이나 미생물에 의해 뼈 조직의 세포가 온전하게 잘 남아 있지 않기 때문에 이를 이용해 온전한 뼈 조직 표본을 얻기 어려운 경우가 많다. 또 조직에서 관찰되는 병리적 변화가 특정한 질병에 국한되는 변화이기보다는 뼈바깥막의 염증으로 인해 나타나는 정상적인 조직의 변화이거나 뼈 대사가 이루어지는 정상적인 과정에서 나타나는 결과일 수도 있어서 이 기법은 병을 진단하는 단독 수단보다는 보조적 수단으로 사용된다(Turner-Walker와 Mays, 2008).

특히 파제트병과 같은 특정 질병을 진단할 때는 뼈조직학적 기법이 추가적인 진단 수단으로 큰 의미를 갖는다. 즉 파제트병에 의해 재형성된 뼈 조직은 뼈세포의 형태와 분포가 다르기 때문이다(Turner-Walker와 Mays, 2008). 또 신장성 뼈형성장애renal osteodystrophy를 진단할 경우에도 겉질뼈의 두께, 다공성, 해면뼈cancellous bone의 이상을 뼈 조직 절편으로 정상의 뼈와 구분하여 진단할 수 있다(Resnick과 Niwayama, 1995; Mays와 Turner-Walker, 2008). 뿐만 아니라 구루병을 진단할 때 전사주사현미경을 사용하면 성장판 아래의 뼈에 생긴 구멍과 불규칙한 변화의 정도를 육안으로 관찰할 때보다 더 미세하게 확인할 수 있다.

이 외 고병리 연구에서 뼈조직학 기법은 질병과 관련된 뼈 조직의 변화를 양적으로 측정하는 데에도 도움이 된다. 대표적으로 뼈의 질량이 감소하는 골다공증 상태를 겉질뼈 조직 내 뼈단위 집합체osteon population의 밀도, 평균 뼈단위의 크기, 연평균 뼈 생성 비율 등의 수치로 계산해 낼 수 있다(Cho와 Stout, 2003). 또 최근에는 비파괴적인 기법으로 시료를 만드는 방법도 연구에 응용되고, 현미경에서 구현되는 이미지의 해상도 역시 수준이 높아서 향후 고병리 연구에서 뼈조직학적 기법이 보다 많이 응용될 것으로 예상된다.

4) 분자생물학적 접근

뼈에 남아 있는 병원체의 흔적을 분자생물학적 기법으로 확인함으로써 과거 사회의 질병을 진단할 수 있다. 이 방법은 특히 인류사회에 많은 영향을 미친 특정 전염병이 언제, 어디에서 기원해 퍼져 나갔는지에 대한 정보를 얻게 한다는 점에서 중요한 의미를 갖는다. 이 외에도 과거로부터 오늘날까지 병원체가 유전적으로 어떻게 진화해 왔는지를 추적할 수 있게 한다(Suzuki 등, 2010).

이론적으로 우리 몸에 침투한 병원체의 DNA는 사람이 사망한 이후에도 뼈에 남을 수 있기 때문에, 병원체가 남긴 DNA 흔적을 찾아 중합효소 연쇄반응polymerase chain reaction, PCR으로 DNA를 증폭시켜 질병을 일으킨 원인균을 밝혀낼 수 있다.

지금까지 이 기법으로 가장 연구가 많이 이루어진 질병은 결핵이다(Spigelman과 Lemma, 1993; Baron 등, 1996; Faerman 등, 1997; Braun 등, 1998; Taylor 등, 1999; Mays 등, 2001; Fletcher등, 2003). 결핵에 대한 연구는 고DNA 기법을 이용해 뼈에 남아 있는 병원체의 유전자 서열을 확인하는 방법으로 그 연구가 더욱 활발해졌는데, 이는 결핵을 일으키는 병원체의 유전자가 다른 질병의 원인균에 비해 쉽게 파괴되지 않고 비교적 오랫동안 잘 남아 있기 때문이기도 하다(Spigelman과 Lemma, 1993; Braun 등 1998; Comas 등, 2013).

결핵균의 유전자 연구는 이 병을 일으키는 병원체의 유전체 정보를 확보하여 이를 바탕으로 현대사회의 결핵이 과거의 결핵과 어떻게 다른지 알 수 있게 하였다(Donoghue, 2008). 연구에 의하면, 결핵에 걸리게 하는 원인균 중 하나인 미코박테리움 튜버클로시스*Mycobacterium tuberculosis*의 현대 종은 이보다 더 오래된 종과 함께 고대 이집트에 이미 존재했다(Zink 등, 2005).

과거 사회의 전염병 가운데 가장 흥미로운 주제 중 하나로 유럽 사회에 매독이 어떻게 전파되었는지에 대한 연구 역시 오랫동안 진행되어 왔다. 매독에 대한 분자생물학적 연구는 사실상 많이 시도되었지만(예를 들어 Bouwman과 Brown, 2005; Barnes와 Thomas, 2006), 콜만 등(Kolman 등, 1999)에 의한 연구를 제외하고는 아직 성공한 사례가 없다. 보우만과 브라운(Bouwman과 Brown, 2005)은 영국의 7개 유적에서 나온 뼈 중 질병의 흔적이 있는 46개의 뼈를 시료로 트리포네마균*Treponema pallidum*의 유전자 서열을 확보하고자 하였으나 실패하였는데, 저자들은 매독균이 뼈에 거의 보존되지 않는 특성이 있어서 연구에 성공하기 어렵다고 설명하였다.

한편 최근의 비교 유전체학comparative genomics 연구에 따르면, 나병을 일으키는 나균이 플라이스토세Pleistocene 말에 동아프리카 혹은 서남아시아에서 기원해 유럽을 비롯한 전 세계로 퍼졌다고 한다(Robbins 등, 2009). 또한 전 세계에서 확인되는 나병균의 단일 뉴클레오티드 다형성single-nucleotide polymorphisms, SNPs을 분석한 연구에 따르면, 나병균은 네 가지 유전형으로 구분되며 지역별로 주로 나타나는 유전형이 상이한데, 아시아에서는 주로 1형, 유럽에서는 주로 3형이 발견된다(Monot 등, 2005; 2009).

지금까지 아시아의 고고학 유적에서 출토된 사람 뼈에서 나병균의 DNA가 확인된 사례는 많지 않다(Taylor와 Buckley, 2004; Blau와 Yagodin, 2005; Robbins 등, 2009; Taylor 등, 2009; Suzuki 등, 2010). 스즈키 등(Suzuki 등, 2010)은 일본 유적에서 나온 사람 뼈 시료에서 1형의 나병균을 확인했는데, 이보다 더 이른 시기의 태국과 인도의 유적에서 나온 뼈 시료에서도 같은 유형이 발견되었기 때문에 나병균이 태국과 인도 등지를 거쳐 동아시아로 유입되었을 가능성을 제시하였다.

이 외에 전 세계적으로 세 차례나 대유행했던 전염병인 페스트의 역사를 복원하는 데에도 분자생물학적 기법이 이용되었다. 즉 페스트를 일으키는 원인균인 예르시니아 페스티스*Yersinia pestis* 유전자가 이 질병이 대유행했던 시기의 집단에서 모두 확인되었다(Harbeck 등, 2013).

이처럼 분자생물학에 기반한 고병리 연구는 시나리오에 기반한 고고학 · 역사학적 질문을 해결하는 데 크게 기여하고 있다.

3. 국내 사람 뼈 집단에 대한 병리적 접근

국내의 고병리 연구는 1967년 나세진, 장신요가 분석한 황석리 고인돌 출토 사람 뼈에 대한 분석에서 그 시작을 찾을 수 있다(나세진과 장신요, 1967). 이 연구는 단지 한 개체에 대한 분석이었지만, 여기에는 뼈대의 병리적 소견이 간단하게나마 기술되어 있다. 이후 1985년 김진정과 일본인 학자들이 김해 예안리 고분군에서 출토된 사람 뼈를 분석하면서 예안리 집단의 병리적 특성을 보고서에 기술하였다(김진정 등, 1985). 이 보고서에는 예안리 집단에서 충치가 자주 확인되고 퇴행성 관절 질환과 골절, 외골막염이 확인되었다는 소견이 포함되어 있다.

이처럼 당시에는 사람 뼈에 나타난 형태적 특성 가운데 하나로 병리적 소견이 단편적으로 기술되었으며, 이러한 경향은 1990년대 출판된 논문과 보고서에도 그대로 이어졌다.

옛사람 뼈에 남은 병리 상태에 대한 분석은 파악 가능한 질병의 종류가 제한적이고 고고학 유적에서 출토된 뼈대의 상태에 따라서 얻을 수 있는 정보가 정해져 있다. 이러한 한계 때문에 고병리 연구는 뼈대 외형에 남겨진 특정 병리 지표만 이용해 개체나 집단의 영양 혹은 건강 상태를 개괄적으로 파악하는 수준에 그치기 쉽다.

국내의 사람 뼈 집단을 이용한 고병리 연구 역시 특정 질병과 지표만을 중심으로 그로 인한 뼈대 변형의 형태적 특징을 분석하는 연구가 다수 이루어졌다. 서구에서 집단의 건강을 생물학적 적응의 결과로 인식하고 집단 차원에서 건강상의 패턴을 연구하기 시작한 것이 1960년대부터라면, 국내에서는 불과 몇 년 전부터 형태적 특징 분석에서 벗어나 집단이 경험한 생물적 스트레스의 양상을 파악하고자 하는 연구들이 시도되고 있다.

사람 뼈에 남아 있는 병리적 상태에 주목하여 심도 있게 분석을 한 연구는 2000년을 전후한 시기부터 본격적으로 이루어졌다(예를 들면 Han 등, 2010; 박순영 등, 2011; Woo와 Park, 2014; Jeong 등, 2013; 김이석 등, 2013; Kim 등, 2013; Beom 등, 2014; Woo 등, 2015; 우은진과 정현우, 2016; 우은진 등, 2017; 우은진 등, 2018). 이 무렵 서울과 경기도 일대의 뉴타운 개발 예정 지역에서 문화재 구제발굴이 이루어지면서 조선시대의 대규모 공동묘지가 확인되었고, 당시 수백 개체에 달하는 사람 뼈 집단이 수습되어 현재도 이에 대한 연구가 계속 이루어지고 있다. 또 고고학 유적에서 출토된 사람 뼈 집단을 대상으로 하는 중장기 연구 과제들이 진행되면서 국내에 남아 있는 사람 뼈 집단의 현황을 파악하고 이에 대한 인류학적 연구가 학제 간 융합 연구로 진행되었다. 그 결과 조선시대 사람 뼈 집단을 대상으로 비교적 다양한 지표들에 대한 분석과 고찰이 이루어졌다.

조선시대 집단의 충치(Han 등, 2010)와 성장기의 스트레스 흔적인 선형 에나멜 형성부전증(박순영 등, 2011; Jeong 등, 2013), 해리스 라인Harris line(Beom 등, 2014), 머리뼈의 변동성 비대칭성cranial fluctuating asymmetry(Jung과 Park, 2016), 성인 집단의 행위 수준을 유추할 수 있는 지표인 퇴행성 관절 질환과 근부착 부위 뼈대 변형(Woo와 Park, 2013), 골절(Kim 등, 2013)에 대한 분석이 이루어졌고, 염증성 반응인 외골막염(김이석 등, 2013)에 대해서도 분석되었다. 특히 골절과 관련해서 역사 기록(조선왕조실록과 승정원일기)에 남겨진 낙마 사고를 검토하여 조선시대 낙마로 인해 발생한 외상 사건을 분석한 연구도 있다(Ki 등, 2018).

또 15세기 전 세계적으로 유병률이 치솟았던 매독이 조선시대에 유입되어 전파된 배경을 당시의 문헌과 의료 기록으로 검토하기도 하였다(Shin 등, 2018). 연구에 따르면 16세기 조선의 매독은 중국·일본의 유병률에 미치지 못하는 수준이지만, 19세기 들어 사회적 변화와 함께 유병률이 급격히 증가한다.

이 외 유전적 소인에 의한 난쟁이의 뼈대 기형 양상에 대한 사례 연구가 육안 분석과 엑스레이, 컴퓨터 단층촬영 이미지 분석으로 이루어진 바 있다(Woo 등, 2015). 하지만 일부 연구는 인류학적 통찰 없이 의학적 관점에서 지표 발현의 유병 양상을 분석하여 집단 수준에서 그러한 지표 발현의 유병 양상이 갖는 의미가 인류학적으로 해석되지 못하였다고 평가된다.

국내 자료를 이용한 고병리 연구는 조선시대 사람 뼈 집단에 대한 연구를 통해 다양한 지표를 분석하는 기법들이 축적되었다. 또 연구 질문이 보다 다양해지면서 조선시대 이외 다양한 고고학 집단으로 병리적 연구가 확장되었다. 대표적으로 보존 상태가 좋은 대규모의 사람 뼈 집단인 사천 늑도, 김해 예안리, 경산 임당 유적을 비롯한 초기 철기 및 삼국시대 유적 출토 집단에 대한 연구가 최근까지도 지속적으로 이루어지고 있다. 경산 임당 유적 출토 사람 뼈 집단의 치아 병리 양상(우은진과 정현우, 2016)이 보고되었고, 특정 영양소 결핍에 의한 질병 중 괴혈병에 대한 검토가 사천 늑도, 김해 예안리, 경산 임당 유적 출토 미성년 집단을 대상으로 이루어졌다(우은진 등, 2017). 그 결과 괴혈병으로 의심되는 개체들의 빈도가 상당히 높은 수준으로 나타났는데, 이러한 연구는 향후 안정동위원소 분석으로 특정 식물군과 동물성 단백질의 섭취 양상을 파악하고 특정 영양소 결핍 시 조직에서 나타나는 특징을 뼈조직학 기법으로 함께 분석하여 연구 성과를 통합할 필요가 있다.

국내 사람 뼈 집단에서 전염성 질병의 사례가 보고된 경우는 지금까지 거의 없다. 그 이유는 사실상 국내 사람 뼈 집단을 대상으로 전염성 질병의 양상을 파악하고자 한 시도가 최근까지 거의 이루어지지 않았기 때문이기도 하다. 지금까지 초기 철기시대의 사천 늑도 유적 집단에서 확인된 결핵 사례가 국내 사람 뼈 집단의 전염병 사례로는 유일하였으나(Suzuki 등, 2008), 최근 조선시대 서울 은평 유적 집단에서 매독으로 추정되는 사례가 추가적으로 확인되었다(Woo 등, 2019)(그림 6-4).

늑도 유적 출토 결핵 사례는 등뼈와 갈비뼈에 남아 있는 용해성 osteolytic 반응과 염증성 반응 흔적을 통해 뼈 결핵의 만성적인 사례로 진단되었다. 최근에 보고된 매독 사례는 증상이 3기까지 진행된 경우로 염증성 반응이 전신의 뼈대에 대칭적으로 분포하고 있다.

전염병에 대한 연구는 문헌 검토와 함께 옛사람 뼈에 남아 있는 질병흔에 대한 사례가 지속적으로 축적되어, 이를 바탕으로 한반도 집단의 질병사는 물론 범아시아적 관점에서 전염병의 유입과 지역적 변이를 파악하는 방향으로 연구가 진행되어야 할 것이다.

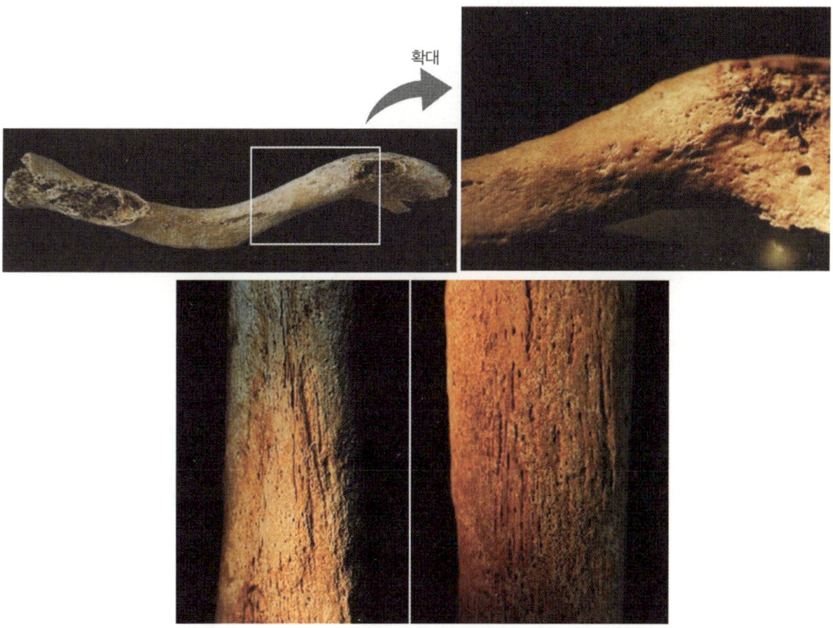

그림 6-4. 매독 의심 개체의 빗장뼈(위)와 넙다리뼈(아래)에서 확인된 병변
(출처: Woo 등, 2019)

4. 맺음말

과거 집단의 영양과 질병 양상을 비롯한 일반적인 건강 상태와 그 수준을 복원하기 위해서는 생물학적 스트레스를 반영하는 다양한 지표들 간의 유기적인 연결을 통해서 해당 집단의 적응 과정과 그 결과를 평가하는 과정이 필요하다. 따라서 뼈에 남아 있는 다양한 스트레스 흔적의 사례가 지속적으로 축적되어야 하고, 특히 전염성 질병에 한해서는 의심 사례를 바탕으로 병원체의 염기서열을 분석하는 분자생물학적 진단 기법이 지속적으로 시도되어 신뢰할 만한 결과가 안정적으로 도출될 수 있도록 해야 한다.

분자생물학적 기법 외에 융합 학문으로서 보다 다양한 기법의 분석이 응용되고 그 연구 성과를 통합하는 노력 역시 계속되어야 한다. 이와 더불어 기본적으로 고고학 유적에서 출토된 사람 뼈를 지속적으로 축적하고 연구를 할 수 있는 제도적 기반이 마련되어야 한다. 이러한 과정을 통해 과거 사회 집단의 삶의 질을 평가할 수 있는 포괄적인 지표들을 축적할 수 있고, 이러한 자료를 바탕으로 나아가 한반도 내 집단의 건강 상태에 대한 통시적·공시적 변화상을 파악할 수 있다. 이것이 향후 고병리 연구가 지속적으로 이루어져야 할 이유이며, 이를 바탕으로 파생 가능한 해석은 생물인류학 분야는 물론 인문사회 전 분야의 연구에 크게 기여할 수 있을 것이다.

김이석, 김덕겸, 오창석, 김명주, 김혜리, 신동훈 (2013).「조선시대 유골에서 확인된 뼈 막염」.『대한체질인류학회지』26(2): 81-90.

김진정, 백선용, 이와타로 모리모토(森本岩太郎), 오가타 타카히코(小片丘彦), 카와지 노리토모(川路則友) (1985).「김해 예안리고분군 출토인골(I)」.『김해예안리고분군 I』, pp. 317-367.

나세진, 장신요(1967).「황석리 제13호 지석묘에서 출토한 고분골의 1예」.『한국지석묘연구』, pp. 126-135.

박순영, 우은진, 정양승, 조길환 (2011).「조선 중후기 사람들의 성별, 사망연령별, 분묘형식별 치아 선형 에나멜 형성부전증 발생 양상」.『대한체질인류학회지』24(3): 123-134.

우은진, 박순영 (2012).「역학적 스트레스 반영 뼈대지표를 이용한 연구의 한계와 가능성에 대한 재고」.『대한체질인류학회지』25(3): 113-123.

우은진, 정현우 (2016).「삼국시대 경산 임당유적 출토 사람뼈 집단의 치아 병리 양상」.『대한체질인류학회지』29(1): 9-17.

우은진, 정현우, 오준혁 (2017).「청주 오송지구 고려시대 화장묘 유적에서 나온 사람 뼈에 대한 연구」.『야외고고학』29: 71-96.

우은진, 김재현, 전채린, 박순영 (2018).「전염성 질병에 대한 고병리학적 접근: 분석기법과 최근 연구의 경향 검토」.『대한체질인류학회지』31(1): 27-34.

Agnew, A. M., Betsinger, T. K., & Justus, H. M. (2015). Post-cranial traumatic injury patterns in two medieval Polish populations: The effects of lifestyle differences. *PLoS ONE* 10(6): e0129458.

Anderson, J. G., & Manchester, K. (1992). The rhinomaxillary syndrome in leprosy: A clinical, radiological and palaeopathological study. *International Journal of Osteoarchaeology* 2: 121-129.

Anderson, J. G., Manchester, K., & Ali, R. S. (1992). Diaphyseal remodeling in leprosy: A radiological and palaeopathological study. *International Journal of Osteoarchaeology* 2: 211-219.

Anderson, J. G., Manchester, K., & Roberts, C. (1994). Septic bone changes in leprosy: A clinical, radiological and palaeopathological review. *International Journal of Osteoarchaeology* 4: 21-30.

Angel, J. L. (1981). History and development of paleopathology. *American Journal of Physical Anthropology* 56(4): 509-515.

Angel, J. L., Kelley, J. O., Parrington, M., & Pinter, S. (1987). Life stresses of the Free Black community as represented by the First African Baptist Church, Philadelphia, 1823-1841. *American Journal of Physical Anthropology* 74: 213-229.

Aufderheide, A. C., & Rodríguez-Martín, C. (1998). *Cambridge encyclopedia of palaeopathology*. Cambridge: Cambridge University Press.

Baburaj, K., & Reid, D. M. (2004). *Osteomalacia*. *Surgery* 22(1): 20-21.

Bannister, L. H., Berry, M. M., Collins, P., Dyson, M., Dussek, J. E., & Ferguson, M. W. J. (1995). *Gray's Anatomy* (38th ed., pp. 512-551). Edinburgh: Churchill-Livingston.

Barnes, I., & Thomas, M. G. (2006). Evaluating bacterial pathogen DNA preservation in museum osteological collections. *Proceedings of the Royal Society of London B: Biological Sciences* 273: 645-653.

Baron, H., Hummel, S., & Herrmann, B. (1996). Mycobacterium tuberculosis complex DNA in ancient human bones. *Journal of Archaeological Science* 23: 667-671.

Becker, S. K. (2016). Skeletal evidence of craft production from the Ch'iji Jawira site in Tiwanaku, Bolivia. *Journal of Archaeological Science: Reports* 9: 405-415.

Benjamin, M., & McGonagle, D. (2001). The anatomical basis for disease localization in seronegative spondyloarthropathy at entheses and related sites. *Journal of Anatomy* 199: 503-526.

Benjamin, M., Kumai, T., Milz, S., Boszczyk, B. M., Boszczyk, A. A., & Ralph, J. R. (2002). The skeletal attachment of tendons-tendon 'entheses'. *Comparative Biochemistry and Physiology A* 133: 931-945.

Beom, J., Woo, E. J., Lee, I. S., Kim, M. J., Kim, Y-S., Oh, C. S., … & Shin, D. H. (2014). Harris lines observed in human skeletons of Joseon Dyansty, Korea. *Anatomy & Cell Biology* 47: 66-72.

Blau, S., & Yagodin, V. (2005). Osteoarchaeological evidence for leprosy from Western Central Asia. *American Journal of Physical Anthropology* 126: 150-158.

Blondiaux, G, Blondiaux, J., Secousse, F., Cotton, A., Danze, P., & Flipo, R. (2002). Rickets and child abuse: The case of a two year old girl from the 4th century in

Lisieux (Normandy). *International Journal of Osteoarchaeology* 12: 209-215.

Boldsen, J. L., & Mollerup, L. (2006). Outside St. Jørgen: Leprosy in the medieval Danish city of Odense. *American Journal of Physical Anthropology* 130(3): 344-351.

Bos, K. I., Harkins, K. M., Herbig, A., Coscolla, M., Weber, N., Comas, I., … & Krause, J. (2014). Pre-Columbian mycobacterial genomes reveal seals as a source of New World human tuberculosis. *Nature* 514(7523): 494-497.

Bourbou, C. (2014). Evidence of childhood scurvy in a Middle Byzantine Greek population from Crete, Greece (11th-12th centuries AD). *International Journal of Paleopathology* 5: 86-94.

Bouwman, A. S., & Brown, T. A. (2005). The limits of biomolecular palaeopathology: Ancient DNA cannot be used to study venereal syphilis. *Journal of Archaeological Science* 32: 703-713.

Braun, M., Cook, D. C., & Pfeiffer, S. (1998). DNA from Mycobacterium tuberculosis complex identified in North American pre-Columbian human skeletal remains. *Journal of Archaeological Science* 25: 271-277.

Brickley, M. (2006). Rib fractures in the archaeological record: A useful source of sociocultural information? *International Journal of Osteoarchaeology* 16(1): 61-75.

Brickley, M., Mays, S., & Ives, R. (2005). Skeletal manifestation of vitamin D deficiency osteomalacia in documented historical collections. *International Journal of Osteoarchaeology* 15: 389-403.

Brickley, M., & Ives, R. (2008). *The bioarchaeology of metabolic bone disease*. Oxford: Academic Press.

Bridges, P. (1991). Degenerative joint disease in hunter-gatherers and agriculturalists from the southeastern United States. *American Journal of Physical Anthropology* 85: 379-391.

Braun, M., Cook, D. C., & Pfeiffer, S. (1998). DNA from mycobacterium tuberculosis complex identified in North American, Pre-Columbian human skeletal remains. *Journal of Archaeological Science* 25(3): 271-277.

Buckley, H. R. (2000). Subadult health and disease in prehistoric Tonga, Polynesia. *American Journal of Physical Anthropology* 113: 481-505.

Carpenter, K. J. (1986). *The history of scurvy and vitamin C*. Cambridge: Cambridge University Press.

Cho, H., & Stout, S. D. (2003). Bone remodelling and age-associated bone loss in the past: A histomorphometric analysis of the Imperial Roman skeletal population of Isola Sacra. In S. C. Agarwal, & S. D. Stout (Eds.), *Bone loss and osteoporosis. An anthropological perspective*. New York: Kluwer Academic/Plenum Publishers.

Comas, I., Coscolla, M., Luo, T., Borrell, S., Holt, K. E., Kato-Maeda, M., … & Gangneux, S. (2013). Out-of-Africa migration and Neolithic coexpansion of Mycobacterium tuberculosis with modern humans. *Nature Genetics* 45(10): 1176-1182.

Crandall, J. J. (2014). Scurvy in the Greater American Southwest: Modeling micronutrition and biosocial processes in contexts of resource stress. *International Journal of Paleopathology* 5: 46-54.

Crellin, J. K. (2000). Early settlements in Newfoundland and the scourge of scurvy. *Canadian Bulletin of Medical History* 17: 127-136.

Crespo, F. A., Klaes, C. K., Switala, A. E., & DeWitte, S. N. (2017). Do leprosy and tuberculosis generate a systemic inflammatory shift? Setting the ground for a new dialogue between experimental immunology and bioarchaeology. *American Journal of Physical Anthropology* 162: 143-156.

Dargent-Molina, P., Favier, F., Grandjean, C., Schott, A. M., Hausherr, E., Meenier, P. J., & Breart, G. (1996). Fall-related factors and risk of hip fractures: The EDIPOS prospective study. *Lancet* 348: 145-149.

Dharmendra (1967). *History of spread and decline of leprosy* (2nd ed.), New Delhi: Ministry of Health.

Djuric, M. P., Roberts, C. A., Rakocevic, Z. B., Djonic, D. D., & Lesic, A. R. (2006). Fractures in late medieval skeletal populations form Serbia. *American Journal of Physical Anthropology* 130(2): 167-178.

Donoghue, H. D. (2008). Palaeomicrobiology of tuberculosis. *Paleomicrobiology* 75-97.

Donoghue, H. D., Taylor, G. M., Marcsik, A., Molnár, E., Pálfi, G., Pap, I., … & Spigelman, M. (2015). A migration-driven model for the historical spread of leprosy in medieval Eastern and Central Europe. *Infection, Genetics and Evolution* 31: 250-256.

Dutour, O. (1986). Enthesopathies (lesions of muscular insertions) as indicators of the activities of Neolithic Saharan populations. *American Journal of Physical Anthropology* 71: 221-224.

Economou, C., Kjellström, A., Lidén, K., & Panagopoulos, I. (2013). Ancient-DNA reveals an Asian type of Mycobacterium leprae in medieval Scandinavia. *Journal of Archaeological Science* 40: 465-470.

Elliot-Smith, G., & Wood-Jones, F. (1910). Report on the Human Remains. *The Archaeological Survey of Nubia Report for 1907-1908, Vol. II*. Cairo: National Printing Department.

Erdal, Y. S. (2006). A pre-Columbian case of congenital syphilis from Anatolia (Nicaea, 13th century AD). *International Journal of Osteoarchaeology* 16(1): 16-33.

Eshed, V., Gopher, A., Pinhasi, R., & Hershkovitz, I. (2010). Paleopathology and the origin of agriculture in the Levant. *American Journal of Physical Anthrorpology* 143: 121-133.

Faerman, M., Janauskas, R., Gorski, A., Bercovier, H., & Greenblatt, C. L. (1997). Prevalence of human tuberculosis in a medieval population of Lithuania studied by ancient DNA analysis. *Ancient Biomolecules* 1: 205-214.

Fletcher, H. A., Donoghue, H. D., Holton, J., Pap, I., & Spigelman, M. (2003). Widespread occurrence of Mycobacterium tuberculosis DNA from 18-19th century Hungarians. *American Journal of Physical Anthropology* 120: 144-152.

Geber, J., & Murphy, E. (2012). Scurvy in the Great Irish Famine: Evidence of vitamin C deficiency from a mid-19th century skeletal population. *American Journal of Physical Anthropology* 148: 512-524.

Gilmore, J. K. (2008). Leprosy at the Lazaretto on St Eustatius, Netherlands Antilles. *International Journal of Osteoarchaeology* 18(1): 72-84.

Grauer, A. (2008). Macroscopic analysis and data collection in paleopathology. In R. Pinhasi, & S. Mays (Eds.), *Advances in human paleopathology*. Chichester: John Wiley and Sons.

Grauer, A. L., & Roberts, C. A. (1996). Paleoepidemiology, healing, and possible treatment of trauma in the medieval cemetery population of St. Helen-on-the-Walls, York, England. *American Journal of Physical Anthropology* 100: 531-544.

Guichón, R. A., Buikstra, J. E., Stone, A. C., Harkins, K. M., Suby, J. A., Massone, M., … & Martín, C. R. (2015). Pre-Columbian tuberculosis in Tierra del Fuego? Discussion of the paleopathological and molecular evidence. *International Journal of Paleopathology* 11: 92-101.

Hampl, J. S., Johnston, C., & Mills, R. A. (2001). Scourge of black-leg (scurvy) on the

Mormon trail. *Nutrition* 17(5): 416-418.

Halcrow, S. E., Harris, N. J., Beavan, N., & Buckley, H. R. (2014). First bioarchaeological evidence of probable scurvy in Southeast Asia: Multifactorial etiologies of vitamin C deficiency in a tropical environment. *International Journal of Paleopathology* 5: 63-71.

Harbeck, M., Seifert, L., Hänsch, S., Wagner, D. M., Birdsell, D., Parise, K. L., … & Scholz, H. C. (2013). Yersinia pestis DNA from skeletal remains from the 6th century AD reveals insights into Justinianic plague. *PLoS Pathogens* 9(5): e1003349.

Han, S. S., Baek, K. W., Shin, M. H., Kim, J., Oh, C. S., Lee, S. J., & Shin, D. H. (2010). Dental caries prevalence of medieval Korean people. *Archives of Oral Biology* 55(7): 535-540.

Harper, K. N., Zuckerman, M. K., Harper, M. L., Kingston, J. D., & Armelagos, G. J. (2011). The origin and antiquity of syphilis revisited: An Appraisal of Old World pre-Columbian evidence for treponemal infection. *American Journal of Physical Anthropology* 146(S53): 99-133.

Hawkey, D. E., & Merbs, C. F. (1995). Activity-induced musculoskeletal stress markers (MSM) and subsistence strategy changes among ancient Hudson Bay Eskimos. *International Journal of Osteoarchaeology* 5(4): 324-338..

Henderson, C. Y., & Cardoso, F. A. (2013). Special issue entheseal changes and occupation: Technical and theoretical advances and their applications. *International Journal of Osteoarchaeology* 23: 127-134.

Holloway, K. L., Henneberg, R. J., de Barros Lopes, M., & Henneberg, M. (2011). Evolution of human tuberculosis: A systematic review and meta-analysis of paleopathological evidence. *HOMO — Journal of Comparative Human Biology* 62(6): 402-458.

Hooton, E. A. (1930). *The Indians of Pecos Pueblo: A study of their skeletal remains* (No. 4). New Haven: Yale University Press.

Hulse, E. V. (1972). Leprosy and ancient Egypt. *Lancet* 2(7785): 1024-1025.

Jaffe, H. L. (1972). *Metabolic degenerative and inflammatory diseases of bones and joints*. Philidelphia: Lea & Febiger.

Jeong, Y., Woo, E. J., & Pak, S. (2013). No significant difference in the levels of dental fluctuating asymmetry between hypoplastic and non-hypoplastic skeletal groups from the Joseon Dynasty (mid 15th-early 20th century), South Korea. *Archives of Oral Biology* 58(8): 1047-1056.

Judd, M. A. (2004). Trauma in the city of Kerma: Ancient versus modern injury patterns. *International Journal of Osteoarchaeology* 14(1): 34-51.

Judd, M. A., & Roberts, C. A. (1998). Fracture patterns at the medieval leper hospital in Chichester. *American Journal of Physical Anthropology* 105: 43-55.

Judd, M. A., & Roberts, C. A. (1999). Fracture trauma in a medieval British farming village. *American Journal of Physical Anthropology* 109: 229-243.

Jung, H., & Pak, S. (2016). A comparison of cranial fluctuating asymmetry between the two sexes in a Joseon Dynasty population of Korea. *Anthropologischer Anzeiger* 73(3): 215-223.

Jurmain, R. D. (1977). Stress and etiology of osteoarthritis. *American Journal of Physical Anthropology* 46: 353-365.

Jurmain, R. D. (1999). *Stories from the skeleton: behavioral reconstruction in human osteology*. Amsterdam: Gordon and Breach.

Jurmain, R., & Bellifemine, V. I. (1997). Patterns of cranial trauma in a prehistoric population from central California. *International Journal of Osteoarchaeology* 7: 43-50.

Ki, H. C., Shin, E-K., Woo, E. J., Lee, E., Hong, J. H., & Shin, D. H. (2018). Horse-riding accidents and injuries in historical records of Joseon Dynasty, Korea. *International Journal of Paleopathology* 20: 20-25.

Kim, D. K., Kim, M. J., Kim, Y. S., Oh, C. S., Lee, S. S., Lim, S. B., … & Shin, D. H. (2013). Long bone fractures identified in the Joseon Dynasty human skeletons of Korea. *Anatomy & Cell Biology* 46(3): 203-209.

Klaus, H. D., Larson, C. S., & Tam, M. E. (2009). Economic intensification and dengenerative joint disease: Life and labor on the post-contact north coast of Peru. *American Journal of Physical Anthropology* 139: 204-221.

Kolman, C. J., Centurion-Lara, A., Lukehart, S. A., Owsley, D. W., & Tuross, N. (1999). Identification of Treponema pallidum subspecies pallidum in a 200-year-old skeletal specimen. *Journal of Infectious Diseases* 180: 2060-2063.

Lai, P., & Lovell, N. C. (1992). Skeletal markers of occupational stress in the fur trade: A case study from a Hudson' Bay company fur trade post. *International Journal of Osteoarchaeology* 2: 221-234.

Lambert, P. M., & Walker, P. L. (1991). Physical anthropological evidence for the evolution of social and complexity in coastal southern California. *Antiquity* 65: 963-973.

Larsen, C. S. (1984). Health and disease in prehistoric Georgia: The transition to agriculture. In M. N. Cohen, & G. J. Armelagos (Eds.), *Paleopathology at the origins of agriculture*. New York: Academic Press.

Larsen, C. S. (1997). *Bioarchaeology: Interpreting behavior from the human skeleton*. Cambridge: Cambridge University Press.

Lieverse, A. R., Weber, A. W., Bazaliiskiy, V. I., Goriunova, O. I., & Savel'ev, N. A. (2007). Osteoarthritis in Siberia's Cis-Baikal: Skeletal indicators of hunter-gatherer adaptation and cultural change. *American Journal of Physical Anthropology* 132: 1-16.

Lieverse, A. R., Bazaliiskii, V. I., Goriunova, O. I., & Weber, A. W. (2013). Lower limb activity in the Cis-Baikal: Entheseal changes among Middle Holocene Siberian foragers. *American Journal of Physical Anthropology* 150: 421-432.

Likovský, J., Urbanová, M., Hájek, M., Černý, V., & Čech, P. (2006). Two cases of leprosy from Žztec (Bohemia), dated to the turn of the 12th century and confirmed by DNA analysis for Mycobacterium leprae. *Journal of Archaeological Science* 33(9): 1276-1283.

Littleton, J. (1998). A Middle Eastern paradox: Rickets in skeletons from Bahrain. *Journal of Paleopathology* 10: 13-30.

Lovejoy, C. O., & Heiple, K. G. (1981). The analysis of fractures in skeletal populations with an example from the libben site, Ottawa County, Ohio. *American Journal of Physical Anthropology* 55: 529-541.

Lovell, N. C. (1997). Trauma analysis in paleopathology. *Yearbook of Physical Anthropology* 40: 139-170.

Manchester, K., & Roberts, C. A. (1989). The paleopathology of leprosy in Britain: A review. *World Archaeology* 21(2): 265-272.

Mark, L., Gulyas-Fekete, G., Marcsik, A., Molnar, E., & Palfi, G. (2011). Analysis of ancient mycolic acids by using MALDI TOF MS: Response to "Essentials in the use of mycolic acid biomarkers for tuberculosis detection" by Minnikin et al., 2011, *Journal of Archaeological Science* 38: 1111-1118.

Mays, S. (1999). A biomechanical study of activity patterns in medieval human skeletal assemblage. *International Journal of Osteoarchaeology* 9: 68-73.

Mays, S. (2003). The rise and fall of rickets in England. In P. Murphy, & P. E. J. Wiltshire (Eds.), *The environmental archaeology of industry*. Oxford: Oxbow.

Mays, S. (2006). Age-related cortical bone loss in women from a 3rd – 4th century AD population from England. *American Journal of Physical Anthropology* 129: 518-528.

Mays, S. (2008). A likely case of scurvy from early Bronze Age Britain. *International Journal of Osteoarchaeology* 18: 178-187.

Mays, S., Taylor, G. M., Legge, A. J., Young, D. B., & Turner-Walker, G. (2001). Paleopathological and bimolecular study of tuberculosis in a medieval skeletal collection from England. *American Journal of Physical Anthropology* 114: 298-311.

Mays, S., & Turner-Walker, G. (2008). A possible case of renal osteodystrophy in a skeleton from medieval Wharram Percy, England. *International Journal of Osteoarchaeology* 18(3): 307-316.

Meiklejohn, C., Schentag, C., Venema, A., & Key, P. (1984). Socioeconomic change and patterns of pathology and Neolithic of Western Europe: Some suggestions. In M. N. Cohen, & G. J. Armelagos (Eds.), *Paleopathology at the Origins of Agriculture*. New York: Academic Press.

Melton, L., Ilshop, D., Riggs, B., & Backenbaugh, R. (1982). Fifty year trend in hip fracture incidence. *Clinical Orthopaedics and Related Research* 162: 144-149.

Merbs, C. F. (1989). Trauma. In M. Y. Iscan, & K. A. R. Kennedy (Eds.), *Reconstruction of life from the skeleton*. New York: Alan R. Liss.

Moller-Christensen, V. (1952). Case of leprosy from the middle ages of Denmark. *Acta Medica Scandinavica* 266: 101-108.

Moller-Christensen, V. (1953). *Ten lepers from Naestved in Denmark. A study of skeletons from a medieval Danish leper hospital*. Copenhagen: Danish Science Press.

Moller-Christensen, V. (1961). *Bone changes in leprosy*. Copenhagen: Munksgaard.

Moller-Christensen, V. (1965). New knowledge of leprosy through paleopathology. *International Journal of Leprosy* 33: 603-610.

Moller-Christensen, V. (1967). Evidence of leprosy in earlier peoples. In D. Brothwell, & A. Sandison (Eds.), *Diseases in antiquity: A survey of the diseases, injuries and surgery of early populations*. Springfield, Illinois: Thomas.

Moller-Christensen, V. (1978). *Leprosy changes of the skull*. Odense: Odense University

Press.

Molleson, T., & Cox, M. (1993). *The Spitalfields project. Volume 2 — The anthropology. The middling sort*. York: Council for British Archaeology Research Report.

Molnar, P., Ahlstrom, T. P., & Leden, I. (2011). Osteoarthritis and activity-an analysis of the relationship between eburnation, musculoskeletal stress marker (MSM) and age in two Neolithic hunter-gatherer populations from Gotland, Sweden. *International Journal of Osteoarchaeology* 21: 283-291.

Monot, M., Honoré, N., Garnier, T., Araoz, R., Coppee, J. Y., Lacroix, C. … & Cole, S. T. (2005). On the origin of leprosy. *Science* 308: 1040-1042.

Monot, M., Honoré, N., Garnier, T., Zidane, N., Sherafi, D., Paniz-Mondolfi, A., … & Cole, S. T. (2009). Comparative genomic and phylogeographic analysis of Mycobacterium leprae. *Nature Genetics* 41: 1282-1289.

Niinimäki, S. (2011). What do muscle marker ruggedness scores actually tell us? *International Journal of Osteoarchaeology* 21: 292-299.

Niinimäki, S. (2012). The relationship between musculoskeletal stress markers and biomechanical properties of the humeral diaphysis. *American Journal of Physical Anthropology* 147: 618-628.

Ortner, D. J. (1999). Paleopathology: implications for the history and evolution of tuberculosis. *Tuberculosis: Past and present*. Szeged, Hungary: Golden Book Publisher Ltd.

Ortner, D. J. (2003). *Identification of pathological conditions in human skeletal remains*. San Diego: Academic Press.

Ortner, D. J., Butler, W., Cafarella, J., & Milligan, L. (2001). Evidence of probable scurvy in subadults from archaeological sites in North America. *American Journal of Physical Anthropology* 114: 343-351.

Ortner, D. J., & Ericksen, M. F. (1997). Bone changes in the human skull probably resulting from scurvy in infancy and childhood. *International Journal of Osteoarchaeology* 7: 212-220.

Ortner, D. J., & Mays, S. (1998). Dry-bone manifestations of rickets in infancy and early childhood. *International Journal of Osteoarchaeology* 8: 45-55.

Ortner, D. J., & Putschar, W. (1981). *Identification of pathological conditions in human skeletal remains*. Washington: Smithsonian Institution Press.

Pálfi, G. (1991). The first osteoarchaeological evidence of leprosy in Hungary. *Inter-*

national Journal of Osteoarchaeology 1: 99-102.

Pechenkina, E. A., Benfer, R. A. Jr., & Ma, X. (2007). Diet and health in the Neolithic of the Wei and Middle Yellow River Basins, Northern China. In M. N. Cohen & G. N. M. Crane-Kramer (Eds.), *Ancient health: Skeletal indicators of agricultural and economic intensification*. Gainesville: University of Florida Press.

Pechenkina, E. A., & Delgado, M. (2006). Dimensions of health and social structure in the early intermediate period cemetery at Villa El Salvador, Peru. *American Journal of Physical Anthropology* 131: 218-235.

Pettifor, J. M., & Daniels, E. D. (1997). Vitamin D deficiency and nutritional rickets in children. In D. Feldman, F. Glorieux, & J. Pike (Eds.), *Vitamin D*. San Diego: Academic Press.

Pfeiffer, S., & Crowder, C. (2004). An ill child among mid-Holocene foragers of Southern Africa. *American Journal of Physical Anthropology* 123: 23-29.

Pimentel, L. (2003). Scurvy: Historical review and current diagnostic approach. *American Journal of Emergency Medicine* 21: 328-332.

Pitt, M. (1988). Rickets and osteomalacia. In D. Resnick, & G. Niwayama (Eds.), *Diagnosis of bone and joint disorders* (Vol. 8, Second edition). Philadelphia: W. B. Saunders.

Plomp, K. A., Roberts, C. A., & Vidarsdöttir, U. S. (2015). Morphological characteristics of healthy and osteoarthritic joint surfaces in archaeological skeletons. *International Journal of Osteoarchaeology* 25: 515-527.

Reginato, A. J., Schumacher, H. R., Jimenez, S., & Maurer, K. (1979). Synovitis in secondary syphilis. *Arthritis & Rheumatism* 22(2): 170-176.

Resnick, D., & Niwayama, G. (Eds.), (1995). *Diagnosis of bone and joint disorders* (Third edition). Philadelphia: W. B. Saunders.

Richter, D., Hahn, M. P., Ostermann, P. A. W., Ekkernkamp, A., & Muhr, G. (1996). Vertical deceleration injuries: A comparative study of injury patterns of 101 patients after accidental and intentional high falls. *Injury* 27: 655-659.

Robbins, G., Tripathy, V. M., Misra, V. N., Mohanty, R. K., Shinde, V. S., Gray, K. M., & Schug, M. D. (2009). Ancient skeletal evidence for leprosy in India (2000 BC). *PLoS ONE* 4(5): e5669.

Roberts, C. A. (2000). Did they take sugar? The use of skeletal evidence in the study of disability in past populations. In J. Hubert (Ed.), *Madness, disability and social exclusion: The archaeology and anthropology of difference. One World Archaeology Series* 40. London: Routledge.

Roberts, C. A., & Buikstra, J. E. (2003). *The bioarchaeology of tuberculosis: A global view on a reemerging disease*. Gainesville: University of Florida Press.

Roberts, C., & Cox, M. (2003). *Health and disease in Britain: From prehistory to the present day*. Stroud: Sutton Publishing.

Roberts, C., & Manchester, K. (1995). *The archaeology of disease*. Ithaca: Cornell University Press.

Roberts, C. A., Millard, A. R., Nowell, G. M., Gröcke, D. R., Macpherson, C. G., Pearson, D. G., & Evans, D. H. (2013). Isotopic tracing of the impact of mobility on infectious disease: The origin of people with treponematosis buried in hull, England, in the late medieval period. *American journal of physical anthropology* 150(2): 273-285.

Rockwood, C., Green, D., & Bucholz, R. (1991). *Fractures in adults*. Philadelphia: J. B. Lippincott Co.

Rogers, J., & Waldron, T. (1995). *A field guide to joint diseases in archaeology*. New York: Wiley.

Rojas-Sepúlveda, S. R., Ardagna, Y., & Dutour, O. (2008). Paleoepidemiology of vertebral degenerative disease in a pre-Columbian Muisca Series from Colombia. *American Journal of Physical Anthropology* 135: 416-430.

Rose, J. C., Burnett, B. A., Blaeuer, M. W., & Nassaney, M. S. (1984). Paleopathology and the origins of maize agriculture in the lower Mississippi valley and Caddoan culture area. In M. N. Cohen, & G. J. Armelagos (Eds.), *Paleopathology at the Origins Agriculture*. New York: Academic Press.

Seligson, D., & Voos, K.(1997). *The primary management of musculoskeletal trauma*. Philadelphia: Lippincott-Raven.

Shin, D. H., Lee, H. J., Hong, J. H., Woo, E. J., Shin, E., Kim, Y.-S., Ki, H. C., & Lee, E. (2018). A historical approach to syphilis infection in Korea. *Acta Medico-Historica Adriatica* 16(2): 185-202.

Skinsnes, O. K., & Chang, P. H. (1985). Understanding of leprosy in ancient China. *International Journal of Leprosy and Other Mycobacterial Diseases* 53(2): 289-307.

Snoddy, A. M. E., Halcrow, S. E., Buckley, H. R., Standen, V. G., & Arriaza, B. T. (2017). Scurvy at the agricultural transition in the Atacama desert (ca 3600-3200

BP): Nutritional stress at the maternal-foetal interface? *International Journal of Paleopathology* 18: 108-120.

Sokoloff, L. (1979). Pathology and pathogenesis of osteoarthritis. In D. J. McCarty (Ed.), *Arthritis and Allied Conditions*. Philadelphia: Lea and Febiger.

Spigelman, M., & Lemma, E. (1993). The use of the polymerase chain reaction to detect Mycobacterium tuberculosis in ancient skeletons. *International Journal of Osteoarchaeology* 3: 137-143.

St-Arnaud, R., & Glorieux, F. H. (1997). Vitamin D and bone development. In D. Feldman, F. Glorieux, & J. Pike (Eds.), *Vitamin D*. San Diego: Academic Press.

Steckel, R. H., & Rose, J. C. (Eds.) (2002). *The backbone of history. Health and nutrition in the Western Hemisphere*. New York: Cambridge University Press.

Stirland, A. (1985). The human bones. *East Anglian Archaeology* 28: 49-57.

Stone, A. C., Wilbur, A. K., Buikstra, J. E., & Roberts, C. A. (2009). Tuberculosis and leprosy in perspective. *American Journal of Physical Anthropology* 140: 66-94.

Suzuki, T., & Inoue, T. (2007). Earliest evidence of spinal tuberculosis from the aneolithic Yayoi period in Japan. *International Journal of Osteoarchaeology* 17: 392-402.

Suzuki, T., Fujita, H., & Choi, J. G. (2008). Brief communication: new evidence of tuberculosis from prehistoric Korea-population movement and evidence of tuberculosis in Far East Asia. *American Journal of Physical Anthropology* 136(3): 357-360.

Suzuki, K., Takigawa, W., Tanigawa, K., Nakamura, K., Ishido, Y., Kawashima, A., … & Ishii, N. (2010). Detection of Mycobacterium leprae DNA from archaeological skeletal remains in Japan using whole genome amplification and polymerase chain reaction. *PLoS ONE* 5(8): e12422. https://doi.org/10.1371/journal.pone.0012422

Taylor, N., & Buckley, H. R. (2004). Leprosy and tuberculosis in Iron Age southeast Asia? *American Journal of Physical Anthropology* 125: 239-256.

Taylor, G. M., Blau, S., Mays, S., Monot, M., Lee, O. Y. C., Minnikin, D. E. … & Rutland, P. (2009). Mycobacterium leprae genotype amplified from an archaeological case of lepromatous leprosy in Central Asia. *Journal of Archaeological Science* 36(10): 2408-2414.

Taylor, G. M. Goyal, M., Legge, A. J., Shaw, R. J., & Young, D. (1999). Genotypic analysis of Mycobacterium tuberculosis from medieval human remains. *Micro-*

biology 145: 899-904.

Talyor, G. M., Widdison, S., Brown, I. N., Young, D., & Molleson, T. (2000). A mediaeval case of lepromatous leprosy from 13-14th century Orkney, Scotland. *Journal of Archaeological Science* 27(12): 1133-1138.

Trembly, D. L. (1995). On the antiquity of leprosy in Western Micronesia. *International Journal of Osteoarchaeology* 5(4): 377-384.

Turner-Walker, G., & Mays, S. (2008). Histological studies on ancient bone. In R. Pinhasi, & S. Mays (Eds.), *Advances in human palaeopathology*. Chichester: John Wiley & Sons.

Van der Merwe, A. E., & Steyn, M. (2010). Adult scurvy in skeletal remains of late 19th century mineworkers in Kimberley, South Africa. *International Journal of Osteoarchaeology* 20(3): 307-316.

Villotte, S., Churchill, S. E., Dutour, O. J., & Henry-Gambier, D. (2010). Subsistence activities and the sexual division of labor in the European Upper Paleolithic and Mesolithic: Evidence from upper limb enthesopathies. *Journal of Human Evolution* 59(1): 35-43.

Walker, D. (2009). The treatment of leprosy in 19th century London: A case study from St. Marylebone cemetery. *International Journal of Osteoarchaeology* 19(3): 364-374.

Walker, P. L., & Hollimon, S. E. (1989). Changes in osteoarthritis associated with development of a maritime economy among southern California Indians. *International Journal of Anthropology* 4: 171-183.

Weiss, E., & Jurmain, R. (2007). Osteoarthritis revisited: A contemporary review of aetiology. *International Journal of Osteoarchaeology* 17: 437-450.

Woo, E. J., & Park, S. (2013). Degenerative joint diseases and enthesopathies in a Joseon Dynasty population from Korea. *HOMO — Journal of Comparative Human Biology* 64(2): 104-119.

Woo, E. J., & Park, S. (2014). The relationship between the two types of vertebral degenerative joint disease in a Joseon Dynasty population, Korea. *International Journal of Osteoarchaeology* 24: 675-687.

Woo, E. J., Lee, W.-J., Hu, K.-S., & Hwang, J. J. (2015). Paleopathological study of dwarfism-related skeletal dysplasia in a late Joseon Dynasty (South Korea) population. *PLoS ONE* 10: e0140901.

Woo, E. J., Kim, J.-H., Lee, W.-J., Cho, H., & Pak, S. (2019). Syphilitic infection in a pre-modern population from South Korea (19th century AD). *Anthropological Science* 127(1): 55-63.

Woo, E. J., & Sciulli, P. W. (2013). Degenerative joint disease and social status in the terminal late Archaic period (1000-500 BC) of Ohio. *International Journal of Osteoarchaeology* 23(5): 529-544.

Zink, A. R., Grabner, W., Nerlich, A. G. (2005). Molecular identification of human tuberculosis in recent and historic bone tissue samples: The role of molecular techniques for the study of historic tuberculosis. *American Journal of Physical Anthropology* 126(1): 32-47.

Zuckerman, M. K., Garofalo, E. M., Frohlich, B., & Ortner, D. J. (2014). Anemia or scurvy: A pilot study on differential diagnosis of porous and hyperostotic lesions using differential cranial vault thickness in subadult humans. *International Journal of Paleopathology* 5: 27-33

Zuckerman, M. K., & Harper, K. N. (2016). Paleoepidemiological and biocultural approaches to ancient disease: The origin and antiquity of syphilis. In M. K. Zuckerman, & D. L. Martin (Eds.), *New directions in biocultural anthropology*. New Jersey: John Wiley & Sons.

Zumwalt, A. (2006). The effect of endurance exercise on the morphology of muscle attachment sites. *Journal of Experimental Biology* 209: 444-454.

| 제4부 |

인류의 역사와 한반도

제7장 고DNA 자료에 대한 집단유전학적 해석

제8장 동북아시아 출토 고인류 집단과 한반도 출토 화석 인류의 현재

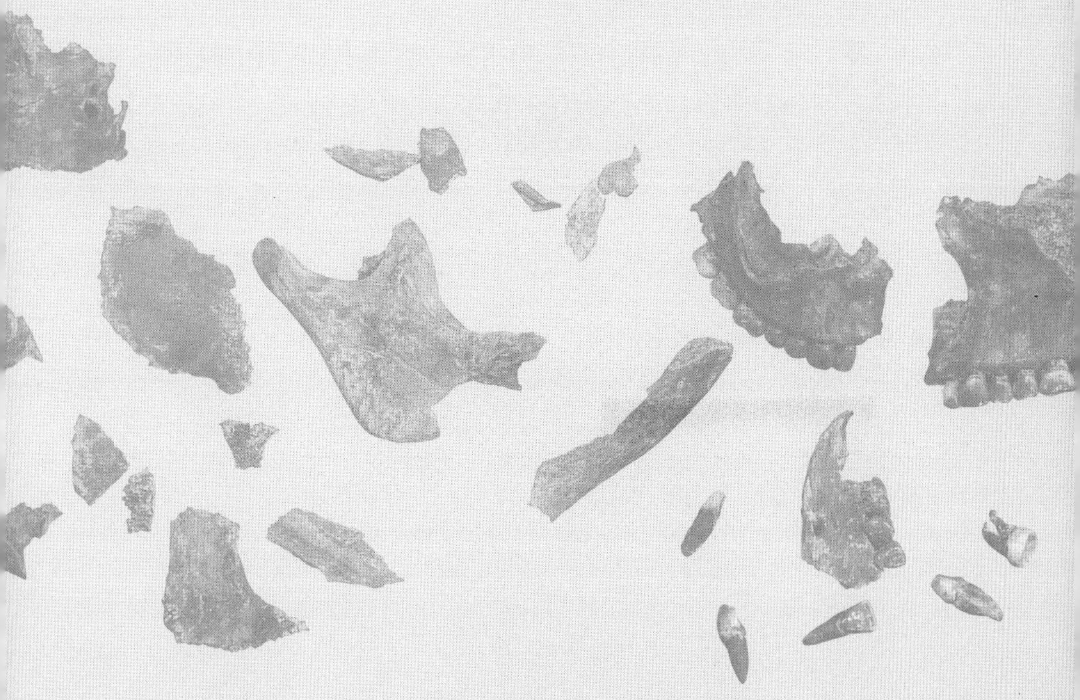

제7장

고DNA 자료에 대한 집단유전학적 해석

정충원

유전자 변이의 패턴을 분석해 집단의 진화사를 추론하는 학문인 집단유전학은 인류의 과거를 연구하는 강력한 도구이다. 지난 십여 년간 일어난 유전체학 및 고고유전학 분야의 발전에 힘입어 최근에는 수천 년 전 과거에 살았던 사람들 수백 명의 전장유전체 자료를 분석하는 대규모 연구가 가능하게 되었다.

집단유전학population genetics은 다양한 진화 기제가 유전자 변이genetic variation의 패턴에 어떤 영향을 미치는지 연구하고, 관찰 가능한 유전자 변이의 패턴을 통해 집단의 진화사evolutionary history를 재구성하는 학문이다. 여기서 진화 기제란 생물 진화를 일으키는 여러 가지 힘을 일컫는데, 돌연변이mutation, 유전자 재조합recombination, 유전자 흐름gene flow, 유전자 표류genetic drift, 자연선택natural selection 등을 들 수 있다.

집단유전학자들이 재구성하고자 하는 진화사 혹은 유전적 역사genetic history란 집단의 크기 혹은 인구 변화, 한 집단이 여럿으로 쪼개지는 집단 분리population split, 유전적으로 상이한 여러 집단이 하나로 합쳐져 섞이는 집단 혼합admixture 등의 중립적 진화와 자연선택의 결과 발생하는 적응

진화를 포괄하는 용어이다.

집단유전학자들이 갖고 있는 진화사에 대한 관심은 상당 부분 우리가 속한 종인 호모 사피엔스*Homo sapiens*의 과거에 대한 궁금증에 뿌리를 두고 있다. 확보할 수 있는 유전자 변이 자료라고는 몇몇 혈액형의 빈도 정도밖에 없었던 1980년대 이전에도 집단유전학자들은 이미 인류의 과거를 재구성하기 위해 노력을 했다(King과 Wilson, 1975).

이후 분자생물학이 발전함에 따라 실험실에서 유전 물질인 DNA, 즉 디옥시리보핵산deoxyribonucleic acid을 조작하기가 점차 수월해졌는데, 특히 세포를 통하지 않고 DNA 분자를 다량 복제할 수 있는 기법인 중합효소연쇄반응polymerase chain reaction, PCR과 DNA 분자를 구성하는 개별 염기를 순서대로 읽어내는 염기서열 해독sequencing 기술을 이용하여 유전자 변이를 직접 관측할 수 있게 되었다.

이 장에서는 집단유전학과 유전체학의 발전이 사람의 진화사에 대해 무엇을 알려주고 있는지 고유전체학에 초점을 맞추어 최신 연구 동향을 소개하고, 한반도 출토 사람 뼈 자료를 이용한 고유전체학의 가능성과 의의에 대해 정리하고자 한다.

한반도 거주민의 과거를 밝히는 데 유전적 연구가 어떻게 기여할 수 있는지를 알아보기 위해, 우선 전장유전체 자료의 집단유전학 분석 방법 및 고유전체학에 대해 간단히 소개하고, 고유전체학의 최신 연구 동향을 몇 가지 사례로 정리하였다. 마지막으로는 한반도 거주민의 유전적 역사에 대해 현재까지 알려진 내용을 돌아보고, 한반도 출토 사람 뼈 자료를 이용한 고유전체학 연구의 가능성과 의의에 대해 논하였다.

1. 유전자 변이를 이용한 집단의 진화사 추론

1) 유전체학 기법을 통한 변이 자료의 생산

사람의 유전적 과거에 대해 집단유전학적 추론을 수행하기 위해서는 우선 유전자 변이 자료를 확보해야 한다. 불과 십여 년 전까지만 해도 유전자 변이 자료를 생산하는 것은 매우 어려운 일이었다. 우선 유용한 유전적 변이를 찾아야 했고, 한 명 한 명의 유전체 시료에서 이 변이가 어떤 대립유전자allele, 즉 어떤 값을 갖는지 실험을 통해 일일이 확인해야 했다.

실험을 통해 대립유전자를 확인하는 과정을 유전자형 분석genotyping이라고 하는데, 과거에는 주로 PCR을 통해 원하는 변이가 포함된 작은 부위를 증폭한 뒤 전기영동electrophoresis, 제한단편 길이 다형성restriction fragment length polymorphism, RFLP, 실시간 PCRreal-time or quantitative PCR, qPCR, 또는 생어 시퀀싱Sanger sequencing 등의 방법을 이용하여 분석하였다.

RFLP란 변이가 포함된 염기서열을 인지하는 제한효소로 DNA 분자를 처리한 후 전기영동을 통해 잘려진 DNA 조각의 수와 크기를 확인하는 방법인데, 제한효소가 두 대립유전자 중 하나만 인지하여 DNA 단편을 절단할 경우 두 대립유전자를 전기영동 결과를 통해 쉽게 구분할 수 있다.

실시간 PCR은 PCR과 형광 신호를 결합함으로써 증폭 대상 염기서열의 양을 추정하는 방법인데, 두 대립유전자에 해당하는 프라이머에 다른 색을 내는 형광물질을 결합시킨 다음 PCR을 진행하고 두 형광 신호의 세기를 비교함으로써 유전자형 분석을 할 수 있다.

이러한 방법들로는 한 번에 분석할 수 있는 변이의 수가 제한적이었기 때문에, 이전에는 변이 하나당 대립유전자의 수가 많아서 혈연관계에 대한 정보를 많이 포함하고 있는 단순반복서열short tandem repeat, STR을 주로 이용하였다. 단순반복서열은 2 내지 6 염기쌍이 여러 차례 반복되는 구조를 갖고 있는데, 반복수가 서로 다른 여러 대립유전자가 존재한다. STR 자료는 현재에도 법의학계에서 개인 식별을 위해 널리 쓰이고 있다.

STR 외에도 미토콘드리아나 Y 염색체도 널리 쓰였다. 이들은 반수체로 존재하기 때문에 유전자 재조합이 일어나지 않는다. 따라서 여러 변이들이 완벽하게 연관되어 반수형haplotype을 구성하므로 단일 좌위 중에서는 단연코 많은 정보를 포함하고 있다.

유전체학 시대에 접어들면서 변이 자료를 생산하는 능력이 비약적으로 발전했다. 표준 유전체가 완성된 이후 유전학계에서는 국제 반수형 지도 프로젝트The International Haplotype Map project와 1000 유전체 프로젝트The 1000 Genomes project 등의 대규모 연구를 통해 사람 유전체의 변이를 찾아내는 작업을 계속해 왔다(Altshuler 등, 2010; The 1000 Genomes Project Consortium, 2015). 그 결과 현재는 수천만 개에 달하는 유전자 변이의 위치와 대립유전자, 집단별 대립유전자 빈도 등의 정보에 누구나 접근할 수 있다. 특히 마이크로어레이microarray와 차세대 시퀀싱next generation sequencing 기술이 이러한 변화를 주도하였다.

마이크로어레이는 유전자형 분석을 하고자 하는 변이의 두 대립유전자와 상보적으로 결합할 수 있는 짧은 DNA 조각을 합성해 유리판에 부착한 것이다. 마이크로어레이에 부착된 DNA 조각(탐침probe)이 시료의 DNA와 대립유전자에 따라 결합한 후, 형광의 세기를 통해 상대적인 결합량을 측정한다. 아데닌adenine과 구아닌guanine 대립유전자를 가진 변이의 경우 아데닌 대립유전자만 두 벌을 가진 사람은 빨강 형광만 10의 강도로 방출하고, 아데닌과 구아닌 대립유전자를 한 벌씩 가진 사람은 빨강과 초록 형광을 각각 5의 강도로 방출하는 식이다. 마이크로어레이는 슬라이드글라스 크기의 유리판에 수십만 내지 수백만 개의 변이를 확인할 수 있는 DNA 탐침을 집적했기 때문에 한 번의 실험으로 최대 수백만 개의 변이에 대해 유전자형 분석을 할 수 있다.

차세대 시퀀싱은 마이크로어레이와 마찬가지로 변이를 확인하는 데 쓰일 뿐만 아니라, 현재 새로운 변이를 발굴하는 가장 중요한 기술이다. 차세대 시퀀싱으로 100 염기쌍 내외의 짧은 염기서열 수억 개를 동시에 분석할 수 있다. 이렇게 생성한 염기서열 자료를 표준 유전체reference genome에 정렬alignment함으로써 시료의 유전체 염기서열을 재구성할 수 있는데, 기존에 알려지지 않았던 부분에서 표준 유전체와 다른 염기서열을 관찰한다면 새로운 변이를 찾아낸 셈이다. 이미 알려진 변이의 경우 그 자리에 어떤 염기서열이 나타나는지를 관찰함으로써 쉽게 시료의 유전자형을 확인할 수 있다.

마이크로어레이와 차세대 시퀀싱 기술이 사용되면서 나타난 중요한 변화 중 하나는 앞에서 설명했던 STR 대신 단일염기 다형성single nucleotide polymorphism, SNP이 주된 연구 대상으로 자리잡게 되었다는 점이다. SNP란 유전체상의 한 자리에 두 가지 이상의 염기가 대립유전자로 존재하는 경우를 말한다. 이를테면 한 자리에 어떤 사람은 시토신cytocine을 갖고 있고 다른 사람은 티민thymine을 갖고 있는 경우이다.

SNP는 STR에 비해 마이크로어레이와 차세대 시퀀싱 기술을 통해 쉽고 안정적으로 분석할 수 있는 장점이 있다. 한 변이에 오직 두 개의 대립유전자만 존재하기 때문에 SNP 하나하나가 갖고 있는 유전 정보는 STR에 비해 적은 편이다. 하지만 유전체학 기술을 통해 SNP 수십만 개가 갖고 있는 정보를 합치면 제한된 수의 STR이 갖고 있는 정보를 쉽게 뛰어넘게 된다.

2) 유전자 변이에 담긴 진화사 정보의 해독 원리

진화사 혹은 인구사demography 연구의 핵심은 집단 간의 관계를 재구성하는 데 있다. 일반적으로 두 집단이 최근에 공통 조상을 공유했다면 먼 과거에 갈라진 두 집단에 비해 유전자 변이를 더 많이 공유할 것이다. 이를테면 한국인과 중국인의 유전체를 비교해 보면 한국인과 프랑스인, 중국인과 프랑스인을 비교했을 경우보다 유전적 차이가 작을 것이다. 한 가지 중요한 점은 우리가 속한 종인 호모 사피엔스는 비교적 최근에 나타난 젊은 종이고, 집단 사이의 유전적 차이도 매우 작다는 것이다.

사람의 이런 특징은 집단 계통수population tree와 유전자 계통수gene tree가 불일치할 확률을 높여준다. 집단 계통수란 연구 대상인 여러 집단 혹은 개인 사이의 진화적 유연관계를 계통수 혹은 그래프 형태로 나타낸 것, 즉 우리가 알아내고자 하는 진화사 정보를 말한다. 유전자 계통수는 개별 유전자 좌위 혹은 개별 변이 수준에서 시료들의 관계를 계통수로 나타낸 것이다.

동일한 구조를 가진 집단 계통수 둘을 비교함으로써 집단 간 분기 정도가 집단 계통수와 유전자 계통수의 일치도에 미치는 영향을 설명해 보겠다(그림 7-1).

두 경우 모두 집단 A와 B가 서로 더 가깝고, 집단 C는 관계가 멀다. A와 B의 공통 조상 집단을 AB라고 할 때, C와 AB가 갈라진 시점은 2만 년 전(800세대 전)으로 동일하다. 모든 가지에서 유효집단 크기는 5천 명으로 동일하다. 유일한 차이는 A와 B의 분기 시점인데, 첫 번째 사례에서는 비교적 최근인 2,500년 전(100세대 전)에 갈라졌고, 두 번째 사례에서는 10,000년 전(400세대 전)에 갈라졌다.

세 집단 A, B, C에서 반수체 유전체 하나씩을 채집해 분석한다고 할 때, 집단 간 관계에 대한 정보를 갖고 있는 변이는 세 명 중 한 명은 조상 대립유전자ancestral allele를 갖고 있고, 나머지 두 명이 최근에 돌연변이를

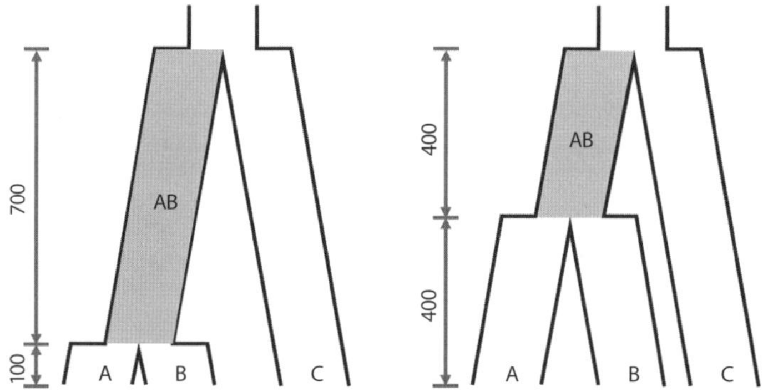

그림 7-1. 세 집단 A, B, C를 연결하는 두 종류의 가상의 집단 계통수

두 집단 계통수는 구조는 동일하지만 일부 가지의 길이가 서로 다르다. 왼쪽 계통수에서는 A와 B의 공통 조상 AB가 C로부터 갈라진 다음 A와 B가 갈라지기까지 700세대가 걸린 반면, 오른쪽 계통수에서는 400세대가 걸린다. AB가 C와 격리되었던 기간(회색으로 표시)이 길수록 집단 계통수와 일치하는 유전자 계통수의 비율이 그렇지 않은 유전자 계통수의 비율에 비해 높아진다.

통해 발생한 파생 대립유전자derived allele를 공유하는 경우이다.

돌연변이가 한 번만 일어났다고 가정하면, 파생 대립유전자를 공유하려면 두 시료의 공통 조상이 나머지 한 명의 조상과 갈라진 후 돌연변이가 일어나야 한다. 즉 가능한 세 가지 유전자 계통수 ((A, B), C), ((A, C), B), ((B, C), A)의 비율이 중요하다. 유전자 계통수가 집단 계통수와 완전히 일치한다고 하면, 첫 번째 유전자 계통수 ((A, B), C)만 100% 나타나고 나머지 두 계통수는 나타나지 않을 것이다.

각 경우에 세 가지 유전자 계통수의 상대적인 비율은 유합 이론coalescent theory을 이용해 계산할 수 있다. 유합이란 시간을 거슬러 시료의 조상을 추적해 나갈 때 두 염기서열이 한 조상을 만나는 현상을 말한다. 이배체 개체 *N*명으로 구성된 집단을 상정하면 집단 안에 총 2*N*개의 염기서열에 있기 때문에, 현재 세대의 두 염기서열이 한 세대 전에 같은 염기서열의 복사본일 확률은 1/2*N*이다. 이를 이용하면 *t*세대 전에 유합이 일어날 확률을 다음과 같이 모형화할 수 있다.

$$\Pr(\text{Coalesce at t generations ago}) = \frac{1}{2N}(1-\frac{1}{2N})^{t-1}$$

$$\Pr(\text{Coalesce } \leq \text{ T generations ago}) = \sum_{t=1}^{T}\frac{1}{2N}(1-\frac{1}{2N})^{t-1}$$

A와 B는 C와는 분리된 채 같은 집단에 있는 시기(700 또는 400세대)가 있기 때문에 ((A, B), C) 계통수가 다른 두 계통수에 비해 더 높은 확률로 나타날 것이다. 위 모형을 이용해 700세대 혹은 400세대 동안 A와 B가 유합할 확률을 계산하면 각각 6.8%와 3.9%이다. A와 B가 유합하지 않은 채 C와 같은 집단에 들어오고 나면 셋 중 둘이 먼저 유합할 확률은 모두 동일하게 1/3이기 때문에, 최종적으로 세 가지 계통수의 비율을 다음과 같이 계산할 수 있다.

(1) AB와 C의 격리 기간이 400세대인 경우:

((A, B), C): 3.9 + (100-3.9) / 3 = 36.0%

(A, (B, C)): (100-3.9) / 3 = 32.0%

(B, (A, C)): (100-3.9) / 3 = 32.0%

(2) AB와 C의 격리 기간이 700세대인 경우:

((A, B), C): 6.8 + (100-6.8) / 3 = 37.8%

(A, (B, C)): (100-6.8) / 3 = 31.1%

(B, (A, C)): (100-6.8) / 3 = 31.1%

전체적으로 두 경우 모두 집단 계통수와 불일치하는 유전자 계통수의 비율이 반 이상이다. 따라서 개별 시료 혹은 염기서열 사이의 관계를 재구성할 수 있는 정보가 풍부한 미토콘드리아나 Y 염색체 자료의 경우에도 정확히 재구성된 유전자 계통수가 실제로 알고자 하는 집단 계통수를 반영한다는 보장이 없는 것이다.

반면 전장유전체genome-wide 자료는 유전자 재조합을 통해 독립적인 유전자 좌위를 다수 분석하기 때문에 개별 좌위의 정확한 유전자 계통수를 구성할 수는 없지만, 가능한 집단 계통수 사이의 작은 확률 차이를 밝혀내기에 충분한 통계적 검정력을 갖고 있다.

조금 더 복잡한 상황으로 B가 속한 집단이 최근에 C가 속한 집단으로부터 20%의 유전자를 물려받은 유전자 흐름을 겪은 경우를 상정해 보자. 이 경우 집단 계통수는 두 가지 계통수가 8 대 2 비율로 섞인 상황이 된다(그림 7-2).

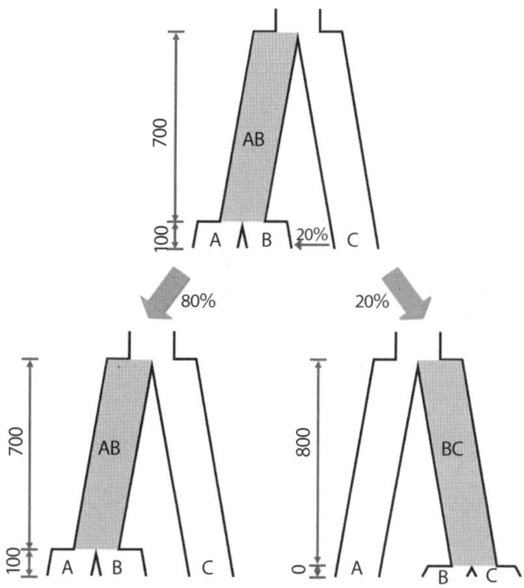

그림 7-2. 세 집단 A, B, C를 연결하는 가상의 집단 계통수

그림 7-1의 계통수와는 달리 이 경우(상단)에는 C에서 B로 향하는 유전자 흐름을 포함하고 있다. 즉 B의 구성원 중 20%는 C에서 온 이주민이다. 유전자 흐름을 포함하는 복합 계통수는 각각의 경우에 해당하는 단순 계통수로 분리할 수 있다. 즉 A와 B가 100세대 전에 공통 조상 AB를 공유하는 경우(80%, 좌하단)와 B와 C가 0세대 전에 공통 조상 BC를 공유하는 경우(20%, 우하단)로 나누어 생각한 뒤 가중평균을 구하면 된다.

각각의 단순 계통수에서 세 가지 유전자 계통수의 비율을 계산한 뒤 이를 8 대 2의 비율로 가중평균을 내면 전체 상황에서 유전자 계통수의 비율을 계산할 수 있다. 이 경우 원래 집단 계통수에서의 비율은 (37.8, 31.1, 31.1)이고, 유전자 흐름에 속한 계통수에서는 (30.8, 30.8, 38.4)이다. 이를 가중평균하면 세 유전자 계통수의 비율은 (36.4, 31.0, 32.6)이 된다. 보다시피 C에 비해 A와 B가 평균적으로 서로 가장 가깝다는 것과 유전자 흐름 때문에 B와 C가 A와 C에 비해서는 조금 더 가깝다는 것이 유전자 계통수의 비율에 담겨 있다.

3) 대표적인 집단유전학 분석 기법

전장유전체 자료를 이용한 집단유전학 분석 기법은 최근 십여 년간 꾸준히 발전해 왔다. 대부분의 경우 대립유전자가 2개(bi-allelic)인 SNP를 둘 중 한 대립유전자의 개수를 기준으로 삼아 0, 1, 2로 부호화하여 분석하는 경우가 일반적이다. 전장유전체 자료에 가장 흔히 적용하는 방법은 자료 내의 유전적 구조를 요약하는 주성분 분석principal component analysis, PCA이나 군집 분석genetic clustering 기법들이다.

주성분 분석은 유전학 외에도 일반적으로 널리 쓰이는 자료 요약 기법으로, 집단유전학의 경우에는 유전자형 행렬에 특이값 분해singular-value decomposition라는 선형대수학 기법을 적용하여 서로 독립된 변수인 주성분principal component으로 요약한다(Patterson 등, 2006). 순위가 높은 주성분일수록 전체 자료의 다양성 중 많은 부분을 설명하는데, 전장유전체 자료에서 아프리카인과 비아프리카인, 동아시아인과 유럽인을 나누는 주성분의 경우 전체 변이의 3%에서 5% 정도를 설명하는 것이 일반적이다.

주성분 분석을 수행한 다음에는 순위가 높은 주성분 값으로 산포도를 그린 후, 각 개체의 위치를 확인한다. 주성분 분석은 집단 구조를 파악하기 위한 일차적인 수단으로 쓰일 뿐만 아니라, 전장유전체 연관분석genome-wide association study에서 집단 구조 및 혈연관계를 통제하는 공변량covariate으로도 사용된다(Price 등, 2006).

주성분 분석과 매우 유사한 방법으로 다차원 척도법multidimensional scaling이 있는데, 주성분 분석이 개인 간 유전자형의 유사성을 분석하는 반면, 다차원 척도법은 개인 간 유전자형의 차이를 분석한다(Purcell 등, 2007). 결과로서 얻어지는 집단 구조는 두 경우가 거의 동일하다.

주성분 분석은 어떤 종류의 자료 행렬에도 적용될 수 있는 일반적인 기법인 데 반해, STRUCTURE(Pritchard 등, 2000), ADMIXTURE(Alexander 등, 2009) 등의 프로그램에서 구현한 유전적 군집 분석genetic clustering은 집단유전학 모형에 기반을 두고 개인의 유전자 자료를 가상의 조상 집단의 혼합으로 재구성하는 방법이다(그림 7-3).

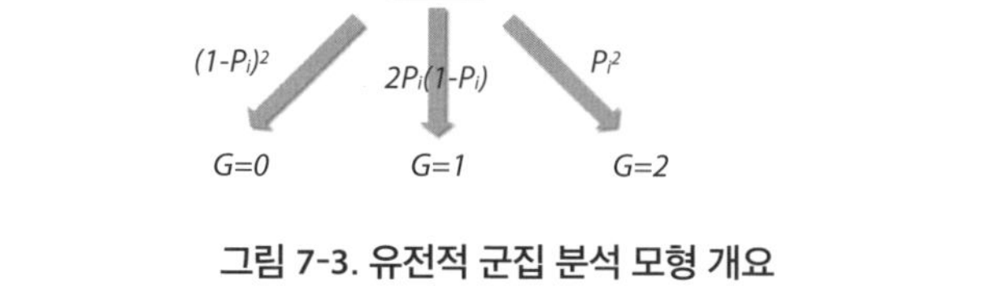

그림 7-3. 유전적 군집 분석 모형 개요

K개의 가상의 조상 집단을 가정하면 각 집단에서 i번째 SNP의 유전자 빈도를 p_{ik}로 표현할 수 있다. 모형의 주 목표는 K개 조상 집단이 각 개체에 기여하는 비율(q_{kj})을 추정하는 것이다. 각 개체에서 이 비율의 총합은 1이 된다. P_i는 i번째 SNP의 유전자 빈도를 이 비율로 가중평균한 값인데, 각 개체가 특정한 유전자형(G=0, 1, 2)을 가질 확률은 성공확률이 p_i인 이항분포로 표현할 수 있다. 모든 개체와 SNP에 대해 이 확률을 곱한 다음 이 값을 최대화하는 조상 집단의 유전자 빈도 행렬(P)과 혈통 비율 행렬(Q)을 계산적인 방법을 통해 얻는다.

분석을 위해서는 일단 추정하고자 하는 가상의 유전자 풀(조상 집단)의 숫자(K값)를 지정한다. 분석의 목표는 n개의 SNP와 p명의 개인이 포함된 $n \times m$ 유전자형 행렬을 바탕으로 조상 집단별 각 SNP의 대립유전자 빈도(0과 1 사이의 값; $n \times K$ 행렬)와 개인별 각 조상 집단의 혈통 기여도(0과 1 사이의 값으로 K개의 값을 합하면 1; $K \times m$ 행렬)를 추정하는 것이다.

i번째 SNP의 k번째 집단에서의 유전자 빈도를 p_{ik}, j번째 사람이 k번째 집단에서 받은 혈통의 비율을 q_{kj}라고 하면, j번째 사람이 속한 가상의 집단에서 i번째 SNP의 유전자 빈도는 다음과 같은 가중평균으로 나타낼 수 있다.

$$p_{ij} = \sum_{k=1}^{k} p_{ik} \times q_{kj}$$

이어서 j번째 사람이 i번째 SNP에서 특정한 유전자형($G = g$; $g = 0, 1, 2$)을 가질 확률은 하디-와인버그Hardy-Weinberg 평형을 가정하면 다음과 같이 나타낼 수 있다.

$$\Pr(G = g) = \binom{2}{g} p_{ij}^{g} (1 - p_{ij})^{2-g}$$

최종적으로 위의 확률을 모든 개체와 SNP에 걸쳐 최대화하는 유전자 빈도 행렬 P와 혈통 비율 행렬 Q의 값을 구하는데, 특히 혈통 비율 행렬 Q가 주 목표이다. 즉 유전자 군집 분석은 각 개인을 K개의 가상 조상 집단의 혼합으로 재구성한다. 몇몇 경우에는 이 결과가 과거에 있었던 집단 혼합을 정확히 반영하기도 하지만, 대부분의 경우에는 각 개인의 유전자 풀의 구성을 수치적으로 근사하는 프로파일을 제공하는 역할을 한다(Lawson 등, 2018). 따라서 최적의 K값 하나를 구하는 것보다 여러 K값별로 유전자 군집 분석을 수행한 뒤 전반적인 패턴을 살피는 것이 일반적인 접근이다.

주성분 분석과 군집 분석은 분석 대상 자료의 집단 구조를 시각적으로 요약하는 유용한 도구이지만, 집단 혼합 여부와 같은 특정한 진화사 가설을 검증하는 도구로 사용하기에는 여러 가지 문제가 있다. 특히 두 방법 모두 자료에 속한 개인들을 모두 동일한 비중으로 다루기 때문에 시료의 수가 많은 집단, 유전자 병목 현상을 크게 겪은 고립된 집단이 강조되는 경향이 크다. 특히 이 때문에 혼합을 겪지 않은 집단이 혼합을 겪은 것과 비슷한 결과를 보여주는 경우가 있다(Lawson 등, 2018). 따라서 이 방법들은 일차적으로 자료를 요약하고 검증하고자 하는 진화사 가설을 생성하는 도구로 주로 사용된다.

집단유전학자들은 집단당 시료의 수와 집단 특이적인 유전자 병목 현상 등에 영향받지 않고 진화사 가설을 검증하기 위해서 집단 계통수에 기반한 방법을 사용한다. 우선 집단들 사이의 전반적인 유전적 거리를 파악하여 일차적인 기준이 되는 집단 계통수를 얻은 뒤, 단순한 계통수 모형과 맞지 않는 부분을 찾아 유전자 흐름을 더해 설명하는 것이 일반적인 경향이다.

집단 계통수는 다양한 방법을 통하여 얻을 수 있다. 분화 정도가 크고 반수체haploid인 미토콘드리아 염기서열, Y 염색체 혹은 세균 유전체를 분석하는 경우 계통분류학phylogenetics에서 사용하는 MEGA(Kumar 등, 2018), BEAST(Bouckaert 등, 2014) 등의 프로그램을 이용하는 것이 일반적이다.

분석 대상이 유전자 빈도인 전장유전체 SNP 자료의 경우 FST와 같은 통계량을 계산해 자료를 유전자 거리 행렬로 요약한 뒤, 이웃묶음법neighbor joining 등의 방법을 이용해 수형도dendrogram를 작성하거나(Lipson 등, 2013), 유전자 빈도가 유전자 표류를 통해 변화하는 과정을 모형화한 다음, 최대 가능도maximum likelihood 방법을 통해 집단 계통수를 재구성하는 방법이 있다(Pickrell과 Pritchard, 2012).

인류의 최근 진화사는 유전자 흐름이 여러 수준에서 활발하게 일어났기 때문에 집단 간 관계를 계통수에 의존해 설명하는 것은 매우 부정확하다. 앞에서 설명했던 것처럼 유전자 흐름은 집단 계통수를 상이한 여러 계통수의 평균으로 만들기 때문에, 어느 하나의 계통수가 유전자 흐름을 포함한 집단 간 관계를 모두 설명할 수 없는 것이다. 최근 집단유전학 연구에서는 유전자 흐름의 결과로 발생하는 수형 관계treeness를 벗어나는 비대칭성을 찾아내는 통계적 기법을 널리 사용하고 있다.

F_4 통계량 혹은 Patterson's *D* 통계량이라고 불리는 값은 이 중 가장 널리 쓰이는 방법이다(Patterson 등, 2012). 두 통계량은 사실상 동일한 값이기 때문에 여기에서는 F_4 통계량을 예로 사용한다. 이 방법은 현대 유라시아인이 사하라 이남 아프리카인에 비해 네안데르탈인과 유전자를 더 많이 공유한다는 사실을 밝히기 위해 처음 고안되었다(Green 등, 2010).

공통의 외군인 침팬지, 네안데르탈인, 아프리카인, 유라시아인의 반수체 유전체를 가정하고, 침팬지를 제외한 세 염기서열 중 두 서열이 파생 대립유전자(여기에서는 B로 표시)를 공유하는 경우를 생각해 보자. 이는 앞에서 예시했던 상황과 동일하고, 다만 훨씬 더 이른 시기에 갈라지는 외군인 침팬지를 더한 경우이다. 네안데르탈인은 현대인과 훨씬 먼저 갈라진 집단이므로, 자료를 설명하는 가장 좋은 계통수는 (침팬지, (네안데르탈인, (아프리카인, 유라시아인)))이다.

앞에서 살펴본 예처럼, 만약 네안데르탈인이 유라시아인과 유전적으로 교류하지 않았다면 아프리카인과 유라시아인은 네안데르탈인과 대칭적으로 관계를 가질 것이다. 따라서 파생 대립유전자를 네안데르탈인과 아프리카인이 공유하는 경우(ABBA 패턴)는 네안데르탈인과 유라시아인이 공유하는 경우(BABA 패턴)와 동일한 빈도로 나타나야 한다.

반면 유라시아인이 네안데르탈인에게서 유전자를 받았다면 이들이 파생 대립유전자를 공유하는 비율이 더 높게 나타나야 한다. F_4 통계량은 BABA 패턴과 ABBA 패턴 숫자의 차이를 전체 SNP의 숫자로 나눈 값으로, 단순하지만 매우 강력하고 유용한 통계량이다.

F_4 통계량은 고인류 연구를 넘어서 현대인 집단들 사이의 관계를 연구하는 데에도 널리 사용되고 있다. 집단당 여러 명의 자료를 사용하는 경우 F_4 통계량은 다음과 같이 일반화해 계산할 수 있다.

$$f_4(O,X;A,B)=\frac{1}{n}\sum_{i=1}^{n}(p_i^O-p_i^X)(p_i^A-p_i^B)$$

여기서 p_i^X는 i번째 SNP의 집단 X에서의 빈도를 뜻한다. F_4 통계량이 유의미한 양의 값을 가질 때는 X와 B 사이에 유전자 흐름이 있었다는 것을, 음의 값을 가질 때는 X와 A 사이에 유전자 흐름이 있었다는 것을 뜻한다.

마이크로어레이를 통해 생산한 전장유전체 SNP 자료의 경우, 마이크로어레이에 포함된 SNP가 선택된 과정이 매우 복잡하기 때문에 이 과정을 모형화하는 것이 매우 어렵다. 따라서 대부분의 집단유전학 연구는 SNP 선택 과정에 크게 영향을 받지 않는 집단 계통수와 유전자 흐름의 유무 및 강도를 추정하는 작업에 집중한다.

반면 전체 유전체whole genome를 시퀀싱한 경우에는 이를 이용해 유효집단 크기effective population size나 집단 간 분기 시점을 편차bias 없이 추정하는 것이 가능하다. 연속 마르코프 유합Sequential Markovian Coalescence 모형과 같이 전체 유전체 서열의 유합 과정을 근사적으로 표현한 분석적 방법(Li와 Durbin, 2011; Schiffels와 Durbin, 2014), 복잡한 진화사 모형을 유합 시뮬레이션에 기반해 추론하는 방법(Excoffier 등, 2013) 등이 대표적이다.

2. 옛사람 뼈를 이용한 집단유전학 연구

1) 고DNA의 물리화학적 특성

생명체의 죽음과 동시에 항상성 기제가 멈추면서 세포 내의 생체 고분자들은 다양한 화학 반응에 노출되며 변성되고 분해된다. 고시료에서 추출한 DNA 역시 이러한 화학적 변성의 결과로 몇 가지 대표적인 특징을 갖게 된다. 고DNA가 갖는 화학적 특성은 과거에는 염기서열 자료 생산 및 분석을 어렵게 하는 장애물로 여겨지곤 했지만, 차세대 시퀀싱 기술이 널리 사용되는 오늘날에는 오히려 고DNA 자료의 신뢰성authenticity을 확인하는 중요한 지표로 이용되고 있다.

고DNA가 갖는 첫 번째 특징은 짧은 길이로 분해되어 있다는 점이다. 살아 있는 사람 세포의 DNA는 수백만 염기쌍 길이의 거대 고분자인 염색체로 조직되어 있지만, 옛사람 뼈 시료에서 추출한 DNA 분자의 경우 평균 길이가 보통 100 염기쌍 미만이다(Sawyer 등, 2012). 살아 있는 동안에는 핵과 미토콘드리아 생체막에 둘러싸여 보호받던 DNA 분자가 세포가 죽은 이후 점차 세포 내외에 존재하는 핵산 분해효소nuclease에 노출된 결과 짧은 조각으로 잘리게 된다. 고DNA를 이용해 시퀀싱 라이브러리를 제작할 경우 고분자 DNA를 작은 조각으로 자르는 과정을 생략하는 것도 고DNA가 이미 작은 조각으로 분해되어 있기 때문이다.

두 번째 특징은 DNA가 조각날 때 일정한 패턴을 보인다는 점이다. 외부 환경에 노출되면 DNA를 구성하는 염기 중 퓨린 염기에 속하는 아데닌과 구아닌이 5탄당 본체로부터 떨어져나가는 탈퓨린화depurination가 일어나는데, 탈퓨린화 현상은 퓨린 염기를 잃어버린 뉴클레오티드와 바로 다음 3′ 방향 뉴클레오티드 사이의 결합이 끊어지는 것을 촉진한다. 그 결과 고DNA 시료를 시퀀싱한 뒤 표준 유전체에 정렬하면 DNA 분자가 시작되기 바로 전 염기, 즉 -1 위치의 염기에 아데닌과 구아닌의 비율이 현저하게 높아지는 것을 확인할 수 있다(그림 7-4)(Briggs 등, 2007).

고DNA 시퀀싱 자료의 신뢰성을 확인하는 가장 중요한 화학적 변성은 시토신의 탈아미노화deamination 현상이다(Briggs 등, 2007). 시토신이 아미노기를 잃어버리면 우라실uracil 염기가 되는데, 우라실은 DNA에서는 쓰이지 않지만 리보핵산ribonucleic acid, RNA에서는 티민 염기 대신 사용

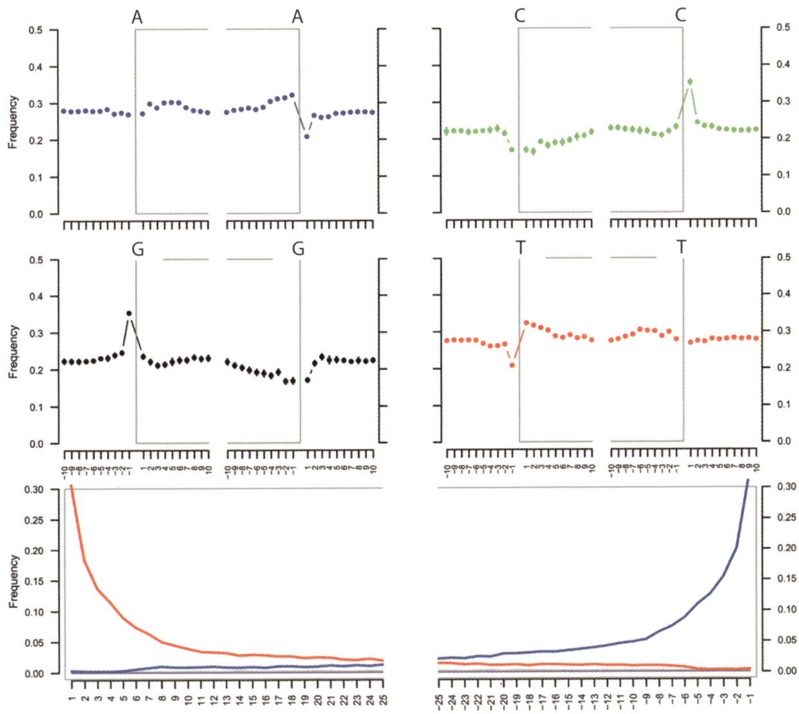

그림 7-4. 고DNA의 화학적 변성

상단과 중단은 시퀀싱된 고DNA 분자 안에서의 위치에 따른 네 염기의 비율을 보여준다. 표준 유전체에 정렬된 고DNA 분자가 시작하기 바로 전 위치(왼쪽 -1 위치)에서는 퓨린 염기(G 또는 A)의 비율이 현저히 높아지고, 반대로 피리미딘 염기(C 또는 T)의 비율은 낮아지는 것이 보인다. 고DNA 분자가 끝난 바로 다음 위치(오른쪽 +1 위치)에서는 반대의 현상이 나타난다. 하단 그림은 시토신 탈아미노화에 따른 표준 유전체와의 서열 차이를 보여준다. 빨간색 실선은 C>T, 파란색 실선은 G>A 비율을 나타낸다. 좌측은 5′, 우측은 3′상의 위치를 나타낸다. 5′에서는 시토신이 티민으로 전환된 비율이, 3′에서는 구아닌이 아데닌으로 전환된 비율이 매우 높게 나타나는 것을 보여준다.

된다. PCR에 사용하는 DNA 중합효소들은 대부분 우라실을 티민으로 인지하고 DNA 분자를 복제할 수 있기 때문에, 완성된 시퀀싱 라이브러리에서는 탈아미노화된 시토신이 티민으로 대체된다.

시토신의 탈아미노화는 위치에 따라 일어나는 확률이 다르다. 특히 DNA 분자의 양 끝부분에는 이중나선 구조를 유지하지 못하고 한쪽 사슬만 남아 있는 돌출부overhang가 흔히 보이는데, 탈아미노화는 단일사슬 돌출부에서 발생할 확률이 이중나선 구조가 유지되는 부분에 비해 100배 이상 높다고 알려져 있다(Briggs 등, 2007). 그 결과 전형적인 고DNA 시퀀싱 자료의 경우 분자의 5′ 끝에서 안쪽으로 들어갈수록 시토신이 티민으로 전환된 비율이 지수함수적으로 감소하는 패턴을 보인다.

시토신 탈아미노화 현상이 특히 중요한 이유는 앞서 언급한 세 가지 화학적 특성 중 시료의 연대와 유의미한 상관관계를 보이는 유일한 현상이기 때문이다(Sawyer 등, 2012). 하지만 시료의 연대가 시토신 탈아미노화 비율을 결정하는 유일한 요소는 아니다. 온도가 낮을수록 고DNA의 보존성이 높아지는 것은 잘 알려진 현상인데(Michael 등, 2015; Smith 등, 2003), 시토신 탈아미노화 비율은 보존이 잘 된 시료에서 낮고 고온 환경에서 나온 시료에서 높은 편이다.

고고학적 연대의 옛사람 뼈 시료의 경우 5′ 끝에서 시토신이 티민으로 전환된 비율이 최소 10% 이상인 것을 흔히 고시료로서의 신뢰성을 가늠하는 요소 중 하나로 간주한다(Rohland 등, 2015).

2) 고유전체학 연구 사례 1: 유럽의 신석기 및 청동기 시대로의 전환

중석기 수렵채집 사회가 신석기 농경 사회로 전환되는 과정이 농경문화를 영유한 농경민의 이주에 의해 주도되었는지, 아니면 인구이동 없이 농경문화만 전파된 것인지 알아내는 것은 유럽 고고학의 가장 큰 화두 가운데 하나였다. 서아시아의 비옥한 초승달 지대에서 약 11,000년 전에 시작된 농경문화는 아나톨리아를 거쳐 남동부 유럽에 약 8천 년 전에 처음 전파되었다. 이후 약 2천 년에 걸쳐 농경문화는 유럽 전역으로 퍼져 나가며 기존의 중석기 수렵채집 사회를 대체하였다.

현대 유럽인의 유전적 다양성에 대한 연구는 유럽인의 유전적 구조가 지리와 밀접한 관계를 맺고 있다는 점을 보여주었다(Novembre 등, 2008). 이러한 거리에 따른 격리isolation-by-distance 패턴은 유럽뿐 아니라 전 세계 대부분의 지역에서 전형적으로 나타나는 유전적 구조이다(Li 등, 2008; Ramachandran 등, 2005; Wang 등, 2012). 거리에 따른 격리 구조는 지리적으로 가까운 집단들이 낮은 빈도로 유전자를 교환할 때 점진적으로 나타나지만, 전혀 다른 기제를 통해서도 비슷한 구조가 형성될 수 있다. 예를 들어 유전적으로 상이한 두 집단이 분포를 확장하면서 섞일 경우 지리적 위치와 밀접하게 상관된 혼합 유전자 경사admixture cline가 만들어진다. 따라서 현대 유럽인 자료만을 연구해서는 유럽인의 유전적 구조가 어떻게 형성되었는지 밝혀내기 어려운 상황이었다.

고유전체 연구는 현대인 연구가 갖는 어려움을 획기적으로 해소하였다. 즉 지난 8천 년 동안의 유럽인의 복잡한 인구사demographic history를 그 결과물인 현대 유럽인의 유전적 구조를 통해 간접적으로 추론하는 대신, 8천 년 전에 살았던 중석기 수렵채집민과 신석기 농경민의 유전체를 직접 분석함으로써 수렵채집 사회에서 농경 사회로의 전환 과정을 유전적으로 들여다볼 수 있는 창을 제공하였다. 고유전체 연구는 놀랍게도 중석기 수렵채집민과 초기 신석기 농경민은 유전적으로 크게 다를 뿐만 아니라, 현대 유럽인이 보이는 유전적 변이의 범위 바깥에 위치한다는 것을 알아냈다(Lazaridis 등, 2014; Skoglund 등, 2012).

우선 선형토기Linear Pottery 문화에 속하는 중부 유럽의 초기 신석기 농경민은 유전적으로 아나톨리아의 신석기 농경민과 매우 유사하였다(그림 7-5). 반면 중석기 수렵채집민은 중동 및 유럽의 신석기 농경민과는 판이하게 다른 유전자를 갖고 있었다. 현대 유럽인은 수렵채집민과 신석기 농경민의 중간에 위치해 있는데, 이는 현대 유럽인의 유전자 풀이 둘 중 어느 한쪽에서만 유래한 것이 아니라 두 집단의 혼합에 의해 형성되었다는 것을 시사한다.

추가적인 고유전체 연구는 신석기 시대로의 전환 과정의 세부적인 면모를 상세하게 알려준다. 농경에 적합한 기후를 갖고 있었던 남부와 서부, 중부 유럽에서는 초기 신석기 사회가 빠른 속도로 정착했는데, 이 과정에서 현지의 수렵채집민 사회와는 별다른 유전적 교류를 보이지 않았다.

중기 신석기 사람들은 초기 신석기 농경민에 비해 수렵채집민 혈통의 비율이 다소 높아졌다고 알려져 있는데(그림 7-5)(Haak 등, 2015), 이는 초기 신석기 시대에 수렵채집민 사회가 농경민과는 격리된 상태로 여전히 존재하고 있었고, 시간이 흐른 뒤 두 사회가 유전적으로 교류하면서 수렵채집민 집단이 점차 농경 사회로 흡수되었다는 것을 시사한다.

농경에 덜 적합한 기후대인 스칸디나비아에서는 이러한 경향이 더욱 두드러진다. 즉 중부 유럽이 청동기 시대에 진입한 4,900년에서 4,600년 전에도 중석기 수렵채집민과 유전적으로 차이가 없는 수렵채집민 집단이 거주하고 있었고, 같은 시기에 살았던 농경민은 중부 유럽의 농경민에 비해 수렵채집민 혈통의 비율이 더 높았다(Skoglund 등, 2014). 더욱 외곽 지역인 발트해 연안의 북동 유럽에서는 신석기 시대로의 전환이 농경문화의 유입 없이 토기만 도입되면서 진행되었는데, 이 과정에서 별다른 유전적 변화가 수반되지 않았다(Jones 등, 2017; Mittnik 등, 2018; Saag 등, 2017).

유전학 연구는 신석기 시대가 청동기 시대로 전환되는 과정에서 또 한번의 대규모 유전자 흐름이 있었음을 보여준다. 신석기 시대에서 청동기 시대로의 전환은 유럽에서 약 5,000년 전부터 시작되었다. 약 4,900년

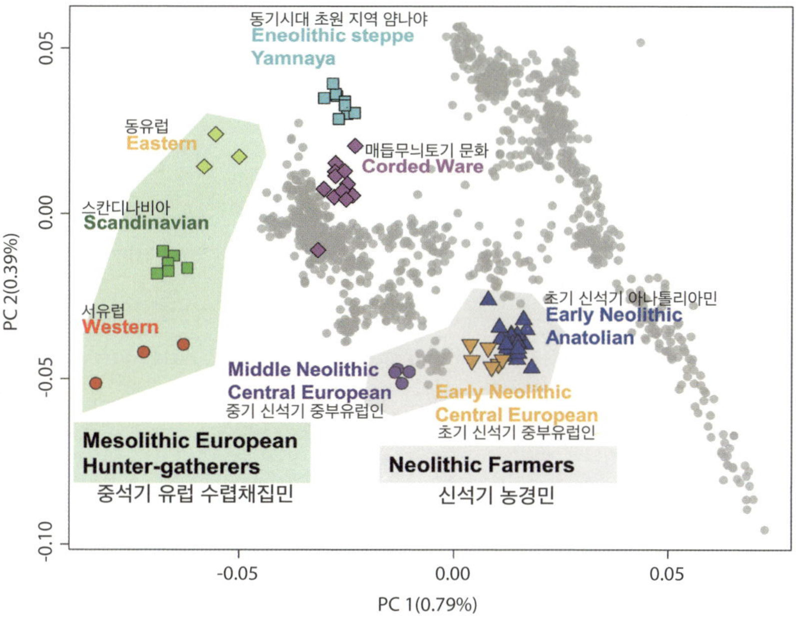

그림 7-5. 유럽의 신석기 및 청동기 시대로의 전환 과정에서의 유전적 변화

현대 유럽인과 서아시아인(회색 동그라미)의 전장유전체 자료를 이용해 계산한 주성분에 중석기 수렵채집민, 신석기 농경민 및 초기 청동기 거주민(채색 도형)을 투영하였다. 유럽인(왼쪽)과 서아시아인(오른쪽)은 대각선 방향으로 평행한 두 개의 유전자 경사를 구성한다. 유럽의 중석기 수렵채집민은 첫 번째 주성분에서 현대 유럽인보다 더 왼쪽에 위치하지만, 아나톨리아의 초기 농경민은 현대 유럽인과 서아시아인 사이에 위치한다. 유럽의 초기 신석기 농경민은 아나톨리아 농경민과 유전적으로 매우 유사한 반면, 중기 신석기 농경민은 첫 번째 주성분에서 수렵채집민 방향인 왼쪽으로 이동한 것을 볼 수 있다. 초기 청동기 시대의 매듭무늬토기 문화에 속하는 사람들은 중기 신석기 농경민들에 비해 두 번째 주성분(PC 2)에서 위쪽으로 이동해 있다. 러시아 초원 지역에 거주하던 얌나야 문화 주민은 이보다 더 위쪽에 위치해 있다.

에서 4,350년 전까지 후기 신석기 시대부터 초기 청동기 시대까지를 아우르는 중앙 유럽의 매듭무늬토기Corded Ware 문화 사람들은 이전에 이 지역에 거주했던 신석기 사람들과는 전혀 다른 유전자 조성을 보여준다(그림 7-5)(Allentoft 등, 2015; Haak 등, 2015). 이보다 약간 앞선 시기인 5,300년에서 4,600년 전 사이에 러시아 초원 지역에 분포했던 얌나야Yamnaya 문화 주민은 유전적으로 이 지역의 수렵채집 선주민과 남쪽에서 이주한 이란계 집단이 혼합되어 형성된 것으로 밝혀졌는데(Jones 등, 2015), 중앙 유럽의 매듭무늬토기 사람들은 이 얌나야 집단과 기존 신석기 유럽인의 혼합으로 이루어진 것으로 보인다(Haak 등, 2015).

후기 신석기 시대에서 초기 청동기 시대로의 전환에 관한 추가적인 대규모 연구에서는 이 시기의 또 다른 대표적인 문화인 비커beaker or bell beaker 문화 집단이 유전적으로 상이한 두 집단으로 구성되어 있음을 보여주었다(Olalde 등, 2018). 스페인, 포르투갈, 시칠리아, 이탈리아 북부 등 남유럽 지역의 비커 집단은 이전의 신석기 집단과 동일한 유전자 조성을 갖고 있는 데 반해, 중앙 및 북서 유럽의 비커 집단들은 매듭무늬토기 집단과 유사하게 얌나야 문화 관련 초원 유전자 풀의 영향을 많이 받았다(Olalde 등, 2018).

또 다른 연구는 발칸 반도가 속한 남동부 유럽에서는 중앙 유럽보다 최대 2천 년 이른 시기에 초원 유전자 풀이 간헐적으로 유입되었음을 보여주었다(Mathieson 등, 2018). 신석기 시대로의 전환 과정과 유사하게 청동기 시대로의 전환 과정 역시 큰 틀에서는 대표적인 유전자 풀이 유럽 전역에 새로 유입된 경우이지만, 지역에 따라 새롭게 등장한 혈통의 기여 정도 및 기여 시기에 차이가 있다는 특징을 보인다.

현대 유럽인의 유전적 조성은 대부분의 경우 중석기 수렵채집민, 신석기 농경민 및 얌나야 관련 초원 집단의 세 혈통으로 설명할 수 있다(Haak 등, 2015). 현재 진행되는 연구들은 이 세 유전자 풀의 지역적 차이를 세부적으로 연구하거나, 북동부 유럽의 시베리아계 유전자 풀과 같이 이들 외의 새로운 혈통의 영향을 받은 지역을 연구하는 등에 초점을 맞추고 있다(Lamnidis 등, 2018; Lipson 등, 2017).

3) 고유전체학 연구 사례 2: 감염병 대유행을 일으킨 원인균의 동정

옛사람 뼈 시료에는 그 뼈의 주인이었던 사람의 DNA뿐만 아니라 사람 몸에 살고 있던 미생물의 DNA도 일부 남아 있다. 보존 상태가 좋지 않은 시료의 경우 대부분의 DNA는 사후 부패 과정에서 유입된 환경 미생물environmental microbes에서 유래하지만, 보존 상태가 양호하다면 사람 DNA와 함께 생전에 갖고 있던 세균의 DNA도 얻어낼 수 있다. 특히 세균 감염성 질환에 의해 사망한 사람의 경우, 사망 당시 질환의 원인이 되는 세균의 수가 매우 많았기 때문에 환경 미생물과는 다른 감염성 세균의 흔적을 찾아내어 동정하고, 나아가 원인 세균의 전체 유전체를 재구성하는 것이 가능하다.

역사에 기록된 여러 차례의 감염병 대유행pandemic은 수많은 희생자를 낳았고 다양한 증상이 기록되어 있지만, 현대 의학이 발달하기 이전에 일어난 대부분의 경우 원인균의 정체가 명확히 밝혀져 있지 않다. 치사율이 높은 이러한 급성 감염의 경우 보통 전신 감염systemic infection이 일어나기 때문에 혈액이 있었던 곳에 세균도 같이 존재할 가능성이 높다. 때문에 감염성 세균에 대한 고유전체 연구에서는 치아의 치수강pulp chamber에서 DNA를 추출하는 것이 일반적이다(Feldman 등, 2016).

감염병 세균 고유전체학의 대표적인 사례로는 우선 흑사병을 일으키는 세균인 예르시니아 페스티스*Yersinia pestis*의 유전체를 흑사병 희생자의 뼈를 통해 재구성한 연구를 들 수 있다(Bos 등, 2011; Feldman 등, 2016; Spyrou 등, 2016; Wagner 등, 2014). 흑사병의 원인 세균 예르시니아 페스티스는 19세기 중국에서 시작된 새로운 대유행을 통해 처음 동정되었는데, 과거 감염 사례와는 감염 증세를 비교함으로써 간접적으로만 연결되었다. 특히 유럽에서는 현대 대유행 이전에 최소 두 차례의 흑사병으로 추정되는 대유행이 있었는데, 서기 6세기 중반 이집트에서 시작된 유스티니아누스 역병Justinian's plague과 14세기에 시작되어 당시 유럽 인구의 최대 절반을 희생시켰다고 추정되는 흑사병 대유행이 이에 해당한다. 이 두 번의 대유행이 동일한 세균, 즉 예르시니아 페스티스에 의해 일어났는지, 만약 그렇다면 대유행 사이에 감염성과 관련된 진화가 일어났는지 등은 생물학계의 오랜 관심사였다.

최근 연구들에서 감염병 대유행 희생자의 치아에서 추출한 DNA를 통해 유스티니아누스 대유행과 14세기 흑사병 대유행이 모두 예르시니아 페스티스에 의한 것임을 알게 되었다(Bos 등, 2011; Feldman 등, 2016; Spyrou 등, 2016; Wagner 등, 2014). 흑사병이 14세기 유럽 전역으로 전파되어 대유행하는 과정에서 유전적 변화를 전혀 일으키지 않았다는 것, 유스티니아누스 대유행을 일으킨 예르시니아 페스티스 균주는 14세기 대유행 균주의 조상이 아니라는 등의 세부 사항도 알려졌다.

마지막으로, 예르시니아 페스티스 균주에 속하지만 역사적 대유행의 원인 균주들과 훨씬 더 오래전에 갈라진 균주들이 멀리는 청동기 시대 초원 지역에 거주하던 사람들에게서 발견됨으로써 사람과 예르시니아 페스티스 균주 사이의 상호작용이 알려진 것보다 훨씬 전으로 거슬러 올라간다는 것도 고유전체 연구를 통해 밝혀졌다(Andrades Valtueña 등, 2017; Rasmussen 등, 2015; Spyrou 등, 2018).

감염병 원인균의 고유전체 연구는 흑사병 이외의 질환에도 적용되었다. 대표적인 사례로 1545년에서 1550년 사이에 멕시코에서 유행했던 '코코리츠틀리Cocoliztli'가 있는데, 최근 연구에서는 희생자 시료에서 출혈열을 일으키는 살모넬라 엔테리카*Salmonella enterica* 균주를 찾아내어 원인균임을 밝혀냈다(Vågene 등, 2018).

이 밖에도 유럽과의 접촉 이전 시기의 남아메리카에서 결핵을 앓았던 것처럼 보이는 흔적이 뼈에 남아 있는 경우가 종종 발견된 바 있는데, 여기에서도 결핵 원인균인 미코박테리움 튜버클로시스*Mycobacterium tuberculosis* 유전체가 발견되었다(Bos 등, 2014). 흥미롭게도 이 연구에서는 남아메리카의 결핵 원인균은 유럽의 결핵 원인균 균주와는 전혀 다른 계통이며, 남아메리카에 서식하는 바다표범을 감염시키는 균주 계통에 속한다는 점을 알아냈다.

3. 한반도 옛사람 뼈를 통한 동아시아인 진화사 연구의 가능성

현대인에 대한 고유전체 연구는 유럽과 서아시아 지역을 중심으로 시작되었지만, 최근에는 다른 지역으로 활발하게 그 관심을 확장하고 있다 (Slatkin과 Racimo, 2016).

동아시아는 열대우림에서 툰드라와 고산지대에 이르는 다양한 생태계를 포함하고 있을 뿐만 아니라, 아프리카에서 벗어난 현대인이 오스트레일리아, 태평양 도서 지역 및 아메리카 대륙 등 가장 먼 지역으로 이주하기 위해 반드시 거쳐야 하는 교두보 역할을 한 지역이다. 해부학적 현대인이 아프리카를 벗어난 후 빠르게 이주해 동아시아에 도착한 것으로 보인다. 동남아시아에서는 최소 46,000년 전으로 거슬러 올라가는 해부학적 현대인의 화석이 발견된 바 있다(Demeter 등, 2012).

다른 지역과 마찬가지로, 동아시아 고유전체 연구는 해부학적 현대인의 동아시아로의 이주 횟수 및 경로, 농경의 확산 등 문화적 변화와 인구 이동과의 관계 등을 중심으로 진행되고 있다. 한반도 출토 옛사람 뼈를 대상으로 한 전장유전체 자료를 이용한 연구는 현재까지 보고된 바가 없다. 동아시아 지역에 대한 고유전체 연구가 부족한 점을 감안할 때, 한국 시료를 통한 고유전체 연구는 한반도 거주민의 기원과 진화에 대한 질문뿐만 아니라 동아시아 전체의 진화사를 이해하는 데 중요한 기여를 할 것으로 예상된다.

1) 현대 동아시아인의 집단 구조와 한국인의 위치

다양한 현대 동아시아인 집단의 전장유전체 SNP 자료를 분석한 연구들에서는 공통적으로 동아시아 전체를 가로지르는 남북 방향 유전자 경사genetic cline가 발견되었다(The HUGO Pan-Asian SNP Consortium, 2009; Li 등, 2008). 이 유전자 경사의 남쪽 끝에는 오스트로네시아Austronesian 어족에 속하는 타이완 원주민 고산족이 자리잡고 있고, 북쪽 끝에는 시베리아 북부에 거주하는 여러 민족들이 있다(그림 7-6).

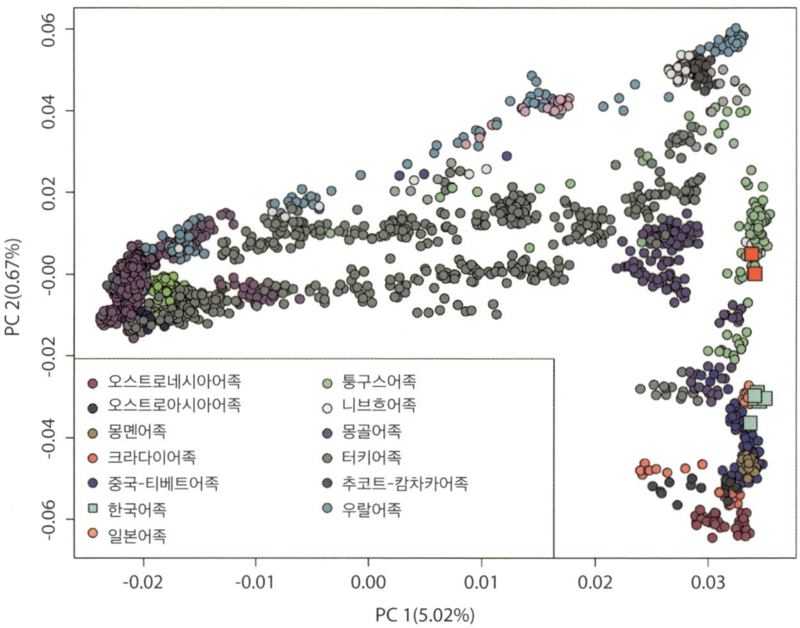

그림 7-6. 현대 유라시아인의 유전적 집단 구조

현대 유라시아인(동그라미)의 전장유전체 자료를 이용해 계산한 처음 두 주성분(PC 1과 PC 2)을 표시하였다. 첫 번째 주성분은 서유라시아인(왼쪽)과 동아시아인(오른쪽)을 구분한다. 중앙아시아 및 북아시아에 거주하는 터키어, 몽골어 및 우랄어 사용자들은 서유라시아인과 동아시아인 사이에 위치한다. 두 번째 주성분은 동아시아인을 남북 유전자 경사를 따라 구분하는데, 가장 아래쪽에는 오스트로네시아어족에 속하는 타이완 원주민 고산족이, 가장 위쪽에는 북시베리아 여러 민족이 자리잡고 있다. 연해주 신석기인(빨간색 네모)은 현대 퉁구스어 사용자와 유전적으로 유사하며, 한국인(청록색 네모)은 이들보다 아래쪽에 위치하여 북중국의 중국-티베트어 사용자와 유전적으로 가장 비슷하다.

동남아시아와 남중국에 폭넓게 분포하는 여러 민족들은 크게 오스트로아시아Austroasiatic, 크라-다이Kra-Dai, 몽-멘Hmong-Mien, 중국-티베트Sino-Tibetan 어족으로 구분할 수 있는데, 이들은 전반적으로 유전자 경사에서 오스트로네시아 어족이 있는 남쪽 끝에 가깝다. 반면 만주와 연해주, 남시베리아 지역의 민족들은 주로 퉁구스Tungusic 어족 및 몽골Mongolic 어족에 속하는데, 이들은 유전자 경사의 북쪽 끝에 가깝다.

동아시아의 남북 방향 유전자 경사가 오랜 기간 지리적 격리에 따른 유전자 표류의 결과인지, 다른 집단과의 혼합을 통해 발생한 것인지에 대해서는 여러 의견이 있었다. 하지만 바이칼호 지역에 살았던 구석기 수렵채집민의 유전체가 동아시아인과는 전혀 다른 계통에 속하고, 현대 시베리아 여러 민족과 아메리카 원주민이 동아시아인과 바이칼호 지역 구석기인이 속한 계통이 섞여서 이루어졌다는 것이 최근에 알려졌다(Lazaridis 등, 2016; Raghavan 등, 2014). 이는 남북 유전자 경사의 상당 부분이 집단 혼합에 따른 결과라는 점을 증명하는 결과이다.

지리적으로 중간에 위치한 현대 한국인과 일본인의 경우 유전적으로도 남북 유전자 경사의 중간에 위치하는데, 이는 한국인이 유전자 경사에서 보다 북쪽과 남쪽에 위치한 두 계통이 혼합되어 이루어진 집단일 가능성을 제시한다(그림 7-6). 러시아 연해주 지역에서 출토된 약 7,700년 전 초기 신석기 시대 현대인의 유전체를 분석한 논문에서는 실제로 현대 한국인이 집단 혼합을 겪은 증거를 제시하였다(Siska 등, 2017). 연해주 신석기인은 연해주와 아무르강 유역에 살고 있는 현대 퉁구스 민족들과 유전적으로 매우 유사한데, 현대 한국인은 현대 남중국 및 동남아시아 민족들과 연해주 신석기인이 속한 두 계통이 혼합된 것으로 보인다(그림 7-6).

하지만 현대 한국인 자료만으로는 집단 혼합의 세부적인 내용, 특히 언제 몇 번에 걸쳐 혼합이 일어났으며 혼합에 관여한 집단들의 역사적

이주 경로는 어떠했는지 알아내기 어렵다. 이러한 역사적으로 중요한 세부 사항을 파악하기 위해서는 한반도의 옛사람 뼈를 시기별로 연구해야 한다.

2) 한반도 최초의 해부학적 현대인은 누구인가?: 한반도 수렵채집민 연구

보다 최근 시기에 일어난 유전적 변화를 탐지하기 위해서는 이전에 살았던 집단의 유전적 구성을 파악해야 한다. 한 지역에 대한 고유전체 연구가 보통 그 지역에서 구할 수 있는 가장 오래된 시료에서부터 시작하는 것도 이 때문이다.

한반도의 경우 농경의 도입보다 토기 사용이 시기적으로 훨씬 앞서는데, 본격적으로 생산 경제로 이행한 것은 벼농사가 도입된 약 3천 년 전으로 생각된다(Ahn 등, 2015). 이보다 이른 시기에도 조와 기장 등을 일부 재배한 흔적이 나타나지만, 이들 작물이 식이의 큰 부분을 차지하지는 않았던 것으로 보인다(Ahn 등, 2015). 이에 따라 한반도에 벼농사의 도입과 연관되어 대규모 인구 이동이 있었고, 이 당시 유입된 사람들이 현대 한국인의 조상이 되었다는 가설이 종종 언급된다(Ahn 등, 2015).

벼농사 도입 이전 한반도 신석기인의 유전적 구성은 아직 크게 알려진 바가 없지만, 한반도 인접 지역의 고유전체 연구를 통해 크게 세 계통이 영향을 주었을 가능성이 있는 것으로 알려졌다. 처음 두 계통은 앞서 언급한 동아시아의 남북 유전자 경사를 이루는 요소로서, 각각 연해주 초기 신석기인이 속했던 동북아시아계와 남중국과 동남아시아인을 아우르는 동남아시아계에 해당한다. 한반도 북부와 지리적으로 가까운 연해주 악마문 동굴Devil's Gate Cave에 퉁구스 민족과 유사한 유전적 구성을 가진 사람이 살았다는 것과, 현대 한국인은 이와 달리 동남아시아계와 더 유사하다는 것은 한반도를 둘러싼 지역이 이 두 계통이 서로 가깝게 접촉하는 장이었을 가능성을 제시한다.

세 번째 계통은 일본 열도에 약 16,000년 전부터 야요이 문화가 도래하는 2,300년 전 이전까지 존재했던 조몬 수렵채집민이다. 조몬 수렵채집민 계통은 남북 유전자 경사가 발생하기 이전에 다른 동아시아인의 조상으로부터 갈라져 나온 것으로 생각되는데(McColl 등, 2018), 일본 열도로 유입된 경로에 대해서는 여러 가지 의견이 있다. 고고학적 자료는 조몬인이 최소한 한반도 남해안 일대와는 해상을 통해 교류했음을 보여준다(Bausch, 2016). 이 시기의 유적에서는 일부 사람 뼈 시료가 발견되었기 때문에 고유전체 연구의 가능성이 열려 있다. 규모가 가장 큰 부산 가덕도 장항 묘지 유적 외에도 통영 욕지도와 연대도, 여수 안도, 서산 대죽리 등의 패총 유적 인근에서 사람 뼈가 함께 발견된 바 있다(안덕임, 2006; Choy 등, 2012; Shin 등, 2012; 신지영 등, 2013).

3) 농경의 전파는 한반도와 일본 열도에 어떤 영향을 미쳤는가?

벼농사와 금속제련 기술이 야요이 시대의 시작과 함께 도입된 일본 열도에서는 이러한 문화적 변화가 대규모 인구 이동에 의한 것임이 오래전부터 주장된 바 있다(Hanihara, 1991). 현대 일본인에 대한 유전학 연구는 일본 열도 최북단의 홋카이도 섬 원주민인 아이누Ainu인과 최남단 오키나와 섬 일대의 류큐Ryukyu인이 유전적으로 서로 비슷한 반면, 본토 일본인은 이들보다는 한국인이나 북중국인과 같은 대륙 동아시아인과 더 비슷하다는 점을 알려주었다(Jeong 등, 2016; Jinam 등, 2012; Nakagome 등, 2015; Sato 등, 2014).

이러한 특이한 유전적 유사성은 본토 일본인이 규슈섬 서북단에 처음 나타난 후 남북으로 퍼져나간 야요이인 혈통을 많이 물려받은 반면, 규슈에서 가장 먼 북쪽의 아이누인과 남쪽의 류큐인 모두 야요이계 혈통의 비율이 적고 조몬인 혈통을 많이 물려받았다면 설명이 가능하다. 현대 일본인이 야요이계와 조몬계의 혼합에 의해 형성되었다는 이중 구조론dual structure theory은 아이누인을 조몬계 혈통의 대표로 상정한 유전적 분석에 의해 뚜렷하게 지지된다(Jeong 등, 2016; Nakagome 등, 2015). 현대 본토 일본인에서 조몬계 혈통의 비율은 약 20%에 불과한 것으로 추정된다(Jeong 등, 2016; Nakagome 등, 2015).

벼농사와 금속제련 기술의 도입이 일본 열도에서처럼 한반도에서도 대대적인 유전적 변화를 가져왔을지에 대해서는 아직 뚜렷히 알려진 바가 없다. 이 시기 전후의 한반도 거주민의 유전적 구성에 대해 알려진 바가 없기 때문이다. 3천 년 전 전후에 해당하면서 벼농사와 연관된 사람 뼈 시료가 드문 것도 문제인데, 이 시점과 최대한 가까운 시기의 옛사람 뼈 시료를 분석하는 것이 유전적 변화를 탐지했을 경우 시간대를 좁히기 위해 필수적이다.

4) 역사시대 옛사람 뼈 분석을 통한 과거 한반도 거주민의 유전적 다양성 탐구

현대 한국인은 매우 동질적인 유전적 조성을 보여주기 때문에, 흔히 과거에도 한반도 거주민은 유전적으로 다양하지 않았다고 가정하기 쉽다. 하지만 현대 한국인이 한반도 인접 지역의 신석기인과 유전적으로 판이하다는 점을 고려하면, 역사시대에 해당하는 원삼국시대 및 삼국시대까지도 유전적으로 서로 다른 집단들이 한반도에 거주하고 있었을 가능성이 있다.

또한 이 시기에는 사회적 계층 역시 뚜렷이 구분되는데, 대규모 무덤에 묻힌 주 피장자와 순장자의 차이 등을 고려해 볼 수 있다. 이 시기의 사람 뼈 시료 가운데 규모가 큰 경산 임당동 고분군은 한국에서 집단 규모의 고유전체 연구가 가능한 규모의 몇 안 되는 유적 중 하나이다(영남대학교박물관, 2015). 나주 반남 고분군은 다른 지역에서는 잘 보이지 않는 대형 옹관을 이용한 고분이 다수 분포하는 지역으로(국립광주박물관, 1986), 문화적 차이가 유전자에 반영되어 있는지 확인해 볼 수 있는 중요한 사례이다.

4. 맺음말

옛사람 뼈 시료에 보존된 생체고분자, 특히 DNA는 옛사람 뼈가 속했던 과거 집단의 유전적 역사에 대한 방대한 정보를 담고 있다. 고유전체학은 고DNA 시퀀싱을 통해 과거에 살았던 사람들의 전장유전체 변이 자료를 생산하고 분석함으로써, 역사에 기록되지 않은 먼 과거의 인구 이동과 혼합을 세부적으로 재구성하는 것을 목표로 한다.

고유전체 연구가 아직 시작 단계인 동아시아에서 한반도 출토 옛사람 뼈를 연구하는 것은 현대 한국인의 기원과 역사를 알아내는 것뿐만 아니라, 동아시아 전체의 진화사 연구를 위해 중요한 의미를 갖는다.

참고 문헌

국립광주박물관 (1986). 『나주반남면고분군』. 국립광주박물관.

신지영, 강다영, 김상현, 정의도 (2013). 「부산 가덕도 장항 유적 출토 인골의 안정동위원소 분석을 통해 본 신석기시대의 식생활 양상」. 『분석과학』 26: 387-394.

안덕임 (2006). 「미량원소분석을 이용한 고남리 및 대죽리유적의 식생활 복원 연구」. 『한국상고사학보』 53: 23-41.

영남대학교박물관 (2015). 『경산임당지역고분군 XII』. 영남대학교박물관.

Ahn, S.-M., Kim, J., & Hwang J. (2015). Sedentism, settlements, and radiocarbon dates of Neolithic Korea. *Asian Perspecives* 54: 113-143.

Alexander, D. H., Novembre, J., & Lange, K. (2009). Fast model-based estimation of ancestry in unrelated individuals. *Genome Research* 19: 1655-1664.

Allentoft, M. E., Sikora, M., Sjogren, K.-G., Rasmussen, S., Rasmussen, M., Stenderup, J., … & Willerslev, E. (2015). Population genomics of Bronze Age Eurasia. *Nature* 522: 167-172.

Altshuler, D. M., Gibbs, R. A., Peltonen, L., Dermitzakis, E., Schaffner, S., de Bakker, P. W., … & McEwen, J. E. (2010). Integrating common and rare genetic variation in diverse human populations. *Nature* 467: 52-58.

Andrades Valtueña, A., Mittnik, A., Key, F. M., Haak, W., Allmäe, R., Belinskij, A., … & Krause, J. (2017). The Stone Age plague and its persistence in Eurasia. *Current Biology* 27: 3683-3691.E3688.

Bausch, I. R. (2016). Prehistoric networks across the Korea Strait (5000-1000 BCE). In T. Hodos (Ed.), *The Routledge Handbook of Archaeology and Globalization* (pp. 413-437). London: Routledge.

Bos, K. I., Harkins, K. M., Herbig, A., Coscolla, M., Weber, N., Comas, I., … & Krause, J. (2014). Pre-Columbian mycobacterial genomes reveal seals as a source of New World human tuberculosis. *Nature* 514: 494-497.

Bos, K. I., Schuenemann, V. J., Golding, G. B., Burbano, H. A., Waglechner, N., Coombes, B. K., … & Krause, J. (2011). A draft genome of Yersinia pestis from victims of the Black Death. *Nature* 478: 506-510.

Bouckaert, R., Heled, J., Kühnert, D., Vaughan, T., Wu, C.-H., Xie, D., … & Drummond, A. J. (2014). BEAST 2: A Software Platform for Bayesian Evolutionary Analysis. *PLOS Computational Biology* 10: e1003537.

Briggs, A. W., Stenzel, U., Johnson, P. L., Green, R. E., Kelso, J., Prüfer, K., … & Pääbo, S. (2007). Patterns of damage in genomic DNA sequences from a Neandertal. *Proceedings of the National Academy of Sciences of the USA* 104: 14616-14621.

Choy, K., An, D., & Richards, M. P. (2012). Stable isotopic analysis of human and faunal remains from the Incipient Chulmun (Neolithic) shell midden site of Ando Island, Korea. *Journal of Archaeological Science* 39: 2091-2097.

Demeter, F., Shackelford, L. L., Bacon, A.-M., Duringer, P., Westaway, K., Sayavongkhamdy, T., … & Karpoff, A.-M. (2012). Anatomically modern human in Southeast Asia (Laos) by 46 ka. *Proceedings of the National Academy of Sciences of the USA* 109: 14375-14380.

Excoffier, L., Dupanloup, I., Huerta-Sánchez, E., Sousa, V. C., & Foll, M. (2013). Robust Demographic Inference from Genomic and SNP Data. *PloS Genetics* 9: e1003905.

Feldman, M., Harbeck, M., Keller, M., Spyrou, M. A., Rott, A., Trautmann, B., … & Krause, J. (2016). A High-Coverage Yersinia pestis Genome from a Sixth-Century Justinianic Plague Victim. *Molecular Biology and Evolution* 33: 2911-2923.

Green, R. E., Krause, J., Briggs, A. W., Maricic, T., Stenzel, U., Kircher, M., … & Pääbo, S. (2010). A draft sequence of the Neandertal genome. *Science* 328: 710-722.

Haak, W., Lazaridis, I., Patterson, N., Rohland, N., Mallick, S., Llamas, B., … & Reich, D. (2015). Massive migration from the steppe was a source for Indo-European languages in Europe. *Nature* 522: 207-211.

Hanihara, K. (1991). Dual structure model for the population history of the Japanese. *Japan Review* 2: 1-33.

Jeong, C., Nakagome, S., & Di Rienzo, A. (2016). Deep History of East Asian Populations Revealed Through Genetic Analysis of the Ainu. *Genetics* 202: 261-272.

Jinam, T., Nishida, N., Hirai, M., Kawamura, S., Oota, H., Umetsu, K., … & Saitou, N. (2012). The history of human populations in the Japanese Archipelago inferred from genome-wide SNP data with a special reference to the Ainu and the Ryukyuan populations. *Journal of Human Genetics* 57: 787-795.

Jones, E. R., Gonzalez-Fortes, G., Connell, S., Siska, V., Eriksson, A., Martiniano, R., … & Bradley, D. G. (2015). Upper Palaeolithic genomes reveal deep roots of modern Eurasians. *Nature Communications* 6: 8912.

Jones, E. R., Zarina, G., Moiseyev, V., Lightfoot, E., Nigst, P. R., Manica, A., … & Bradley, D. G. (2017). The Neolithic Transition in the Baltic was not driven by Admixture with Early European Farmers. *Current Biology* 27: 576-582.

King, M.-C., & Wilson, A. C. (1975). Evolution at two levels in humans and chimpanzees. *Science* 188: 107-116.

Kumar, S., Stecher, G., Li, M., Knyaz, C., & Tamura, K. (2018). MEGA X: Molecular Evolutionary Genetics Analysis across Computing Platforms. *Molecular Biology and Evolution* 35: 1547-1549.

Lamnidis, T. C., Majander, K., Jeong, C., Salmela, E., Wessman, A., Moiseyev, V., … & Schiffels, S. (2018). Ancient Fennoscandian genomes reveal origin and spread of Siberian ancestry in Europe. *bioRxiv* 285437.

Lawson, D., van Dorp, L., & Falush, D. (2018). A tutorial on how (not) to over-interpret STRUCTURE/ADMIXTURE bar plots. *bioRxiv* 066431.

Lazaridis, I., Nadel, D., Rollefson, G., Merrett, D. C., Rohland, N., Mallick, S., … & Reich, D. (2016). Genomic insights into the origin of farming in the ancient Near East. *Nature* 536: 419-424.

Lazaridis, I., Patterson, N., Mittnik, A., Renaud, G., Mallick, S., Kirsanow, K., … & Krause, J. (2014). Ancient human genomes suggest three ancestral populations for present-day Europeans. *Nature* 513: 409-413.

Li, H., & Durbin, R. (2011). Inference of human population history from individual whole-genome sequences. *Nature* 475: 493-496.

Li, J. Z., Absher, D. M., Tang, H., Southwick, A. M., Casto, A. M., Ramachandran, S., … & Myers, R. M. (2008). Worldwide human relationships inferred from genome-wide patterns of variation. *Science* 319: 1100-1104.

Lipson, M., Loh, P.-R., Levin, A., Reich, D., Patterson, N., & Berger, B. (2013). Efficient moment-based inference of admixture parameters and sources of gene flow. *Molecular Biology and Evolution* 30: 1788-1802.

Lipson, M., Szécsényi-Nagy, A., Mallick, S., Pósa, A., Stégmár, B., Keerl, V., … &

Reich, D. (2017). Parallel palaeogenomic transects reveal complex genetic history of early European farmers. *Nature* 551: 368-372.

Mathieson, I., Alpaslan-Roodenberg, S., Posth, C., Szécsényi-Nagy, A., Rohland, N., Mallick, S., … & Reich, D. (2018). The genomic history of southeastern Europe. *Nature* 555: 197-203.

McColl, H., Racimo, F., Vinner, L., Demeter, F., Gakuhari, T., Moreno-Mayar, J. V., … & Willerslev, E. (2018). The prehistoric peopling of Southeast Asia. *Science* 361: 88-92.

Michael, H., Pajimans, J. L. A., Goodchild, H., Speller, C. F., Barlow, A., Fortes, G. G., … & Collins, M. J. (2015). The future of ancient DNA: Technical advances and conceptual shifts. *Bioessays* 37: 284-293.

Mittnik, A., Wang, C.-C., Pfrengle, S., Daubaras, M., Zariņa, G., Hallgren, F., … & Krause, J. (2018). The genetic prehistory of the Baltic Sea region. *Nature Communications* 9: 442.

Nakagome, S., Sato, T., Ishida, H., Hanihara, T., Yamaguchi, T., Kimura, R., … & Oota, H. (2015). Model-based verification of hypotheses on the origin of modern Japanese revisited by Bayesian inference based on genome-wide SNP data. *Molecular Biology and Evolution* 32: 1533-1543.

Novembre, J., Johnson, T., Bryc, K., Kutalik, Z., Boyko, A. R., Auton, A., … & Bustamante, C. D. (2008). Genes mirror geography within Europe. *Nature* 456: 98-101.

Olalde, I., Brace, S., Allentoft, M. E., Armit, I., Kristiansen, K., Booth, T., … & Reich, D. (2018). The Beaker phenomenon and the genomic transformation of northwest Europe. *Nature* 555: 190-196.

Patterson, N., Moorjani, P., Luo, Y., Mallick, S., Rohland, N., Zhan, Y., … & Reich, D. (2012). Ancient admixture in human history. *Genetics* 192: 1065-1093.

Patterson, N., Price, A. L., & Reich, D. (2006). Population structure and eigenanalysis. *PloS Genetics* 2: e190.

Pickrell, J. K., & Pritchard, J. K. (2012). Inference of population splits and mixtures from genome-wide allele frequency data. *PloS Genetics* 8: e1002967.

Price, A. L., Patterson, N. J., Plenge, R. M., Weinblatt, M. E., Shadick, N. A., & Reich, D. (2006). Principal components analysis corrects for stratification in genome-wide association studies. *Nature Genetics* 38: 904-909.

Pritchard, J. K., Stephens, M., & Donnelly, P. (2000). Inference of population structure using multilocus genotype data. *Genetics* 155: 945-959.

Purcell, S., Neale, B., Todd-Brown, K., Thomas, L., Ferreira, M. A., Bender, D., … & Sham, P. C. (2007). PLINK: A tool set for whole-genome association and population-based linkage analyses. *The American Journal of Human Genetics* 81: 559-575.

Raghavan, M., Skoglund, P., Graf, K. E., Metspalu, M., Albrechtsen, A., Moltke, I., … & Willerslev, E. (2014). Upper Palaeolithic Siberian genome reveals dual ancestry of Native Americans. *Nature* 505: 87-91.

Ramachandran, S., Deshpande, O., Roseman, C. C., Rosenberg, N. A., Feldman, M. W., & Cavalli-Sforza, L. L. (2005). Support from the relationship of genetic and geographic distance in human populations for a serial founder effect originating in Africa. *Proceedings of the National Academy of Sciences of the USA* 102: 15942-15947.

Rasmussen, S., Allentoft Morten,E., Nielsen, K., Orlando, L., Sikora, M., Sjögren, K.-G., … & Willerslev, E. (2015). Early Divergent Strains of Yersinia pestis in Eurasia 5,000 Years Ago. *Cell* 163: 571-582.

Rohland, N., Harney, E., Mallick, S., Nordenfelt, S., & Reich, D. (2015). Partial uracil-DNA-glycosylase treatment for screening of ancient DNA. *Philosophical Transactions of the Royal Society B* 370: 20130624.

Saag, L., Varul, L., Scheib, C. L., Stenderup, J., Allentoft, M. E., Saag, L., … & Metspalu, M. (2017). Extensive farming in Estonia started through a sex-biased migration from the Steppe. *Current Biology* 27: 2185-2193. E2186.

Sato, T., Nakagome, S., Watanabe, C., Yamaguchi, K., Kawaguchi, A., Koganebuchi, K., … & Oota, H. (2014). Genome-wide SNP analysis reveals population structure and demographic history of the Ryukyu Islanders in the southern part of the Japanese archipelago. *Molecular Biology and Evolution* 31: 2929-2940.

Sawyer, S., Krause, J., Guschanski, K., Savolainen, V., & Pääbo, S. (2012). Temporal patterns of nucleotide misincorporations and DNA fragmentation in ancient DNA. *PloS One* 7: e34131.

Schiffels, S., & Durbin, R. (2014). Inferring human population size and separation history from multiple genome sequences. *Nature Genetics* 46: 919-925.

Shin, S.-C., Rhee, S.-N., & Aikens, C. M. (2012). Chulmun Neolithic Intensification,

Complexity, and Emerging Agriculture in Korea. *Asian Perspectives* 51: 68-109.

Siska, V., Jones, E. R., Jeon, S., Bhak, Y., Kim, H.-M., Cho, Y.-S., … & Manica, A. (2017). Genome-wide data from two early Neolithic East Asian individuals dating to 7700 years ago. *Science Advances* 3: e1601877.

Skoglund, P., Malmström, H., Omrak, A., Raghavan, M., Valdiosera, C., Günther, T., … & Jakobsson, M. (2014). Genomic diversity and admixture differs for Stone-Age Scandinavian foragers and farmers. *Science* 344: 747-750.

Skoglund, P., Malmström, H., Raghavan, M., Storå, J., Hall, P., Willerslev, E., … & Jakobsson, M. (2012). Origins and genetic legacy of Neolithic farmers and hunter-gatherers in Europe. *Science* 336: 466-469.

Slatkin, M.,& Racimo, F. (2016). Ancient DNA and human history. *Proceedings of the National Academy of Sciences of the USA* 113: 6380-6387.

Smith, C. I., Chamberlain, A. T., Riley, M. S., Stringer, C., & Collins, M. J. (2003). The thermal history of human fossils and the likelihood of successful DNA amplification. *Journal of Human Evolution* 45: 203-217.

Spyrou, M. A., Tukhbatova, R. I., Feldman, M., Drath, J., Kacki, S., de Heredia, J. B., … & Krause, J. (2016). Historical Y. pestis genomes reveal the European Black Death as the source of ancient and modern plague pandemics. *Cell Host Microbe* 19: 874-881.

Spyrou, M. A., Tukhbatova, R. I., Wang, C.-C., Valtueña, A. A., Lankapalli, A. K., Kondrashin, V. V., … & Krause, J. (2018). Analysis of 3800-year-old Yersinia pestis genomes suggests Bronze Age origin for bubonic plague. *Nature Communications* 9: 2234.

The 1000 Genomes Project Consortium. (2015). A global reference for human genetic variation. *Nature* 526: 68-74.

The HUGO Pan-Asian SNP Consortium. (2009). Mapping human genetic diversity in Asia. *Science* 326: 1541-1545.

Vågene, Å. J., Herbig, A., Campana, M. G., Robles García, N. M., Warinner, C., Sabin, S., … & Krause, J. (2018). Salmonella enterica genomes from victims of a major sixteenth-century epidemic in Mexico. *Nature Ecology & Evolution* 2: 520-528.

Wagner, D. M., Klunk, J., Harbeck, M., Devault, A., Waglechner, N., Sahl, J. W., … & Poinar, H. (2014). Yersinia pestis and the Plague of Justinian 541-543 AD: A genomic analysis. *The Lancet Infectious Diseases* 14: 319-326.

Wang, C., Zöllner, S., & Rosenberg, N. A. (2012). A quantitative comparison of the similarity between genes and geography in worldwide human populations. *PloS Genetics* 8: e1002886.

제8장

동북아시아 출토 고인류 집단과 한반도 출토 화석 인류의 현재

이상희

동북아시아는 서쪽으로는 티베트 고원, 남쪽으로는 친링산맥秦嶺山脈까지의 지역을 말한다. 중국, 한국, 일본, 몽고, 그리고 러시아 남동부가 포함되며, 남아시아(인도, 파키스탄, 방글라데시)와 열대 동남아시아(미얀마, 태국, 라오스, 베트남, 말레이시아, 인도네시아)는 포함되지 않는다. 중국의 친링산맥은 중국 북부와 남부를 나누는 전통적인 경계로, 두 지역 간의 동물 이동을 막는 생태지리적 장벽으로 작용했지만, 두 지역이 완전히 고립되지는 않았기 때문에 동물군은 서로 뒤섞이기도 했다(Norton 등, 2010; Pope, 1988).

동북아시아의 생태지리는 구북구 초지paleoarctic grassland로, 열대 및 아열대 동남아시아와 다르다. 북부 중국은 황하와 그 지류들로 경계가 지어지며, 이들은 북쪽으로 흐르다가 동쪽, 남쪽으로 방향을 바꿔서 태평양으로 흘러든다. 중기 플라이스토세의 북부 중국은 오늘날보다 더 온난하고 습윤한 분기도 있었으나, 후기 플라이스토세에 점차 건조해졌으며 계절적 차이도 점차 뚜렷해졌다(Pope, 1988).

오늘날 남부 중국은 열대 및 아열대 기후의 특징을 보이는데, 플라이스토세의 기후도 이와 유사했을 것으로 보인다. 중기 및 후기 플라이스토세에는 빙하의 상태에 따라 해수면의 높낮이가 바뀌고 해안선의 위치가 달라졌으며(그림 8-1), 내륙 지방의 지표 형상에도 큰 변화가 있었다.

고인류학에서 가장 많은 관심을 받아온 두 주제는 인류의 기원, 그리고 현생 인류의 기원이다. 인류는 플라이오세가 시작되는 530만 년 전에 계통이 기원하였고 기원지는 아프리카라는 점에 학계가 동의하고 있다. 가장 오래된 고인류 화석은 동아프리카에서 발견되었다. 258만 년 전까지 계속되는 플라이오세 동안 인류는 아프리카에서만 발견되고 있다.

플라이스토세는 198만에서 180만 년 전부터 시작되는 것으로 여겨져 왔으나, 2009년을 기점으로 258만 년 전부터 시작되는 것으로 수정되었다(Rabett, 2012). 플라이스토세는 전기(258만~70만 년 전), 중기(70만~12만 5천 년 전), 후기 플라이스토세(12만 5천~1만 2천 년 전)로 나뉜다. 플라이스토세에 인류는 미대륙을 제외한 모든 대륙으로 확산하며, 플라이스토세가 끝날 무렵 미대륙에서도 인류가 발견된다.

20세기 후반에 아시아는 이 두 주제에서 주변부 역할을 해 왔으며, 인류 계통의 기원은 아프리카에서, 현생 인류의 기원은 유럽을 중심으로 연구가 이루어져 왔다. 21세기 들어서 괄목할 만한 자료가 축적되면서 20세기에 이해되었던 아시아에서의 인류 진화 양상은 전반적으로 재조명받고 있다. 동북아시아의 고인류는 전기 플라이스토세에서 시작된다는 발견조차도 1990년대에 본격적으로 인정받기 시작했다.

동북아시아 최초 고인류의 흔적은 210만 년 전에 나타나는 데 비해, 한반도에서는 인류의 흔적이 더 늦은 시기에 나타난다. 북한의 검은모루 유적은 한반도에서 발견된 가장 오래된 인류 점거 흔적으로, 중기 플라이스토세인 40만 년 전에서 60만 년 전으로 주장되고 있다. 남한에 위치해 있는 두루봉이나 점말과 같은 동굴 유적들은 후기 플라이스토세의 종말기에 해당될 가능성이 있다.

한국의 고인류 화석과 관련되어 신뢰도가 높은 연대측정치들이 없는 만큼, 현재로서는 후기 플라이스토세 이전에 한반도에서 살았던 고인류에 관한 연구는 순전히 고고학적 연구에 입각해 있다. 한반도에서 발견되는 고인류 흔적의 수가 적다는 사실이 한반도에서 거주한 고인류의

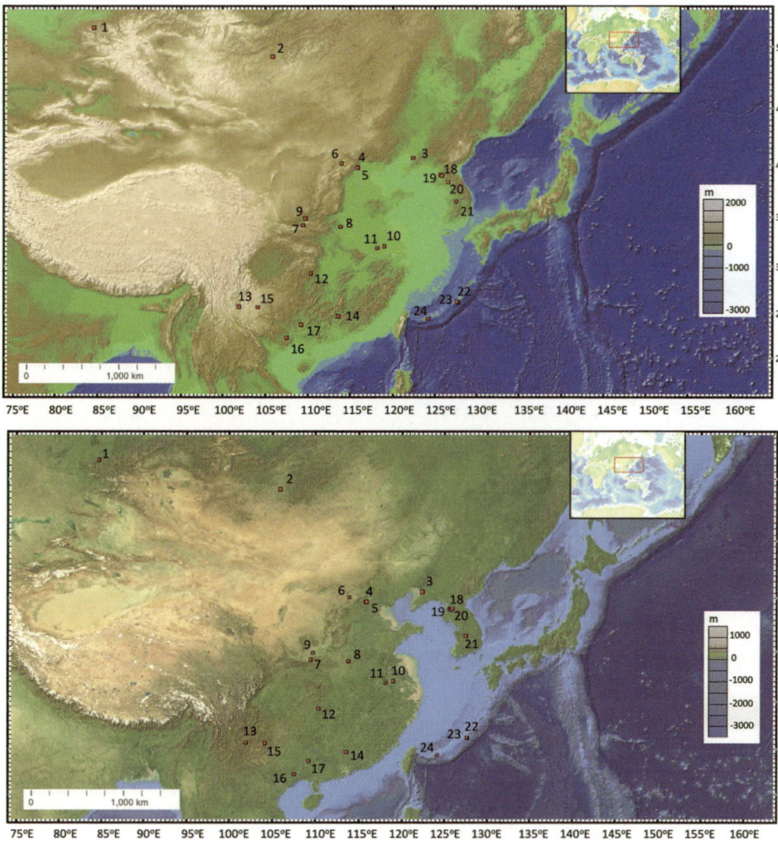

그림 8-1. 동북아시아의 지형도와 고인류, 고고학 유적

2만 년 전 150m 낮아진 해안선을 기준으로 만든 지도(위)와 현재 해안선을 기준으로 만든 지도(아래). 황해가 사라지고 한반도는 육로로 서해안과 아시아 대륙이 연결된다(미국 NASA 자료 이용, GeoMap-App v.3.6.8 사용, 지도 작성 드네 코라사니). 지도에 숫자로 표시된 유적은 다음과 같다. 1. 데니소바, 2. 살크히트, 3. 진뉴샨, 4. 티엔위엔, 5. 저우커우뎬, 6. 쉬지아야오, 7. 란티안, 8. 슈창, 9. 따리, 10. 난징, 11. 허시엔, 12. 후앙롱, 13. 윈시엔, 14. 마바, 15. 따동, 16. 지렌동, 17. 라이빈, 18. 만달, 19. 룡곡, 20. 력포, 21. 두루봉, 22. 미나토가와, 23. 야마시타-초, 24. 시라호-사오네타바루.

수가 적었기 때문인지, 단지 발견되지 않았을 뿐인지는 밝혀져야 할 중요한 과제이다. 한반도는 현재 황해를 사이에 두고 아시아 대륙과 떨어져 있으나, 플라이스토세에 해안선이 낮아졌던 시기에는 대륙의 일부였다. 따라서 한반도의 인류 진화는 동북아시아에서의 인류 진화사와 떨어져서 생각할 수 없다.

21세기 고인류학에서는 새로운 관점으로 고인류학의 식민주의성, 근대주의성을 비판 이론의 관점에서 분석하는 시도가 활발히 이루어지는 반면, 현재 동북아시아의 고인류 자료에 대해서는 계속 전통적인 질문들이 계속되고 있다. 현재 우리는 한반도를 비롯하여 동북아시아의 자료로 새로운 질문을 제기하고 대답할 수 있는 중요한 기점에 있다. 이 장에서는 동북아시아 및 한반도에서의 고인류학 연구를 정리하고 앞으로의 연구 방향을 제시해 보고자 한다.

1. 고인류학사에서 아시아의 위상

동북아시아의 고인류학에서 지난 20년 간 축적된 연구 결과 중 가장 괄목할 만한 주제는 아시아에서 인류가 살기 시작한 시점, 그리고 현생 인류의 기원이다. 이 두 주제에서 20세기 말까지 정리되었다고 생각되던 가설이 뒤집어졌다. 가히 혁명적이라고 볼 수도 있는 전개의 파급력을 제대로 이해하기 위해서는 20세기 말까지 동북아시아를 포함하여 아시아가 전반적으로 고인류학사에서 어떤 위치를 차지했는지 이해할 필요가 있다.

초기 고인류학 역사에서 아시아는 큰 비중을 차지했다. 다윈은 역작 『자연 선택에 의한 종의 기원에 대해*On the Origin of Species by Means of Natural Selection*』(Darwin, 1859)에서 일반적인 진화에 대한 생각을 정리했지만, 인류도 진화했다는 주장은 그로부터 12년이 지난 뒤 나온 책 『인간의 유래, 그리고 성과 관련한 선택*The Descent of Man, and Selection in Relation to Sex*』(Darwin, 1871)에서 본격적으로 펼쳤다. 다른 여느 종들과 마찬가지로 인간이 속한 종인 호모 사피엔스 역시 현재 보이는 모습과 매우 다른 모습을 가진 조상으로부터 진화하였다는 입장이 학계에 받아들여지면서 19세기 후반부터 20세기 전반까지 인류의 기원점은 아시아라고 여겨졌다.

다윈의 동시대인이었던 에른스트 헤켈Ernst Haeckel은 '인류의 요람'으로서 아시아를 지목하였다. 인간에게 가까운 유인원들을 살펴볼 때, 아프리카의 고릴라보다는 아시아의 오랑우탄이 좀 더 인간답게 생겼기 때문이라는 이유였다(Henke, 2015). 헤켈은 인류가 레무리아Lemuria라는 곳에서 기원하였다고 주장하였는데(Haeckel, 1876), 인도양 중간쯤이라고 추정한 레무리아의 실제 위치는 중요하지 않다. 헤켈은 현생 유인원 중 오랑우탄이 가장 인간처럼 생겼으므로 인류의 기원점 역시 오랑우탄의 서식지에 가까운 곳인 동남아시아에 위치하였을 것이라고 추정하고 인류의 조상을 '말 못하는 원인' 피테칸트로푸스 알랄루스Pithecanthropus alalus라고 명명하였다.

헤켈의 가설을 바탕으로 인도네시아로 고인류 화석을 찾아 떠난 외젠 뒤부아Eugène Dubois는 1891년에 인도네시아의 자바섬에서 '자바원인'이라 불리는 트리닐Trinil 화석을 발견하였는데, 이는 피테칸트로푸스 에렉투스Pithecanthropus erectus의 최초 발견 사례이다(Shipman과 Storm, 2002). 피테칸트로푸스라는 속명은 헤켈이 명명한 피테칸트로푸스 알랄루스에서 가져왔으며, 종명을 알랄루스 대신 에렉투스라고 붙인 것이다.

헤켈의 레무리아 가설에 이어 그다음 세대에서는 티베트 고원을 중심으로 하는 중앙아시아 중심론이 큰 반향을 일으켰다(Dennell, 2001). 그 중 데이비드슨 블랙Davidson Black이 1927년에 중국 베이징 근처의 동굴 저우커우뎬Zhoukoudian, 周口店에서 발견된 화석에 시난트로푸스 페키넨시스Sinanthropus pekinensis라는 이름을 붙였고(Black, 1927), 계속되는 고인류 화석의 발견은 중앙아시아 중심론을 뒷받침하였다. 1941년까지 네안데르탈인을 제외하고 인류의 진화에 중요한 고인류 화석은 모두 아시아에서 발견되었다(Dennell, 2001).

20세기 전반까지 활발하던 아시아의 고인류학은 20세기 후반에 위축되었는데, 이는 제2차 세계대전 이후 바뀐 세계 정세와도 상관이 있다. 든든한 재정 지원을 받은 미국 출신의 학자들이 주도하는 고인류 화석 연구가 동아프리카를 중심으로 활발하게 진행된 한편, 유럽은 제2차 세계대전의 결과로 힘을 많이 잃었으며, 20세기 초반에 인류의 진화 역사에 저우커우뎬을 비롯하여 주요 연구 성과를 내던 중국은 1960년대 문화혁명을 거치면서 고인류 연구를 비롯한 다양한 학문이 위축되었다(Dennell, 2001). 아시아에서 발견되어 세계적인 관심을 받는 고인류 화석은 19세기 말, 20세기 초에 중국과 인도네시아에서 발견된 호모 에렉투스를 넘어서지 못했다.

유럽에서 미국으로 연구 자원이 옮겨 갔지만, 연구는 그대로 유럽 중심주의가 계속되어 학계에서는 여전히 유럽인 혹은 유럽계 미국인이 중추 세력을 이루었다. 인류의 기원에 대한 연구 주제와 자료는 아프리카를 중심으로, 현생 인류의 기원에 대한 연구 주제와 자료는 네안데르탈인에 초점을 맞추어 유럽을 중심으로 양산되었다. 1950년대 생물학의 대통합Great Synthesis으로 많은 화석종이 통폐합되어 시난트로푸스 페키넨시스는 이내 피테칸트로푸스 에렉투스에 포함되었고, 이후 피테칸트로푸스 에렉투스는 호모속에 포함되어 호모 에렉투스로 분류되었다(Mayr, 1950).

제2차 세계대전 이후에도 동북아시아의 고인류학은 20세기 초반에 중국에서 발굴된 호모 에렉투스 화석 자료를 중심으로 유지되었다. 호모 에렉투스에 관한 자료도 가장 많이 축적되었고, 연구도 많이 진행되었으며, 연구가 진행된 역사도 가장 길다. 동북아시아의 호모 에렉투스에 관해서는 그 기원과 변화, 그리고 호모 사피엔스와의 관계에 대한 연구가 가장 많이 이루어졌다.

21세기에 들어선 이후 동북아시아 고인류학에서 큰 반향을 불러 일으킨 연구는 최초의 인류 흔적(Zhu 등, 2018), 그리고 데니소바인의 유전자(Slon 등, 2018)에 관한 연구로서, 이 연구들 또한 전통적으로 가장 많은 주목을 받아온 인류의 기원과 현생 인류의 기원을 다루고 있다.

근래 가장 눈에 띄는 발전을 보이는 것은 중국이다. 중국에서 발견된 자료의 양이 늘어났고, 중국에 기반을 두고 활동하는 학자들이 그 자료들을 연구하여 발표하는 논문의 수가 늘어났을 뿐만 아니라, 논문의 질 또한 높아졌다. 20세기에는 주로 중국어로 발표되고 영문 초록만 갖추었던 연구 논문들이 영어로 직접 발표되는 경우가 늘어났다(예를 들어 Dong, 2016; Shen 등, 2016).

고인류가 남긴 몸은 화석과 고유전자의 형태로 직접적인 자료를 제공하며, 이 자료는 고인류 행위의 흔적인 고고학과 떼어서 생각할 수 없다. 고고학계에서도 20세기에 받아들여졌던 제반 이론에 대한 재검토가 이루어지고 있다. 모비우스(Movius, 1948)는 아시아에서는 아슐리안 주먹도끼가 존재하지 않는다고 주장하고 아슐리안 주먹도끼가 발견되는 동쪽 한계선을 '모비우스선'이라고 명명했다. 모비우스 이론은 단지 아시아에서 아슐리안 주먹도끼가 발견되지 않는다는 사실에서 끝나지 않고 아시아의 후진적 정체성을 암시한다. 그런 의미에서 모비우스 이론이 선택적인 자료를 바탕으로 했으며 모비우스선은 존재하지 않는다는 지적(Dennell, 2016)은 충분히 주목할 만하다.

한국의 전곡리 유적을 비롯하여 아시아의 여러 유적에서 발견된 아슐리안 주먹도끼가 모비우스 이론에 벗어나는 결정적인 자료로서 의미심장하게 해석되는 것은 그러한 역사적 맥락에서 이해할 수 있다. 더불어 아시아에서 그동안 없었다고 알려져 온 중기 구석기 제작 기법의 석기가 남중국 지역에서 발견되었다(Hu 등, 2019).

종합하면, 아시아에서의 고인류는 없었던 것이 아니라 자료가 없었을 뿐이었다는 쪽으로 의견이 기울고 있으며, 아시아의 이질성에 대한 도전은 계속되고 있다.

2. 동북아시아에서 발견되는 최초의 인류

최초의 인류는 플라이오세Pliocene에 아프리카에서 시작하여 플라이오세 기간에는 아프리카에서만 고인류 화석이 발견된다. 그리고 플라이오-플라이스토세Plio-Pleistocene 전환기인 198만 년 전 혹은 230만 년 전에 호모속 역시 아프리카에서 기원했다는 가설이 정설이 되면서 고인류학계에서 그동안 관심을 가져왔던 '최초의 아시아 고인류'는 "아프리카를 떠난 호모속 고인류가 언제 아시아로 진출했는가?"라는 질문으로 구체화되었다.

1990년대까지 최초의 아시아 고인류는 중국과 인도네시아에서 발견된 호모 에렉투스로 보는 것이 학계의 정설이었다. 이들의 연대는 정확하게 측정되지는 않았지만 40만~50만 년 전으로 추정되었다. 따라서 아프리카에서만 발견되는 오스트랄로피테쿠스와 맞물려 동아프리카에서 호모속이 기원했다는 틀이 형성되자 아시아에서 확인된 호모 에렉투스에 대한 해석 역시 그 틀 안에서 이루어졌다. 그 가설이란, 아프리카에서 기원한 호모 하빌리스, 호모 루돌펜시스, 호모 에르가스터 중 호모 에르가스터에서 분기한 호모 에렉투스가 900cc 이상의 큰 두뇌 용량과 150cm를 넘는 큰 몸집, 그리고 돌로 만든 사냥 도구를 지니고 능숙한 사냥 적응을 통해 70만 년 전 중기 플라이스토세가 시작된 자라밀로 역극성기Jaramillo Reversal에 아프리카에서 유라시아 대륙으로 확산했다는 것이다.

아프리카에서 발견된 가장 이른 호모속은 실제로 큰 두뇌와 신체 조건을 가졌으며(Walker와 Leakey, 1993), 그들을 대변하는 고인류 화석은 최초의 양면가공 석기 공작을 대변하는 아슐리안 주먹도끼의 제작자로 간주되었다. 이렇듯 고고학 자료는 호모 에렉투스가 아프리카에서 기원했고, 큰 두뇌 및 체격에 사냥 도구를 갖춘 이들이 중기 플라이스토세에 아프리카 밖으로 나가 결국 구세계 전역으로 확산되었다는 종래의 가설을 뒷받침해 주었다(Klein, 2009).

아프리카 이외의 지역에서 오스트랄로피테쿠스 화석을 찾으려는 노력은 특히 중국에서 계속 이루어졌지만(Zhang, 1985), 아프리카만큼이나 오래되거나 심지어는 더 오래된 호모 에렉투스 화석이 아시아에도 있을 것이라는 주장에 관심을 기울인 유럽이나 미국의 연구자는 많지 않았다. 이스라엘의 우베디아Ubeidiya 유적과 같이 연대가 140만여 년 전으로 받아들여진다 해도(Tchernov, 1988) 아프리카에서 '너무 일찍' 확산한 고인류가 결국 실패한 예외적인 사례로 간주되었으며, 본격적인 확산은 아슐리안 석기를 동반한 후기 호모 에렉투스에 의해서야 이루어졌다고 보았다.

1990년대에 들어와 이러한 기존의 가설에 대한 반론이 제기되었다. 우선 아시아에서의 최초 인류가 중기 플라이스토세 이전에 존재하였다는 주장은 인도네시아 자바에서 발견되었던 모조케르토 1 화석의 연대를 다시 측정한 끝에 180만 년 전이라는 결과(Swisher 등, 1994)가 발표되면서 관심을 끌었으나, 연대에 대한 신뢰성에 의문을 표시하는 학자들이 많아서 정설로 자리잡지는 못하였다.

학계는 아직 이렇게 이른 시기부터 초기 인류가 아프리카 이외의 지역에서 거주했을 가능성을 받아들일 준비가 되어 있지 않았다. 이는 아프리카 이외의 지역으로 확산한 초기 인류가 큰 몸집과 큰 두뇌 용량, 우수한 사냥 도구와 함께하지 않았기 때문에라도 큰 지지가 없었다고 볼 수 있다. 아시아에서 호모속이 아프리카보다 더 이른 시기에 시작했다는 가설 역시 받아들이기 힘들었던 주장이었다. 인도네시아의 화석 연대는 현재 180만 년 전보다는 149만 년 전에 가깝다고 보고 있다(Morwood 등, 2003).

아프리카 이외의 지역에서 아프리카 호모속의 기원 연대와 비슷한 연대를 가진 화석이 발견되었다는 주장은 조지아의 드마니시Dmanisi 화석에 대한 연대측정 연구(Gabunia와 Vekua, 1995)를 통해서 신뢰를 얻기 시작했다. 드마니시 화석은 그 연대가 매우 오래되었을 뿐만 아니라, 아프리카에서 확산된 호모속의 모습에 대한 기존의 학설과 정면으로 반대되는 형질을 지니고 있다. 즉 이들은 몸집과 두뇌가 크지도 않으며, 뛰어난 사냥 도구를 쓰지 않았다. 큰 몸집과 큰 두뇌, 뛰어난 사냥 도구를 갖추지 않은 고인류가 아프리카 밖으로 확산하였다는 것이 밝혀지면서 인도네시아의 고인류 화석의 연대에 대한 신뢰도 역시 덩달아 상승하였다. 현재는 아프리카에서 기원한 호모속이 160만에서 180만 년 전에는 아시아까지 확산했다는 입장이 정설이 되고 있다(Antón, 2012; Antón과 Swisher 2004).

자바에서 발견된 호모 에렉투스의 오래된 연대와 파키스탄의 석기 자료(Dennell 등, 1988)를 바탕으로 초기 인류가 기존에 생각했던 것보다 훨씬 더 이른 시점에, 어쩌면 오스트랄로피테쿠스의 모습으로 아프리카 밖으로 이주했고, 호모 에렉투스는 아시아에서 기원했다는 아시아 기원론이 제기되었다(Dennell과 Roebroeks, 2005). 아시아 기원론은 오스트랄로피테쿠스가 이미 사바나 지대와 산림 지대에 모두 다 적응하며 생활했다는 점(Lee-Thorp 등, 2012)과 석기를 사용했다는 점(Semaw, 2000)에서 아프리카에서 확산한 고인류 집단이 호모가 아닌 오스트랄로피테쿠스였다고 주장한다. 두뇌와 몸집이 작고 도구를 사용했던 이 고인류 집단이 전기 플라이스토세 동안 자바섬에 거주했다가 드마니시를 경유해서 아프리카로

되돌아갔을 가능성이 제기되기도 했다(Dennell과 Roebroeks, 2005).

아시아 기원론은 자바 화석 인류의 연대가 올라가고, 중국에서 발견된 석기 역시 비슷한 연대로 올라간다는 연구가 발표되면서 새롭게 주목을 받고 있다. 만약 아시아에서 호모 에렉투스가 기원하였다면 무에서 유가 창출될 수는 없으므로 조상종 역시 아시아에서 찾아야 한다. 아시아에서 오스트랄로피테쿠스 화석 자료가 발견되지 않은 것은 고고학 자료의 부재를 의미할 뿐, 그 존재 자체의 부재를 의미하는 것은 아닐 수 있다(Dennell과 Roebroeks, 2005). 그러나 아시아에서 신뢰할 만한 연대의 고인류 화석이 아직 발견되지 않았고, 아시아에서 호모 에렉투스가 기원하였음을 입증하기 위해서는 반드시 필요한, 아프리카에서 오스트랄로피테쿠스가 아시아로 확산되었다는 증거가 없기 때문에 구미권에서 많은 지지를 받지는 못하고 있다.

아시아 대륙에서는 중국 남서부의 윈난성에 위치한 위안모우Yuan-mou, 元謀가 가장 오래된 고인류 화석이 발견된 유적인데, 이 유적에서는 부삽 모양 앞니 두 점이 규암제 찍개들과 함께 발견되었다. 최근에 나온 고지자기 연대측정 값에 의하면 170만 년 전에 해당된다(Zhu 등, 2008). 이것은 175만에서 177만 년 전에 해당되는 드마니시 화석의 연대(Gabunia 등, 2000)와 비슷하다. 위안모우가 남중국에 위치하고 위안모우 분지는 아열대성 기후인 점을 고려하면, 이는 동북아시아보다는 동남아시아의 고인류 중 하나라고 보는 것이 타당하다.

가장 오래된 인류의 흔적이 발견된 또 다른 유적은 마찬가지로 중국 남부 지역의 롱구포Longguppo, 龍骨坡에 위치해 있는데, 이곳에서 출토된 화석이 고인류의 것이 아니라는 의심은 오래전부터 있었으며(Schwartz와 Tattersall, 1996; Wu, 2000), 롱구포 화석을 고인류의 것으로 원래 규정했던 학자 중 한 명이 입장을 수정하여 그것이 고인류가 아닌 유인원의 화석일 가능성을 인정했다(Ciochon, 2009).

동북아시아에서 확인된 가장 오래된 고인류 화석은 1960년대에 산시성의 란티안Lantian, 藍田에서 발견되었다. 첸지아오Chenjiawo, 陳家窩에서는 턱뼈 화석(Woo, 1964)이, 공왕링Gongwangling, 公王嶺에서는 두개골 화석(Woo, 1966)이 발견되었으며, 두 화석은 서로 다른 개체인 것으로 확인되었다. 이 화석으로 대변되는 고인류는 시난트로푸스 란티아넨시스Sinanthropus lantianensis라는 새로운 종명을 부여받게 되었다(Woo, 1964). 이 고인류 화석은 포유류 화석과 함께 발견되었는데, 당시에 열대/아열대 동물상이 지배적이었다는 사실을 통해 고인류 집단이 생활했을 무렵 이곳이 오늘날보다는 따뜻했음을 유추할 수 있다(Gu와 Jablonski, 1989).

공왕링 두개골은 화석화 과정에서 변형되었지만 넓고 낮은 이마, 두껍고 튀어나온 눈썹뼈 등에서 호모 에렉투스의 특징이 확인되었다. 란티안 고인류 화석은 중국 남부(위안모우, 롱구포)는 물론, 동남아시아(자바)에서 고인류가 처음으로 등장한 시점보다는 늦은 연대에 속한다. 루오추엔Luochuan, 洛川의 황토층에 대한 고지자기 연대측정 결과, 첸지아오 턱뼈 화석은 65만 년 전, 공왕링 두개골 화석은 115만 년 전으로 연대가 확인되었다(An과 Ho, 1989).

고고학 자료들은 동북아시아에서 이보다 더 이른 시기에 고인류가 활동했을 가능성을 보여준다. 먼저 산시성의 시호우도우Xihoudou, 西侯渡는 아시아에서 가장 빠른 플라이스토세 단계 고인류의 증거가 나온 유적으로 여겨져 왔다(Jia, 1985). 시호우도우에서는 불이 사용된 흔적과 고고학 유물, 동물 화석이 함께 나왔으며, 127만 년 전이라는 연대가 제기되었다(Zhu 등, 2003). 또한 니허완Nihewan, 泥河湾 분지에서 발견되는 고고학 자료의 연대는 이보다 더 오래전으로 거슬러 올라가는 것으로 측정되었는데, 이 결과는 많은 학자들에게 신뢰를 얻고 있다.

니허완 분지의 마쥐앙거우Majuangou, 馬圈沟 유적은 고지자기 연대측정으로 132만에서 166만 년 전으로 측정되었으며(Zhu 등, 2004), 황토 연대측정으로 210만 년 전이라고 보고된 석기가 출토된 샹첸Shang-chen, 上陈(Zhu 등, 2018)은 고인류 화석이 나온 산시성 공왕링 근처라서 큰 주목을 받고 있다. 마쥐앙거우 유적은 북위 40도에 위치해 있으며, 그 연대는 드마니시보다 그다지 늦지 않다.

샹첸 유적의 고고학 자료가 발표된 바와 같이, 210만 년 전이라면(Zhu 등, 2018) 고인류가 이전에 생각했던 것보다 더욱 이른 전기 플라이스토세에 동북아시아를 점유했음을 시사한다. 고인류는 전기 플라이스토세 혹은 심지어는 더 이른 시기인 후기 플라이오세에 아프리카에서 확산하여 빙하기가 올 때까지 동북아시아와 동남아시아에 널리 퍼져 있었을 수도 있다. 최초의 동북아시아 고인류 화석들은 열대/아열대 지대의 동물상과 함께 발견되어 빙하기 중에서도 따뜻했던 시기에 확산했을 것으로 보인다. 그렇다면 동남아시아에서 해안선을 따라 확산하면서 내륙 지역으로까지 진입했던 것으로 볼 수 있다.

그러나 동북아시아에서 최초의 고인류 흔적이 드마니시에서 발견된 고인류 및 인도네시아에서 발견된 고인류보다도 더 이른 시기에 나타난다는 사실은, 고인류가 아프리카에서 확산을 시작하였다면 빠른 속도로 동북아시아 내륙까지 확산을 하고 계속해서 동남아시아까지 확산했을 가설을 생각해 볼 수 있다. 이러한 가설은 동남아시아로 확산을 처음 시작한 고인류가 동북아시아 내륙 지역으로까지 확산을 계속한 것으로 생각해 오던 정설과 다르다.

동북아시아에서 살았던 최초의 고인류는 누구였을까? 20세기에 이의를 제기할 것도 없는 정답이었던 호모 에렉투스는 더 이상 확고부동한 정답의 자리를 차지하고 있지 않다. 샹첸 유적에서 발견된 210만 년 전 고인류의 흔적이 정확한 연대라면 아시아의 최초 인류는 오스트랄로피테쿠스일 가능성이 높아진다. 이와 같은 새로운 자료는 오래된 질문에 대한 확고한 정답에 의문을 갖게 한다.

3. 호모 에렉투스

동북아시아에서 가장 연구가 많이 이루어진 고인류종인 호모 에렉투스는 인류 계통의 기원, 그리고 현생 인류의 기원이라는 두 개의 커다란 기원론에서 빠져 있으며, 기원과 멸종에 대한 관심보다는 진화 양상에 대한 관심이 크다. 중기 플라이스토세(70만~12만 년 전)의 고인류는 전통적으로 호모 에렉투스로 불렸으나, 근래에는 따리Dali, 大荔, 쉬지아야오Xujiayao, 許家窑, 진뉴샨, 윈시엔 등 중기 플라이스토세 후반부의 고인류를 호모 하이델베르겐시스Homo heidelbergensis로 분류하는 학자들이 늘었다.

화석종으로서의 호모 에렉투스는 여러 종으로 나뉘어야 한다는 주장(Andrews, 1984)에서 호모 사피엔스에 흡수되어야 한다는 주장(Wolpoff 등, 1994)까지 고인류학사에서 다양한 위치를 차지하고 있지만, 여기에서는 분류학상 호모 에렉투스가 화석종으로서 가지고 있는 위상에 대한 논의는 생략하기로 한다.

호모 에렉투스는 아프리카의 초기 호모 에렉투스와 거의 비슷한 시기에 아시아에 출현하여 동남아시아에서는 5만여 년 전까지 지속되었다(Antón, 2003). 동북아시아의 호모 에렉투스에 대한 연구는 중국 베이징 근처 동굴 저우커우뎬에서 발견된 일련의 고인류 화석 집단을 중심으로 이루어졌다. 1923년을 시작으로 발굴된 고인류 화석은 베이징인Peking Man으로 세간에 알려졌지만, 정식으로 발표된 종명은 시난트로푸스 페키넨시스Sinanthropus pekinensis이고 후일 피테칸트로푸스 에렉투스Pithecanthropus erectus로 통합된 후 다시 호모 에렉투스로 통합된 복잡한 역사를 가지고 있다(Mayr, 1950).

저우커우뎬 제1 지점에서는 40m가 넘는 문화층이 보존되어 있으며(Wu와 Poirier, 1995), 불 사용, 장기간 거주, 커다란 동물의 사냥 및 섭취, 골각기 제작 등 다양한 행위의 흔적이 확인되었다(Pope, 1988). 하지만 일각에서는 저우커우뎬에서 보이는 행위의 흔적이 문화적인 것이라기보다는 환경에 의한 습관일 뿐이라는 주장이 제기되기도 했다(Binford 등, 1985; 1986).

저우커우뎬 유적의 연대는 많은 논쟁의 대상이 되었다. 20세기 후반에 이르러서는 그 연대를 50만에서 23만 년 전으로 볼 것에 대한 합의가 이루어졌으나(Pope, 1988), 우라늄 연대측정 결과 훨씬 더 오래된 80만에서 40만 년 전 사이라는 사실이 확인되었다(Shen 등, 2001).

동북아시아에서 호모 사피엔스가 이전의 호모 에렉투스에서 진화했다는 주장은 오랫동안 지지되어 온 주류 가설이다. 데이비드슨 블랙의 뒤를 이어 저우커우뎬 화석을 연구한 프란츠 바이덴라이히Franz Weidenreich는 저우커우뎬 화석에게서 현생 아시아인까지 지속되는 특징을 제시하고, 그를 바탕으로 연계 관계를 주장했다(Weidenreich, 1943).

아시아의 호모 에렉투스는 두개골의 특징이 두드러지는데, 두개골 외의 골격은 거의 남아 있지 않다. 호모 에렉투스의 두개골은 미식축구 공과 같은 모양이 특징적이며, 두개골 뼈가 두껍고 눈썹뼈와 뒤통수융기, 이마뼈능선 등으로 더더욱 튼튼하여(Antón, 2003) 투구에 비유되기도 한다. 아시아의 호모 에렉투스 두개골이 나타내는 특징으로는 튀어나온 꼭지위능선strong supramastoid crest, 이마뼈능선frontal keel, 정수리점융기bregmatic eminence, 시상융기sagittal keel, 모융기angular torus, 뒤통수융기occipital torus가 대표적이다. 두뇌 용량은 평균 1,000cc 정도로서 다른 지역의 호모 에렉투스보다 큰 편이다.

동북아시아의 호모 에렉투스는 낮은 다양성을 보이고 있는데, 이는 동남아시아의 호모 에렉투스에서도 두드러지게 나타나는 특징이다. 호모 에렉투스 집단에게서 보이는 낮은 다양성에 대해서는 중심-주변부 이론(Thorne과 Wolpoff, 1981)을 통해서 설명하려는 시도가 있었다. 중심-주변부 이론에 따르면, 분포 지역의 중심부에서는 오랜 기간 성공적으로 적응하여 선택압이 줄기 때문에 다양성이 증가하는 반면, 주변부에서는 상대적으로 짧은 기간 적응을 했기 때문에 선택압이 크고 다양성이 감소한다. 중심-주변부 이론은 아프리카 고인류 집단의 높은 다양성과 유라시아 고인류 집단의 낮은 다양성을 설명해 준다.

아시아의 호모 에렉투스는 호모 에렉투스의 기원 집단으로 간주되는 아프리카의 호모 에렉투스와의 차이점이 중점적으로 연구되었으며, 아시아의 호모 에렉투스 사이에서도 중국의 저우커우뎬으로 대표되는 동북아시아의 호모 에렉투스와 인도네시아의 자바로 대표되는 동남아시아의 호모 에렉투스 간의 차이점이나 동북아시아 호모 에렉투스 내의 다양성에 대해서도 연구가 진행된 바 있다(Baab, 2010). 이는 호모 에렉투스에 대한 통계적인 분석을 가능하게 하는 고인류 화석 집단이 있기 때문이다.

동북아시아와 동남아시아 호모 에렉투스 집단 간의 차이점은 분명하게 존재함에도 불구하고(Antón, 2003) 대체적으로 두 집단은 서로 비슷하다(Rightmire, 1990). 또한 호모 에렉투스가 존속했던 긴 기간에 걸쳐 두뇌 용량은 점차 증가하는데, 이 역시 구대륙 전반에 걸쳐 나타나는 현상이다(Lee와 Wolpoff, 2003). 다만 저우커우뎬의 호모 에렉투스가 초기 동남아시아 호모 에렉투스와는 비슷하나 후기 동남아시아 호모 에렉투스와는 구별된다는 점에서 호모 에렉투스 집단이 지리적으로 서로 고립되어 있었을 가능성이 제기되었다(Antón, 2007). 호모 에렉투스가 빙하기의 척박한 환경 속에서 고립되어 결국 차츰 멸종해 갔다는 가설은 자주 제기되는 편이다.

저우커우뎬 유적에서는 불의 이용(화덕 자리), 유적의 반복 사용, 큰 동물 사냥 기술, 뼈 연모 제작 등 아시아의 기타 지역에서도 볼 수 있는 행위 흔적이 보인다. 오랫동안 동북아시아 호모 에렉투스의 화석 집단을 대표했던 저우커우뎬이 사실은 남쪽 집단으로서 따뜻한 시기에 북쪽으로 진출한 예외적인 사례라는 주장도 있다(Antón, 2003). 즉 저우커우뎬 집단이 동북아시아의 호모 에렉투스를 대표하는 위치를 차지해 왔지만, 실제 형질에 있어서는 대표적이라기보다는 특수한 예에 속한다는 것이다.

저우커우뎬이 허시엔Hexian, 和縣 등 다른 동북아시아 호모 에렉투스와도 다르다는 관찰(Kidder와 Durband, 2004)은 저우커우뎬이 동북아시아의 대표적인 집단이기보다는 따뜻한 시기를 틈타 동남아시아 쪽에서 내륙으로 이동한 집단일 가능성이 높다는 해석을 지지하면서, 저우커우뎬 고인류 집단이 불, 옷, 동굴생활 및 식품저장 기술을 이용하여 빙하기의 극심한 추위에 적응할 수 있었다는 설명을 반박하는 근거가 된다(Antón, 2002).

호모 에렉투스가 발견된 이위엔Yiyuan, 沂源 유적의 연대가 42만에서 32만 년 전으로 나타나(Han 등, 2016), 저우커우뎬과 허시엔 등의 유적에서 발견된 호모 에렉투스보다 연대가 늦다는 것을 감안하면 저우커우뎬에서 나온 호모 에렉투스 화석을 제외하면 중기 플라이스토세까지 올라가는 중국의 옛사람 뼈 화석 자료는 몇 개 되지 않는다. 따리(Chen 등, 1984; Wu, 1988; Wu와 Athreya, 2013), 슈지아야오(Brown, 2001; Wu와 Poirier, 1995), 허시엔에서 발견된 화석들은 고식 호모 사피엔스archaic Homo sapiens나 호모 하이델베르겐시스Homo heidelbergensis(Bae, 2010)로 분류되기도 한다.

그런데 중국에서 발견된 많은 옛사람 뼈 자료와 마찬가지로, 이 사람 뼈들에 대해서는 신뢰도 높은 연대가 확보되어 있지 않다. 예를 들어 슈지아야오의 경우 방사성 탄소연대는 1만 6천 년 전, 고지자기 연대는 50만 년 전으로 보고되었다(Norton과 Gao, 2008). 방사성 동위원소를 이용한 연대측정법은 물론 동물상을 이용한 연대도 확보되어 있지 않다(Wu와 Wang, 1985).

고식 호모 사피엔스 혹은 호모 하이델베르겐시스로 불리는 고인류 화석은 마루뼈의 생김새 등에서는 중국의 호모 에렉투스와 유사성을, 두뇌 용량의 증가 등에서는 아프리카 및 유럽의 중기 플라이스토세 고인류와 유사성을 보이며, 얼굴 생김새 등에서는 중기 및 후기 플라이스토세의 중국 화석 인류에서 지속적으로 보이는 지역적 특징들이 나타난다. 다른 지역에서의 유전자 유입이 나타나거나 이전 집단으로부터의 지속성이 나타나기도 하는 점은 아시아 플라이스토세 내내 확인되는 현상이다.

4. 동북아시아 지역의 현생 인류 기원

후기 플라이스토세(12만 5천~1만 2천 년 전)는 고인류학 연구에서 관심이 가장 집중된 시기인데, 이는 현생 인류의 기원에 관한 오래된 논쟁과 직결되어 있기 때문이다. 이 논쟁에서는 아시아의 현생 인류가 그 이전에 아시아에서 거주하던 고인류 집단과 어떤 관계가 있는지, '형질상 현생 인류anatomically modern humans'라고 불리는 고인류 집단이 아프리카에서 새로 발생한 인류 종인지, 아시아에서 지역적으로 발생한 인류 종인지의 여부가 관건이다.

현생 인류와 그 이전 인류인 네안데르탈인 간 연계성 여부가 격렬한 논쟁의 주제가 되었던 유럽과는 달리, 아시아에서 현생 인류와 그 이전 인류의 연계성은 의심할 여지없이 정설로 받아들여졌으며, 이를 기조로 하는 다지역 연계론(Wolpoff 등, 1984) 역시 큰 지지를 받았다. 특히 중국 출신의 학자들은 저우커우뎬의 호모 에렉투스가 중국에서 발견된 현생 인류의 조상이라는 가설에 대체로 동조하였으며, 중국에서 발견된 호모 에렉투스 화석에서 보이는 형질이 마찬가지로 중국에서 발견된 현생 인류 호모 사피엔스에서도 나타난다는 점에서 그 유사성이 크게 부각되었다(Rosenberg와 Wu, 2013).

유럽 대부분의 고인류학자들이 아프리카 기원설 쪽으로 기울어진 후에도 일부 학자들은 아프리카, 아시아, 그리고 오스트레일리아에서 나온 옛사람 뼈 화석 자료를 바탕으로 다지역 연계 모델을 계속 주장했다(Wolpoff 등, 2001; Wolpoff와 Lee, 2012).

유럽 자료에 관해서는 상반되는 해석들이 있었으나, 중국 고인류학자들은 변함없이 다지역 연계를 강력하게 지지해 왔다. 중국의 고식 호모 사피엔스에서 호모 에렉투스의 형질적 특징들이 발견된다는 사실로 미루어 봤을 때, 최소한 중국에서는 호모 에렉투스와 고식 호모 사피엔스가 연계되어 있다고 볼 수 있다.

동북아시아 지역에서 계속 나타나는 형질적 특징으로는 부삽 모양의 앞니, 얼굴 길이가 짧아지는 경향, 뒤쪽의 치아가 작아지는 경향, 세 번째 어금니의 발육부전, 납작한 코뼈, 앞쪽을 향한 광대뼈가 있으며(Rosenberg와 Wu, 2013; Wolpoff 등, 1984), 시간이 지나면서 그 빈도는 줄어들었으나 여전히 다른 지역에서보다 동아시아 지역에서 더 자주 관찰된다.

다만 여기서 반드시 강조되어야 하는 것은, 이러한 연구 결과들이 시사하는 지역적 연속성의 모델이 마치 촛대와 같이 각 지역에서의 진화가 다른 지역과는 완전히 단절된 채 독립적으로 일어났음을 상정하는 것은 아니라는 사실이다. 서로 다른 지역들 간에는 언제나 유전적 교류가 이루어졌으며, 그로 인해 유전자의 흐름이 발생했다. 따라서 이 모델에 적합한 은유는 촛대나 사다리나 나뭇가지보다는 오히려 '강'에 가깝다(Rosenberg와 Wu, 2013).

고인류학 화석을 바탕으로 하는 연구들은 연속성을 강하게 시사하고 있으며(Etler, 1996; Pope, 1988), 고고학 증거에서도 극적인 기술적 차이 혹은 새로운 기술의 유입이 발견되지 않아 이러한 연속성을 지지하고 있다. 고식과 현대적 얼굴의 특징들이 뒤섞여 있는 것은 유라시아에 걸쳐 상당한 정도의 유전자 교환이 일어났음을 보여주는 증거로도 해석될 수 있으나(Rosenberg와 Wu, 2013), 그러한 고식 특징들이 주민의 연속성을 반영하는지의 여부는 앞으로도 논쟁의 대상이 될 것이다. 왜냐하면 이러한 고식 특징들이 연속성을 반영한다기보다는 현생 인류 집단 내에서 나타나는 자연적인 변이로 인해 나타났다고도 볼 수 있기 때문이다(Kaifu와 Fujita, 2012).

하지만 넓게는 아시아, 그리고 구체적으로는 동북아시아에서는 이 시기에 해당되는 자료가 매우 빈약하다. 후기 플라이스토세 자료가 빈약한 것은 기후 및 환경적 요인으로 이 시기의 사람 뼈가 화석화될 가능성이 낮았기 때문일 수도 있다. 또 한편으로는 극한 환경으로 인해 당시 고인류가 멸종되거나 이 지역을 떠났던 것일 수도 있다(Brown, 2001).

발견된 화석의 수가 적다는 점은 신뢰할 수 있는 연대측정치가 적다는 사실과 합하여 신빙성 있는 자료의 수를 극히 제한적으로 만들었다. 동북아시아 고인류학에서 신뢰할 수 있는 연대 정보의 빈약은 고질적 문제인데(Trinkaus, 2005), 특히 화석 자료가 거의 없는 이 시기에 극명히 나타난다.

최근에 와서는 여러 고인류 화석이 실제로 홀로세, 심지어는 최근 몇백 년 전의 것임이 확인되기도 했다. 예를 들어 오르도스Ordos에서 발견되어 오르도스인이라 불린, 후기 플라이스토세의 화석으로 알려진 넙다리뼈(Wu와 Poirier, 1995)에 대해 방사성 탄소 연대측정을 한 결과 200년 전의 것임이 확인되었다(Keates 등, 2007). 후기 구석기 시대에 매장된 어린이 고인류 화석이라고 알려졌던 한국의 흥수아이 역시 조선시대로 연대측정 결과가 나오기도 했다(de Lumley 등, 2011). 이러한 문제는 허베이성의 라이슈이Laishui, 涞水(Etler, 1996) 화석 등과 같은 중요한 발견들에 대하여 완전하고 체계적으로 기술하는 작업이 늦어지고 있는 상황으로 인해 악화되었다.

저우커우뎬 27지점이라고도 불리는 티엔위엔 동굴Tianyuan, 田园洞은 저우커우뎬에서 호모 에렉투스가 나온 지점과 상층 동굴 가까이에 위치하고 있다(Tong 등, 2004). 방사성 탄소 연대측정으로 3만 9천에서 4만 4천 년 전이라는 연대가 보고되었는데(Shang 등, 2007), 이 연대가 정확하다면 동부 유라시아의 가장 오래된 현생 인류 화석이다(Li 등, 2010). 티엔위엔인에서는 현대적 얼굴 특징들이 보이지만 진니우샨인과 네안데르탈인과도 유사성을 가지고 있는데, 이는 고위도와 추운 환경에 적응한 결과일 수도 있다(Shang과 Trinkaus, 2010).

저우커우뎬 동굴의 상부에 위치해 있는 저우커우뎬 상층 동굴인 산딩둥Upper Cave, 山頂洞에서 발견된 고인류 화석은 분명히 현생 인류로서(Wu와 Wang, 1985), 발견된 두개골 세 점에서 보이는 다양성을 두고, 또 그들이 오늘날 아시아인의 조상이 되는지의 여부를 두고 활발한 논쟁이 진행되어 왔다(Cunningham과 Jantz, 2003; Cunningham과 Wescott, 2002; Harvati, 2009). 저우커우뎬 동굴 상층의 산딩둥을 비롯하여 류장Liujiang, 柳江, 중국 이외의 동북아시아에서 발견된 현생 인류 화석으로는 몽골의 살크히트(Coppens 등, 2008; Tseveendorj 등, 2006; 2016)와 일본의 야마시타-초(Suzuki, 1983; Trinkaus와 Ruff, 1996), 미나토가와Minatogawa, 港川(Coppens 등, 2008), 시라호-사에네타바루 동굴(Nakagawa 등, 2010) 등이 있다.

동북아시아의 고인류 화석은 지역적인 연계성과 세계적인 연계성을 함께 보인다. 몽골의 살크히트는 동북아시아의 고인류 화석에서 볼 수 있는 일반적인 특징을 모두 가지고 있다. 살크히트는 발견 당시 호모 에렉투스일 가능성이 제시되었으나, 저우커우뎬의 호모 에렉투스 및 저우커우뎬 산딩둥의 현생 인류 두개골과 비교한 결과 살크히트의 앞머리는 저우커우뎬 앞머리보다 넓으며 산딩둥 앞머리보다 좁다는 것을 알 수 있다(Tseveendorj 등, 2016). 앞머리가 시간에 따라 점점 넓어지는 경향(그림 8-2)은 인류 진화의 세계적인 특징인 한편, 꾸준히 불룩한 눈두덩(그림 8-3)은 지역적인 특징이다.

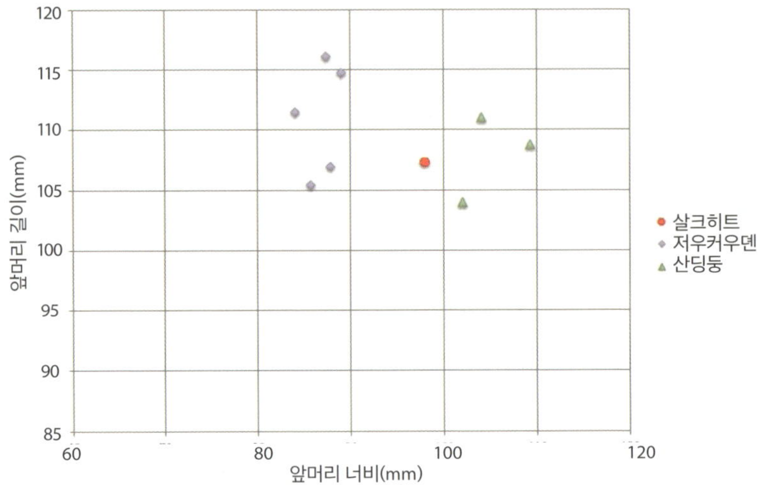

그림 8-2. 세 고인류 집단의 앞머리 계측값 비교

살크히트(●)의 앞머리 너비는 저우커우뎬에서 출토된 호모 에렉투스 두개골 집단(◆)의 앞머리 너비값과 저우커우뎬 산딩둥의 현생 인류 두개골 집단(▲)의 앞머리 너비값 사이에 있다. 저우커우뎬의 두 고인류 집단은 앞머리 길이값에서는 차이를 보이지 않는다. (출처: Tseveendorj 등, 2006)

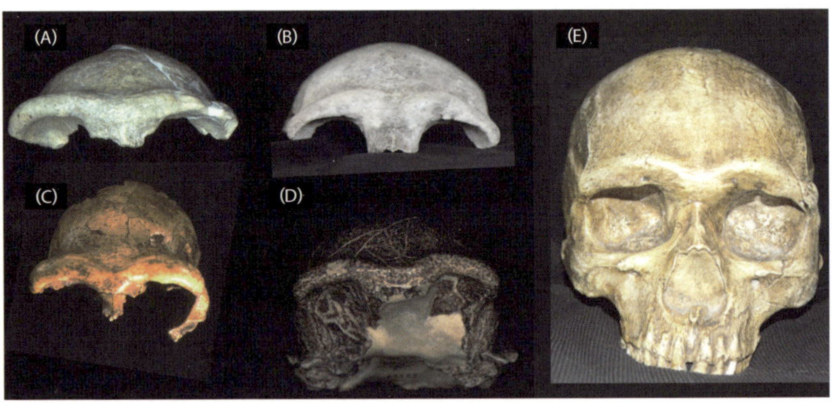

그림 8-3. 앞머리 형태 비교

(A) 저우커우뎬 H5, (B) 살크히트, (C) 저우커우뎬 L3, (D) 저우커우뎬 E1, (E) 산딩둥 101
(출처: (A), (C), (D) 밀포드 월포프; (B), (E) 이상희)

이와 같은 고인류 화석들을 현대 아시아인의 조상으로 볼 수 있을까? 현재 많은 연구자들은 종말기 플라이스토세 주민과 신석기/현대 집단 간의 단절을 상정하고 있다. 이는 종말기 플라이스토세의 얼굴 특징들이 신석기인이나 현대인에서 보이지 않으며, 반대로 오늘날 아시아인의 특징인 중간 얼굴의 너비, 얼굴 길이, 어금니 방향, 코뼈 형태, 튀어나온 턱이 종말기 플라이스토세 주민에서 나타나지 않기 때문이다(Brown, 1999).

영어로 점점 더 많이 출간되고 있는 연구 결과와 출판물들은 앞으로 이 문제를 밝히는 데 많이 기여할 것으로 기대된다. 중국 동북 지역 랴오닝성의 첸양 동굴(Etler, 1996), 간쑤성의 징추엔涇川(Li 등, 2010), 안후이성의 차오시엔Chaoxian, 朝西庵(Liu와 Wu, 2011), 허난성의 링징Lingjing, 灵井(Li 등, 2017)과 같은 유적들에 대한 향후 연구도 기대되는 바이다.

지난 10년간 특히 남중국 유적에서 신뢰도 높은 방사성 탄소 연대측정치가 발표되었다. 그중에서 지렌동Zhirendong, 智人洞은 현재 가장 잘 알려져 있는 유적이다. 지렌동은 2007년에 발견되었으며, 신뢰도 높은 연대측정을 통해 그 시기가 후기 플라이스토세 초반인 10만 년 전 이내로 알려졌다(Liu 등, 2010a). 판시안 다동Panxian Dadong(Liu 등, 2013), 후앙룽Huanglong, 黃龍(Liu 등, 2010b), 라이빈Laibin, 來賓(Shen 등, 2007)과 같은 유적들에 대해 실시한 방사성 탄소 연대측정에 관한 보고들 역시 고무적이다.

세계적인 추세에 맞추어 동북아시아에서도 현생 인류의 기원 논쟁에서 급격하게 부상하는 유전학 자료를 주목할 필요가 있다. 티엔위엔 동굴에서 발견된 4만 년 전 현생 인류의 유전자를 분석한 결과(Fu 등, 2013), 현재 아시아에서 살고 있는 사람들과 북미 원주민과의 연계성이 밝혀졌다. 시베리아 우스트 이심Ust-Ishim의 4만 5천 년 전 현생 인류의 허벅뼈에서 추출한 유전체Genome에서는 유라시아의 평균적인 네안데르탈인의 흔적이 발견되었는데(Fu 등, 2014), 네안데르탈인 유전자의 유입은 7천에서 1만 3천 년 이전에 이미 이루어졌던 것으로 생각된다. 이는 루마니아의 오아세 1호에서 발견된 네안데르탈인 조상의 흔적은 6~9%의 높은 비율로, 4~6세대 전에 네안데르탈인 유전자를 가진 조상을 가지고 있다는 해석이다(Fu 등, 2015).

많지 않은 화석 자료를 대신하여 데니소바 동굴에서 발견된 자료는 플라이스토세 동북아시아의 고식 호모 사피엔스를 새롭게 이해해 볼 수 있는 기회를 제공하였다. 러시아 동남부 알타이 산맥의 데니소바 동굴에서 셋째 어금니를 비롯해 다섯 점의 고인류 화석과 고고학 유물이 발견되었다(Krause 등, 2010). 방사성 탄소 연대측정으로 6만에서 4만 년 전에 동굴 주거가 시작되어 근래에까지 계속 사용된 것으로 밝혀진 데니소바 동굴에서 발견된 화석은 형질적으로도 이제까지 아시아에서 발견된 현생 인류 화석과 차이를 보였으나, 무엇보다도 고DNA 분석을 통해 '데니소바인'으로 알려지게 되었다. 데니소바인의 유전자는 데니소바인이 독자적인 계통을 이루고 네안데르탈인과 20만에서 40만 년 전에 공통 조상으로 가지고 있었으며, 이 공통 조상은 초기 현생 인류의 계통에서 50만 년 전에 갈라져 나온 것으로 밝혀졌으며, 이제까지 알려지지 않은 수수께끼의 고인류 집단과도 섞인 것으로 알려졌다(Krause 등, 2010; Reich 등, 2010).

네안데르탈인과 데니소바인은 현생 인류와 유전자를 섞었으며, 그 흔적은 멜라네시아의 동남아시아인들에게 지금도 남아 있다. 이들에게서 발견되는 섞인 유전자는 인간 면역체HLA(Abi-Rached 등, 2011)나 티베트 고산지대에서 적응하기 위한 적혈구 등(Pääbo, 2015) 생존과 적응에 중요한 기능을 담당하는 것으로 알려져 있다.

데니소바인의 유전자에 대한 결론이 나온 것은 아니다. 그러나 오랜 기간 동안 현생 인류, 데니소바인, 네안데르탈인 사이에 간헐적인 유전자 교류가 지속적으로 이루어져 왔다는 연구는 계속 쌓이고 있다. 데니소바인 아버지와 네안데르탈인 어머니 사이에서 나온 딸의 유전자까지 발표되었다(Slon 등, 2018).

데니소바 동굴에서 인류가 20만에서 30만 년 전부터 살기 시작하여 5만 5천여 년 전까지 꾸준히 살았으며, 그 사이 네안데르탈인이 20만 년 전부터 10만 년 전까지 살았다는 연구 결과는(Douka 등, 2019; Jacobs 등, 2019) 고인류 집단 간의 관계가 훨씬 더 복잡하고 다양하다는 것을 다시 상기시킨다. 달리 말하면, 기존의 고식 현생 인류는 다른 현생 인류 집단과 지속적으로 유전자를 교환하면서 환경에 적응하는 데 도움이 되는 형질을 획득하였다. 또 달리 말하면, 현생 인류는 독립적인 종으로 아프리카에서 기원한 것이 아니라, 각 지역에서 역동적인 유전자 교환을 통해 형성되었음을 알 수 있다.

5. 한반도의 고인류학

한반도는 현재 삼면이 바다로 둘러싸인 반도이지만, 플라이스토세의 마지막 단계까지 지금의 서해 바다가 육지로 한반도와 아시아 대륙이 연결되어 있었던 적이 종종 있었다(그림 8-1). 특히 한반도의 동부가 태백산맥으로 인해 접근이 어려웠던 데 비해, 서부는 상대적으로 낮은 평지로 이루어져 있었고, 현재 중국의 황하 및 양쯔강 평야와 연결되어 있었다. 따라서 한국의 고인류학 자료를 살펴볼 때 동북아시아 전체와 떼어서 생각할 수 없다.

동북아시아에서 발견되는 고인류의 흔적을 210만 년 전까지도 올려 볼 수 있다는 점에 비해, 한반도에서 발견되는 고인류의 흔적은 매우 늦은 편이다. 북한의 검은모루 유적은 한반도에서 발견된 가장 오래된 인류 점거 흔적으로, 중기 플라이스토세인 40만에서 60만 년 전으로 주장되고 있다(박영철, 1992). 이는 동북아시아에서의 인류 흔적이 시작되는 시점인 저우커우뎬 동굴의 연대와 거의 비슷하다. 력포리 및 그 외의 북한 유적들(예를 들어 만달산, 승리산, 금촌)에서 고인류 화석이 보고되었지만, 원본 화석에 대한 접근이 통제되어 있는 만큼 북한의 화석 자료에 대한 분석과 이해의 폭은 한정될 수밖에 없다. 남한에 위치해 있는 두루봉이나 점말 같은 동굴 유적들은 후기 플라이스토세의 종말기에 해당할 가능성이 있다. 한국의 고인류 화석과 관련되어 신뢰도가 높은 방사성 탄소 연대 측정치들이 없는 만큼, 현재로서는 후기 플라이스토세 이전 주민 집단에 관한 연구는 순전히 고고학적 연구에 입각해 있다.

한반도의 고인류 연구의 역사는 길지 않다. 1930년대 북한 지역의 한데 유적 조사에서 시작되었던 고고학 연구는 1940년대부터 1960년대까지 별다른 성과를 보이지 않았다가, 1960년대부터 북한의 수도 평양 근처에서 활발한 발견·발굴 조사가 이루어지기 시작하였다. 이 당시에 조사된 유적으로는 굴포리, 검은모루, 청청암, 해상동 유적 등이 있다. 아쉽지만 이 시대의 활발한 발굴조사 결과가 보고서로 남아 있지 않다.

남한에서는 1960년대를 시작으로 한민족의 유구성에 대한 관심이 높아지면서 고고학 조사가 활발하게 이루어지기 시작하였다. 이에 해당하는 유적으로는 석장리를 비롯해 점말, 두루봉, 빌레못, 전곡리 등이 있다. 활발한 구석기 시대 연구에 비해 고인류 화석을 기초로 하는 연구는 그다지 활발하지 않다.

한반도의 고인류학은 국내에서나 국외에서나 별로 알려져 있지 않은데, 이는 토양의 산성도가 높아서 사람 뼈가 남아 있기 힘들기 때문이다. 화석은커녕 화석화되기 전 사람 뼈의 형태로도 많이 남아 있지 않다. 화석으로 만들어지기 어려운 환경으로 고인류 화석이 발견된 예가 매우 적고, 해당 고인류 화석을 소개하는 논문들이 주로 한국어로 발표되었으며, 고인류 화석의 상당수는 북한에서 소장하여 화석을 직접 관찰할 수 있는 기회가 극히 제한되어 있어 북한에서 출판된 출판문(사회과학원고고학연구소 등, 2009)에 의존할 수밖에 없는 상황이다. 한반도에서 발견되는 고인류 흔적의 수가 적다는 사실이 한반도에서 거주한 고인류의 수가 적었기 때문인지, 단지 발견되지 않았을 뿐인지는 밝혀져야 할 중요한 과제이다.

북한의 고인류 화석은 주로 평양 근처에서 발견되었다. 한반도에서 발견된 인류 화석 중 가장 오래되었다고 알려진 화석은 평양 대현동 력포리에서 발견된 '력포 사람'이다. 석회암 언덕인 력포 유적 주변은 야산과 언덕으로 이루어져 있고, 그 앞에는 하천이 있다. 연대는 중기~후기 플라이스토세로 추정된다. 저우커우뎬과 력포 유적은 위도상으로도 비슷한 위치에 있으며 연대 역시 비슷하여 고환경적으로 별반 다르지 않다. 력포 사람은 미성년 어린이 화석으로서 이마뼈, 마루뼈, 관자뼈가 남아 있으며, 7~8세 정도로 추정된다. 력포 사람의 머리뼈 화석에서는 '고인'과 '신인'의 특징이 섞여서 나타난다고 알려져 있는데(사회과학원고고학연구소 등, 2009), 이는 동북아시아 중기와 후기 플라이스토세의 인류 화석에서 보이는 전반적인 특징이다.

승리산 유적이 있는 덕천시는 평양시에서 동북쪽으로 75km 떨어진 곳이다. 1972~1973년에 진행된 덕천 승리산 유적 발굴조사 결과, 아래층에서 발견된 인류 화석은 절멸종 화석에 기초하여 후기 플라이스토세의 고인으로 분류되었다. 구석기 시대 문화층 아래층에서 '덕천 사람'의 어금니 두 개(아래 첫째 어금니, 위 둘째 어금니), 어깻죽지뼈가 발견되었다. 위층의 '승리산 사람'은 35세 장년 남자의 아래턱뼈 화석으로 신인으로 판정되었다. 아래턱뼈는 크고 두껍고 무거워서 '원시적인' 특징이 잘 나타나고 있다. 턱뼈의 크기, 턱구멍의 위치, 턱매듭의 발달 정도와 안쪽 불룩이 등은 신인 단계를 뒷받침한다.

룡곡 동굴 유적 역시 평양 인근, 평양으로부터 동남쪽으로 45km 떨어진 상원군 룡곡리에 위치한다. 1980~1981년에 발굴조사를 했는데, 이 중 룡곡 제1호 동굴 유적에서 고인류 화석이 발견되었다. 발열형광 분석에 의한 연대가 중기 플라이스토세인 40만에서 50만 년 전으로 측정된 예가 있지만 별로 설득력이 있지는 않다. 동반된 고고학 유물과 동물 뼈를 감안하면 우라늄 연대로 측정된 후기 플라이스토세 4만 6천에서 4만 8천 년 전의 연대가 더욱 신빙성이 있다. 적어도 다섯 사람분의 화석이 발견되었는데, 이 중 구석기 문화층에서 발견된 사람 뼈 화석을 '룡곡 사람'이라고 부른다. 룡곡 사람은 고인으로 분류되어 왔으나, 머리뼈와 턱뼈의 특징에는 고인과 신인의 특징이 섞여 있다. 예를 들면 머리뼈가 전체적으로 둥글고, 눈두덩이 불룩하지 않으며, 얼굴 길이가 짧고, 이마가 곧게 섰으며, 뒷머리뼈에 두덩이 없고, 턱이 있다는 점 등이다.

금천 동굴은 평양시 상원군 중리에 있다. 금천에서 나온 아래턱뼈, 이빨 한 개, 척추뼈 다섯 점은 동반한 동물 뼈에 의거, 3만 년 전으로 추정된다. '금천 사람'으로 불리는 이 화석은 30~35세 정도의 남자이며, 현생 인류(신인)에 속한다. 아래턱뼈의 특징은 약하게 발달된 턱불룩이이다. 턱 이음부 높이는 승리산 사람이나 만달 사람에 비해 훨씬 낮지만, 두께는 거의 비슷하다. 이빨의 크기나 턱구멍의 높이 면에서도 현대인과 비슷한 면과 고인과 비슷한 면이 섞여서 나타난다.

만달 유적은 평양에서 동쪽으로 약 40km 떨어져 있는 동굴 유적이다. 인류 화석과 석기, 동물 뼈가 함께 발견되었는데, 유적에서는 신석기 시대 유물이 함께 나왔다. 퇴적은 대부분 남강의 운반에 의해 이루어졌고, 3개의 문화층이 주장되고 있다. 만달리의 화석은 후기 구석기, 석기 및 절멸종 동물 뼈와 함께 발견되어 주목을 끌었다. 후기 플라이스토세의 짐승 뼈 화석과 함께 나온 만큼 '신인'인 현생 호모 사피엔스로 인정된다. 25~30세 정도의 남자로 추정되는 이유는 울퉁불퉁한 상태, 그리고 뼈물림선의 상태 때문이다. 눈두덩부위는 눈확안쪽웃모서리와 눈두덩사이부에 걸쳐 구분되지 않고 하나의 큰 불룩이를 형성하고 있다. 이는 현대인과 다른데, 현대인의 경우 눈확바깥삼각부와 눈두덩이 구분되어 있고, 눈확안쪽웃모서리나 눈두덩사이부와도 뚜렷한 경계를 보인다. 이마의 경사는 급하고 코뿌리점에서 앞숫구멍점에 이르는 앞머리뼈의 모습은 높은 활등선이다. 이마의 모양은 현대인과 다름이 없다. 웃머리뼈불룩이도 잘 발달되어 있다. 만달 사람의 아래턱뼈는 매우 크고 두꺼우며 무겁다. 아래턱뼈의 전반적인 특징은 현대인과 다름이 없으나, 턱불룩이는 고인에게서 많이 보이는 특징을 보인다. 윤곽은 현대인보다 덜 명확하지만, 웃팔뼈의 크기, 길이, 뼈두께는 현대인과 다름없다.

북한의 고인류 화석이 평양 지역에 집중되어 있다면, 남한의 고인류 증거는 충북 단양군에 집중되어 있다. 상시 유적과 흥수굴에서 사람 뼈 화석이 발견되었는데, 이 중 흥수굴에서는 거의 온전한 사람 뼈 한 개체분이 발견되었다. 사망 당시 5~6세 정도의 아이로 추정되며, 구석기 시대의 매장유구라고 알려졌다. 3만~4만 년 전의 연대가 맞다면 흥수굴은 동아시아에서 보기 드물게 오래된 매장유구이다. 그러나 17~18세기 사람 뼈라는 연대측정 결과(de Lumley 등, 2011)와 더불어 구석기 시대의 매장이라는 주장에 대한 비판도 제기되었다(이상희, 2018).

점말 동굴에서는 손발가락뼈, 발허리뼈가 발견되었는데, 우라늄 계열 연대측정으로 9만 6천에서 1만 8천 년 전까지 광범위한 연대 추정이 가능하다. 구낭굴에서 발견된 발목뼈, 발등뼈, 발가락뼈는 현생 인류에 속하며, 후기 플라이스토세로 추정한다.

북한과 남한의 고인류학 연구에서 중요하게 여겨온 주제는 분류학이다. 따라서 발견된 화석이 어떤 종 혹은 아종에 속하는지가 관건이며 결론인 경우가 많다. 룡곡에 대한 보고서에서도 알 수 있듯이 관심의 중심은 분류학 및 '퇴화론'이다. 현대로 오면서 얼마나 이빨의 크기가 작아졌는지, 아래턱의 크기가 작아졌는지에 대한 관심이 크다. 이는 북한 연구의 초점이 20세기를 넘어선 분류학(두개골 관상학 및 종 분류)을 중심으로 이루어져 왔으며, 거기에 1950~1960년대 미국에서 주로 다루어졌던 퇴화론을 기조로 하고 있다는 것을 알 수 있다.

두개골의 두형에 대한 관심이 높다는 사실은 한반도의 고인류학이 20세기 초반에 왕성했던 인종학의 틀에서 벗어나지 않고 있다는 점을 시사한다. 길이와 너비의 비로써 장두형/단두형으로 분류하는 작업은 특히 20세기 초반 구미에서 많이 사용하던 접근 방식이지만, 그 자체가 갖는 의미는 매우 한정적이다. 무엇보다도 두형이 유전적인 속성보다는 환경적인 속성이 더 강하다는 의견과 팽팽히 맞선 채 어느 한쪽으로 기울어지지 않고 있다.

두형이 분명하게 유전적인 특징이 아니라면 두형 자체를 기반으로 분류하는 것은 아무런 의미가 없다. 특히 "한국인은 주로 단두형이다" 등의 명제는 그 성격을 밝히지 않은 상태에서는 아무런 의미가 없다. 그 성격을 밝힌다는 뜻은, 만약 한국인에게 단두형이 많이 나타난다면 이는 무슨 이유인지, 예를 들어 문화적으로 아이들을 재우는 습성에서 나온 것인지, 혹은 단두형이라는 유전자에서 나온 것인지 확인해 볼 필요가 있는 것이다. 재우는 습성에서 비롯되었다면, 한국인에게 단두형이 많이 나오는 것은 그만큼 문화적 행위가 널리 퍼졌다는 뜻이다. 그러나 단두형과 관련된 유전자가 발현된 결과라면, 단두형 유전자를 가지고 있는 '단두형인'이 한반도로 이주해 왔다는 뜻이다.

력포 사람을 제외하고는 한반도에서 발견된 고인류 화석은 현생 인류인 '신인'에 속한다. 력포 사람 역시 신빙성 있는 연대측정 결과가 발표되지 않았음을 고려하면, 한반도에서의 고인류 화석은 모두 호모 사피엔스에 속한다고 볼 수 있다.

한국 고인류학에서의 문제는 신빙성 있는 연대가 확증된 자료가 거의 없다는 점이다. 이는 무엇보다도 화산 활동이 플라이스토세에 거의 없었다는 데 기인한다. 따라서 한국의 구석기 고고학과 고인류 화석은 동반 유물이 있는 경우 그 유물의 형태학·분류학상으로 연대가 추정되거나, 절멸종 동물 화석이 있는 경우 그에 기초하여 연대가 추정된다. 중기 플라이스토세 이후에는 고인류 화석의 생김새만으로 연대를 추정할 수 없기 때문에 정확한 연대측정 방법을 통한 연대의 확립이 시급하다.

한반도처럼 고인류 화석이 극소수로 발견되는 경우에는 다수의 화석 집단이 발견되기를 기대하기란 무리이다. 동북아시아에서 고인류 화석의 발견 및 데니소바인에 대한 유전학적인 연구가 진행됨에 따라 한반도에서의 자료를 재검토해야 할 필요성이 심각해졌다. 화석 한 점을 두고 연구를 하는 것도 중요하지만, 고고학·지질학·생태학·유전학과의 밀접한 관계 속에서 총체적인 접근을 하는 것이 무엇보다 중요하다.

6. 맺음말

아시아에는 인류가 오랜 기간 거주했으며, 그 기간은 아프리카 대륙 다음으로 길다. 아시아의 고인류 화석 자료에 대한 고인류학적 연구의 역사는 1891년에 외젠 뒤부아Eugène Dubois가 트리닐 두개골을 발견하면서 시작되었다. 20세기에는 아시아에 처음으로 거주한 인류가 중기 플라이스토세에 아프리카를 떠난 집단으로 생각되었고, 이들이 중국 저우커우뎬과 인도네시아 자바에서 발견된 전형적인 호모 에렉투스 화석을 남겼던 것으로 여겨졌다.

그러나 1990년대 이후, 아시아에서 최초의 고인류가 등장한 시기가 동남아시아의 경우 180만 년 전, 동북아시아의 경우 210만 년 전까지 거슬러 올라갈 가능성이 제기되었는데, 만약 이것이 맞다면 아프리카에서 호모속이 처음으로 등장한 시점만큼이나 그 연대가 올라간다. 아시아에 거주했던 고인류가 얼마나 오래되었는지 입증하는 연구 결과는 이 지역의 호모 에렉투스가 아시아에서 기원했을 가능성이 있다는 '아시아 기원설'에 힘을 실어주고 있다.

현재까지 동북아시아의 고인류 연구에서 다루어지고 있는 대부분의 자료는 호모 에렉투스로 불리는 중기 플라이스토세의 화석이다. 동북아시아의 중기 플라이스토세 고인류 화석에는 이 지역에 지배적으로 나타나는 형태적 특징들이 확인되어 다지역 연계론에 대한 강력한 근거가 된다. 그러나 대부분의 화석들은 20세기에 발견되고 연구되었는데, 이들은 신빙성 있는 연대가 없다는 치명적인 단점을 가지고 있다. 21세기에 들어서서 체계적인 연대측정으로 이 문제가 점차적으로 해결되고 있으며, 신뢰도 높은 자료가 차곡차곡 쌓이고 있다.

아시아 현생 인류의 기원과 관련해서는, 저우커우뎬 산딩둥 화석과 같이 통상적으로 '해부학적인 현생 인류'라 불리는 후기 플라이스토세 아시아 주민이 오늘날 아시아 주민의 형성에 직접적으로 기여한 조상으로 볼 수 있는지의 문제에 대해 새롭고도 놀라운 연구 성과들이 나오고 있다. 후기 플라이스토세와 종말기 플라이스토세에 해당되는 새로운 화석의 발견은 현생 인류 기원 논쟁에 새로운 전환점을 마련해 줄 것이다. 가장 관심을 끄는 연구 주제인 아시아에서의 고인류의 기원, 확산 경로, 그리고 후기 플라이스토세의 고인류와 현생 인류의 연계성 여부는 아직도 큰 관심을 모으고 있다.

아시아 자료에 대해서 자주 거론되는 연대의 신뢰성에 대한 문제 제기는 지역 학자들에 대한 신뢰도와도 연결이 된다. 아시아 지역 학자들의 연구 결과는 국가주의적인 동기에 대한 의심을 받는 경우가 많다. 그러나 그러한 의심이 타당하지 않은 경우에도 아시아 지역 학자들의 연구 결과에 대한 신뢰도는 전반적으로 낮은 편이다. 이에 대해서는 식민주의적인 관점이 개입되어 있다는 비판을 면하기 힘들다(Glantz, 2020).

호모 에렉투스든 호모 사피엔스든 논문에서 '식민지화, 점유, 이주' 등의 용어가 사용되는 예를 어렵지 않게 찾을 수 있다. 그러한 맥락에서 고인류학에서의 식민주의성, 근대주의성을 비판 이론의 관점에서 분석하고자 하는 새로운 시도(Porr와 Matthews, 2017)는 환영할 만하다.

아시아의 중요한 일부로서 동북아시아는 긴 연구사와 지속적인 고인류 화석의 발견으로 고인류학에서 중요한 위치를 차지하고 있다. 동북아시아의 고인류학 연구는 동북아시아에서 발견된 자료를 가지고 미국과 프랑스, 영국, 독일의 학자들이 분석하고 의견을 내놓은 것이 주를 이룬다. 이들은 세계적인 관점 속에서 동북아시아의 자료를 분석하는 것처럼 보였지만, 실제로는 이들이 속한 국가에서 중요하게 생각되는 문제들에만 주목해 왔다. 그리고 막상 동북아시아의 고인류학 자료를 배출한 러시아, 중국, 일본 학자들의 연구 결과는 2등급 취급을 받아 왔다. 그 이유에 대해서는 크게 다음 두 가지를 생각해 볼 수 있다.

첫째, 이들의 연구 논문이 영어가 아닌 언어로 쓰여졌고, 서구와 미국에서 출판되는 학회지에 실리지 않았기 때문이다. 혹 이들의 주장이 언급되더라도 일차 자료의 측면에서 언급이 될 뿐, 이론이나 해석의 측면에서는 예외로 취급되어 왔다.

둘째, 이들의 주장이 국가주의적인 편향이 있다는 의심을 받았기 때문이다. 그러한 의심은 많은 사례에서 사실로 드러났지만, 그 의심이 타당하지 않았던 경우에도 그다지 높은 신뢰를 얻지는 못했다.

고인류학 연구에 국가주의적 편향이 작용하는 이유는 한 국가에서 출토된 화석의 연대가 오래될수록 그 국가의 정통성이 강화된다는 인식 때문이다. 중국에서는 오스트랄로피테쿠스가 자국에서 발견되었다는 발표를 크게 다룬 바 있다. 이는 세계의 중심이 중국이라는 중화 사상과도 연결된다. 중국과 북한에서 발견된 고인류 화석의 경우 '네안데르탈인' 인지의 여부가 큰 관심이었기 때문에, 두개골에서 네안데르탈인에게서 나타나는 특징이 발견되자 이를 바탕으로 곧바로 네안데르탈인이라고 분류하기도 했다. 발견된 고인류 화석을 네안데르탈인으로 분류함으로써 중국과 북한의 고인류 역사가 고인류 화석이 발견된 다른 국가들에 비해 뒤처지지 않음을, 즉 그만큼 '정통'한 국가임을 주장하고자 했던 것이다.

중국과 북한의 '네안데르탈인' 주장은 동북아시아가 호모 에렉투스 이후 현생 인류가 아프리카에서 확산될 때까지 '버려진 땅'이라고 간주하던 구미 학계의 이해와 정면으로 충돌한다. 이러한 이론적인 대립과 국가주의적이라는 비평 및 의심으로 인해 인도네시아 고인류 화석의 연대가 180만 년 전으로 측정되었다는 결과 역시 신뢰를 얻지 못했다. 인도네시아 고인류 화석의 연대는 비슷한 연대로 측정된 드마니시 화석의 연대가 받아들여지고 나서야 비로소 신빙성 있는 자료로 인정되었다.

동북아시아의 고인류 자료에 대해서는 전통적인 질문들이 계속되어 왔다. 인류가 한 종으로 언제 어디서 기원했는지, 기원지에서 어떻게 확산 및 이주해 나갔는지, 새 인류가 기존의 인류 종을 대체했는지의 여부가 그것이다. 21세기 고인류학은 동북아시아의 자료로 새로운 질문을 제기하고 대답할 수 있는 중요한 기점에 있다.

참고 문헌

박영철 (1992). 「한국의 구석기 문화: 유적의 현황과 편년 문제」. 『한국고고학보』 28: 5-130.

사회과학원고고학연구소, 전일권, 김광남 (2009). 『북부 조선 지역의 구석기시대 유적』. 경기도 과천시: 진인진.

이상희 (2018). 「흥수아이 1호는 과연 구석기시대 매장 화석인가?」 『한국상고사학보』 100: 205-217.

Abi-Rached, L., Jobin, M. J., Kulkarni, S., McWhinnie, A., Dalva, K., Gragert, L., … & Kimani, J. (2011). The Shaping of Modern Human Immune Systems by Multiregional Admixture with Archaic Humans. *Science* 334(6052): 89-94.

An, Z., & Ho, C. K. (1989). New magnetostratigraphic dates of Lantian Homo erectus. *Quaternary Research* 32(2): 213-221.

Andrews, P. J. (1984). On the characters that define Homo erectus. *Courier Forschungsinstitut Senckenberg* 69: 167-175.

Antón, S. C. (2002). Evolutionary significance of cranial variation in Asian Homo erectus. *American Journal of Physical Anthropology* 118(4): 301-323.

Antón, S. C. (2003). Natural history of Homo erectus. American Journal of Physical Anthropology. *Supplement: Yearbook of Physical Anthropology* 122(S37): 126-170.

Antón, S. C. (2007). Climatic Influences on the evolution of early Homo? *Folia Primatologica* 78(5-6): 365-388.

Antón, S. C. (2012). Early Homo: Who, When, and Where. *Current Anthropology* 53(S6): S278-S298.

Antón, S. C., & Swisher, C. C. I. (2004). Early Dispersals of Homo from Africa. *Annual Review of Anthropology* 33(1): 271-296.

Baab, K. L. (2010). Cranial shape in Asian Homo erectus: Geographic, anagenetic, and size-related variation. In C. J. Norton, & D. R. Braun (Eds.), *Asian Paleoanthropology* (pp. 57-79). Netherlands: Springer.

Bae, C. J. (2010). The late Middle Pleistocene hominin fossil record of eastern Asia:

Synthesis and review. *American Journal of Physical Anthropology* 143(S51): 75-93.

Binford, L. R., Ho, C. K., Aigner, J. S., Alimen, M-H., Borrero, L. A., Te-K'un, C., … & Zune, L. (1985). Taphonomy at a Distance: Zhoukoudian, "The Cave Home of Beijing Man"? [and Comments and Reply]. *Current Anthropology* 26(4): 413-442.

Binford, L. R., Stone, N. M., Aigner, J. S., Behrensmeyer, A. K., Haynes, G., Olsen, J. W., … & Yu-Zhu, Y. (1986). Zhoukoudian: A Closer Look [and Comments and Reply]. *Current Anthropology* 27(5): 453-475.

Black, D. (1927). On a lower molar hominid tooth from Chou-Kou-Tien deposit. *Palaeontologia Sinica Series D* 7(1): 1-28.

Brown, P. (1999). The first modern East Asians?: another look at Upper Cave 101, Liujiang and Minatogawa 1. In K. Omoto (Ed.), *Interdisciplinary Perspectives on the Origins of the Japanese* (pp. 105-131). Kyoto: International Research Center for Japanese Studies.

Brown, P. (2001). Chinese Middle Pleistocene hominids and modern human origins in east Asia. In L. Barham, & K. Robson Brown (Eds.), *Human Roots — Africa and Asia in the Middle Pleistocene* (pp. 135-147). Bristol: Western Academic & Specialist Press.

Chen, T., Yuan, S., & Guo, S. (1984). The study of uranium series dating of fossil bones and an absolute age sequence for the main Paleolithic sites of north China. *Acta Anthropologica Sinica* 3: 259-268.

Ciochon, R. L. (2009). The mystery ape of Pleistocene Asia. *Nature* 459(7249): 910-911.

Coppens, Y., Tseveendorj, D., Demeter, F., Turbat, T., & Giscard, P.-H. (2008). Discovery of an archaic Homo sapiens skullcap in Northeast Mongolia. *Comptes Rendus Palevol* 7(1): 51-60.

Cunningham, D. L., & Jantz, R. L. (2003). The morphometric relationship of Upper Cave 101 and 103 to modern Homo sapiens. *Journal of Human Evolution* 45(1): 1-18.

Cunningham, D. L., & Wescott, D. J. (2002). Within-group human variation in the Asian Pleistocene: The three Upper Cave crania. *Journal of Human Evolution* 42 (5): 627-638.

Darwin, C. (1859). *On the Origin of Species by Means of Natural Selection*. London: John Murray.

Darwin, C. (1871). *The Descent of Man, and Selection in Relation to Sex*. London: John Murray.

de Lumley, H., Cauche, D., Celiberti, V., Khatib, S., Lartigot-Campin, A.-S., Lebatard, A.-E., … & Moles, V. (2011). *Les industries du Paléolithique ancien de Corée du Sud dans leur contexte stratigraphique et Paléoécologique. Leur place parmi les cultures du Paléolithique ancien en Eurasie et en Afrique*. Paris, France: CNRS Editions.

Dennell, R. (2016). Life without the Movius Line: The structure of the East and South-east Asian Early Palaeolithic. *Quaternary International* 400: 14-22.

Dennell, R., & Roebroeks, W. (2005). An Asian perspective on early human dispersal from Africa. *Nature* 438(7071): 1099-1104.

Dennell, R. W. (2001). From Sangiran to Olduvai, 1937-1960: The quest for 'centres' of hominid origins in Asia and Africa. In R. Corbey, & W. Roebroeks (Eds.), *Studying Human Origins* (pp. 145-166). Amsterdam: Amsterdam University Press.

Dennell, R. W., Rendell, H., & Hailwood, E. (1988). Early tool-making in Asia: Two-million-year-old artefacts in Pakistan. *Antiquity* 62(234): 98-106.

Dong, W. (2016). Biochronological framework of Homo erectus horizons in China. *Quaternary International* 400(2): 47-57.

Douka, K., Slon, V., Jacobs, Z., Ramsey, C. B., Shunkov, M. V., Derevianko, A. P., … & Comeskey, D. (2019). Age estimates for hominin fossils and the onset of the Upper Palaeolithic at Denisova Cave. *Nature* 565(7741): 640-644.

Etler, D. A. (1996). The fossil evidence for human evolution in Asia. *Annual Review of Anthropology* 25: 275-302.

Fu, Q., Hajdinjak, M., Moldovan, O. T., Constantin, S., Mallick, S., Skoglund, P., … & Viola, B. (2015). An early modern human from Romania with a recent Neanderthal ancestor. *Nature* 524: 216.

Fu, Q., Li, H., Moorjani, P., Jay, F., Slepchenko, S. M., Bondarev, A. A., … & Meyer, M. (2014). Genome sequence of a 45,000-year-old modern human from western Siberia. *Nature* 514(7523): 445-449.

Fu, Q., Meyer, M., Gao, X., Stenzel, U., Burbano, H. A., Kelso, J., & Pääbo, S. (2013). DNA analysis of an early modern human from Tianyuan Cave, China. *Proceedings of the National Academy of Sciences* 110(6): 2223-2227.

Gabunia, L., & Vekua, A. (1995). A Plio-Pleistocene hominid from Dmanisi, East

Georgia, Caucasus. *Nature* 373(6514): 509-512.

Gabunia, L., Vekua, A., Lordkipanidze, D., Swisher, C. C., Ferring, R., Justus, A., ⋯ & Jöris, O. (2000). Earliest Pleistocene hominid cranial remains from Dmanisi, Republic of Georgia: Taxonomy, geological setting, and age. *Science* 288(5468): 1019-1025.

Glantz, M. M. (2020). Hegemony and the Central Asian Paleolithic record: Perspectives on Pleistocene landscapes and morphological mosaicism. In C. Willermet, & S.-H. Lee (Eds.), *Evaluating Evidence in Biological Anthropology: The Strange and the Familiar* (pp. 35-54). Cambridge: Cambridge University Press.

Gu, Y., & Jablonski, N. G. (1989). A reassessment of Megamacaca lantianensis of Gongwangling, Shaanxi Province. *Acta Anthropologica Sinica* 8: 343-346.

Haeckel, E. (1876). *Naturphilosophie*. Jena: Fischer.

Han, F., Sun, C., Bahain, J.-J., Zhao, J., Lin, M., Xing, S., & Yin, G. (2016). Coupled ESR and U-series dating of fossil teeth from Yiyuan hominin site, northern China. *Quaternary International* 400: 195-201.

Harvati, K. (2009). Into Eurasia: A geometric morphometric re-assessment of the Upper Cave (Zhoukoudian) specimens. *Journal of Human Evolution* 57(6): 751-762.

Henke, W. (2015). Historical Overview of Paleoanthropological Research. In W. Henke, & I. Tattersall (Eds.), *Handbook of Paleoanthropology* (pp. 3-95). Berlin, Heidelberg: Springer Berlin Heidelberg.

Hu, Y., Marwick, B., Zhang, J.-F., Rui, X., Hou, Y.-M., Yue, J.-P., ⋯ & Li, B. (2019). Late Middle Pleistocene Levallois stone-tool technology in southwest China. *Nature* 565(7737): 82.

Jacobs, Z., Li, B., Shunkov, M. V., Kozlikin, M. B., Bolikhovskaya, N. S., Agadjanian, A. K., ⋯ & Roberts, R. G. (2019). Timing of archaic hominin occupation of Denisova Cave in southern Siberia. *Nature* 565(7741): 594.

Jia, L. P. (1985). China's earliest palaeolithic assemblages. In R. K. Wu, & J. W. Olsen (Eds.), *Palaeoanthropology and Palaeolithic Archaeology in the People's Republic of China* (pp. 135-146). Orlando: Academic Press.

Kaifu, Y., & Fujita, M. (2012). Fossil record of early modern humans in East Asia. *Quaternary International* 248(0): 2-11.

Keates, S. G., Hodgins, G. W. L., Kuzmin, Y. V., & Orlova, L. A. (2007). First direct dating of a presumed Pleistocene hominid from China: AMS radiocarbon age of a femur from the Ordos Plateau. *Journal of Human Evolution* 53(1): 1-5.

Kidder, J. H., & Durband, A. C. (2004). A re-evaluation of the metric diversity within Homo erectus. *Journal of Human Evolution* 46(3): 297-313.

Klein, R. G. (2009). *The Human Career*. Chicago: University of Chicago Press.

Krause, J., Fu, Q., Good, J. M., Viola, B., Shunkov, M. V., Derevianko, A. P., & Pääbo, S. (2010). The complete mitochondrial DNA genome of an unknown hominin from southern Siberia. *Nature* 464(7290): 894-897.

Lee, S.-H., & Wolpoff, M. H. (2003). The pattern of Pleistocene human brain size evolution. *Paleobiology* 29(2): 185-195.

Lee-Thorp, J., Likius, A., Mackaye, H. T., Vignaud, P., Sponheimer, M., & Brunet, M. (2012). Isotopic evidence for an early shift to C4 resources by Pliocene hominins in Chad. *Proceedings of the National Academy of Sciences* 109(50): 20369-20372.

Li, H., Wu, X.-J., Li, S. H., Huang, W. W., & Liu, W. (2010). Late Pleistocene human cranium from Jingchuan, Gansu Province. *Chinese Science Bulletin* 55(1): 1947-1952.

Li, Z.-Y., Wu, X.-J., Zhou, L.-P., Liu, W., Gao, X., Nian, X.-M., & Trinkaus, E. (2017). Late Pleistocene archaic human crania from Xuchang, China. *Science* 355(6328): 969-972.

Liu, W., Jin, C. Z., Zhang, Y. Q., Cai, Y. J., Xing, S., Wu, X. J., … & An, Z. S. (2010a). Human remains from Zhirendong, South China, and modern human emergence in East Asia. *Proceedings of the National Academy of Sciences* 107(45): 19201-19206.

Liu, W., Wu, X., Pei, S., Wu, X., & Norton, C. J. (2010b). Huanglong Cave: A Late Pleistocene human fossil site in Hubei Province, China. *Quaternary International* 211(1-2): 29-41

Liu, W., Schepartz, L. A., Xing, S., Miller-Antonio, S., Wu, X., Trinkaus, E., & Martinón-Torres, M. (2013). Late Middle Pleistocene hominin teeth from Panxian Dadong, South China. *Journal of Human Evolution* 64(5): 337-355.

Liu, W., & Wu, X. (2011). The hominid fossils from China contemporaneous with the Neanderthals and some related studies. In S. Condemi & G.-C. Weniger (Eds.), *Continuity and Discontinuity in the Peopling of Europe: One Hundred Fifty Years of Neanderthal Studies* (pp. 77-87). Dordrecht: Springer.

Mayr, E. (1950). Taxonomic categories in fossil hominids. *Cold Spring Harbor Symposia on Quantitative Biology* 15: 109-118.

Morwood, M. J., O'Sullivan, P., Susanto, E., & Aziz, F. (2003). Revised age for Mojokerto 1, an early Homo erectus cranium from East Java, Indonesia. *Australian Archaeology* 57(1): 1-4.

Movius, H. L., Jr. (1948). The Lower Palaeolithic Cultures of Southern and Eastern Asia. *Transactions of the American Philosophical Society* 38(4): 329-420.

Nakagawa, R., Doi, N., Nishioka, Y., Nunami, S., Yamauchi, H., Fujita, M., … & Matsuzaki, H. (2010). Pleistocene human remains from Shiraho-Saonetabaru Cave on Ishigaki Island, Okinawa, Japan, and their radiocarbon dating. *Anthropological Science* 118(3): 173-183.

Norton, C. J., & Gao, X. (2008). Hominin-carnivore interactions during the Chinese Early Paleolithic: Taphonomic perspectives from Xujiayao. *Journal of Human Evolution* 55(1): 164-178.

Norton, C. J., Gao, X., Liu, W., Braun, D. R., & Wu, X. (2010). Central-East China – A Plio-Pleistocene Dispersal Corridor: The Current State of Evidence for Hominin Occupations. In C. J. Norton, & D. R. Braun (Eds.), *Asian Paleoanthropology* (pp. 159-168). Netherlands: Springer.

Pääbo, S. (2015). The contribution of ancient hominin genomes from Siberia to our understanding of human evolution. *Herald of the Russian Academy of Sciences* 85 (5): 392-396.

Pope, G. G. (1988). Recent advances in far eastern paleoanthropology. *Annual Reviews in Anthropology* 17: 43-77.

Porr, M., & Matthews, J. M. (2017). Post-colonialism, human origins and the paradox of modernity. *Antiquity* 91(358): 1058-1068.

Rabett, R. J. (2012). *Human Adaptation in the Asian Palaeolithic: Hominin Dispersal and Behaviour during the Late Quaternary*. Cambridge University Press.

Reich, D., Green, R. E., Kircher, M., Krause, J., Patterson, N., Durand, E. Y., … & Maricic, T. (2010). Genetic history of an archaic hominin group from Denisova Cave in Siberia. *Nature* 468(7327): 1053.

Rightmire, G. P. (1990). *The Evolution of Homo Erectus. Comparative Anatomical Studies of an Extinct Human Species*. Cambridge: Cambridge University Press.

Rosenberg, K. R., & Wu, X. (2013). A river runs through it: Modern human origins in

East Asia. In F. H. Smith, & J. C. M. Ahern (Eds.), *Origins of Modern Humans: Biology Reconsidered, Second Edition* (pp. 89-121). New York: Wiley.

Schwartz, J. H., & Tattersall, I. (1996). Whose teeth? *Nature* 381(6579): 201-202.

Semaw, S. (2000). The world's oldest stone artefacts from Gona, Ethiopia: Their implications for understanding stone technology and patterns of human evolution between 2.6-1.5 million years ago. *Journal of Archeological Sciences* 27(12): 1197-1214.

Shang, H., Tong, H., Zhang, S., Chen, F., & Trinkaus, E. (2007). An early modern human from Tianyuan Cave, Zhoukoudian, China. *Proceedings of the National Academy of Sciences of the United States of America* 104(16): 6573-6578.

Shang, H., & Trinkaus, E. (2010). *The early modern human from Tianyuan Cave, China*. College Station: Texas A & M University Press.

Shen, C., Zhang, X., & Gao, X. (2016). Zhoukoudian in transition: Research history, lithic technologies, and transformation of Chinese Palaeolithic archaeology. *Quaternary International* 400: 4-13.

Shen, G., Ku, T.-L., Cheng, H., Edwards, R. L., Yuan, Z., & Wang, Q. (2001). High-precision U-series dating of Locality 1 at Zhoukoudian, China. *Journal of Human Evolution* 41(6): 679-688.

Shen, G., Wang, W., Cheng, H., & Edwards, R. L. (2007). Mass spectrometric U-series dating of Laibin hominid site in Guangxi, southern China. *Journal of Archeological Sciences* 34(12): 2109-2114.

Shipman, P., & Storm, P. (2002). Missing links: Eugène Dubois and the origins of paleoanthropology. *Evolutionary Anthropology* 11(3): 108-116.

Slon, V., Mafessoni, F., Vernot, B., de Filippo, C., Grote, S., Viola, B., … & Douka, K. (2018). The genome of the offspring of a Neanderthal mother and a Denisovan father. *Nature* 561(7721): 113.

Suzuki, H. (1983). L'homme de Yamashita-cho. Un homme fossile du Pleistocene de l'île d'Okinawa (en anglais). *Bulletins et Mémoires de la Société d'anthropologie de Paris* 81-87.

Swisher, C. C., III, Curtis, G. H., Jacob, T., Getty, A. G., Suprijo, A., & Widiasmoro. (1994). Age of the earliest known hominids in Java, Indonesia. *Science* 263(5150): 1118-1121.

Tchernov, E. (1988). The age of Ubeidiya formation (Jordan Valley, Israel) and the earliest hominids in the Levant. *Paléorient* 14(2): 63-65.

Thorne, A. G., & Wolpoff, M. H. (1981). Regional continuity in Australasian Pleistocene hominid evolution. *American Journal of Physical Anthropology* 55(3): 337-349.

Tong, H., Shang, H., Zhang, S., & Chen, F. (2004). A preliminary report on the newly found Tianyuan Cave, a Late Pleistocene human fossil site near Zhoukoudian. *Chinese Science Bulletin* 49: 853-857.

Trinkaus, E. (2005). Early modern humans. *Annual Review of Anthropology* 34(1): 207-230.

Trinkaus, E., & Ruff, C. B. (1996). Early modern human remains from eastern Asia: The Yamashita-cho 1 immature postcrania. *Journal of Human Evolution* 30(4): 299-314.

Tseveendorj, D., Batbold, N., & Amgalantogs, T. (2006). Mongolanthropus was discovered in Mongolia. *Studia Archeologica Instituti Archaeologici Academiae Scientiarum Mongolicae* 23(3): 5-10 (in Mongolian).

Tseveendorj, D., Gunchinsuren, B., Gelegdorj, E., Yi, S., & Lee, S.-H. (2016). Patterns of human evolution in northeast Asia with a particular focus on Salkhit. *Quaternary International* 400(2): 175-179.

Walker, A. C., & Leakey, R. E. F. (Eds.) (1993). *The Nariokotome Homo erectus Skeleton*. Cambridge: Harvard University Press.

Weidenreich, F. (1943). The skull of Sinanthropus pekinensis: A comparative study of a primitive hominid skull. *Palaeontologia Sinica, New Series D* 10 (Whole Series No. 127).

Wolpoff, M. H., Hawks, J. D., Frayer, D. W., & Hunley, K. (2001). Modern human ancestry at the peripheries: A test of the replacement theory. *Science* 291(5502): 293-297.

Wolpoff, M. H., & Lee, S.-H. (2012). The African origin of recent humanity. In S. C. Reynolds, & A. Gallagher (Eds.), *African Genesis: Perspectives on Hominin Evolution* (pp. 347-364). Cambridge, UK: Cambridge University Press.

Wolpoff, M. H., Thorne, A. G., Jelínek, J., & Zhang, Y. (1994). The case for sinking Homo erectus: 100 years of Pithecanthropus is enough! In J. L. Franzen (Ed.), *100 years of Pithecanthropus: The Homo erectus problem* (pp. 341-361). Frankfurt.

Wolpoff, M. H., Wu, X., & Thorne, A. G. (1984). Modern Homo sapiens origins: A general theory of hominid evolution involving the fossil evidence from East Asia. In F. H. Smith, & F. Spencer (Eds.), *The Origins of Modern Humans* (pp. 411-483). London: Alan R. Liss.

Woo, J.-K. (1964). Mandible of Sinanthropus Lantianensis. *Current Anthropology* 5(2): 98-101.

Woo, J.-K. (1966). The Skull of Lantian Man. *Current Anthropology* 7(1): 83-86.

Wu, X. (1988). Comparative study of early Homo sapiens from China and Europe. *Acta Anthropologica Sinica* 7(3): 287-293.

Wu, X. (2000). Longgupo hominoid mandible belongs to ape. *Acta Anthropologica Sinica* 19: 1-10.

Wu, X., & Athreya, S. (2013). A description of the geological context, discrete traits, and linear morphometrics of the Middle Pleistocene hominin from Dali, Shaanxi Province, China. *American Journal of Physical Anthropology* 150(1): 141-157.

Wu, X., & Poirier, F. E. (1995). *Human Evolution in China: A Metric Description of the Fossils and a Review of the Sites*. New York: Oxford University Press.

Wu, X., & Wang, L. (1985). Chronology in Chinese paleoanthropology. In R. K. Wu, & J. W. Olsen (Eds.), *Paleoanthropology and Paleolithic Archeology in the People's Republic of China* (pp. 29-51). New York: Academic.

Zhang, Y. (1985). Gigantopithecus and "Australopithecus" in China. In R. K. Wu, & J. W. Olsen (Eds.), *Paleoanthropology and Paleolithic Archaeology in the People's Republic of China* (pp. 69-78). New York: Academic Press.

Zhu, R., An, Z., Potts, R., & Hoffman, K. A. (2003). Magnetostratigraphic dating of early humans in China. *Earth-Science Reviews* 61(3-4): 341-359.

Zhu, R. X., Potts, R., Pan, Y. X., Yao, H. T., Lü, L. Q., Zhao, X., … & Deng, C. L. (2008). Early evidence of the genus Homo in East Asia. *Journal of Human Evolution* 55(6): 1075-1085.

Zhu, R. X., Potts, R., Xie, F., Hoffman, K. A., Deng, C. L., Shi, C. D., … & Shi, G. H. (2004). New evidence on the earliest human presence at high northern latitudes in northeast Asia. *Nature* 431(7008): 559.

Zhu, Z., Dennell, R., Huang, W., Wu, Y., Qiu, S., Yang, S., … & Ouyang, T. (2018). Hominin occupation of the Chinese Loess Plateau since about 2.1 million years ago. *Nature* 559(7715): 608.

| 제5부 |

사람뼈대학의 응용

제 9장 얼굴복원과 인류학 연구 적용 사례
제10장 전사자 및 민간인 희생자 유해 발굴

제9장

얼굴복원과 인류학 연구 적용 사례

이원준

*살아 있거나 죽은 사람으로부터 얻은 신상 및 생체 정보를 동일인으로 추정되는 사람에게서 수집한 정보와 대조하여 인물들 간의 동일성 여부를 판단하는 것을 신원 확인이라 한다. 여기에 이용될 수 있는 생체 정보는 뼈와 피부를 망라한 모든 신체 부위와 구성 요소가 해당된다. 대표적으로 지문, 치열, 혈관, 홍채, 혈액형, 유전자 등이 있다.

과학수사 목적의 신원 확인에 활용되는 생체 정보는 다른 사람의 것과 구분되는 고유성과 특이성을 지니고 있어야 한다. 이를테면 손가락과 발가락의 개수는 거의 모든 사람들에게 공통적인 것으로 어떤 한 사람의 고유한 특성이 될 수 없다. 고유성과 특이성을 가지는 대표적인 신체 부위에 얼굴이 빠질 수 없다. 얼굴을 구성하고 지탱하는 틀이 되는 머

*이 장은 국립김해박물관 특별전시 『뼈? 뼈! 고인골, 개인의 삶에서 시대의 문화를 읽다』 자료집 「옛 사람의 얼굴을 복원하다」 편(이원준, 2015)과 계간 『한국의 고고학』 제35권 「고고학 연구에 법의학적 얼굴복원의 적용」(이원준 등, 2017)에서 언급된 내용의 일부를 포함하여 구성하였다.

리뼈 또한 얼굴 못지않은 고유성과 특이성을 띠고 있어 신원 확인에 중요한 수단으로 쓰이고 있다.

과거부터 현재에 이르기까지 인류의 생물학적 진화와 변이를 연구하는 생물인류학biological anthropology에서 사람의 뼈대에 대한 연구는 큰 비중을 차지한다. 생물인류학의 응용분과 학문인 법의인류학forensic anthropology은 뼈를 통해서 사인과 신원을 밝히는 것을 주된 목표로 한다(Iscan과 Helmer, 1993). 뼈대 중에서 특히 머리뼈는 신원 확인에 있어서 중요한 역할을 하는데, 머리뼈 분석을 통해 주인공의 성, 나이, 인종 등을 추정하여 신원을 하나씩 밝혀 나가는 데 중요한 정보를 제공한다. 법의인류학 분야에서 머리뼈와 얼굴을 이용한 신원 확인 방법을 머리뼈얼굴신원확인craniofacial identification이라고 한다(Wilkinson과 Rynn, 2012).

최근에는 옛사람의 모습과 배경이 되는 당대의 삶에 대한 관심 증가로 사료적 가치가 있는 인물이나 고대인 혹은 인류 조상의 머리뼈나 초상화 연구에 머리뼈얼굴 신원확인 방법이 널리 사용되고 있다(Hamre 등, 2017). 이 장에서는 머리뼈얼굴 신원확인 방법 중에 대표적인 얼굴복원에 대하여 알아보고, 이 방법이 우리나라에서 발굴된 옛사람 뼈 연구에 적용된 사례들을 소개하고자 한다. 그리고 향후 학제 간 협업 연구에 있어서 머리뼈얼굴 신원확인의 기술과 기법을 어떻게 발전적으로 적용시켜 나갈 것인가에 대해 살펴보고자 한다.

1. 얼굴복원이란?

오늘날 과학수사 기법이 눈부시게 발전하면서 사람의 신원을 확인할 때에도 이전보다 더 전문화된 방법들을 개발하여 사용하고 있다. 지문 감식, 유전자 분석, 법치의학, 법의인류학 감정 등이 우리가 흔히 알고 있는 전통적이고 강력한 방법들이다.

하지만 일반적으로 사용하는 법과학·법의학적 방법을 통해서 신원 확인이 되지 않는 경우가 생겨난다. 예를 들어 사망 후 많은 시간이 지나 백골로 발견된 시신의 경우에는 신원을 특정하는 데 도움이 되는 많은 생체 정보가 이미 사라진 뒤라서 신원 확인에 큰 어려움을 겪을 수 있다. 심지어 뼈에서 유전자 추출이 안 되는 경우도 많이 발생한다. 이 경우 머리뼈로부터 생전의 얼굴을 추정하면 그 인물의 신원을 확인하는 데 도움이 될 수 있다. 이 방법을 법의학적 얼굴복원forensic craniofacial reconstruction/approximation이라 하는데, 사람의 머리뼈나 혹은 그 복제 모형을 토대로 과학적으로 연구된 눈, 코, 입 등의 얼굴 구성 요소(얼굴형태소) 예측 방법과, 평균얼굴물렁조직 측정값 그리고 예술적 기법을 동원하여 생전 얼굴 모습을 예측함으로써 신원 확인이나 얼굴 인지에 이용하는 기법을 말한다(Wilkinson, 2004).

신원 확인을 위해 완성된 얼굴복원은 주로 신문이나 방송, 인터넷 등 대중매체를 통해서 다수의 사람들에게 공개된다. 그렇게 하여 신원 확인 대상자의 가족이나 친지 또는 생전 지인들이 복원된 얼굴을 알아볼 수 있게 되고, 그다음 단계로 보다 정밀한 추가적인 개인 식별 분석을 통해 그 신원을 최종 확인하게 된다.

얼굴복원은 과학수사 분야뿐만 아니라 옛 우리 조상들의 삶과 생물학적 특성을 연구하는 데에도 이용될 수 있다. 옛사람들에 대한 오늘날 우리의 궁금증은 당시 사람들의 얼굴 생김새에 대한 관심으로도 이어지고 있다. 사진이나 초상화 등이 남아 있지 않은 역사적 중요 인물들, 고고학적으로 가치가 있는 옛사람 뼈대나 미라, 인류 조상의 화석 연구에 얼굴복원 기법을 적용하여 다양한 분야의 연구 결과들과 함께 학문적 성과를 시각적으로 집대성하는 데 쓰이고 있다. 이러한 작업은 높은 학술적 가치뿐만 아니라 일반인들의 역사에 대한 궁금증을 충족시켜 주는 역할도 하고 있다(Prag와 Neave, 1997).

하나의 얼굴복원이 완성되기 위해서는 사람 몸의 구조와 기능에 대한 기본 지식을 제공하는 의학 및 치의학, 시신과 뼈에 대한 감식과 성별, 나이, 인종 등 신체 정보를 연구하는 생물·법의인류학 및 고고학, 인간의 신체에 전반적 영향을 미칠 수 있는 생활과 문화, 역사학과 문화인류학, 얼굴 인식과 복원된 얼굴의 정확성 연구에 기본이 되는 인지심리학, 자동화 얼굴복원 기법의 개발과 적용을 위한 컴퓨터공학, 복원 얼굴의 최종 완성을 위한 미술 기법 등 많은 분야들 간의 협력 연구가 이루어져야 한다.

2. 얼굴복원의 역사

인간의 얼굴에 대한 관심은 시대와 문화권 그리고 역사를 초월한다. 현세에 더 이상 존재하지 않는 조상을 기리는 여러 가지 방법 중 하나로 여러 고대 문명권에서는 머리뼈를 사용했다(Collon, 1995). 그 대표적인 유물로는 예리코Jericho(지금의 팔레스타인 지역 요르단강 서안에 기원전 9000년 전 토기 없는 신석기 시대부터 형성되기 시작했던 세계에서 가장 오래된 도시국가 가운데 하나) 지역에서 출토된 회반죽 머리뼈plastered skull가 있다(그림 9-1).

실제 머리뼈 위에 생전 얼굴 형태를 빚기 위해 회반죽을 입힌 이 유물들은 기원전 7000~6000년 사이에 만들어진 것으로 추정되며, 출토된 머리뼈 유물들은 아래턱뼈가 없는 상태에서 얼굴의 전체 윤곽을 회반죽을 이용해 형상화하였고, 눈동자 부위는 조개를 이용하여 실제에 가깝게 묘사하려 했던 노력의 흔적이 보인다.

해당 유적에 대한 연구를 종합해 보면, 당시 이 지역 사람들은 장례를 지낼 때 시신의 머리를 분리해 따로 매장하고 시간이 흐른 뒤 이를

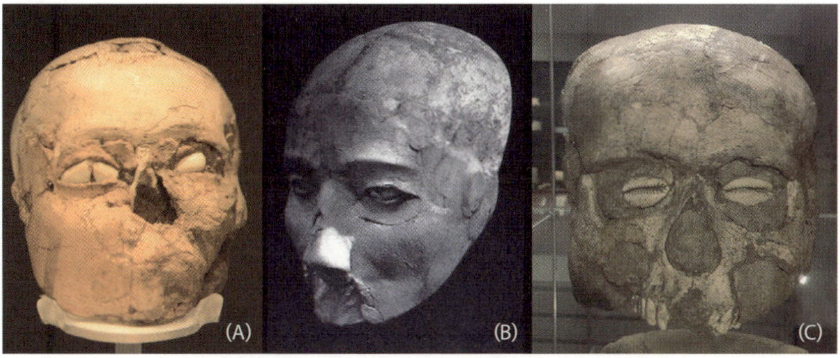

그림 9-1. 예리코에서 출토된 여러 형태의 회반죽 머리뼈

(출처: (A) 영국박물관, (B) 런던대학, (C) 옥스퍼드대학 소재. (C)는 곽민수 촬영 및 제공)

다시 수습하거나, 전에 매장했던 시신의 뼈대를 이장하면서 머리뼈만 따로 취한 뒤 복원하여 제례에 사용하고 복원한 머리뼈를 다시 땅에 묻었던 것으로 추정된다(Janson과 Janson, 1962).

이러한 제례 목적의 얼굴복원은 오늘날의 얼굴복원처럼 정확한 얼굴 모습을 만들기 위한 의도로 이루어진 것은 분명 아닐 것이다. 하지만 회반죽 머리뼈 예에서 나타나듯이 얼굴의 생김새를 눈, 코, 입의 비율에 따라 가능한 정확히 만들어 내려는 노력을 엿볼 수 있다. 이는 오늘날 얼굴복원의 기본 원리가 되는 것으로, 이 머리뼈 유물들은 만들었던 이들의 의도와는 상관없이 얼굴복원 역사의 기원으로 간주할 만한 한 단면을 보여준다고 할 수 있다.

회반죽 머리뼈를 제례에 이용했던 선사시대 이후 죽은 이에 대한 또 다른 형태의 장례 문화가 등장하게 되는데, 이것이 바로 미라mummy와 데스마스크death mask이다. 미라 처리법은 조상의 몸을 사후에도 그대로 보존하고자 했던 노력의 하나였다. 데스마스크는 임종 직후 얼굴의 본을 떠 그 형태를 기록하고 보존하여 후세에 전달하려던 방법이었다. 현재까지 전해져 내려오는 최초의 데스마스크는 기원전 1370년으로 추정되는 이집트 무덤에서 발견된 것인데, 석고를 이용해서 음형을 떠서 밀랍으로 안을 채운 형태로 만들어졌다.

데스마스크 문화는 로마로 건너가 권력을 과시하는 수단으로 이용되었다. 기원전 100년경 후기 로마공화정 시대에 장군들이나 귀족 계급 사이에서는 대중을 상대로 과거 권력자의 초상화를 가지고 자신들의 권위를 드러내는 선전 도구로 이용하려는 문화가 퍼졌다. 당시에는 청동이나 대리석으로 만들어진 초상화나 머리상을 소유하는 것이 법으로 규제될 만큼 상위 계급만이 누릴 수 있는 일종의 특권이었다. 장례 기간 동안에 데스마스크를 위한 얼굴 본을 뜨고 그 틀을 이용해 청동상이나 대리석 복제상을 만들었다(그림 9-2). 이 문화는 후대에도 계속 전달되어, 중세 기독교 시대 유럽에 이르러서는 일반인들 사이에서도 보편적으로 행해지게 되었다(Janson과 Janson, 1962).

중세 유럽 시기에는 왕족이나 귀족뿐만 아니라 시인, 철학자, 작곡가 등 유명인들의 데스마스크도 널리 만들어졌다. 이런 유명인들의 데스마스크는 주요 도서관, 박물관, 대학 등의 관심 수집 품목이 되어 현재까지도 많이 남아 있다.

그림 9-2. 로마시대 데스마스크로부터 복제된 것으로 추정되는 남성의 머리상
(출처: 영국박물관 소재)

18세기경부터 데스마스크는 골상학physiognomy, 민족학ethnology 등의 이론적 토대 구축을 위한 얼굴계측학에도 이용되었는데, 사람의 성향이나 인종 간 차이를 얼굴 형태로 분석하려는 시도에 좋은 재료로 활용되었다. 또한 죽은 사람뿐만 아니라 살아 있는 사람의 데스마스크를 만들어 연구에 이용하는 경우도 생겨났다.

한편 데스마스크 제작에 사용된 밀랍 모델링 방법은 이탈리아 르네상스 시대에 이르러 북부 이탈리아 예술가들에 의해 조형예술의 한 장르로 발전하게 된다(Ballestriero, 2010). 인간의 몸의 구조와 운동에 대한 관심이 커졌던 르네상스 예술 사조의 번성과 함께 예술가들은 몸의 연구를 위해 시체 해부를 시작하게 된다. 베로키오Andrea del Verrocchio나 미켈란젤로Michelangelo Buonarroti는 밀랍 모형을 이용한 작품을 많이 남겼다. 벨기에의 의학자이자 근대 해부학의 창시자로 여겨지는 베살리우스Andreas Vesalius는 동물 해부와 사람 뼈를 이용하여 해부학 연구에 일대 혁신을 일으켰는데, 시체를 이용한 해부학 연구 결과를 교재로 만들어 의학 교육에 보편적으로 사용하기 시작했다.

과학으로서의 해부학이 시작되었던 이 시기에 밀랍 모델링 방법은 17세기 이탈리아의 줌보Gaetano Giulio Zumbo에 의해 '해부학 밀랍 모형 antomica plastica' 제작 기법 탄생으로 연결되었다. 조각가였던 줌보는 사람이 죽은 뒤 몸이 부패되어 가는 다양한 단계들을 밀랍을 이용하여 놀라울 만큼 사실적으로 묘사한 모형으로 만들었다. 그의 작품들 중 일부는 현재에도 피렌체의 라 스코펠라 박물관Museo di Storia Naturale la Specola에 전시되어 있다. 그의 작품들은 오늘날 최신 기술을 이용해 만들어지고 있는 해부학 모형들과 비교하더라도 손색이 없는 3차원 얼굴복원의 다양한 예라고 할 수 있다.

줌보의 밀랍 모형 제작 기법은 유럽의 다른 지역으로 퍼져 나가게 되었다. 잉글랜드 외과 의사였던 에이브러햄 쇼베Abraham Chovet는 이 방법으로 해부학 모델을 만들어 당시까지 체계가 잡혀 있지 않았던 잉글랜드 의학 교육의 교재로 이용하였다.

오늘날 밀랍 모델링 방법은 하겐스Gunther von Hagens에 의해 발명된 '플라스티네이션plastination'이라 불리는 과학적 생체조직 보존 기술로 발전하였다. 이 인체표본 제작 기술로 몸 내부의 모세혈관이나 말초신경절 같은 세밀한 부분까지 모형으로 만들어 의학 교육용으로 이용함은 물론, 플라스티네이션 인체 모형은 '인체 신비전Body World'이란 이름으로 우리나라를 포함한 전 세계 많은 지역에서 순회 전시되어 일반인들에게도 잘 알려져 있다.

과거 오랜 시간 동안 직·간접적 얼굴복원의 토대를 이루는 노력의 결과들이 쌓여 19세기에는 과학적 자료를 바탕으로 한 현대적 의미의 얼굴복원이 처음으로 이루어지게 된다(Wilkinson과 Rynn, 2012; Verzé, 2009). 1895년 독일의 해부학자 히스Wilhelm His는 해부용 시신을 이용하여 얼굴의 주요 표지점에서의 평균 물렁두께를 측정하여 그 자료를 작곡가 바흐Johann Sebastian Bach의 머리뼈를 이용한 얼굴복원에 적용하였다. 즉 바흐 머리뼈의 해부학적 표지점에 시신으로부터 얻은 평균 얼굴물렁두께 자료를 적용하여 바흐 얼굴복원의 피부를 입히는 데 기준으로 삼은 것이다. 얼굴복원 학계에서는 바흐 얼굴복원을 과학적 얼굴복원의 시초로 보고 있다.

그러나 이 복원이 지나치게 생전의 바흐의 초상화에 의존했고, 당시 사용된 머리뼈도 바흐의 것이 아니라는 의혹이 제기되기도 하였다. 그래서 어떤 학자들은 이보다 3년 뒤인 1898년 콜만Kollmann과 부클리Buchly에 의해 이루어진 얼굴복원을 최초라 보기도 한다(Stephan, 2015).

3. 얼굴복원의 원리와 방법

20세기 초반, 인간의 몸에 대한 탐구 결과가 축적되고 보존과 재현 방법이 계속 개발되면서 그 성과를 과학적 얼굴복원 제작에 적용하여 신원 확인에 이용하려는 움직임이 유럽과 구소련을 중심으로 일어나기 시작한다. 이때 얼굴복원 제작 방법이 몇몇 나라의 얼굴복원 선각자들에 의해 개발되고 보다 체계적인 방법으로 발전하게 된다.

그 첫 번째로 해부학적 방법은 구소련의 고고학자이자 인류학자인 게라시모프Mikhail M. Gerasimov에 의해 만들어진 방법이다. 게라시모프는 현대 얼굴복원 역사에 있어서 아버지로 불릴 수 있는 선구자로, 그는 머리뼈의 해부학적 형태와 근육의 위치가 얼굴 겉모습을 결정짓는 데 중요하다고 생각하였다(Gerasimov, 1975). 그는 복원 과정에서 근육을 가능한 한 정확히 해부학적 위치에 복원한 다음 피부를 입히는 방법으로 얼굴을 복원하였다. 그래서 이 방법을 '해부학적 방법anatomical method' 또는 게리시모프의 국적을 따 '러시아 방법Russian method'이라 부른다.

두 번째 방법은 미국의 인류학자 크로그만Wilton M. Krogman에 의해 개발된 인체계측학적 방법이다. 크로그만은 얼굴복원에 있어 중요한 것은 머리뼈나 근육의 해부학적 구조보다는 얼굴물렁조직(피부를 포함한 물렁조직soft tissue)의 두께라고 판단하여 각 인종, 성별, 나이대의 사람들로부터 수집한 얼굴물렁조직두께 측정값을 복원하고자 하는 얼굴의 머리뼈에 적용하였다. 즉 얼굴근육의 복원은 생략하고 평균적인 얼굴물렁조직두께치만을 적용하여 얼굴복원을 시행하였다(Wilkinson, 2004). 이 방법은 얼굴물렁조직두께 측정값을 중요시한다고 하여 '인체계측학적 방법anthropometrical method' 혹은 크로그만의 국적을 따 '미국 방법American method'이라 불리고 있다.

마지막으로 혼합법이 있는데, 이 방법에서는 피부 아래층을 복원할 때에는 얼굴근육을 우선 복원하여 토대를 만든 다음, 해부학적 표지점에서의 평균 얼굴물렁조직두께를 적용하여 얼굴피부 표면까지 완성하는 방법으로 얼굴을 복원한다. 해부학적 방법과 인체계측학적 방법 두 가지를 함께 사용한다고 하여 '혼합법combination method'이라고 하며, 영국의 얼굴복원가 니브Richard Neave가 고안했다고 하여 '영국 방법British method' 혹은 그가 몸담았던 맨체스터 대학의 이름을 따 '맨체스터 방법Manchester method'이라고도 한다(Wilkinson, 2004).

이 세 가지 얼굴복원 방법은 서로 이질적인 것이 아닌 상호 유기적인 관계에 있다고 할 수 있다. 따라서 얼굴복원 전문가들은 세 가지 방법을 적절히 혼합하거나 필요에 따라 부분적으로 채택하여 사용한다고 보는 편이 타당할 것이다.

한편 얼굴복원을 할 경우 여러 기술적 방법이 사용된다. 이를 크게 2차원 얼굴복원과 3차원 얼굴복원으로 구분할 수 있다. 이것은 다시 복원가의 손을 사용하여 만들어 내는 수조작manual 방법과 컴퓨터의 힘을 빌리는 컴퓨터 지원computer-assisted 방법으로 나눌 수 있다. 그리고 컴퓨터 지원 방법은 컴퓨터 모델링computerised modelling 방법과 컴퓨터 자동화computerised automated 방법으로 다시 나눌 수 있다.

2차원 방법은 평면의 화폭에 머리뼈를 바탕으로 복원하는 방법으로(그림 9-3), 그 기본 원리는 3차원 방법과 동일하다고 할 수 있다. 다만 머리뼈와 복원되는 얼굴에 대한 입체적 접근을 할 수 없어 3차원 방법에 비해 정확성은 다소 떨어질 수 있다. 하지만 3차원 머리뼈나 모형을 이용할 수 없는 경우에 유용하게 쓰일 수 있는 방법이다.

3차원 방법은 얼굴복원을 할 때 머리뼈를 모형으로 복제하여 찰흙이나 기타 점성이 있는 재료로 손을 사용하여 직접 빚어 제작하는 방법이다(그림 9-4). 이 제작 과정은 과학적 예측과 동시에 예술가의 숙련된 경험을 필요로 하는 작업 과정이라고 할 수 있다.

3차원 컴퓨터 모델링 제작 방법은 손으로 제작하는 방법과 달리 컴퓨터 3차원 모형 제작 소프트웨어와 같은 가상공간 안에서 얼굴복원을 하는 방법이다(그림 9-5). 모든 과정은 수조작 방법과 같다고 할 수 있으나, 프로그램의 다양한 기능을 사용하여 보다 정확한 얼굴복원을 가상공

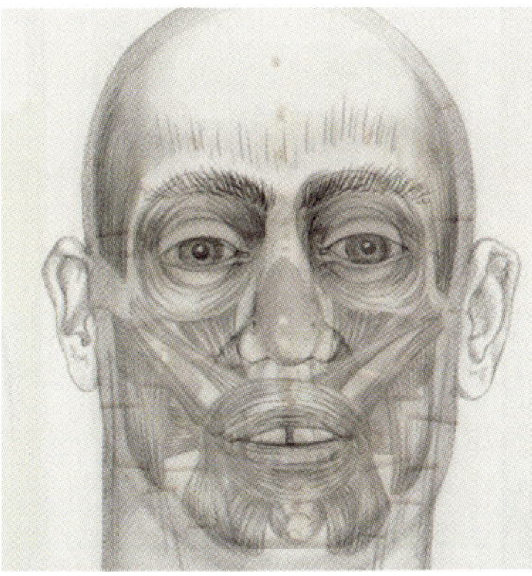

그림 9-3. 2차원 방법으로 제작되고 있는 얼굴복원 예 (출처: Tobias Houlton 제공)

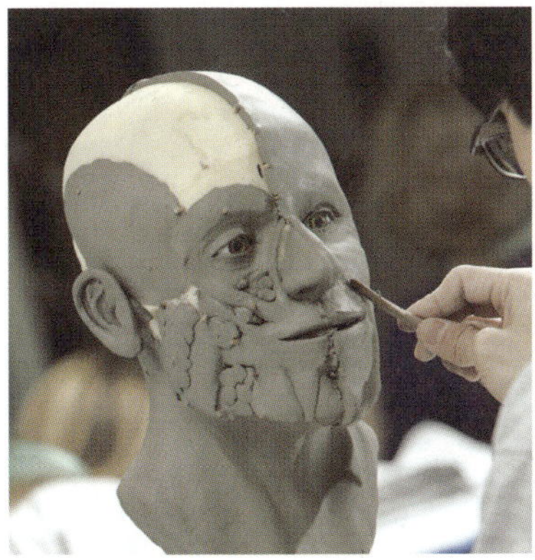

그림 9-4. 3차원 수조작 방법으로 제작되고 있는 얼굴복원 예

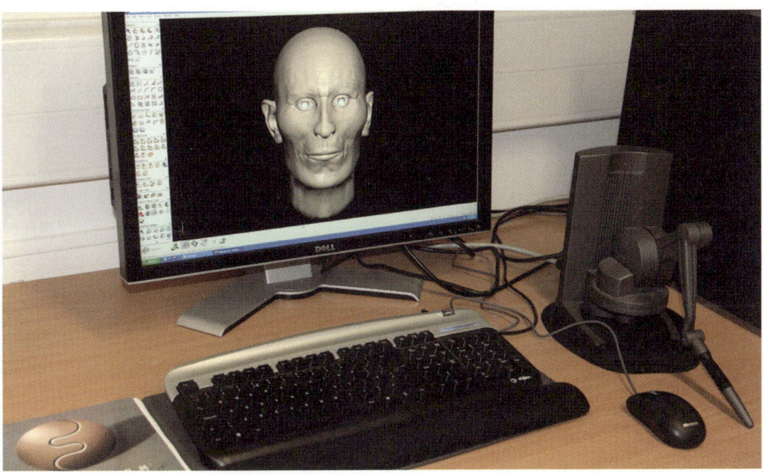

그림 9-5. 컴퓨터 3차원 모형 제작 소프트웨어(Geomagic® FreeForm®, 3D Systems Inc., USA)에 의해 제작되고 있는 얼굴복원 예

간 안에서 할 수 있다는 장점이 있다. 또한 컴퓨터 그래픽 기술을 접목하여 완성된 얼굴복원을 채색하거나 변환을 하는 데 있어서 더욱 손쉽게 접근할 수 있다(Wilkinson, 2005).

마지막으로 컴퓨터 자동화 제작 방법은 다량의 머리뼈와 얼굴물렁조직두께 자료를 입력하여 신원불상의 머리뼈를 자동 분석하고 얼굴을 예측 및 제작하는 방법이다.

4. 얼굴복원 과정

얼굴복원은 몇 단계를 거쳐 이루어진다. 제작 방법 중 가장 널리 쓰이는 혼합법을 예로 들어보면, 머리뼈 분석 → 얼굴 근육층과 형태소 형성 → 피부층 완성의 세 단계로 제작이 이루어진다.

머리뼈 분석은 주로 형태학 분석을 통해서 머리뼈 주인공의 인종, 성, 나이 등을 추정하는 과정이다. 또한 계측학적 분석으로 눈동자, 코, 입, 귀 등의 위치, 모양, 크기 등을 예측하게 된다. 추정된 인종, 성, 나이에 따라 기존에 보고된 평균 얼굴물렁조직두께 자료 중 해당되는 데이터를 복원에 적용한다.

머리뼈 분석을 마친 뒤에는 얼굴 주요 근육을 해부학적 위치에 따라 복원하게 된다. 그다음으로 머리뼈 분석을 통해서 얻은 주요 얼굴형태소 예측치대로 눈, 코, 입 등의 모양을 만들어 위치시킨다. 근육과 형태소의 복원을 마치게 되면 얼굴은 어느 정도 모습을 갖추게 된다.

근육층과 형태소를 완성한 뒤에는 미리 위치된 평균 얼굴물렁조직두께를 나타내는 게이지에 따라 피부층을 형성하게 된다(그림 9-6). 이 단계에서는 얼굴복원 전문가의 경험과 예술적 기법이 적용된다.

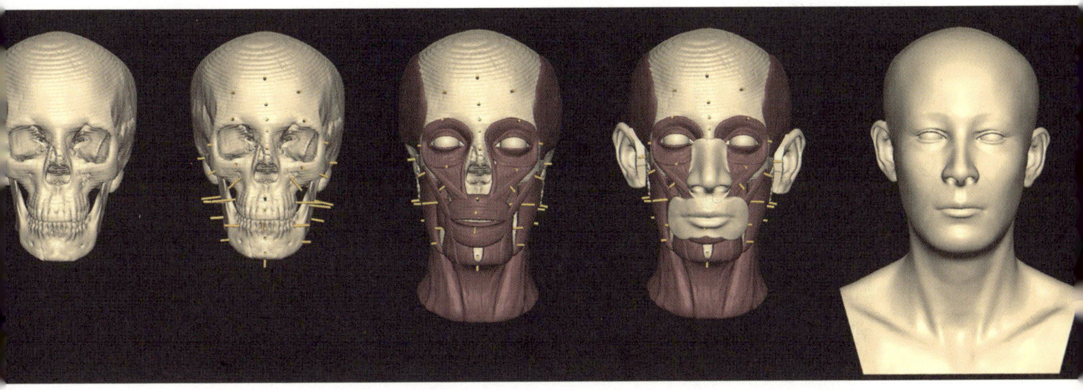

그림 9-6. 컴퓨터 3차원 모형 제작 소프트웨어를 이용한 얼굴복원 제작 과정

5. 얼굴복원의 정확성

얼굴복원이 신원 확인을 위한 도구로 사용되기 시작한 19세기 후반부터 복원된 얼굴의 정확성을 측정하는 다양한 방법들이 소개되어 왔고, 그 결과가 학계에 보고되고 있다. 가장 많이 쓰이는 방법은 일대일one-to-one 대응법과 페이스풀face pool 방법이다.

일대일 대응법은 평가자로 하여금 복원된 얼굴을 실제 인물의 생전 사진과 비교하여 얼굴복원이 사진 속 인물과 동일인이냐 아니냐를 판단하게 하는 방법이다. 이에 반해 페이스풀 방법은 하나의 얼굴복원에 대응하는 다수의 후보 얼굴 사진이나 스캔 이미지를 보여주며 복원과 일치하는 얼굴을 고르게 하는 방법이다(그림 9-7).

한편 복원 얼굴과 실제 얼굴의 3차원 이미지를 중첩 비교하여 그 피부 두께 차이를 수치로 나타내어 정확성을 측정하는 정량적 측정 방법도 사용되고 있다.

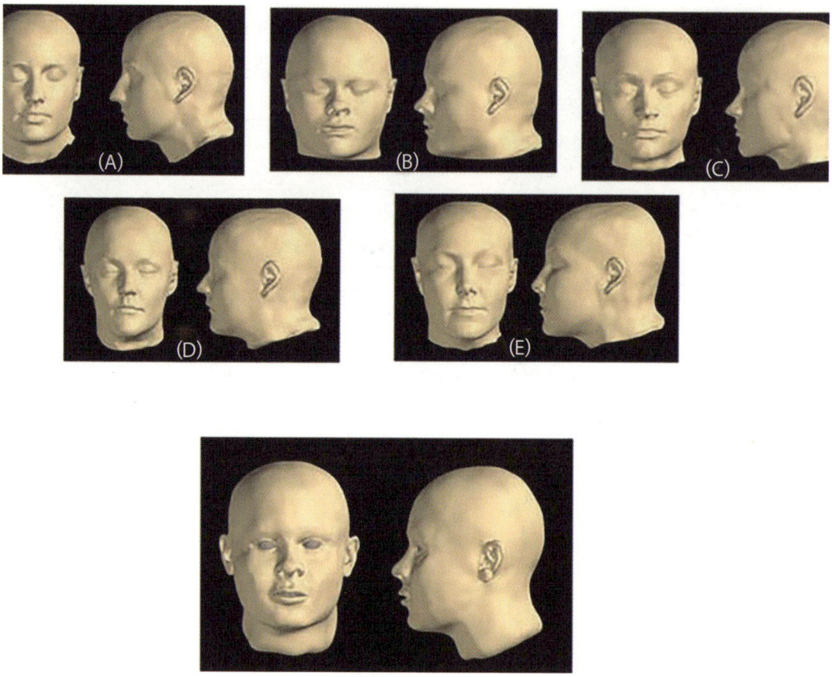

그림 9-7. 페이스풀을 이용한 얼굴복원 정확성 측정 실험 예

(출처: Wilkinson 등, 2006)

이상과 같은 방법으로 측정한 얼굴복원의 정확성은 연구에 따라 약간의 편차를 보인다. 하지만 페이스풀을 이용해 측정한 전반적 인지정확성은 60~70%에 달한다고 알려져 있다(Wilkinson 등, 2006). 그리고 정량적 측정법에 의한 결과에서는 복원된 얼굴 표면이 실제 얼굴 표면과 80% 정도에서 최소 오차의 피부 두께를 보인다고 보고되었다(Lee 등, 2012; Lee 등, 2015). 따라서 충분한 경험을 가진 복원가가 과학적으로 연구된 자료를 적용하여 얼굴을 복원한다면 실제 얼굴과 비교하여 충분히 인지 가능할 정도의 닮은 얼굴을 만들어 낼 수 있다고 본다.

6. 얼굴복원의 인류학 연구 적용 사례

1) 강릉 최씨 경선 선생 미라 얼굴복원

2007년 11월 9일 강릉 최씨 경선 선생(1561~1622년)의 후손들이 고인의 묘를 이장하는 과정에서 경선 선생의 시신이 미라화된 상태로 보존되어 있는 것을 발견하였다. 시신이 육탈되지 않은 이유는 경선 선생을 안장하는 데 사용한 회곽묘가 외부의 물리·화학적 영향으로부터 시신이 부패되는 것을 막았던 때문인 것으로 추정된다. 경선 선생의 미라를 연구한 서울대학교 의과대학 법의학연구소 연구진은 사인 등 생물학적 정보를 얻어 분석한 결과를 학계에 보고하였다(Lee 등, 2009; Shin 등 2010).

미라화된 시신의 머리와 얼굴 부분은 물렁조직의 수분이 줄어들면서 위축된 형태를 보였지만, 전반적인 얼굴 모습이 잘 보존되어 있는 상태였다. 얼굴복원이 인류학과 고고학 연구에 활용되는 해외 사례가 많이 소개되면서 최경선 선생의 생전 실제 얼굴 모습을 얼굴복원을 통해 재현해 보고자 하는 계획이 세워졌다.

미라가 발견된 초기에 시신에 대한 전신 컴퓨터 단층촬영(CT)을 사전에 시행한 바 있었다. CT 영상 중에서 머리뼈 부분만을 추출하여 이를 토대로 얼굴복원을 진행하였다(그림 9-8A). 그리고 앞서 설명했던 얼굴복원 제작 순서에 따라 컴퓨터 3차원 모형 제작 소프트웨어상에서 얼굴복원을 진행하여 최종 완성하였다(그림 9-8B~F). 이 과정에서 얼굴복원가는 미라의 실제 얼굴 모습을 미리 보지 않고 얼굴복원을 완성하였다.

최경선 선생의 얼굴복원 연구에서는 다른 옛사람의 머리뼈를 이용한 얼굴복원과는 다르게 완성된 얼굴복원의 결과를 비록 미라화된 얼굴이지만 실제 최경선 선생의 얼굴과 비교할 수 있었다. 이를 위해서 완성된 얼굴복원에서 미라화된 결과를 추정하여 미라화 얼굴을 예측하였고(그림 9-9A~C), 예측된 미라화 얼굴을 실제 최경선 선생의 미라화 얼굴

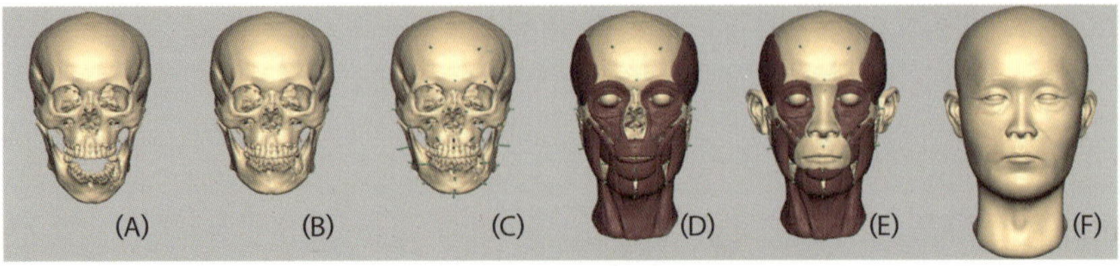

그림 9-8. 최경선 선생 얼굴복원 진행 과정

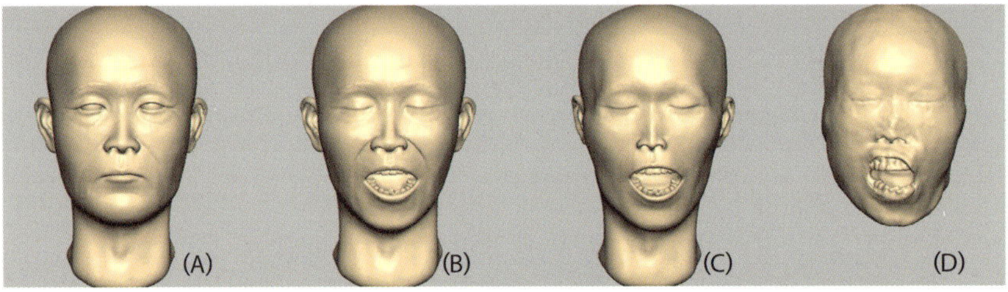

그림 9-9. 완성된 얼굴복원(A)에서 미라화된 과정을 예측한 얼굴복원 과정(B, C)과 최경선 선생 미라의 실제 얼굴(D)

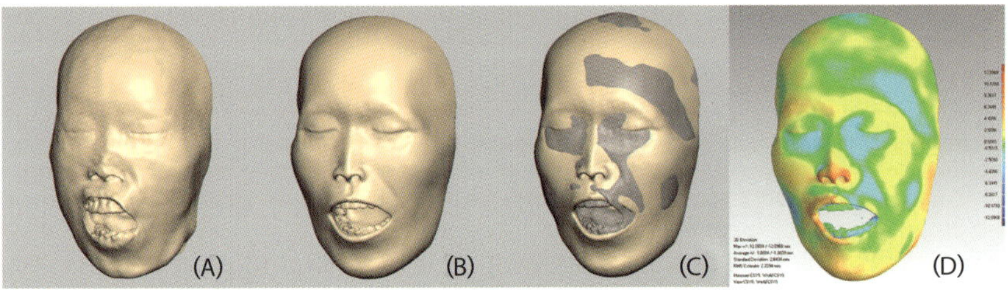

그림 9-10. 실제 미라 얼굴과 미라화 예측 얼굴복원의 기하학적 표면 비교 과정

A: 실제 미라, B: 미라화 예측 얼굴복원, C: A와 B의 중첩, D: 중첩된 A와 B의 기하학적 표면 비교 결과

과 기하학적 표면 비교 프로그램을 사용하여 3차원적으로 비교하였다(그림 9-10A~C). 먼저 미라 얼굴과 복원 얼굴이 공유하고 있는 머리뼈를 기준으로 두 머리를 정렬한 뒤, 기하학적 표면 비교 프로그램이 두 얼굴의 피부 표면의 두께 차이를 자동으로 분석하여 알려주도록 정확성 분석을 진행하였다. 그 결과 복원된 얼굴의 약 80%의 피부 표면이 실제 얼굴과 ±2.5mm 오차 범위 안에 포함되었다(그림 9-10D). 이 정도의 정확성은

동일한 분석법을 적용한 얼굴복원 정확성 연구 결과들에 비해서도 높은 결괏값이었다(Lee 등, 2014). 이 연구는 비록 미라화 얼굴을 통한 간접적 정확성 측정이었지만 옛사람 머리뼈를 이용한 얼굴복원의 국내 최초 정확성 비교라는 의미를 지닌다.

최종적으로 최경선 선생의 복원된 얼굴은 초상화 제작에 사용되었다. 현재 우리나라 역사적 인물들의 초상화 제작은 화가의 상상력이나 영감에 의지하는 경우가 많다. 하지만 생물학적 자료를 바탕으로 복원해 낸 얼굴복원을 모델로 한다면 그 인물의 살아 있을 당시의 얼굴을 모델로 한 초상화 작업이 가능할 수 있다. 이렇게 해서 최경선 선생의 얼굴복원을 바탕으로 당시 조선시대의 초상화 화풍을 적용한 초상화를 완성할 수 있었다(그림 9-11).

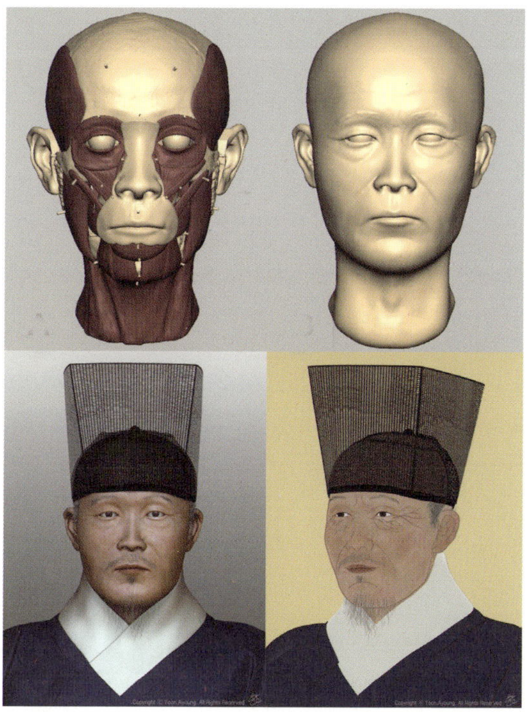

그림 9-11.
얼굴복원을 모델로 한 최경선 선생 초상화 제작 과정
(출처: 강릉 최씨 진사공휘호파 종친회 제공)

우리나라에서는 역사적으로 유명한 인물의 얼굴을 동상이나 그림 등에 묘사할 때마다 문제가 제기되곤 한다. 당시 초상화가 남아 있다면 문제가 없지만, 그렇지 않은 경우 후손의 얼굴을 근거로 하거나 심지어는 작가 자신의 얼굴을 초상화의 모델로 사용하여 문제가 되는 경우도 있었다. 따라서 얼굴복원을 모델로 한 최경선 선생의 초상화 제작은 우리나라의 초상화 제작 현실을 환기시키고 보다 과학적인 고증을 바탕으로 한 초상화 제작 필요성을 일깨우는 데에도 기여했다.

2) 신라시대인 얼굴복원

2013년 신라문화유산연구원에서는 경상북도 경주시 천원마을 주 진입로 확장·포장 공사를 위한 사전 문화재 발굴조사를 시행하였다(신라문화유산연구원, 2014). 이 발굴조사 과정에서 A 구역 가장 남쪽에서 길이 230cm, 너비 90cm, 잔존 깊이 20cm 크기의 목곽묘를 발굴하였는데, 목곽 내부에는 한 개체의 사람 뼈대가 비교적 온전한 채 보존되어 있었다(그림 9-12).

이 뼈대와 함께 발굴된 유구는 분석 결과 신라시대의 것으로 판단되었고, 뼈대 역시 그 시대 사람의 것으로 추정되었다. 생물인류학적 감식과 생물학적 정밀분석을 위해 뼈대는 서울대학교 의과대학 법의학연구소로 옮겨졌다. 이후 뼈를 이용한 생물학적 정보 수집을 위해서 다양하고 광범위한 과학적 분석 기법을 동원한 강도 높은 연구가 수행되었다. 연구진들은 신라시대 뼈대를 통해 당시 사람의 체질, 얼굴 생김새, 식생활, 유전자 등 폭넓은 신체 정보를 파악하기 위해 생물인류학, 머리뼈 및 얼굴복원, 안정동위원소, 미토콘드리아 DNA 분석을 시도하였다(Lee 등, 2016).

생물인류학적 분석으로 뼈대의 주인공은 30대 후반에 사망한, 키 155±5cm의 여성일 것으로 추정되었다. 발굴 당시 머리뼈는 여러 조각으로 부서진 상태였고, 생물인류학적 분석을 위해서는 부서진 머리뼈 조각들의 복원이 우선이었다(그림 9-13). 정확한 머리뼈 복원을 위해 먼저 모든 머리뼈 조각들의 3차원 CT 스캔을 시행하였다. 그다음 컴퓨터 3차원 모형 제작 소프트웨어상에서 머리뼈의 가상복원을 우선 시행하였다(그림 9-14). 복원된 머리뼈의 형태계측학적 분석 결과, 오늘날 한국인 여성 머리뼈의 평균치와는 달리 앞뒤로 길고, 좌우로는 좁고, 위아래로는 짧은 형태였다. 이마는 뒤로 많이 경사진 형태를 띠었고, 윗얼굴뼈 또한 현대 여성에 비해서 상대적으로 좁은 것으로 나타났다.

그림 9-12. 발굴 당시 목곽묘 안의 신라시대 사람의 뼈대

(출처: 신라문화유산연구원 제공)

그림 9-13. 전처리 과정을 마친 부서진 머리뼈 조각들

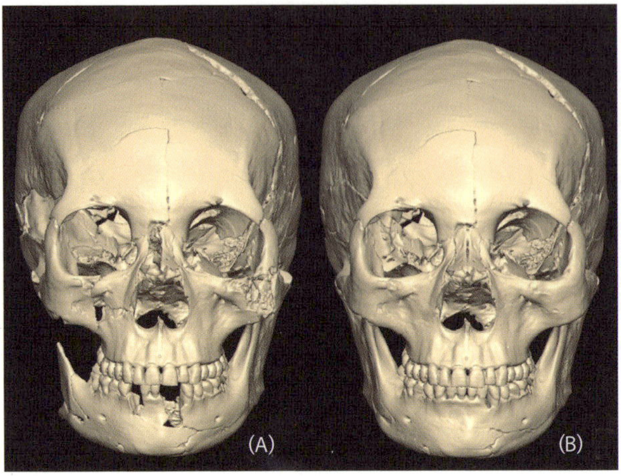

그림 9-14. 컴퓨터 3차원 모형 제작 소프트웨어상에서 복원된 머리뼈 (A)와 소실된 부분까지 복원된 머리뼈(B)

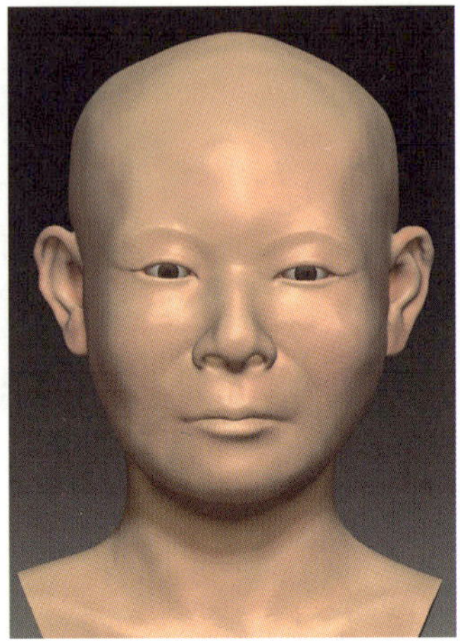

그림 9-15. 얼굴색을 입힌 일러스트레이션이 완료된 얼굴복원

머리뼈 분석을 마친 뒤 복원된 머리뼈를 사용하여 생전 얼굴의 복원을 시도하였다. 복원된 얼굴 모습은 머리뼈 분석에서 이미 드러났듯이 앞뒤로 길고, 좌우로는 좁은 머리 형태였고, 얼굴은 갸름하였다. 복원된 얼굴을 보다 더 현실감 있게 표현하기 위하여 디지털 일러스트레이션 기법을 이용해 머리카락, 눈썹, 입술 등을 제외하고 얼굴색을 입혔다(그림 9-15).

삼국시대를 포함하여 우리나라 고대에 살았던 사람의 뼈대가 온전한 채로 발굴되는 경우는 매우 드물기 때문에, 이 신라시대 뼈대에 대한 연구는 당시 사람들의 생물학적 제반 특징을 종합적으로 파악하는 귀중한 기회를 제공하였다. 그리고 우리나라에서도 고고학 현장에서 사람 뼈대가 발굴되면 다양한 분야의 학제 간 협력 연구가 가능하다는 사실을 보여주었다.

3) 나주 영동리 고분 마한시대인 얼굴복원

2005년 3월부터 2009년 2월까지 동신대학교 문화박물관에서는 네 차례에 걸쳐 전라남도 나주시 다시면 영동리 일대 삼국시대 고분군에 대한 발굴을 시행하였다(이정호, 2010). 영동리 고분은 삼국시대 4~7세기 사이에 조성된 고대 마한 후예의 귀족 무덤이었던 것으로 추정되었다. 이 고분군 전체 6기의 고분 중 1호분에서 사람의 뼈대가 발굴되었다.

동아대학교 김재현 교수 연구팀의 분석 결과, 뼈대는 검출 상태가 매우 양호한 편에 속하는 것으로 모두 15개체로 확인되었다(김재현, 2013). 이 가운데 1호분에서 발굴된 '2-1호'와 '2-2호' 뼈대는 잔존 상태가 매우 양호하여 머리뼈를 포함한 전체 뼈대에 대한 생물인류학적 분석을 시행할 수 있었고, 그 결과 뼈대의 주인공은 각기 30대 남성과 60대 여성으로 추정되었다. 또한 1호분에서는 어른의 뼈대뿐만 아니라 불완전하지만 어린이의 머리덮개뼈도 다수 발굴되었다.

발굴을 시행했던 동신대학교 문화박물관은 수습된 사람 뼈를 바탕으로 '나주 영동리 고분 인골복원 프로젝트 — 마한인의 가족'을 진행시켰다(나주 복암리 고분전시관, 2017). 즉 고분에서 발굴되었던 고대 영산강 유역 삼국시대의 여러 옛사람 뼈대 중에서 보존 상태가 비교적 양호한 3개체의 머리뼈를 이용한 얼굴복원을 진행하였다.

이 프로젝트는 현재까지 쌓아온 우리나라 얼굴복원 전문가들의 지식과 경험을 종합하여 수행되었다. 그리고 컴퓨터 3차원 모형 제작 프로그램을 활용하여 복원된 얼굴은 다시 최신 컴퓨터 그래픽아트를 적용하여 헤어스타일, 복식, 피부결 등 현재까지 연구에서 얻어진 고증 결과들까지도 시각화하여 구성하였고, 마한시대 한 가족의 모습을 가정하여 보다 생생하고 현실감 있게 보여준 것으로 평가할 수 있다(그림 9-16).

그림 9-16. 복원된 마한시대인의 얼굴

(출처: 나주 복암리 고분전시관 제공)

4) 신라 왕경 유적 출토 고려시대인 얼굴복원

신라시대의 유적이 많이 남아 있는 경주 일원에서는 옛사람 뼈대의 발굴 소식이 꾸준히 이어지고 있고, 이에 대해 여러 전문가 그룹이 참여하는 학제 간 연구도 무척 활발하다.

얼굴복원이 이루어진 예로는 국립경주문화재연구소가 발굴한 경주 동궁과 월지 동편 '가' 지구의 3호 우물에서 확인된 사람 뼈대 4구가 있다(김재현 등, 2015). 이 뼈대들은 오랜 세월 동안 우물 내 뻘 속에서 머물고 있어 발굴 당시 상태가 매우 양호하였다. 고고학적 분석 결과, 이 우물의 층위는 통일신라시대 말 우물이 폐기된 후부터 고려 초기까지였고, 4개체의 뼈대는 우물이 폐기된 뒤 묻힌 다량의 동식물 유체와 함께 출토되었다.

이곳에서 수거된 사람 뼈대에 대한 생물인류학적 분석이 시도되었다. 또한 친연관계를 밝히기 위한 유전자 분석, 당시 사람들의 식생활을 알기 위한 탄소·질소 안정동위원소 분석이 진행되었다(김재현 등, 2015). 출토 뼈대 중에서 형태가 거의 온전히 보존된 상태에서 발굴된 성인 남성의 머리뼈를 이용한 얼굴복원을 진행하였다. 이 머리뼈는 우물에서 발굴된 후 국립경주문화재연구소에 보관되어 있었다.

얼굴복원을 위해서 국립과학수사연구원 서울과학수사연구소가 운영 중인 사후 전산화 단층촬영Post-mortem Computed Tomography, PMCT 장비를 사용하여 머리뼈를 촬영하였다. CT 촬영으로 얻은 3차원 머리뼈 이미지와 컴퓨터 3차원 모형 제작 프로그램을 이용하여 얼굴복원을 진행하였다(그림 9-17). 이렇게 완성된 머리뼈에 컴퓨터그래픽 아티스트가 얼굴색, 모발, 의복 등을 입혔다.

복원된 얼굴은 현재까지 과학적 연구를 통해서 얻어진 머리뼈 주인공에 대한 생물학적 정보는 물론이고, 많은 고고학적 고증 결과들까지도 시각화하여 구성함으로써 과거 주인공의 얼굴 모습을 생생하고 현실감 있게 보여주었다(국립경주문화재연구소, 2017).

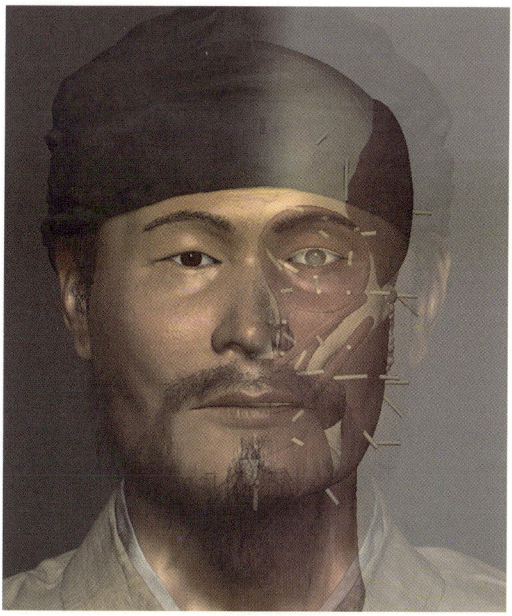

그림 9-17. 복원된 신라 왕경 유적 출토 고려시대인 얼굴

(출처: 국립경주문화재연구소 제공)

7. 맺음말: 얼굴복원 연구의 미래

하나의 얼굴복원이 완성되기 위해서는 해부학, 법의학, 법치의학, 법의인류학, 심리학, 고고학, 컴퓨터공학, 의공학, 미술 등 여러 분야들이 제공하는 정보와 지식들이 결합되어야 한다. 얼굴복원은 관련 학문들이 제공하는 지식과 정보로 만들어지지만, 그 결과는 다시 해당 분야의 미래를 이끄는 동력이 되기도 한다.

이렇게 발전하는 얼굴복원 기술은 법과학적 신원 확인 분야에 있어서는 미확인 시신의 신원 확인이나 과거 전쟁이나 분쟁에 의해 희생된 미확인 사람 뼈의 신원 확인에 적극적으로 이용될 수 있고, 또한 예고 없이 닥칠 수 있는 대량 재해에 희생된 사람들의 신원 확인에도 이용될 수 있다.

얼굴복원의 정확성에 대한 연구는 얼굴인지의 기전 연구와 자동화 얼굴인식 프로그램 개발에 응용이 가능하다. 또한 고고학이나 인류학 분야와 접목하여 과거 우리 선조나 조상의 생김새뿐만 아니라, 체질적·병리적 특성을 규명하는 데 큰 역할을 하는 중요한 분야로 자리매김하고 있다. 하지만 얼굴복원의 정확성을 보다 높이기 위해서는 우리나라 사람을 대상으로 한 예측 방법의 지속적 연구와 개발이 필요함은 물론, 인문학과 자연과학의 경계를 뛰어넘는 융합 연구와 전문가 간 교류가 계속되어야 할 것이다.

참고 문헌

국립경주문화재연구소 (2017). 『과거로 가는 또 다른 문 고인골』. 학술대회 자료집.

김재현 (2013). 『나주 영동리고분 출토인골에 대한 형질학적 연구』. 동아대학교 고고미술사학과.

김재현, 김주희, 김형철, 정민규 (2015). 『신라 왕경유적 3호우물 출토 인골에 대한 분석』. 동아대학교 고고미술사학과.

나주 복암리 고분전시관 (2017). 『마한의 얼굴 어떻게 복원할 것인가』. 나주복암리고분전시관 고인골복원프로젝트 국제학술대회 자료집.

신라문화유산연구원 (2014). 『경주 교동 94-3번지 일원 천원마을 진입로 확·포장 공사부지 내 유적 문화재 발굴조사 약보고서』. 신라문화유산연구원.

이원준 (2015). 「옛 사람의 얼굴을 복원하다」. 국립김해박물관 특별전시 『뼈? 뼈! 고인골, 개인의 삶에서 시대의 문화를 읽다(*Ancient Bones and Skeletons: Bring the past to Life*)』 자료집 25-30.

이원준, 이상섭, 노병윤, 서정욱, 신동훈 (2017). 「고고학 연구에 법의학적 얼굴복원의 적용」. 『한국의 고고학』 35: 76-79.

이정호 (2010). 「출토유물로 본 영동리고분 세력의 대외관」. 『6~7세기 영산강 유역과 백제』. 국립나주문화재연구소·동신대학교문화박물관.

Ballestriero, R.(2010). Anatomical models and wax Venuses: Art masterpieces or scientific craft works? *Journal of Anatomy* 216(2): 223-234.

Collon, D. (1995). *Ancient near Eastern art* (pp. 41-42). London: British Museum Press.

Gerasimov, M. M. (1975). *The reconstruction of the face from the basic structure of the skull*. Translation by Tshernezky W. Unpublished work.

Hamre, S. S., Ersland, G. A., Daux, V., Parson, W., & Wilkinson, C. (2017). Three individuals, three stories, three burials from medieval Trondheim, Norway. *PLoS ONE* 12(7): e0180277.

Iscan, M. Y., & Helmer, R. P. (1993). *Forensic Analysis of the Skull: Craniofacial Analysis, Reconstruction, and Identification*. New York: Wiley-Liss.

Janson, H. W., & Janson, D. J. (1962). *History of Art: A Survey of the Major Visual*

Arts from the Dawn of History to the Present Day (p. 141). New Jersey: Prentice-Hall, and New York: Harry N. Abrams.

Lee, I. S., Lee, E. J., Park, J. B., Baek, S. H., Oh, C. S., Lee, S. D., … & Shin, D. H. (2009). Acute traumatic death of a 17th century general based on examination of mummified remains found in Korea. *Annals of Anatomy* 191(3): 309-320.

Lee, W.-J., Wilkinson, C. M., & Hwang, H.-S.(2012). An accuracy assessment of forensic computerized facial reconstruction employing Cone-Beam Computed Tomography from live subjects. *Journal of Forensic Sciences* 57(2): 318-327.

Lee, W.-J., Wilkinson, C. M., Hwang, H.-S., Lee, S.-M. (2015). Correlation between average tissue depth data and quantitative accuracy of forensic craniofacial reconstructions measured by geometric surface comparison method. *Journal of Forensic Sciences* 60(3): 572-580.

Lee, W. J., Woo, E. J., Oh, C. S., Yoo, J. A., Kim, Y. S., Hong, J. H., … & Shin, D. H. (2016). Bio-Anthropological Studies on Human Skeletons from the 6th Century Tomb of Ancient Silla Kingdom in South Korea. *PLoS One* 11(6): e0156632. https://doi.org/10.1371/journal.pone.0156632

Lee, W. J., Yoon, A. Y., Song, M. K., Wilkinson, C. M., & Shin, D. H. (2014). The archaeological contribution of forensic craniofacial reconstruction to a portrait drawing of a Korean historical figure. *Journal of Archaeological Science* 49(1): 228-236.

Prag, J., & Neave, R. A. H. (1997). *Making faces* (pp. 12-19). London: British Museum Press.

Shin, D. H., Lee, I. S., Kim, M. J., Oh, C. S., Park, J. B., Bok, G. D., & Yoo, D. S. (2010). Magnetic resonance imaging performed on a hydrated mummy of medieval Korea. *Journal of Anatomy* 216(3): 329-334.

Stephan, C. N.(2015). Facial approximation: From facial reconstruction synonym to face prediction paradigm. *Journal of Forensic Sciences* 60(3): 566-571.

Verzé, L. (2009). History of facial reconstruction. *Acta Biomedica de l'Ateneo Parmense* 80(1): 5-12.

Wilkinson, C. (2004). *Forensic facial reconstruction* (pp. 39-45). Cambridge: Cambridge University Press.

Wilkinson, C., & Rynn, C. (2012). *Craniofacial identification*. Cambridge: Cambridge University Press.

Wilkinson, C., Rynn, C., Peters, H., Taister, M., Kau, C. H., & Richmond, S. (2006). A blind accuracy assessment of computer-modeled forensic facial reconstruction using computed tomography data from live subjects. *Forensic Science, Medicine, and Pathology* 2(3): 179-188.

Wilkinson, C. M. (2005). Computerized forensic facial reconstruction: A review of current systems. *Forensic Science, Medicine, and Pathology* 1(3): 173-177.

제10장

전사자 및 민간인 희생자 유해 발굴

진주현

지난 100여 년간 사람뼈대학 연구는 사람 뼈를 이용한 인구집단 간의 형태적 변이 분석 혹은 고인류의 진화 과정 및 생활 수준의 복원에 관한 연구와 같은 순수 학문적 연구가 주를 이루어 왔다. 고고학 유적에서 발견되는 사람 뼈를 통해서 고인류 집단의 생활사를 엿볼 수 있기 때문이다. 옛 묘지에 묻힌 옛사람 뼈의 연령과 성별을 분석해 고인류 집단의 연령별 사망률을 복원하기도 하고, 뼈에 반영되는 다양한 지표를 이용해 고인구 집단의 건강 상태를 추정해 보기도 하며, 뼈대에 나타나는 변화를 통해 인류의 보행 방식을 포함한 생활사가 어떻게 변해 왔는지 등에 관한 연구가 활발히 진행되어 왔다.

20세기 후반에 접어들면서 사람뼈대학 연구는 그 지평을 넓혀, 고인류 집단뿐만 아니라 집단 학살genocide이나 미국의 9·11테러와 같은 여러 사건 사고의 희생자 유해 발굴 및 신원 확인의 도구로도 널리 쓰이기 시작했다. 1972년 미국법과학회American Academy of Forensic Sciences에 인류학 분과가 생기면서 법의인류학forensic anthropology이라는 응용 분야가 생물인류학의 하위 분과로 자리잡게 되었다(Ubelaker, 2018). 생물인류학에서 쓰이는 다양한 연구 기법을 살인, 학살, 미제 사건과 같은 사례에 적용함으로써 인류학 분석이 법정에서 인정받는 증거물로 활용되기 시작했다. 그중에서도 가장 조직적이고 체계적으로 인권범죄 조사에 법의인류학적 접근을 시작한 단체는 1984년에 조직된 아르헨티나 법의인류학팀Equipo Argentino de Antropología Forense, EAAF이었다.

EAAF는 아르헨티나 군부독재 시절(1976~1983년)에 실종된 9천여 명의 행방을 조사하기 위해 출범했으나, 현재는 아르헨티나 외에도 전 세계에서 일어나는 반인도주의 범죄를 조사하는 대표적인 단체로 성장했다(http://www.eaaf.org). 인권범죄는 희생자가 은폐되는 경우가 대부분이기 때문에, 나중에 유해가 발굴되었을 때 그 유해가 누구이며 어떻게 죽어서 그곳에 묻혔는지를 밝혀야만 인권범죄의 실상이 드러난다. 그러한 결정적인 증거물이 될 수 있는 것이 사람 뼈이기 때문에 사람뼈대학 응용 사업은 중남미, 동남아시아, 동유럽 등 전 세계 학살 현장으로 확장되었다. 2003년부터는 국제적십자사 법과학팀이 세계 각지의 사무소를 통해 이러한 사업을 체계적으로 조직하는 역할을 하고 있다(https://www.icrc.org/en/who-we-are/jobs/forensic-profiles).

최근 들어서야 사람뼈대학이 비교적 널리 활용되기 시작한 우리나라의 경우, 주된 연구는 고고학과 생물인류학계를 중심으로 한 옛사람뼈 연구에 초점이 맞추어져 왔다. 그러나 2000년대 들어서면서부터 우리나라에서도 사람뼈대학의 사회적 응용 사업이 6·25전쟁 전사자와 과거 민간인 희생자 유해 발굴을 중심으로 시작되었다. (전쟁 중에 고의성 없이 민간인이 사망한 경우를 희생자, 공권력의 학살로 인한 경우를 피학살자로 표현하지만, 여기서는 민간인 희생자와 피학살자를 동일한 의미로 사용한다.)

전사자 및 민간인 희생자 유해 발굴 사업은 사람뼈대학의 응용을 넘어 커다란 사회·문화적 틀 안에서 이해되어야 한다는 점에서 순수학문으로서의 사람뼈대학 연구와 큰 차이를 보인다. 실종되었던 가족의 유해를 수습해 뒤늦게나마 제대로 된 장례를 치를 수 있다는 인도주의적 인 측면도 중요하지만, 유해 발굴 과정에서 드러나는 학살의 증거를 통해 권력에 의해 자행된 범죄의 실상을 밝힐 수 있는 결정적인 증거를 뼈에서 찾을 수 있기 때문이다. 따라서 사람뼈대학의 응용을 이야기할 때에는 단순한 법의인류학적 기술의 분석을 넘어, 그러한 분석 결과가 내포하는 사회·문화적 의미를 함께 고려해야 할 필요가 있다.

이 장에서는 전사자 및 민간인 희생자 유해 발굴 사업의 역사와 진행 과정, 연구 방법과 현황, 그리고 사회적 의미를 한국의 사례를 중심으로 살펴봄으로써 사람 뼈 연구가 어떤 식으로 응용되어 왔는지를 정리해 보고자 한다. 그 과정에서 외국의 사례와 한국 실정의 비교 분석도 덧붙인다.

1. 전사자 및 민간인 희생자 유해 발굴 사업의 배경

1) 전사자 유해 발굴

국가 차원에서 전사자의 유해를 수습해 유족에게 돌려주는 작업은 총 62만 명의 전사자를 낸 미국 남북전쟁(1861~1865년) 중에 처음 시작되었다(Faust, 2008). 전쟁 초기만 하더라도 전사자의 시신은 전투에서 승리한 쪽에서 알아서 처리하는 것이 관례였다. 그런데 당시 미국 사회의 전통에 따르면 집을 떠나 죽는 것이 가장 끔찍한 죽음이었기 때문에, 가족들은 전장에서 돌아오지 못한 가족의 시신을 수습하기 위해서 민간 전문가를 고용해야만 했다. 하지만 1863년에 징병제도가 합법화되면서부터 국가를 지키다 목숨을 잃은 사람은 국가가 책임지고 시신을 수습해야 한다는 사회적 합의가 이루어졌다. 이는 링컨 대통령의 게티스버그 연설을 통해 미국 사회의 새로운 전통으로 자리잡았고, 1867년에 국립묘지법이 통과되는 계기가 되었다(Faust, 2008).

이후 미국은 제1·2차 세계대전과 한국전쟁에서 전사한 이들을 전장 부근에 만들어진 미군 묘지에 묻거나 본국으로 송환해 유족에게 인도했다(Allen, 2012). 미국 정부는 개인 식별이 불가능한 경우 무명용사로 안장하였고, 국민들 역시 이를 받아들였다. 이것은 미국보다 훨씬 오랜 기간 여러 전쟁에 참가했던 유럽에서도 받아들여져 온 사회적 전통이었다. 제1차 세계대전 직후에 영국과 프랑스, 미국이 모두 무명용사 한 명의 시신을 무명용사의 묘에 묻었는데, 이것은 전쟁의 상처를 보듬고 국민 단합을 이루는 사회적 의식으로 자리잡았다.

무명용사 안장에 대한 사회적 거부감이 없던 시절이었지만, 미 육군은 전사자 신원 확인율을 높이기 위해 1917년에 육군 전사자 관리부서Army Graves Registration Service를 만들었고, 1947년에는 하와이에 보다 체계적이고 과학적인 기법으로 신원 확인을 하기 위한 미육군 중앙감식소U. S. Army Central Identification Laboratory를 열었다(Allen, 2012). 중앙감식소에는 기존에 육군 내부에서 충족되던 인원 외에 사람뼈대학 전문가들인 인류학과 교수들이 채용되었다. 이들은 한국전쟁 중에 부산과 가까운 일본 고쿠라 지역으로 감식소를 옮겨 한반도에서 운송되어 오는 시신의 신원 확인 작업을 진행하였다. 한국전쟁 후에 폐쇄되었던 중앙감식소는 미국 현대사에서 가장 논란이 많은 전쟁인 베트남전(1966~1972년)에서 미군이 패배한 직후에 태국을 거점으로 재개설되었고, 이후 하와이로 옮겨와 지금까지 미군 실종자 유해 발굴 및 감식 사업이 이어지고 있다.

한국의 경우 '6·25전쟁 50주년 기념 사업'의 일환으로 2000년부터 2003년까지 4년에 걸쳐 전사자 유해 발굴 사업이 시작되었다. 비록 육군본부에 의해 시작된 한시적인 사업이었으나, 최초의 종합적이고 체계적인 발굴조사였다는 점에서 의의가 컸다(박선주, 2002; 2005). 약 50만 명의 한국군과 유엔군 전사자가 발생한 한국전쟁에서 여전히 실종 상태로 남아 있는 유해가 약 10만 구에 이르기 때문에 영구 사업으로 전환하자는 움직임이 일었고, 그 결과 2007년에 사업 주체가 국방부로 전환되면서 국방부 유해발굴감식단이 창설되었다(http://www.withcountry.mil.kr/). 2008년에 제정된「6·25 전사자 유해 발굴 등에 관한 법률(법률 제8924호)」을 통해 전사자 유해 발굴이 한시적이 아닌 국가 차원의 영구적 사업으로 탈바꿈하는 법적 근거가 마련되었다.

2000~2017년에 발굴된 유해는 아군과 적군을 합쳐 약 11,000구로 집계되었고, 그중 70%가 강원 및 경기 지역에서 출토되었다(http://www.with-country.mil.kr/user/indexSub.action?codyMenuSeq=61002421&siteId=withcountry&menuUIType=tab). 하지만 신원이 확인된 유해는 총 128구에 불과해(매해 평균 7구) 발굴 구수의 1%밖에 되지 않고 있다. 실종 군인이 총 83,000명인 미국의 경우 미국 국방부 전쟁포로 및 실종자 확인국Defense POW/MIA Accounting Agency, DPAA에 의해 매년 200구 이상의 신원 확인이 이루어진다. 미국에 비해 한국은 신원 확인 속도가 상당히 더딘데, 그 이유에 대해서는 뒤에서 살펴보도록 한다.

2) 민간인 희생자 유해 발굴

한국 현대사의 불편한 진실로 남아 있는 제주 4·3사건, 노근리 사건, 거창 민간인 학살 사건과 같은 공권력에 의한 민간인 학살은 1945년 해방 이후부터 한국전쟁이 끝난 후까지 계속되었다. 한국전쟁 전후 민간인 희생자 전국유족회(이하 한국전쟁유족회)에 따르면, 국가 공권력과 미군에 의해 불법적으로 자행된 학살로 약 100만 명의 민간인이 사망했다고 한다(http://www.coreawar.or.kr/). 이 중 상당수는 전쟁 중에 인민군을 도왔다는 부역 혐의로 한국의 군경에게 집단으로 학살당했다.

이렇게 희생된 민간인의 유해를 발굴하고자 하는 시도는 1960년 4·19혁명 이후 여러 지역에 만들어진 민간인 피학살자 유족회를 중심으로 신속하게 이루어졌다(노용석, 2018). 전쟁이 끝난 지 얼마 되지 않은 상황에서 유족들은 무엇보다 가족 구성원의 비정상적인 죽음을 정상화하려는 목표하에 유해 발굴을 최우선 과제로 삼았다. 유해를 찾아 제대로 된 장례를 치르고자 하는 개인적인 목표가 우선시되었던 것이다. 하지만 1961년 5·16 군사 쿠데타로 정권이 바뀌자 피학살자 유족회는 이적단체로 규정되었고, 급물살을 타던 피학살자 유해 발굴의 열기는 급격히 식었다. 이후 1980년대 말까지 한국 사회를 지배한 반공 이데올로기로 인해 민간인 학살을 언급하는 것조차 쉽지 않았다. 유족들은 자칫 '빨갱이'로 인식될 것을 두려워했기 때문이다(노용석, 2018).

1987년 민주화 항쟁을 시작으로 서서히 변하기 시작한 사회 분위기가 김대중, 노무현 정권의 본격적인 과거사 청산으로 이어지면서 한국전쟁 전후 공권력에 의한 학살의 진실을 밝히고자 하는 노력이 본격적으로 시작되었다. 1999년에 보도된 노근리 사건은 그동안 공공연한 비밀로 여겨졌던 민간인 학살을 공론화시켰다(노용석, 2018). 과거사 청산에서 무엇보다 우선시되어야 하는 것은 진실규명이었고, 학살의 규모와 방법 등을 보여줄 수 있는 물증이 유해였다. 이 때문에 2000년대 들어서면서부터 유해 발굴이 전국 각지에서 다양한 형태로 시작되었다. 공권력에 의한 민간인 학살 진상규명 및 유해 발굴은 한국뿐만 아니라 독재 혹은 군부 정권이 무자비한 학살을 자행했던 라틴아메리카와 캄보디아 같은 여러 지역에서도 과거사 청산의 일환으로 수십 년간 진행되어 왔다.

유족회와 시민단체 중심으로 이루어지던 민간인 희생자 유해 발굴은 2005년 5월에 여야 합의로 '진실·화해를 위한 과거사 정리 기본법'이 통과하면서 '진실·화해를 위한 과거사정리위원회(이하 진실화해위)'를 중심으로 본격적으로 시작되었다. 한국전쟁 이후 처음으로 국가기관에 의해 국가폭력의 진실규명 노력이 시작되었다는 것에서 진실화해위의 유해 발굴은 상당히 큰 의미가 있다. 하지만 진실화해위는 5년이 채 되지 않는 한시적 시간 내에 유해 발굴을 끝내야 한다는 현실적인 어려움 때문에 13개의 유해 매장 추정지에서 1,600여 구의 유해와 5,600점의 유품을 발굴한 것을 끝으로 2010년 12월 31일 활동을 종료했다(육군본부 외, 진실·화해를 위한 과거사정리위원회, 2010).

국가 차원의 활동이 종료되자 유족들과 시민단체를 중심으로 2014년 2월에 '한국전쟁기 민간인 학살 유해 발굴 공동조사단'이 결성되어 주로 자원봉사와 기부금에 의존해 발굴을 진행 중이다. 충북대학교 박선주 명예교수가 단장을 맡고 있지만, 예산 부족으로 인해 체계적인 발굴과 유해 수습, 감식이 어려운 것이 현실이다. 이러한 상황을 개선하고자 「6·25전쟁 전후 민간인 희생자 유해 발굴 및 추모사업에 관한 법률안」(2015년 국회 발의)을 비롯한 각종 과거사 법안이 발의되어 왔으나, 예산 부족의 이유로 이렇다 할 진전을 이루지 못하고 있다.

이렇듯 한국전쟁 전후 민간인 학살 현장에서의 유해 발굴 및 수습은 간단한 문제가 아니다. 정확한 발굴지 선정도 쉽지 않고, 실제 발굴이 이루어져서 유해가 수습된다 해도 개인 식별이 불가능한 경우가 대부분이라 유해가 신원미상으로 처리된다. 이 경우 유해를 어디에 어떤 식으로 안치할지의 문제도 결정이 쉽지 않다. 민간인 희생자 유해 발굴도 전사자 유해 발굴처럼 국가적 차원에서 지속적인 사업으로 진행되지 않는 한 앞으로의 과정이 순탄하지는 않을 것으로 예상된다.

흥미로운 것은 전사자 유해 발굴과 민간인 희생자 유해 발굴처럼 상이한 목적을 가진 유해 발굴이 모두 2000년대 중반부터 활발하게 진행되었다는 것이다(노용석, 2018). 전사자 유해 발굴이 보훈을 통해 국가가 내셔널리즘을 강화하고자 하는 의도로 실시된 것이라면, 민간인 희생자 유해 발굴은 과거 국가폭력을 인정하고 사죄하는 성격이기 때문이다. 발굴의 목적에 따라 발굴 방법, 규모, 감식 과정 등이 달라지기 때문에 유해 발굴을 시작하기 전에 그 목적을 분명히 하는 것이 중요하다.

2. 발굴 지역의 조사와 유해 발굴

1) 발굴 및 감식 사업의 목적

전 세계적으로 이루어지고 있는 전사자 및 민간인 희생자 유해 발굴 사업은 그 구체적인 사업 목적에 따라 인도주의적인 측면부터 사회 정의를 구현하고자 하는 측면까지 하나의 넓은 스펙트럼상에서 이해되어야 한다.

예를 들어, 미국 국방부의 미군 실종자 유해 발굴의 경우 유해를 수습해 그 신원을 확인하는 것이 목적이다. 이러한 인도주의적인 사업의 경우 신원 확인이 목적이기 때문에 실종 당시 위치와 상황 파악, 개인 식별을 위한 유해의 성별, 연령, 신장 추정, 그리고 유해에서 추출한 DNA와 비교할 유족의 DNA 시료 확보에 중점을 두어야 한다. 이에 비해 1970년대에 자행된 캄보디아 크메르 루즈 정권의 킬링필드 실상을 규명하고자 하는 사업의 경우에는 희생자 집단의 특성 파악을 위한 유해의 성별과 연령 추정, 그리고 인권범죄의 중요한 증거인 학살 실태 확보를 위해 뼈에 나타난 외상을 정밀하게 분석하고 기록해야 한다(예를 들어 Ta'ala 등, 2006).

사업의 목적과 무관한 데이터 수집에 인력과 자원을 낭비하지 않기 위해서는 전사자 및 민간인 희생자 유해 발굴 사업을 통해 이루고자 하는 최종 목적을 명확히 하는 것이 매우 중요하다.

2) 사전 조사와 지역 탐문

사업의 목적이 정해지면 사전 조사를 통해 발굴 지역을 선정해야 한다. 조사의 기본은 현지 주민과의 인터뷰이다. 전사戰史나 당시 학살 현장에 관한 기록을 바탕으로 유해가 묻혀 있을 가능성이 높은 곳에 나가 그 지역 주민의 도움을 받아 발굴지를 선정하는 것이 발굴의 성공률을 높이는 가장 좋은 방법이다.

다만, 세월이 오래 흐른 뒤라 직접 시신을 묻는 현장을 본 증인 대부분이 이미 사망했을 가능성이 크고, 또 생존해 있더라도 당시 기억이 왜곡된 경우도 많다. 직접 보지는 못하였으나 제3자에게 들었다는 증언의 경우 신빙성이 많이 떨어지지만 간접 증언도 일단은 고려해 보아야 한다. 민간인 피학살자 유해 발굴 지역을 선정할 때도 지역 주민 증언에 크게 의존하며, 대부분의 경우에 수십에서 수백 점의 유해가 발견된다. 하지만 전남 순천 매곡동처럼 증언 지역에서 한 점의 유해도 나오지 않는 경우도 있기 때문에, 유해 발굴에 앞서 증언의 신빙성 여부를 꼼꼼하게 확인해야 한다.

증언에만 의존해 실제 유해를 찾게 되는 경우는 매우 드물지만, 한국전쟁 후 60년이 흘렀는데도 당시 상황을 정확하게 증언해 미군 유해가 본국으로 송환된 적도 있다. 전쟁 초기였던 1950년 10월 1일에 L 소위는 경북 축산항 해역에서 기뢰 공격을 받아 침몰한 미 해군 소해정(USS Magpie)에서 보급장교로 근무 중이었다. 전쟁 중에 미군은 여러 차례 그의 유해를 찾으려 시도했으나 실패했고, L 소위는 '시신을 수습하지 못했으나 정황상 전사자'로 분류되었다. 한국 국방부 유해발굴감식단(이하 국유단)은 창설 직후인 2007년부터 유해 매장지에 관한 제보를 받는다고 전국적으로 홍보하였는데, 이 소식을 접한 지역 주민이 2008년에 "6·25 전쟁 당시 어로작업 중 그물에 걸린 미군 시체를 인양해 인근 야산에 묻었다"고 제보를 하였다. 직접 시신을 묻었다는 주민이 지목한 지역에서 발굴을 하였더니 증언대로 시신 한 구가 나왔다. 유해는 하와이에 있는 미 국방부 감식소로 이송되어 분석이 진행되었다. 감식 결과 뼈끝의 성장 정도와 골반 및 머리뼈의 특징을 통해 23~33세 사이의 유럽계 남성으로 추정되었고, 넙다리뼈를 이용해서 신장 추정을 하니 키는 177cm로 나왔다. 이러한 정보를 바탕으로 전쟁 당시 함께 배에서 실종되었던 20

여 명 중에서 가능성이 높은 사람들을 추린 후, 그 사람들의 생전 치과 기록을 바탕으로 추가 분석을 한 결과, 유해는 L 소위로 밝혀져 2010년 7월 미국 알링턴 국립묘지에 안장되었다.

L 소위의 신원 확인 작업은 발굴 지역과 전사, 인류학적 감식과 치아 분석이 모두 맞아떨어져 굳이 유전자 분석 없이도 신원 확인이 된 드문 사례이다. 물론 이렇게 제보에서 신원 확인까지 일사천리로 진행되는 경우는 매우 드물지만, L 소위의 예를 통해 일단은 제보의 신빙성을 확인하는 것이 중요함을 알 수 있다.

3) 시굴과 유해 발굴

제보를 받아 현장에 나간 후 매장 추정지에서 먼저 시굴을 하는 경우가 많다. 정확히 어디를 발굴할지를 결정해야 하기 때문이다. 이때 필요한 것이 고고학적 지식이다. 땅을 파는 작업은 전문가가 아니더라도 쉽게 할 수 있지만, 지층을 읽는 작업에는 전문성이 필요하다. 예를 들어 전쟁 당시 묻혀서 이장된 적이 없는 유해라면 주변 토양에도 지층 교란이 일어나지 않았어야 한다. 지층 교란의 흔적을 시간 순서에 맞게 제대로 분석할 줄 아는 능력도 필수적인데, 다음 예에서 볼 수 있듯이 실제 발굴 현장에서 이를 정확히 읽어내는 것은 생각만큼 쉽지 않다.

한국 국유단은 2015년에 강원도 양구 백석산 고지에서 미군 추정 유해가 출토되었다고 했다. 이에 미 국방부 팀에서는 필자 외 한 명을 급하게 양구로 파견했다. 백석산 고지에서 실종된 미군이 네 명인 것으로 기록되어 있는데, 유해의 유전자 검사가 진행되는 동안 일단 발굴 현장을 답사해 보고 추가로 발굴을 할 경우 어느 지역을 발굴하는 것이 좋을지 알아보기 위해서였다. 산꼭대기에 올라가 보니 지층 교란이 아주 심했다. 백석산은 전쟁 중에도 전투가 치열했던 지역이라 능선을 따라 참호의 흔적이 있었고, 전쟁 후 지금까지도 군사훈련 지역으로 쓰이고 있어 새로운 참호와 전쟁 당시의 참호가 겹쳐서 자리잡고 있었다. 산꼭대기의 벙커 옆에는 전쟁 후에 지어진 헬기 착륙장이 있었다. 1960년대에 헬기 착륙장을 만들면서 고지에 있던 흙을 산등성이 쪽으로 퍼내며 땅을 다졌을 확률이 높았다.

이렇게 인위적인 지층 교란 이외에도 시간이 흐르면서 풍화 작용에 의해 자연적으로 흙이 쓸려 능선으로 내려가는 과정도 함께 고려해야 했다. 미 국방부 팀은 한국 국유단과 함께 그때까지 진행된 발굴 정황을 살피며 어느 지역을 추가로 발굴해야 국군 및 미군 전사자 유해를 추가로 발굴할 수 있을지에 대한 토론을 했다. 백석산은 이미 국유단이 능선 주요 부위를 대부분 발굴한 상태였고, 치열했던 전투를 보여주듯 국군, 북한군, 중국군, 미군 유해가 모두 혼재되어 출토되고 있었다.

미군 추정 유해에 대한 유전자 검사 결과, 1951년 9월 말에 백석산에서 실종된 W 상병의 유해로 밝혀졌다. 실종지와 유해 발굴지가 정확하게 일치했으므로 W 상병과 함께 실종된 세 명의 유해도 부근에 있을 확률이 높았다. 산 전체를 발굴할 수는 없으니 추가 발굴지를 선정하는 것이 중요했다. 미 국방부 팀과 한국 국유단은 지층의 교란 상태와 W 상병의 유해 발굴 지점을 종합적으로 고려해 추가 발굴지를 선정했고, 그 지역은 한국국유단이 맡아 발굴을 진행하였다. 그 결과 W 상병과 함께 실종되었던 H 일병의 유해와 이미 일부 유해가 발견되어 신원이 확인되었던 W 상병의 유해가 추가로 발견되었다.

어차피 유전자 검사를 할 것이니 고고학적 검토 없이 무조건 땅을 파 유해를 찾으면 된다는 주장을 종종 듣는데, 이는 효율적인 방법이 아니다. 전쟁 당시 기록을 완전히 신뢰할 수 없는 상태에서 무작위로 발굴을 진행하면 유해를 찾는 속도도 느려지고, 설령 찾는다 해도 누구의 유해인지 밝히는 데도 시간이 오래 걸릴 수 있다. 따라서 고고학 훈련을 받은 사람이 시굴과 발굴 작업에 참여하는 것이 중요하다.

그림 10-1. 실종 미군 수색을 위한 유해 발굴 현장

발굴한 흙은 작은 뼈나 치아를 놓치지 않기 위해 모두 체로 걸러준다.

3. 유해 감식의 절차와 방법

1) 성별, 연령, 신장, 외상 및 특이사항 기록

발견된 유해는 감식소로 옮겨져 인류학자들이 분석을 한다. 이 과정에서 이 책의 앞 장에서 다루고 있는 다양한 기법들이 적용된다. 성별과 연령, 평균 신장, 형태적 변이, 병리학적 지표 등을 총체적으로 분석해 유해의 성별, 연령, 신장, 특이사항 등을 추정한다. (미국의 경우 다양한 인종이 모여 살기 때문에 유해 발굴에서 인종 구분이 중요하다.)

이러한 작업은 이후 개인 식별 과정에 필수적일 뿐 아니라, 민간인 학살 유해의 경우 누가 어떤 식으로 학살당했는지를 보여주는 기초 자료가 된다. 예를 들어 한국전쟁기 민간인 학살 유해발굴 공동조사단이 2018년에 충남 아산시에서 실시한 5차 발굴에서 성별과 연령 추정이 가능했던 128구의 유해 중 성인 남성이 19명, 성인 여성이 68명, 12세 이하 어린이가 41명이었다(노용석, 2018). 이 유해들은 1951년 부역 혐의자 수백 명이 총살된 '아산 부역 혐의 희생사건'과 연관된 것인데, 유해의 상당수가 어린이와 여성이라는 점에서 과연 부역 혐의자가 처형된 것이 맞는지 의문이 제기되었다.

또한 유해에서 발견되는 외상의 흔적을 통해 어떤 식으로 살해되었는지를 추정해 볼 수 있다. 의도적인 총살의 경우 대부분 눈을 가리고 팔을 뒤로 묶은 후 무릎을 꿇린 채 머리에 총을 쏘는데, 이런 흔적은 유해에 잘 남아 있다. 2009년에 진실화해위원회 주도로 이루어진 충남 공주시 상왕동 발굴에서 많은 유해가 발견되었는데, 유해가 묻혀 있던 형태로 보아 조직적이고 계획적인 학살이었음을 알 수 있다(노용석, 2018: 201쪽 사진 참고).

이런 분석법 중에는 한국전쟁에서 사망한 미군을 대상으로 개발된 맥컨과 스튜어트(McKern과 Stewart, 1957)의 연령추정법이 미군 전사자 유해 감식에서 가장 많이 쓰인다. 이 연구는 한국전쟁 직후 북한으로부터 돌려받은 미군 유해 중 신원이 확인된 450구의 유해에서 수집한 자료를 바탕으로 연령에 따른 머리뼈 봉합선, 사랑니, 뼈끝의 성장 상태(골반, 빗장뼈, 척추뼈, 어깨뼈, 복장뼈, 엉치뼈, 갈비뼈로 구분)가 상세히 분석되어 있다. 이렇게 많은 수의 신원 확인이 된 유해를 체계적으로 분석한 경우는 많지 않았기 때문에 지금까지도 이 연구는 많은 연구자들이 기본 자료로 활용하고 있다. 이후 수많은 연구들이 이 방법을 인종과 지역에 따라 세분화하면서 발전시켜 왔다.

2) 혼재된 유해 분석

유해 감식 과정에서 또 하나 중요한 것은 혼재 유해의 분석이다. 한 사람의 유해가 확실한 경우 유해의 성별, 연령, 신장 등을 밝히는 데에서 감식의 기초 작업이 마무리되지만, 여러 사람의 유해가 섞여 있는 혹은 섞여 있을 가능성이 있는 경우에는 우선 유해의 개체 분류가 중요하다. 개체 분류를 제대로 하지 않고 모든 뼈의 DNA 분석을 시도하는 것보다는, 인류학적 감식을 통해 개체 분류를 한 후, 필요한 부위의 뼈 몇 개만 추려서 DNA 분석을 하는 것이 시간과 비용 면에서 효율적이기 때문이다.

혼재 유해의 감식에서 중요한 것은 뼈의 형태학적 특징을 살피는 것이다. 육안으로 드러나는 근육 부착 부위나 전체적인 굴곡 양상 등을 이용해 뼈의 좌우를 맞추는 방법은 언뜻 보기에는 비과학적으로 보이기 쉽지만, 충분한 훈련을 받은 인류학자라면 육안 분석의 정확도가 상당히 높다.

육안 분석 외에 뼈의 계측치를 이용해 통계를 돌려 혼재 유해를 구별하는 방법도 있다. 'Osteometric sorting'이라 불리는 이 방법은 완전 유해의 계측치를 데이터베이스화해 놓은 다음, 혼재된 유해의 여러 부위의 뼈를 계측해 데이터베이스에 있는 계측치와 비교함으로써 다른 부위의 뼈가 같은 사람의 것일 수 있는지를 판단하는 데 쓰인다(Adams와 Byrd, 2014). 예를 들어, 좌측 위팔뼈와 우측 넙다리뼈만 있을 경우 이 두 뼈가 한 사람의 것인지를 추정해 보기 위해 계측치를 데이터베이스에 돌려본다. 결과가 한 사람일 가능성을 배제할 수 없다고 나온다 해서 한 사람이라고 확신할 수는 없으나, 만약 통계학적으로 위팔뼈와 넙다리뼈가 한 사람이라는 영가설이 기각되면 최소 개체수가 2라는 추정의 신뢰도가 상당히 높아진다.

실제 이 방법은 1990년부터 2005년까지 혼재가 심한 상태로 북한에서 미국으로 들어온 한국전쟁 실종 미군 유해 감식에 성공적으로 적용되어 신원 확인율을 급격히 높이는 데 중요한 역할을 했다(Jin 등, 2014).

3) 사람 뼈와 동물 뼈의 구분

대부분의 경우 사람 뼈인지 동물 뼈인지는 육안으로 구분이 되지만, 작은 뼛조각이나 보존 상태가 좋지 않으면 인수人獸 구분이 쉽지 않다. 이때는 뼈조직학 분석을 통해 인수 구분을 시도해 볼 수 있다. 사람은 다른 동물에 비해 성장 속도가 느리기 때문에 뼈 조직을 분석했을 때 뼈가 빠르게 성장한 것이 보이면 사람이 아닌 동물 뼈라고 판단할 수 있다(Hillier와 Bell, 2007). 하지만 뼈의 보존 상태가 좋지 않아 뼈 조직이 잘 남아 있지 않으면 인수 구분을 하기 힘들다.

미군 전사자 유해 발굴의 경우 베트남전 실종 유해는 제대로 남아 있는 경우가 거의 없다. 전투기가 추락하며 실종된 경우가 대부분이라 사고 당시 시신이 심하게 훼손된 데다, 동남아시아의 덥고 습한 환경으로 인해 유해의 부패 속도가 빠르기 때문이다. 이런 상황에서 발견되는 유해는 대부분 육안으로 동물 뼈인지 사람 뼈인지 구분하기가 쉽지 않다. 이 경우 유해가 랩으로 들어오면 DNA 검사보다 시간과 비용이 적게 드는 뼈 조직 분석을 먼저 하고, 결과가 확실치 않을 경우에만 유전자 검사를 한다.

인수 구분에 가장 널리 쓰이는 유전자 검사는 미토콘드리아에 있는 12S 리보솜 DNA 분석이다. 미토콘드리아 DNA는 세포당 수가 많다는 장점뿐만 아니라, PCR 증폭 길이가 150 베이스페어로 아주 짧기 때문에 보존 상태가 좋지 않은 시료의 분석에도 용이하다(Melton과 Holland, 2007). 이 방법을 이용하면 이미 DNA 연구가 된 동물의 경우 정확한 종명까지 밝힐 수 있다. 12S 분석은 인수 구분을 넘어 멸종 동물의 불법 포획과 밀수 등의 증거를 잡는 데도 유용한 방법으로 쓰인다.

4) 개인 식별(신원 확인) 과정

한국에서 이루어지는 유해 발굴의 경우 신원 확인은 전적으로 유전자 검사 결과에 의해 이루어진다. 이에 비해 미국 전사자 유해 발굴은 유전자 이외에도 치아, 빗장뼈 분석, 안정동위원소 분석 등 다양한 방법으로 최종 신원 확인에 이르는 경우가 대부분이다. 이는 한국과 미국이 보유한 실종자의 생전 기록의 차이에서 생기며, 그로 인해 앞서 말한 것처럼 한국과 미국의 유해 신원 확인율이 크게 차이가 난다. 이하에서는 이에 대해 보다 구체적으로 알아보도록 한다.

(1) 유전자 검사

유전자 검사가 신원을 확인하는 데 사용되기 시작한 지는 아직 40년도 채 되지 않았다. 1984년에 영국 유전학자에 의해 DNA 프로파일링이라는 방법이 만들어진 이후 유전자 검사는 범죄 수사의 기본으로 자리잡게 되었다(Butler, 2009).

미국 전사자 유해 발굴의 경우 1991년부터 DNA 검사가 신원 확인 도구로 쓰였다. (미 국방부의 모든 DNA 검사는 Armed Forces Medical Examiner System(AFMES)의 산하기관인 Armed Forces DNA Identification Laboratory(AFDIL)에서 이루어진다.) 하지만 당시의 기술로는 수십 년이 지나 상태가 좋지 않은 유해에서 제대로 추출해 낼 수 있는 DNA는 미토콘드리아 DNA(mtDNA)뿐이었다. 모계로 내려가는 mtDNA는 세포 하나당 수가 많아서, 세포 하나에 하나만 들어 있는 핵DNA(nuclear DNA)보다 오랜 시간이 흘러도 잘 남아 있을 확률이 높았다. 추출과 분석이 용이하다는 커다란 장점이 있지만, 모계로 전달되기 때문에 모친만 같으면 서로 다른 사람들끼리도 같은 mtDNA를 가지고 있다는 문제가 있다. 예를 들어 실종자의 mtDNA는 실종자의 이모, 실종자 이모의 자녀들과 일치하지만, 외삼촌의 자녀들과는 다르다.

이러한 상황은 실종자 본인의 자가 샘플 없이도 적합한 유족의 DNA 시료를 이용해 신원 확인의 도구로 쓸 수 있다는 장점과, 적합한 유족이 남아 있지 않은 경우에는 DNA를 이용해 신원 확인을 할 수 없다는 단점이 있다. 또한 직접적인 혈연관계가 없는 사람도 오랜 세대를 거슬러 올라가 모계가 같은 경우에는 같은 mtDNA를 가진다는 문제가 있다. 현재 혈연관계가 없는 사람들이라도 부계가 같으면 같은 성姓을 가지는 게 흔한 일인 것과 같은 맥락이다.

이러한 문제를 해결하기 위해 1991년부터는 모든 미군들이 본인의 자가 샘플을 의무적으로 남겨두어야 하는 규정이 생겼다. 'Department of Defense DNA Registry'라 불리는 이 프로그램은 실종자가 생겼을 때 유족의 DNA와 비교 분석해야 했던 기존의 문제를 해결하기 위한 방안이었다. 2018년 현재 780만 명의 군인 및 국방부 직원의 DNA 자가 샘플이 보존되어 있다.

범죄 수사에 쓰이는 DNA 검사가 정확한 것은 자가 샘플을 이용해 핵DNA를 분석하기 때문이다. 미군의 경우에도 1990년대 초반의 걸프전 실종자 시신 확인 때부터 실종 군인의 자가 샘플을 이용한 핵DNA를 이용해 왔다. 핵DNA 중에서도 autosomal DNA가 1990년대부터 쓰이기 시작했고, Y-DNA는 2003년부터 사용되었다. 하지만 한국전이나 베트남전처럼 수십 년이 지난 유해의 경우 자가 샘플도 없고 핵DNA 추출도 용이하지 않아, 2006년에서야 처음으로 핵DNA 분석을 이용한 신원 확인에 성공했다.

1994년에 베트남에서 작은 유해 네 조각이 발견되었다. 하지만 유해 크기가 너무 작아서 당시에는 유전자 검사가 불가능했다. 12년이 흘러 유전자 검사 기술이 발달하면서 유해에서 mtDNA를 추출해 내는 데 성공했으나, 실종 군인의 유가족 시료는 아내, 아들, 딸이 전부였다. 이 유가족 시료로는 mtDNA 비교가 불가능했기 때문에 핵DNA 분석이 이루어졌고, 처음으로 수십 년이 지난 유해에서 핵DNA 추출에 성공해 신원 확인까지 이르게 되었다. 이후 오래된 유해를 이용한 핵DNA 분석 기술은 계속 발전해, 2017년 한국전쟁 유해 기준 약 50%의 성공률을 보이고 있다.

DNA 검사가 보편화되면서 모든 신원 확인이 DNA 검사를 통해서 이루어지는 것으로 오해하는 경우가 많다. 물론 DNA 검사가 결정적인 단서가 되는 경우가 대부분이지만, 발견되는 모든 뼈의 DNA 검사를 의뢰하고 데이터베이스에 있는 유가족 샘플 누군가와 일치하기를 바라는 식의 감식이 반드시 효율적인 것은 아니다. 유해가 누구의 것일지 추정할 수 있는 상황이라면 일단 가능성이 높은 실종자를 추려 DNA 검사 결과를 소수의 실종자와 비교하는 타깃 분석이 더 효율적이다.

2018년 7월에 북한이 미국에 송환한 미군 유해 중에서 사지뼈가 평균보다 훨씬 긴 유해가 있었다. 넙다리뼈 길이로 신장을 추정해 보니 약 190cm로 나왔다. 또한 치아 에나멜의 형태와 넙다리뼈의 전체적인 굴곡으로 볼 때 흑인일 가능성이 높아 보였다. 북한이 미국 측에 건넨 자료에 의하면 이 유해는 평안북도 구장군에서 발견되었다고 했다. 추정 신장, 인종, 발굴 지역을 토대로 한국전쟁 실종자 명단을 분석해 세 가지 기준에 맞는 사람 10여 명을 추려냈다. 그렇게 추린 명단은 DNA 검사 의뢰 시 유전자 랩에 함께 전달되었고, DNA 검사 결과 그중 한 명인 J 이병으로 밝혀졌다.

신원 확인에 있어 DNA 의존도가 높은 우리나라는 예전에는 대학 시설에 외주를 주기도 하였으나, 국방부 조사본부를 거쳐 현재는 국유단으로 옮긴 랩에서 DNA 검사를 하고 있다. 하지만 한국의 경우 한국전쟁 실종 군인 중 유가족 DNA 샘플을 보유하고 있는 비율이 15% 정도밖에 안 되기 때문에, 한국전쟁 기준 92%의 유가족 DNA를 확보하고 있는 미국에 비해 DNA를 통한 신원 확인율이 현저히 떨어질 수밖에 없다. 한국은 실종 및 전사자에 대한 기록이 잘 남아 있지 않기 때문에 DNA를 통하지 않고는 신원 확인을 할 수 없다. 이런 상황에서 유가족 DNA 샘플 보유율까지 낮으니 발굴된 유해의 1%밖에 신원 확인이 되지 않고 있다.

한국전쟁 전사자 유해 발굴에 비해 민간인 희생자 유해 발굴의 신원 확인율은 더욱 낮다. 정확한 희생자 명단조차 없을뿐더러, 다른 지역으로 끌려가 비밀리에 학살된 경우가 많아, 유가족이 유해를 찾고자 해도 어디서 찾아야 할지도 알기 힘든 경우가 대부분이기 때문이다. 약 10명의 신원이 확인된 제주 4·3사건 발굴을 제외하고는 아직까지 민간인 희생자 유해 발굴을 통해 발굴된 유해의 신원이 밝혀진 적은 한 번도 없다(노용석, 2018). 간혹 유족들이 DNA 샘플을 제공해 유전자 검사가 이루어지는 경우도 있었지만, 유족 샘플과 일치하는 경우는 없었다.

한국전쟁 전후 민간인 피학살자 유해 발굴이 더딘 상황에서 모든 희생자 유족을 대상으로 유전자 시료를 채취하는 것은 현실적으로 불가능하다. 유족 또한 이런 상황을 인지하고 있기 때문에 유해가 발굴되면 집단으로 매장하고 함께 위령제를 지내는 식으로 마무리되고 있다.

(2) 가슴 엑스레이와 빗장뼈

최근 몇 년 사이에 미군 실종자 신원 확인의 중요한 기법으로 쓰이고 있는 것이 실종자가 생전에 남긴 가슴 엑스레이와 발굴된 빗장뼈의 엑스레이를 비교 분석하는 방법이다.

미군은 폐결핵 검사의 일환으로 1942년부터 입대하는 모든 사람을 대상으로 가슴 엑스레이를 찍었는데, 현재 한국전쟁 실종자 중 75%의 가슴 엑스레이가 남아 있다. 가슴 엑스레이에서 쉽게 확인되는 빗장뼈와 3번 목뼈부터 7번 등뼈까지의 유해(혹은 일부)가 남아 있을 경우, 유해를 엑스레이로 찍어서 그 이미지를 실종자의 생전 가슴 엑스레이와 비교하면 90% 이상의 정확도로 개인 식별이 가능하다. 이 방법에는 빗장뼈가 주로 쓰이고 척추뼈는 보조 역할을 하는데, 이는 가슴 엑스레이에서 척추뼈는 몸통에 가려 잘 보이지 않기 때문이다.

가슴 엑스레이를 통한 신원 확인 노력은 1970년대부터 간간이 이루어져 왔고 그 정확도도 높았으나, 기존의 연구는 뼈가 아닌 시신의 가슴 엑스레이를 생전 엑스레이와 비교하는 것이었다. 이런 방법을 유해에도 적용할 수 있을 것이라는 가설하에 미 국방부 연구팀은 2000년대 후반부터 전문인력을 동원해 연구를 시작하였다. 그 결과 2011년에 1,460명의 생전 가슴 엑스레이를 12개의 빗장뼈 및 척추뼈 엑스레이와 비교한 방대한 규모의 연구를 통해 연구 기법의 정당성 검증이 완료되었다(Stephan 등, 2011).

유전자 검사를 통한 신원 확인이 가능하다면 굳이 빗장뼈와 가슴 엑스레이를 이용할 필요가 없을 수도 있지만, 모든 유해에서 항상 DNA 검사 결과가 나오는 것은 아니기 때문에 이 방법은 매우 유용한 기법으로 자리잡았다. 이러한 새로운 방법을 개발하게 된 동기는 하와이 국립 태평양 기념묘지(흔히 '펀치볼'이라고 불림)에 묻혀 있던 860여 명의 한국전쟁 무명용사 신원 확인을 위해서였다. 한국전쟁이 끝난 다음 해였던 1954년에 미국과 북한이 시신 교환을 하면서 미군은 약 4,000여 구의 시신을 인도받았다. 그중 약 400여 구는 신원 확인을 할 수 없을 만큼 시신의 상태가 좋지 않았거나, 신원 확인의 단서가 될 만한 것들이 발견되지 않았다. 이들은 무명용사로 이송되어 하와이에 묻혔다. 이 외에도 전쟁 중이나 직후에 한국에서 발견되었으나 신원 확인이 불가능했던 400여 구 역시 하와이 펀치볼에 한국전쟁 무명용사로 묻혔다.

1990년대 말에 유전자 검사 기술이 발달하면서 한국전쟁 무명용사의 묘를 개장해 DNA 검사를 의뢰하면 많은 수의 신원 확인이 가능할 것처럼 보였다. 이 가설을 검증해 보기 위해 몇 개의 묘를 개장하였으나, 예상 밖으로 DNA 결과가 전혀 나오지 않았다. 철제 관에 들어 있던 유해는 보존 상태가 아주 좋았다. 땅속에 오래 묻혀 있던 유해는 손, 발, 몸통 부위부터 서서히 없어지는데, 펀치볼 한국전쟁 무명용사 유해는 아주 작은 손가락뼈까지도 완벽히 잘 남아 있는 경우가 많았다. 인류학자들이 성별, 연령, 신장, 인종을 추정하기에 더할 나위 없이 좋았다. 그러나 DNA는 어느 뼈에서도 추출되지 않았다. 그 원인은 전쟁 직후 시신을 포름알데히드로 방부처리했기 때문으로 드러났다. 시신을 먼 거리로 옮기려니 최대한 긴 시간 부패를 방지하는 것이 시급해 방부처리를 했던 것이다. 그 과정에서 유기물질인 DNA가 대부분 사라져 버렸다.

유전자 검사를 통해 한꺼번에 800여 명의 신원을 확인할 수 있을 것이라던 기대는 깨졌고, 미 국방부는 다른 방법을 찾기 시작했다. 이런 배경에서 시작된 것이 빗장뼈와 가슴 엑스레이 비교법이다. 2018년 기준, 약 160여 개의 펀치볼 한국전쟁 무명용사의 묘가 개장되어 약 100여 명의 신원이 확인되었는데, 그중 상당수가 빗장뼈와 가슴 엑스레이를 이용한 케이스였다.

최근에 미 국방부 DNA 랩이 펀치볼 한국전쟁 무명용사 유해에서 'New Generation Sequencing'이라는 방법으로 기존에 불가능했던 DNA 추출과 분석에 성공하면서(Loreille 등, 2011) 빗장뼈와 가슴 엑스레이 비교법의 정확성을 역으로 재확인해 주었다.

수차례에 걸친 정당성 검사에도 불구하고 엑스레이로 보이는 빗장뼈의 형태와 골밀도를 육안으로 비교 분석하는 것에 대한 의구심이 제기되어 왔다. 이미 빗장뼈 비교법으로 신원 확인이 된 사람의 신원을 DNA로 다시 한번 확인해 줌으로써 이제는 법적으로도 받아들여지는 신원 확인의 방법으로 자리잡았다. 이 비교법의 다음 단계는 육안으로 일일이 대조하지 않고 지문 비교하듯이 컴퓨터 프로그램을 이용해 자동으로 빗장뼈와 가슴 엑스레이를 비교해 줄 수 있는 프로그램을 개발하는 것이다. 이를 위해 미 국방부 팀은 몇 년째 연구를 진행하고 있지만,

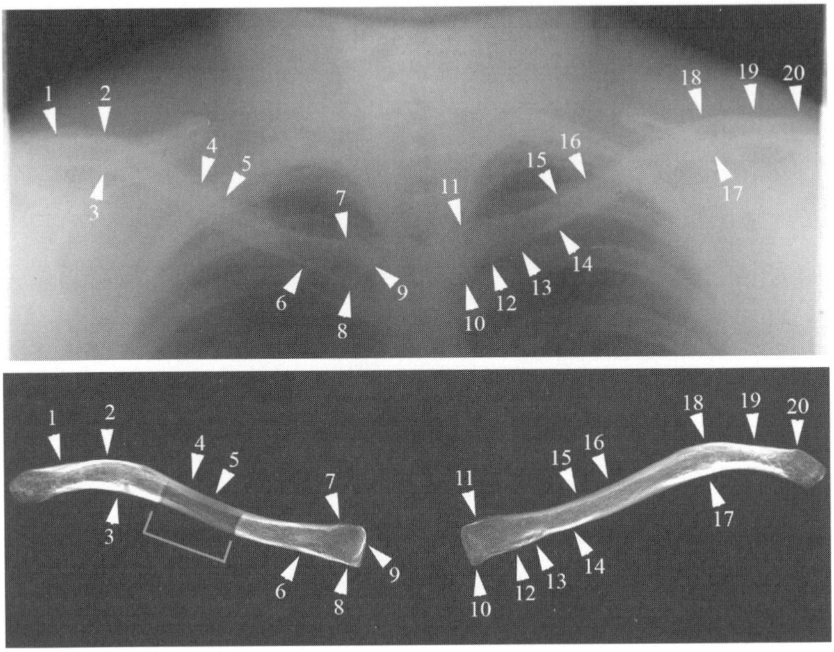

그림 10-2. 가슴 엑스레이 비교법

생전의 가슴 엑스레이(위)와 출토된 유해의 가슴 엑스레이(아래). 번호와 화살표는 두 엑스레이에서 일치되는 부분을 표시한 것이다.

가슴 엑스레이에서 빗장뼈가 뚜렷이 보이지 않거나 빗장뼈의 보존 상태가 좋지 않은 것과 같은 변수 때문에 아직까지 정확한 프로그램 개발에는 성공하지 못했다.

(3) 치과 진료 기록

DNA 검사가 개발되기 전부터 각종 법의학 케이스에서 꾸준히 사용되어 온 것이 치아 비교분석법이다. 빗장뼈와 가슴 엑스레이 비교법과 같은 원리로 유해에 치아가 남아 있으면 그것을 실종자 생전의 치과 기록과 비교해 개인 식별을 하는 방법이다(Shiroma, 2016).

치과 치료를 많이 받았거나 특이한 보철물이 있는 경우에는 DNA 분석 없이도 법적으로 인정되는 신원 확인이 가능하다. 미군의 경우 한국전쟁 실종자 대부분의 치과 진료 기록을 보유하고 있기 때문에 전사자 유해 신원 확인에 치과 기록이 유용하게 쓰이기도 한다. 하지만 한국전쟁에서 전사한 이들의 대부분이 18~23세의 젊은 청년들로 아무런 치과 치료를 받지 않은 경우가 많아 치아 기록만으로는 개인 식별이 힘든 경우가 대부분이다. 대개 나이가 들면서 여러 가지 치과 치료를 받기 때문에, 공군 장교의 비행기 추락사가 많은 베트남전의 경우 치아 몇 점만 발굴되어도 신원 확인이 가능한 경우도 많다.

2017년 초에 충북 영동에서 미군 추정 유해가 발견되었다. 광케이블 매설을 위해 2m×1m의 작은 구역에 포크레인 작업을 시작했는데, 얼마되지 않아 뼈와 옷가지가 발굴되었다. 포크레인 기사는 바로 경찰에 신고했고, 현장 검증을 한 경찰은 유해를 군인이라 여겨 국유단에 연락했다. 국유단 발굴 및 감식팀이 파견되어 발굴을 마치고 현장 감식 결과 미군으로 추정된다는 보고를 하였다. 포크레인 작업으로 머리뼈가 손상되면서 치아가 낱낱이 흩어졌는데, 국유단 발굴팀의 꼼꼼한 발굴로 치아 31점을 모두 찾았다. 이렇게 머리부터 발끝까지 드러난 완전 유해와 함께 미군 수통과 사이즈 10의 군화가 발견되었다. 군화 밑창에는 영어로 'Michelin'이라고 쓰여 있었다. 한국전쟁 초기에는 제2차 세계대전 때 사용하던 군수품을 썼는데, 미쉐린에서 만든 군화 역시 제2차 세계대전 군수품이었다. 이로 볼 때 전쟁 초기에 전사한 군인으로 추정이 가능했다.

당시 필자를 비롯한 미 국방부 팀은 한국 출장 중에 이 유해가 발견되었다는 소식을 접했다. 대부분의 신체 부위가 남아 있었지만 뼈의 보존 상태가 좋지 않아 연령, 성별, 인종, 신장 추정이 쉽지 않았다. 하지만 치아는 잘 남아 있었기 때문에 같은 팀의 법치의학자가 31점의 치아를 분석했다. 치아 31점 중 상당수에 다양한 보철물이 있었다. 한국전쟁 실종자 치아에서는 보기 힘든 경우였다. 이 결과를 한국전쟁 실종자 치과 기록 데이터베이스에 돌려보니, 완벽히 일치하는 사람이 L 일병 한 사람뿐이었다. L 일병의 실종 기록을 찾아보니, 1950년 7월 25일 충북 영동 실종으로 되어 있었다. 그는 22세였고, 발 사이즈가 10이었다. 공사 중 우연히 발견된 이 유해는 치아 분석 결과와 전사가 일치하여 추가 DNA 검사 없이 신원이 확인되어 샌프란시스코에 있는 부모 묘지 옆에 안장되었다.

이 케이스는 정확한 치과 진료 기록 확보와 여러 해에 걸쳐 모든 한국전쟁 실종자의 치과 기록을 디지털 데이터베이스화한 노력의 중요성을 다시 한번 확인해 주었다.

(4) 기타 개인 식별 자료

앞서 살펴본 가슴 엑스레이와 치과 진료 기록 비교법에서 볼 수 있듯이, 실종자의 생전 기록을 보유하는 것은 단지 전사자 유해 발굴뿐만 아니라 모든 법의학 사건의 신원 확인 작업에 있어 매우 중요하다.

한국의 경우 한국전쟁 당시 징집된 군인들에 대한 기록이 제대로 남아 있지 않은 경우가 많아서 실종된 군인들의 생전 기록이 있는 경우는 극히 드물다. 당시 한국에서 제대로 된 치과 진료 기록이나 가슴 엑스레이를 가지고 있던 사람도 거의 없었기 때문에, 유해가 발굴되어도 이를 대조해 볼 생전 자료가 전무한 상태이다. 이 또한 한국의 전사자 신원 확인율이 매우 낮은 원인이다.

미군 전사자 유해 발굴의 예로 돌아가 보자. 2017년에 하와이 펀치볼에서 개장된 유해의 빗장뼈를 가슴 엑스레이와 비교 분석했더니, 예상했던 실종자 명단에 있던 10명 모두가 불일치한다고 나왔다. 무명용사로 묻힌 유해는 전쟁 직후에도 여러 가지 이유로 신원 확인이 불가했기 때문에, 사전 조사를 철저히 하고 묘지 개장을 하더라도 예상과 빗나가는 경우가 종종 있다.

다행히도 DNA 검사에 성공해 결과가 나왔는데, 미군 실종자 유가족 DNA 데이터베이스에 있는 누구와도 일치하지 않았다. 이것은 유가족 시료가 확보되지 않은 8%(2017년 기준으로 약 600여 명)의 실종자 중 한 명이라는 뜻이었다. 일단 유가족 시료가 없는 실종자 명단을 바탕으로 전사와 유해 발견 지역, 유해의 추정 연령, 신장을 이용해 가능성이 가장 높은 사람 5명을 추렸다. 치과 진료 기록상으로는 5명 모두 가능성이 있었다. 5명 중 3명은 생전 가슴 엑스레이가 있어서 비교 분석을 시도하였으나, 셋 모두 불일치한다고 나왔다.

남은 2명 중 누구인지 밝히기 위해 수백 페이지의 개인별 기록을 꼼꼼히 읽어 나갔다. 유해 감식 보고서에 의하면 왼쪽 노뼈에 희미하게 뼈가 재생성된 자국이 보이는 것으로 볼 때 어렸을 때 노뼈에 골절이 있었을 가능성이 있으며, 허리뼈 일부에서 뼈가 고르지 않게 자란 것으로 보아 어렸을 때 등쪽을 뾰족한 것에 찔렸을 수도 있다고 하였다. 뼈의 외상은 다양한 원인으로 생길 수 있을뿐더러, 이렇게 자세한 기록까지 남아있는 경우는 극히 드물지만 개인별 자료 검토 외에는 더 이상 방법이 없는 상황이었다.

놀랍게도 1955년에 실종자의 어머니가 군대에 보낸 편지 스캔본에 "도움이 될지 모르겠지만 우리 아들은 7세 때 넘어져서 아래팔뼈가 부러졌습니다. 14세 즈음에는 높은 데서 떨어졌는데, 마침 바닥에 있던 뾰족한 물건에 등을 찔려서 한참 고생했습니다."라고 적혀 있었다. 어머니는 세상을 뜬 지 오래였지만, 어떤 자료든 개인 식별에 유용할 수 있는 것을 보내달라는 군대의 요청에 성의껏 회신을 한 어머니의 편지 덕에 K 상병은 신원이 확인되었다.

이런 경우는 드물지만 신원 확인을 위해서는 모든 자료를 동원해야 한다는 것과 정밀한 인류학 감식의 중요성을 보여주는 좋은 예이다.

(5) 안정동위원소 분석

사람 뼈와 치아, 머리카락 등에 남아 있는 안정동위원소를 분석해 그 사람이 어느 지역에서 어떤 음식을 먹고 어떤 물을 마셨는지를 알아보는 것은 이미 수십 년간 의학, 고고학, 고인류학 분야에서 연구되어 왔다. 최근 들어 같은 방법을 법의학적 감식에 사용하려는 시도가 활발해지고 있다.

안정동위원소 분석을 통해 유해가 누구인지를 알아낼 수는 없지만, 어느 지역에 살았던 사람인지 알 수 있다면 가능성이 있는 실종자의 수를 줄일 수 있다. 뼈에 남아 있는 탄소와 질소 동위원소를 통해 무엇을 먹었는지 분석할 수 있고, 수소와 산소를 이용하면 어느 지역의 물을 마셨는지 알 수 있다. 이러한 시도는 미군 전사자 유해 발굴뿐만 아니라, 미국과 멕시코의 국경 지역에서 사망한 무연고 유해의 국적을 추정하는 데에도 적용되기 시작했다(Bartelink 등, 2014).

1969년에 베트남전에서 F-100 전투기 추락으로 사망한 미군 조종사의 유해를 찾기 위한 발굴이 1991년부터 2009년까지 네 차례에 걸쳐 이루어졌다. 비행기 추락 추정 지점에서 100m 떨어진 곳에서 수많은 F-100 전투기의 파편들이 발견되었으나 유해는 찾을 수가 없었다. 끈질긴 발굴 끝에 위턱 송곳니를 한 점 발견했다. 추락 당시 비행기에는 조종사 한 명밖에 타고 있지 않았기 때문에 미군 유해로 추정이 가능하다면 실종된 조종사의 치아가 분명했다. 그러나 보존 상태가 좋지 않아 DNA 검사가 불가능했다.

살아 있는 동안 끊임없이 재생이 되는 뼈와 달리 치아는 일단 다 나면 더 이상 에나멜 속의 성분이 바뀌지 않는다. 따라서 발견된 치아 에나멜의 동위원소를 분석해 보면 어느 지역에서 성장한 사람인지 알 수 있다. 탄소 안정동위원소 분석 결과 치아의 C4 함량이 월등히 높은 것으로 보아 C3계 식물인 쌀이 주식인 동남아시아에서 자란 사람은 아니었다. 미국에서 자란 사람의 경우 식음료에 사탕수수 같은 옥수수 성분이 다량 함유되어 있을 뿐만 아니라, 옥수수 사료를 먹인 동물의 고기를 먹는 경우가 많아 뼈에서 C4가 훨씬 높은 비율로 발견된다. 이 분석 결과를 바탕으로 실종 40년 만에 미군 조종사는 법적으로 신원이 확인되었다.

현재까지 한국전과 베트남전에서 사망한 사람들의 유해를 대상으로 진행된 연구에 의하면, 탄소 동위원소 분석법의 경우 95% 이상의 정확도로 미국인과 동남아시아인을 구분할 수 있다고 한다(Bartelink 등, 2014). 하지만 빠른 세계화로 인해 인구 이동이 잦아지고 먹거리가 비슷해지기 시작하면서 과연 이런 구분이 앞으로도 지속적으로 가능할지에 대한 의구심이 생긴다. 이 문제를 해결하기 위해 지하 암반수의 동위원소 분석을 통해 어느 지역에 살았던 사람인지 추정해 보고자 하는 연구가 활발히 진행되고 있다. 미국과 한국에서 똑같이 쌀을 주식으로 했더라도 마신 물에는 지역 차가 있을 것이기 때문이다.

한국 국유단의 전사자 발굴에서 중요하면서 민감한 사항 중 하나가 피아彼我 판단이다. 북한군과 중국군으로 판정된 유해는 파주에 있는 묘지에 묻히고, 특히 중국군으로 판정되면 2014년부터 매해 중국으로 송환하고 있기 때문이다. DNA 검사로는 한국군, 북한군, 중국군을 구별해내기가 쉽지 않아 지금까지는 함께 출토된 유품과 전사, 지역 주민 증언을 토대로 피아 판단을 해 왔다. 하지만 전투복 같은 유품만으로 어느 나라 군인인지 판단하는 것이 반드시 정확하지는 않다.

이런 상황에서 동위원소 분석이 피아 판단에 유용할 수도 있을 것이라는 가정하에 현재 연구가 진행 중이다. 물론 이북에서 피난 내려와 한국군으로 징집된 경우나 그 반대의 경우도 흔했기 때문에 동위원소 분석이 피아 판단의 절대적인 기준은 될 수 없으나, 또 하나의 유용한 근거 자료로 쓰일 수는 있다. 이를 위해서는 한반도와 중국의 물과 토양의 동위원소 함량을 지역별로 자세히 연구해 유해에서 나온 동위원소 결과와 비교할 수 있는 기초 자료가 필요하다. 이를 '아이소스케이프 isoscape'(isotope과 landscape의 합성어)라고 부르는데, 한반도뿐만 아니라 전 세계에 걸쳐 지역별 수소, 탄소, 산소, 질소, 스트론튬 동위원소의 비율을 알려주는 모델이다. 아이소스케이프가 완성되면 법의학에서 동위원소 분석이 보다 폭넓게 이용될 수 있을 것이다.

4. 유해의 보관 및 안장

발굴이 끝난 후 유해를 어디에 어떤 식으로 보관할 것인지는 유해 발굴 자체만큼 중요한 문제이며, 발굴이 시작되기 전에 충분한 합의가 이루어져야 한다. 개인 식별 가능성이 있는 유해는 유족이 안장 지역과 장례의식을 결정할 수 있지만, 한국의 전사자와 민간인 희생자 유해 발굴처럼 신원 확인이 거의 되지 않는 유해는 보관할 장소가 필요하다. 한국 국유단의 경우 수천 구의 유해를 보관할 장소가 마땅하지 않아 발굴 초기에는 일부 유해를 화장하였다. 이후 시설이 확장되면서 현재는 발굴된 모든 유해를 국립현충원 안에 있는 국유단 시설에 보관하고 있다.

2000년대 중반 진실화해위가 어떤 식으로 과거의 국가폭력 실태의 진상을 규명할지 논의할 때 유해 발굴 여부를 두고 많은 논란이 있었다. 학살 규모와 실태를 밝혀낼 수 있는 직접적인 증거가 유해라는 것을 감안할 때 그러한 논란이 있었다는 것 자체가 역설적이다. 하지만 이는 그만큼 발굴 이후 유해 처리 문제가 간단하지 않다는 뜻이다.

진실화해위의 발굴로 수습된 1,700여 구의 유해는 2009년 충북대학교 내 임시 시설에 안치되어 있다가, 7년 만인 2016년에 세종시의 '한국전쟁 민간인 희생자 추모관'으로 옮겨졌다. 하지만 이 역시 영구 시설은 아니어서 대전 골령골에 '한국전쟁 민간인 희생자 추모공원'이 완공되면 그곳의 봉안관으로 다시 옮겨질 예정이다.

진실화해위 활동이 끝난 후에 시민운동 성격으로 지속되고 있는 민간인 피학살자 유해 발굴은 몇 년간 다섯 차례밖에 이루어지지 못했다. 민간 차원에서 발굴되고 있는 이 유해들을 누가 어떻게 어디에 안장을 해야 할지에 대한 문제도 복잡한 상황에서, 앞으로 민간인 희생자 유해 발굴이 어떤 식으로 지속될지 불투명하다.

미군 전사자 유해 발굴의 경우 신원이 확인되지 않은 유해라 하더라도 DPAA에서 영구 보관을 하도록 되어 있다. 일본의 경우 해외에서 발견된 일본군의 유해는 현지에서 화장을 해서 본국으로 송환한다. 한국은 많은 경우 유족의 요청으로 한꺼번에 화장되어 위령비 아래 묻히기도 하고, 유해 그대로 봉안소에 보관되기도 한다. 캄보디아의 경우 불교 의식에 따라 킬링필드 피학살자 유해를 화장하려는 움직임이 있었으나, 그럴 경우 학살의 직접적인 증거인 유해가 없어져버리는 문제가 있었다. 이미 사망한 이들에게 제대로 된 장례식을 치러 주는 것이 더 중요하다는 종교적 관점과, 크메르 루즈 정권의 범죄 실상을 보존함으로써 정의를 실현하는 것이 더 중요하다는 상이한 입장이 부딪친 경우이다. 캄보디아는 후자를 더 중요하다고 판단해 킬링필드 유해는 화장되지 않은 채 그대로 보존되어 있다.

이러한 예에서 볼 수 있듯이 유해를 처리하는 방법은 특정 사회의 장례 문화 및 중요시되는 사회적 가치와 밀접한 관계가 있다. 유해는 한 번 소실되면 다시 복원하거나 찾을 수가 없기 때문에, 이를 처리할 방안에 대한 사회적 합의가 어느 정도라도 이루어진 후에 발굴에 착수해야 한다.

5. 맺음말: 전사자 및 민간인 희생자 유해 발굴의 사회적 의미와 향후 연구 방향

전사자 및 민간인 희생자 유해 발굴에서 출토된 유해는 생물인류학 및 생물고고학적 방법으로 분석해 성별, 연령, 신장, 인종, 외상 등을 확인한다. 순수 생물인류학 연구와 달리 이러한 발굴은 발굴과 분석의 목적이 뚜렷한데, 전사자 유해 발굴의 경우 신원 확인이, 한국전쟁 전후 민간인 희생자 유해 발굴의 경우 신원 확인보다는 과거에 행해진 국가폭력의 실태를 파악하고 뒤늦게나마 제대로 된 위령 의식을 치르는 것이 주 목적이다.

현재 국가 기관이 적극적으로 나서 수십 년 전에 일어났던 전쟁의 전사자를 찾는 나라는 미국과 한국뿐이다. 이는 19세기 말부터 이어져 온 미국의 전통과 한국전쟁에서 함께 싸웠다는 한·미 양국의 특수성이 결합된 결과라 볼 수 있다.

일본 역시 제2차 세계대전 직후부터 지금까지 전 세계에 퍼져 있는 일본군의 유해를 수습하기 위한 노력을 많이 해 왔으나, 패전국이라는 상황 때문에 국가가 적극적으로 홍보하며 나서는 활동은 많지 않다. 대신 여러 비영리 단체들이 태평양의 여러 섬에서 활발하게 일본군 유해 수습 작업을 해 오고 있다. 오스트레일리아, 캐나다, 베트남 등의 몇몇 나라도 국가 차원의 노력을 보이기는 하였으나 그 규모가 매우 작으며, 적극적으로 실종 지역에서 발굴을 하는 경우도 거의 없다.

미국과 한국 두 나라 모두 전사자 발굴 사업은 순수하게 인도주의적인 사업이라고 하지만, 정치적인 측면도 무시할 수 없다. 전사자 유해를 발굴해 신원을 확인하고 유족에게 인도함으로써 오랜 시간 유해조차 찾지 못했던 유족들이 정상적인 방식으로 장례를 치를 수 있게 해 준다는 점에서 인도주의적 사업인 것은 분명하다. 하지만 국가 보훈의 성격이 강한 전사자 유해 발굴 감식을 통해 내셔널리즘을 강화하려는 것도 사업의 간접적인 목적이다. 특히 한국의 경우 한시적인 6·25전쟁 50주년 기념 사업으로 시작되었던 전사자 유해 발굴이 신원 확인율이 매우 낮음에도 영구 사업으로 전환되어 지속되고 있다는 것은 애국심을 고취하고자 하는 사업의 또 다른 측면을 잘 드러내 준다.

이에 비해 한국전쟁 전후 민간인 피학살자 유해 발굴은 과거에 국가가 국민에게 자행했던 불법적 폭력의 실태를 폭로하고 진상을 규명함으로써 궁극적으로는 유족들이 배상 혹은 보상을 받는 것이 목적이다. 4·19혁명 이후 민간인 학살 진상규명이 이루어지는가 싶었지만, 곧 일어난 5·16 군사 쿠데타로 인해 제대로 된 진상규명이 불가능해졌다. 하지만 1996년 거창 특별법 제정 이후 본격적으로 시행된 국가 차원의 과거사 청산 노력으로 인해 민간인 희생자 유해 발굴은 2000년대 들어 급물살을 탔다. 2007년부터 2010년까지 진실화해위가 민간인 학살 유해 매장 추정지에 대한 발굴을 주도해 전쟁 이후 처음으로 국가 차원의 유해 발굴이 진행되었다. 하지만 한시적 사업이 종료되면서 현재는 유족 및 시민단체 주도의 작은 규모의 사업으로 이어지고 있다.

최종 목적은 다를지라도 유해 발굴과 감식에 쓰이는 방법은 비슷하다. 감식의 기초가 되는 방법들은 이미 100년 가까이 연구되어 왔기 때문에, 현재는 기존의 방법들을 특정 인구집단에 맞게 조정하면서 감식의 정확도를 높이는 방향으로 연구가 진행되고 있다. 20세기 후반에 접어들면서부터 세계 각지에서 다양한 이유로 유해 발굴과 감식이 이루어지다 보니, 기존에 미국 백인을 중심으로 개발된 유해 분석법만으로는 정확한 감식이 힘들어졌다. 예를 들어 미국 백인 기준으로 만들어진 신장 추정 공식을 한국인에게 그대로 적용할 수 없으니, 한국에서의 독자적인 연구로 한국인에게 맞는 공식을 만드는 것이 필요하다는 것이다.

동시에 새로운 감식 기법의 연구도 꾸준히 진행 중이다. 지난 30년

간 사람뼈대학 응용 분야에서 이루어진 가장 큰 발전 중 하나는 DNA를 이용한 신원 확인이 가능해진 것이다. 유해의 연령, 성별, 인종, 신장 등을 아무리 정확히 추정한다 하더라도 개별 범죄 사건이 아닌 경우 그것만으로 신원 확인까지 되는 경우는 매우 드물다. 이러한 한계로 인해 전사자나 민간인 희생자처럼 실종자가 몇천 명 단위인 경우에는 DNA 검사 없이 인류학적 감식에만 의존하기는 힘들다. 하지만 이들은 자가 샘플이 없기 때문에 유가족 시료로 유전자 대조를 해야 하는데, 방대한 수의 유가족 시료를 채취하고 보관하는 것도 쉬운 문제가 아니다.

한국전쟁 실종자가 상대적으로 적은 영국(약 250명)은 모든 실종자의 유가족 시료를 채취하기보다는, 특정 지역에서 영국군 추정 유해가 발견되면 그 지역의 실종자를 추려 유가족 시료를 수집하기 시작했다. 오스트레일리아와 벨기에도 지난 몇 년간 같은 방법으로 한국전쟁 실종자를 찾기 위한 노력을 하고 있다.

한편 개인 식별은 불가능하지만 출신지를 구분할 수 있는 방법으로 안정동위원소 분석법이 법의학에서 활발히 쓰이기 시작하였다. 한 사람이 먹고 마신 식음료가 여러 해 유해에 남아 있기 때문에, 이를 분석해 지역별 동위원소 수치와 비교하면 어느 지역 사람인지 알 수 있기 때문이다. 이 연구가 가능하려면 먼저 지역별 동위원소 비율을 상세히 조사한 후, 지역 차가 통계적으로 의미 있는 수치인지 확인해야 한다. 현재 세계 각국의 동위원소 랩에서 이러한 기초 연구가 진행 중이기 때문에 앞으로 동위원소 분석법이 법의학 감식에 얼마만큼 도움이 될 수 있을지는 지켜보아야 한다.

이 장에서는 전사자와 민간인 희생자 유해 발굴 감식 사업의 역사적·사회적·문화적 배경과 의미 및 구체적인 진행 과정을 살펴보았다. 실종된 정황은 다르지만 제대로 된 장례는커녕 유해가 어디에 있는지조차 모르는 상황은 망자와 유가족 모두에게 비극이다. 이러한 상황을 뒤

늦게나마 해결하고자 하는 노력이 전사자와 민간인 희생자 유해 발굴 감식 사업이다. 이 사업의 핵심 구성원인 인류학자의 주 임무는 생물인류학의 다양한 기법을 총동원해 한 사람이라도 더 신원 확인을 할 수 있게 돕고 희생자들에게 가해진 폭력의 실태를 밝힐 수 있는 과학적 근거를 제시하는 것이다.

참고 문헌

노용석 (2018). 『국가폭력과 유해발굴의 사회문화사: '빨갱이가 된 인간의 뼈, 그리고 유해발굴'』. 산지니.

박선주 (2002). 「6·25 전사자 유해의 인류학적 조사: 2000~2002년도 발굴을 중심으로」. 『중원문화연구』 6: 1-10.

박선주 (2005). 「6·25 전사자 유해발굴의 성과와 과제」. 『2005년 6·25 전사자 유해발굴 보고서』.

육군본부 외, 진실·화해를 위한 과거사 정리위원회 (2010). 『진실화해위원회 종합보고서』.

Adams, B., & Byrd, J. (Eds.) (2014). *Commingled Human Remains: Methods in Recovery, Analysis, and Identification*. Elsevier, Inc.

Allen, M. J. (2012). *Until the Last Man Comes Home: POWs, MIAs, and the Unending Vietnam War*. The University of North Carolina Press.

Bartelink, E., Berg, G., Beasley, M., & Chesson, L. (2014). Application of stable isotope forensics for predicting region of origin of human remains from past wars and conflicts. *Annals of Anthropological Practice* 38: 124-136.

Butler, J. (2009). *Fundamentals of Forensic DNA Typing*. Academic Press.

Faust, D. G. (2008). *This Republic of Suffering*. Knopf Doubleday Publishing Group.

Hillier, M., & Bell, L. (2007). Differentiating human bone from animal bone: A review of histological method. *Journal of Forensic Sciences* 52: 249-263.

Jin, J., Burch, A., LeGarde, C., & Okrutny, E. (2014). The Korea 208: A Large-Scale Commingling Case of American Remains from the Korean War. In Adams & Byrd (Eds.), *Commingled Human Remains: Methods in Recovery, Analysis, and Identification* (pp. 407-423). Elsevier, Inc.

Loreille, O., Koshinsky, H., Fofanov, V., & Irwin, J. (2011) Application of next generation sequencing technologies to the identification of highly degraded unknown soldiers' remains. *Forensic Science International: Genetic Supplement Series* 3: e540-e541.

McKern, T. W., & Stewart, T. D. (1957). *Skeletal age changes in young American males: Analysed from the standpoint of age identification*. Quartermaster Research & Development Center. Environmental Protection Research Division. Massachusetts: Natick.

Melton, T., & Holland, C. (2007). Routine use of the mitochondiral 12S ribosomal RNA gene for species identification. *Journal of Forensic Sciences* 52: 1305-1307.

Shiroma, C. (2016). A Retrospective Review of Forensic Odontology Reports Written by the Joint POW/MIA Accounting Command Central Identification Laboratory for Remains Identified from the Korean War. *Journal of Forensic Sciences* 61: 68-75.

Stephan, C., Winburn, A., Christensen, A., & Tyrrell, A. (2011). Skeletal Identification by Radiographic Comparison: Blind Tests of a Morphoscopic Method Using Antemortem Chest Radiographs. *Journal of Forensic Sciences* 56: 320-332.

Ta'ala, S., Berg, G., & Haden, K. (2006). Blunt force cranial trauma in the Cambodian Killing Fields. *Journal of Forensic Sciences* 51: 996-1001.

Ubelaker, D. H. (2018). A history of forensic anthropology. *American Journal of Physical Anthropology* 165: 915-923.

찾아보기

ㄴ

ㄷ

ㄹ

ㅂ

ㅇ

ㅎ

저자 소개 (게재순)

박순영

미국 뉴욕 주립대학교(버팔로) 인류학 박사
현재: 서울대학교 인류학과 교수
주요 논저:

Pak, S. (2010). The growth status of North Korean refugee children and adolescents from 6 to 19 years of age. *Economics & Human Biology* 8(3): 385-395.

Pak, S., Schwekendiek, S., & Kim, H. K. (2011). Height and living standards in North Korea, 1930s-1980s. *The Economic History Review* 64(1): 142-158.

김지은

미국 테네시 대학교 인류학 박사
현재: 미국 링컨 메모리얼 대학교 해부학과 조교수
주요 논저:

Kim, J., Algee-Hewitt, B. F. B., & Konigsberg, L. W. (2019). Inferring Age-at-Death for Japanese and Thai Skeletal Samples under a Bayesian Framework of Analysis: A test of priors and their effects on estimation. *Forensic Anthropology*. https://doi.org/10.5744/fa.2019.1024

Kim, J., Algee-Hewitt, B. F. B., Stoyanova, D., Figueroa-Soto, C., & Slice, D. E. (2019). Testing Reliability of the Computational Age-At-Death Estimation Methods between Five Observers Using Three-Dimensional-Image Data of the Pubic Symphysis. *Journal of Forensic Sciences* 64(2): 507-518.

조혜란

미국 미주리-컬럼비아 대학교 인류학 박사
현재: 미국 데이비슨 칼리지 인류학과 교수
주요 논저:

우은진, 정충원, **조혜란** (2018). 『우리는 모두 2% 네안데르탈인이다』. 서울: 뿌리와이파리.

Cho, H. (2016). Rethinking osteoporosis prevalence among African and European ancestry populations. *Journal of National Black Nurses Association* 27(2): 26-31.

Cho, H., Shin, D. H., Kim, Y. S., Kim, H. J., & Lee, U. Y. (2017). Torus mandibularis in skeletal remains from Joseon dynasty and modern Korea. *Anthropological Science* 125(3): 153-158.

정양승

미국 테네시 대학교 인류학 박사

현재: 미국 미들테네시 주립대학교 생물학과 조교수

주요 논저:

Jeong, Y., Jeong, G., Pergande, S., & Lee, K. J. (2019). Generating a vertebrae-based method to discriminate between the Korean and U. S. White male casualties from the Korean War. *Journal of Forensic Sciences* 64(6): 1776-1781.

Jeong, Y., & Jantz, L. M. (2016) Developing Korean-specific equations of stature estimation. *Forensic Science International* 260: 105.e1-105.e11.

정현우

서울대학교 인류학 석사

현재: 미국 뉴욕 주립대학교(버팔로) 인류학과 박사과정

주요 논저:

Jung, H., Woo, E. J., & von Cramon-Taubadel, N. (2020). The relationship between ante-mortem molar loss and mandibular ramus shape in an archaeological population from Korea. *International Journal of Osteoarchaeology* 30(2): 197-205. https://doi.org/10.1002/oa.2847

Jung, H., & Woo, E. J. (2019). Changes in mandibular ramus shape from the Neolithic to modern periods in Korea. *International Journal of Osteoarchaeology* 29(4): 634-643.

Jung, H., Simons, E., & von Cramon-Taubadel, N. (2020) Ontogenetic changes in magnitudes of integration in the macaque skull. *American Journal of Physical Anthropology*. https://doi.org/10.1002/ajpa.24119

최경철

독일 막스플랑크 진화인류학연구소 철학박사

현재: 한양대학교 문화인류학과 조교수

주요 논저:

Choy, K., Potter, B. A., Reuther, J. D., McKinney, H., … & Wooller, M. J. (2016). Chemical profiling of ancient hearths reveals recurrent salmon use in Ice Age Beringia. *Proceedings of the National Academy of Sciences* 113(35): 9757-9762.

Choy, K., Jung, S., Neihlich, O., & Richards, M. P. (2015). Stable isotopic analysis of human skeletons from the Sunhung mural tomb, Youngju, Korea: Implication for human diets in the Three Kingdoms period. *International Journal of Osteoarchaeology* 25(3): 313-321.

Choy, K., Nash, S. H., Boyer, B. B., & O'Brien, D. M. (2013). The Carbon Isotope Ratio of Alanine in Red Blood Cells Is a New Candidate Biomarker of Sugar-Sweetened Beverage Intake. *Journal of Nutrition* 143: 878-884.

우은진

서울대학교 인류학 박사

현재: 세종대학교 역사학과 조교수

주요 논저:

Woo, E. J., Kim, J.-H., Lee, W.-J., Cho, H., & Pak, S. (2019). Syphilitic infection in a pre-modern population from South Korea (19th century AD). *Anthropological Science* 127(1): 55-63.

Woo, E. J., Waghmare, P., Kim, Y., Jadhav, N., … & Shinde, V. (2018). Assessing the physical and pathological traits of human skeletal remains from cemetery localities at the Rakhigarhi site of the Harappan civilization. *Anthropological Science* 126(2): 111-120.

우은진, 정충원, 조혜란 (2018). 『우리는 모두 2% 네안데르탈인이다』. 서울: 뿌리와이파리.

정충원

미국 시카고 대학교 인류유전학과 이학박사

현재: 서울대학교 생명과학부 조교수

주요 논저:

van de Loosdrecht, M., Bouzouggar, A., Humphrey, L., … **Jeong, C.**, & Krause, J. (2018). Pleistocene North African genomes link Near Eastern and sub-Saharan African human populations. *Science* 360: 548-552.

Jeong, C., Balanovsky, O., Lukianova, E., Kahbatkyzy, N., … & Krause, J. (2019). The genetic history of admixture across inner Eurasia. *Nat. Ecol. Evol.* 3: 966-976.

Jeong, C., Ozga, A. T., Witonsky, D., Malmström, H., … & Warinner, C. (2016). Long-term genetic stability and a high altitude East Asian origin for the peoples of the high valleys of the Himalayan arc. *Proc. Natl. Acad. Sci. USA* 103(27): 7485-7490.

이상희

미국 미시건 대학교 인류학 박사

현재: 미국 캘리포니아 리버사이드 대학교 인류학과 교수

주요 논저:

이상희, 윤신영 (2015). 『인류의 기원』. 서울: 사이언스북스.

Lee, S.-H. (2015). Patterns of human evolution in northeast Asia: Homo erectus in Salkhit, Mongolia? HOMO — *Journal of Comparative Human Biology* 66(4): 287-298.

Khorasani, D. G., & **Lee, S.-H.** (2020). Women in human evolution redux. In C. M. Willermet, & S.-H. Lee (Editors), *Evaluating Evidence in Biological Anthropology: The Strange and the Familiar* (pp. 11-34). Cambridge: Cambridge University Press.

이원준

영국 던디 대학교 법의인류학 박사

현재: 국립과학수사연구원 서울과학수사연구소 법의관

주요 논저:

Lee, W. J., Shinde, V., Kim, Y. J., Woo, E. J., … & Shin, D. H. (2020). Craniofacial reconstruction of the Indus Valley Civilization individuals found at 4500-year-old Rakhigarhi cemetery. *Anat Sci Int.* 95(2) (pp. 286-292). https://doi.org/10.1007/s12565-019-00504-3

Lee, W. J., Kim, D. M., Lee, U. Y., Cho, J. H., … & Hwang, Y. I. (2019). A Preliminary Study of the Reliability of Anatomical Facial Landmarks Used in Facial Comparison. *J Forensic Sci*. 64(2): 519-527.

Lee, W. J., & Wilkinson, C. M. (2016). The unfamiliar face effect on forensic craniofacial reconstruction and recognition. *Forensic Science International* 269: 21-30.

진주현

미국 펜실베이니아 주립대학교 인류학 박사

현재: 미국 국방성 전쟁포로 및 실종자 확인기관 연구원 및 하와이 대학교 인류학과 겸임교수

주요 논저:

진주현 (2015). 『뼈가 들려준 이야기』. 서울: 푸른숲.

발간사

서울대학교 비교문화연구소는 '한국인류학총서' 발간을 시작합니다. 이 총서는 한국 인류학계의 우수한 연구 성과를 단행본으로 발간하여 그 학문적 성과를 공유하고 학술적 소통의 장을 확대하기 위해 기획되었습니다.

1990년에 설립된 서울대학교 비교문화연구소는 1993년부터 학술지 『비교문화연구』를 발간하는 등 다양한 방면으로 인류학 학술 활동을 지원해 왔습니다. 이번에는 국내 학계의 연구 성과를 집대성하여 보여 줄 수 있는 연구총서를 발간하게 되어 기쁘고 자랑스럽습니다. 그동안 선학들과 동학들의 노력으로 인류학계의 연구 역량과 성과가 상당히 축적되었으나, 이를 학계에 널리 알릴 수 있는 우리말로 된 전문 학술서는 아직 부족한 실정입니다.

'한국인류학총서'의 출판으로 인류학자는 물론 인접 분야 전문가들도 우리 인류학계의 연구 성과를 더욱 쉽게 공유할 수 있게 되기를 바랍니다. 또한 인류학 후학들의 교육에도 유익하게 쓰이기를 기대합니다. 나아가서 인류학 후학들이 발전적인 후속 연구를 할 수 있는 계기가 된다면 더할 나위 없이 큰 보람이 될 것입니다.

2018년 7월 8일

서울대학교 비교문화연구소장